성(性)의 모든 것을 해석할 수 있는 이론

성
마음
이론

성마음이론

초판 1쇄 발행 2019년 2월 22일

지은이 김범영
펴낸이 장길수
펴낸곳 지식과감성#
출판등록 제2012-000081호

디자인 박예은
편집 이현, 안영희, 최지희, 장흥은, 박예은
교정 정유경
마케팅 고은빛

주소 서울시 금천구 벚꽃로298 대륭포스트타워6차 1212호
전화 070-4651-3730~4
팩스 070-4325-7006
이메일 ksbookup@naver.com
홈페이지 www.knsbookup.com

ISBN 979-11-6275-502-0(03180)
값 25,000원

ⓒ 김범영 2019 Printed in Korea

잘못된 책은 구입하신 곳에서 바꾸어 드립니다.
이 책의 전부 또는 일부 내용을 재사용하려면 사전에 저작권자와 펴낸곳의 동의를 받아야 합니다.

이 도서의 국립중앙도서관 출판예정도서목록(CIP)은 서지정보유통지원시스템
홈페이지(http://seoji.nl.go.kr)와 국가자료공동목록시스템(http://www.nl.go.kr/kolisnet)에서
이용하실 수 있습니다. (CIP제어번호 : CIP2019004508)

홈페이지 바로가기

성(性)의 모든 것을 해석할 수 있는 이론

성 마음 이론

◆

김범영 지음

서문

저자는 심리장애[1]를 연구하고 심리치료법과 심리이론을 개발하였다. 심리학, 상담학, 정신의학의 비전공자이지만, 오랜 기간 동안 심리장애를 치료하기 위한 상담과 치료교육을 통하여 마음이론(mimind)[2], 성마음이론(xesmind)[3], 마음유전자이론(migene)[4]을 개발하였다. 또한, 저자는 심리장애를 치료하는 과정에서 성기능장애와 신체질병이 함께 치료되고 호전되는 효과를 발견하였지만, 의사가 아니기 때문에 신체질병의 치료방법을 연구할 수는 없었고, 성기능장애의 치료방법은 연구할 수 있었으며, 성기능장애의 치료법인 제스테라피(xestherapy)[5]를 개발하였다.

---

[1] 심리장애(心理障碍)는 심리의 문제로 발생하는 심리의 병증으로 인식의 문제로 발생하는 인식장애, 기억의 문제로 발생하는 기억장애, 표현의 문제로 발생하는 표현장애이다. 또한, 인식장애, 기억장애, 표현장애 중 2개 이상의 심리장애가 동시에 발생하는 정신병증으로 구분할 수 있다.

[2] 마음이론(mimind)은 인간의 마음을 중심으로 심리인 인식, 기억, 표현이 작용하는 원리를 체계적으로 해석한 이론이다.

[3] 성마음이론(xesmind)은 인간의 본능이라고 할 수 있는 성마음과 성심리가 작용하는 원리를 체계화한 이론이다. 성마음이론은 마음이론(mimind)과 함께 작용한다. 일반정보는 마음(mimind)이 작용하고, 성정보는 성마음(xesmind)이 작용한다. 성마음이 신체와 작용하는 성심리는 성정보를 인식하는 성인식, 성정보를 기억하는 성기억, 성정보를 표현하는 성표현이 있다. 이때 성행동인 섹스(Sex)는 성표현 중 성적행동을 말한다.

[4] 마음유전자이론(migene)은 인간의 마음이 형성되는 과정을 체계화한 이론이다. 행복유전자(H-migene), 감정유전자(F-migene), 방어유전자(D-migene), 충동유전자(I-migene)로 구성된다.

[5] 제스테라피(xestherapy)는 마음이론과 성마음이론을 기초로 개발된 성기능장애의 치료방법을 말한다. 저자의 도서 《혁명적인 성기능장애치료법, 제스테라피》를 참고.

인간은 남성이든 여성이든 몸과 마음으로 구성되어 있지만, 마음이 신체에서 작용되는 원리를 정확하게 해석하지 못하고 있다. 그래서 스트레스와 상처로 인하여 어려움을 겪는 분들을 치료하고 심리장애를 치료하는 과정에서 '인간의 마음과 심리가 작용하는 원리'인 마음이론(mimind)을 개발하게 되었고, 마음이론을 기초로 심리장애와 성심리장애를 치료하는 과정에서 '인간의 성마음과 성심리가 작용하는 원리'인 성마음이론(xesmind)을 개발하였다.

마음이론과 성마음이론은 저자가 세계 최초로 개발하였으며, 마음이론과 성마음이론을 적용하여 남자와 여자의 심리장애를 치료하는 심리치료 기법을 개발하였고, 상처치료와 심리치료가 다르기 때문에 치료기법도 분리하여 개발할 수 있었다. 또한, 마음이론의 교육으로 스트레스와 상처를 치료하는 능력을 갖도록 하여 심리장애를 예방할 수 있었고, 성마음이론에 근거하여 상처치료와 심리치료의 기법을 완성할 수 있었다.

인간의 마음(mind)은 일반정보에서 작용하는 일반마음(mimind)과 성정보에서 작용하는 성마음(xesmind)이 있다. 특히 이 책에서 사용하는 마음은 mimind와 xesmind를 통칭하는 mind가 아니라 일반정보에 작용하는 일반마음(mimind)을 마음이라 하였다.

지금까지 알려진 마음(mind)만으로는 해석할 수 없는 부분이 많기 때문에 마음이론을 개발하면서 일반마음(mimind)을 체계화하였고, 성마음이론을 개발하면서 성마음(xesmind)을 체계화하였다.

이처럼 인간의 마음은 2개로 구성되어 있다.

첫 번째가 성을 제외한 일반적인 정보와 지식(일반정보 또는 마음정보)에 작용하는 마음으로서 우리가 일반적으로 사용하는 마음이 있다. 이를 마음(mimind)으로 명명하였다. 이 일반마음은 심리에 의하여 정보와 지식을 처리하고 감정을 느끼는 작용을 한다.

두 번째는 성정보에 작용하는 마음이다. 이를 성마음(xesmind)으로 명명하였다. 이 성마음은 성심리에 의하여 성정보를 처리하고 작용한다. 이때 마음(mimind)과 성마음(xesmind)의 용어는 저자가 처음으로 명명하였다.

지금까지는 인간의 마음을 포괄적으로 사용했고 일반마음과 성마음을 통합하여 마음이라고 했다. 그래서 포괄적으로 사용하는 마음으로는 인간의 마음과 심리가 작용하는 원리를 해석하는 데 많은 어려움이 있었다. 기존의 심리학은 일반마음에서 작용하는 인식심리, 기억심리, 표현심리만을 연구한 학문이다. 마음이 작용하는 원리가 전혀 연구되지 않았다. 그래서 성마음과 성심리의 작용원리는 존재하는 것조차 연구하지 못했다.

이 책에서 사용하는 마음은 일반마음(mimind)이다. 성정보를 제외한 모든 정보를 마음정보 또는 일반정보라고 하고, 제스(xes)와 관련한 모든 정보를 성정보라고 한다. 이때 정보와 지식은 마음정보와 성정보로 분리해야 한다. 즉 마음을 일반마음과 성마음으로 분리해야만 인간의 마음(mind)이 작용하는 원리를 정확히 알 수 있다.

마음에서 작용하는 마음에너지가 일반마음에서 작용할 때 신체에 미치는 영향을 분석하고, 성마음에서 작용할 때 신체에 미치는 영향을 분석해야 한다. 그래야 성기능장애, 심리장애, 신체질병이 발생하는 원인이 마음과 성마음에 의하여 생성되는 마음에너지와 관계되는 것을 알 수 있다.

마음이론에 의하여 일반마음(mimind)이 작용하는 원리와 이치를 알 수 있고, 성마음이론에 의하여 성마음(xesmind)이 작용하는 원리와 이치를 알 수 있다. 그래서 마음이론과 성마음이론에 의하여 인간의 마음이 작용하는 원리와 이치를 알 수 있다.

성마음에는 성정보를 인식하는 성인식, 성정보와 성상처를 기억하는 성기억, 성정보를 표현하는 성표현 등의 성심리가 작용한다. 이때 성정보는 독립적으로 존재하지 않고 반드시 마음정보와 함께 존재한다. 성정보는 마음정보의 한 부분이다. 그래서 성정보는 반드시 마음정보에 의하여 마음과 심리가 작용하고 동시에 성정보에 의하여 성마음과 성심리가 작용한다.

따라서 정보와 지식은 성정보가 없는 일반마음의 정보로서 마음과 심리로 작용하고, 마음정보의 일부분으로 성정보가 포함되어 있으면 마음정보는 마음과 심리가 작용하면서 동시에 성정보는 성마음과 성심리가 작용한다. 그래서 성정보가 성마음에서 작용할 때는 반드시 마음정보가 마음에서 함께 작용한다. 이처럼 성정보가 작용하는 성마음은 독립적으로 작용할 수가 없고, 성마음이 작용하면 마음정보에 대하여 마음이 작용한다.

예를 들어 '스마트폰으로 야동을 본다'고 하면, 스마트폰과 스마트폰을 보는 행위는 마음정보이다. 그러나 야동은 성정보이다. 그래서 '스마트폰으로 야동을 본다'는 것은 마음정보와 성정보가 결합하여 성정보가 된다. 그러면 이때부터 야동을 보는 스마트폰은 성정보가 되고 성정보에 의해서 성마음이 작용한다. 또한, 스마트폰으로 보는 행위가 야동과 결합하면서 이 전체가 성정보가 된다.

이처럼 마음정보와 성정보가 결합한 정보를 성정보라고 한다. 이로 인하여 스마트폰으로 야동을 본다는 것은 야동이라는 성정보로 인하여 스마트폰과 관련한 모든 정보는 성정보가 된다.

다른 사례를 들어 보면, '섹시한 여성이 비키니 수영복을 입고 있다'고 했을 때, 여성과 입고 있는 것은 마음정보이다. 이때 섹시하다는 것과 수영복은 성정보이다. 마음정보와 성정보가 결합하면 섹시한 여성이 성정보이고, 비키니 수영복도 성정보가 된다. 그래서 섹시한 여성이 비키니를 입고 있는 것은 성정보가 된다. 비록 마음정보가 작용하지만, 성정보를 위해서 마음정보가 작용한다. 이를 기억하는 형태를 분석해 보면, 섹시한 여성과 관련된 모든 것이 성정보가 되고, 비키니 수영복과 관련되는 것도 성정보가 된다.

'침대 위에서 남녀가 섹스를 한다'고 하면, 침대 위의 남녀는 마음정보이고 섹스는 성적행동을 하는 성정보가 된다. 이렇게 되면 침대 위에 있는 남녀가 섹스하고 있는 전체가 하나의 성정보가 된다. 만약에 이런 성정보를 성기억하고 있다면, 침대와 관련되는 모든 정보는 성정보가 되고, 침대 위의 남녀도 성정보가 된다.

이처럼 성정보는 마음정보와 결합하여 구성되기 때문에 성정보는 단독으로 존재하는 것이 아니라 마음정보와 함께 결합하여야 한다.

'여성이 누드로 자고 있다'는 정보가 기억되어 있다면, 여성은 마음정보이고 누드는 성정보이며, 자고 있는 것은 마음정보이다. 이에 따라서 여성과 관련된 모든 것이 성정보가 되고, 자고 있는 여성과 관련된 모든 것도 성정보가 된다.

또한, '날씬한 여성이 야동에서 섹스를 하고 있다'고 하면 날씬한 여성은 마음정보이고, 야동은 성정보이며, 섹스하는 것도 성정보이다. 그러면 이후에는 날씬한 여성과 관련한 모든 정보는 성정보이다.

인간은 마음속에 성마음이 존재하고 있다. 지금의 현실에서는 마음도 해석할 수 없기 때문에 성마음을 해석하는 것은 매우 어렵다. 우리가 지금까지 알고 있던 섹스의 모든 것은 왜곡되고 잘못된 해석의 내용이다. 섹스에 대하여 왜곡된 것을 사실로 받아들이고 확신하게 되면서 성기능장애, 심리장애, 신체질병이 발생한다.

마음과 성마음에서 작용하는 마음에너지가 중요하다. 마음과 성마음이 작용하면서 인간의 마음에서 마음에너지가 생성된다. 신체에 작용하는 에너지만 있는 것이 아니라, 마음과 성마음에서 생성된 마음에너지도 있다. 이 힘은 외부에서 유입되는 것이 아니라 자신의 마음과 성마음에서 만들어진다.

이 책은 저자가 마음이론을 개발 한 후 마음과 심리를 작용하는 원천을 연구하면서 성마음이 작용하는 원리를 연구한 결과 보고서이다.

이 책이 출간되기까지 저자와 함께 연구하면서 힘든 난관을 잘 극복해 온 한국심리교육원의 원장인 박비현 님을 비롯하여 마음이론과 성마음이론의 전문가들에게 진심으로 감사드린다. 이분들과 함께하지 않았다면 마음이론과 성마음이론은 개발되기 어려웠을 것이다.

무엇보다 저자에게 심리장애를 치료하신 분들과 테라피투어와 치료교육을 하신 분, 마음교육과 성마음교육을 하신 분, 심리장애와 성기능장애를 치료하신 분들에게도 감사드린다. 이분들의 노력이 있었기에 성마음이론을 개발할 수 있었다. 마지막으로 저자가 지금까지 어떠한 일을 하더라도 묵묵하게 믿고 응원해 준 가족들에게도 감사한 마음을 전하고 싶다.

2019년 1월
한국심리교육원에서
저자 김범영

목차

서문 4

제1장 마음이론

1 마음과 심리가 작용하는 원리 18
2 인간의 심리구조 21
3 마음이론의 연구배경 24
4 마음이론의 가설 27
5 마음이론과 학문 34
6 마음이론의 응용과 활용 37
7 존재와 자아실현 40
8 마음과 심리 49
9 인식심리 56
10 기억심리 61
11 표현심리 65
12 트라우마(Trauma) 68
13 심리문제와 심리장애 71
14 심리학의 오류 74
15 심리치료의 개념 83
16 심리치료와 상처치료 93
17 남자와 여자의 심리치료 99

제2장 성마음이론

1. 성의 새로운 개념 104
2. 성마음의 개발배경 107
3. 성마음이론의 가설 110
4. 성마음과 성심리 114
5. 성마음이론 116
6. 성마음 119
7. 성심리 123
8. 심리와 성심리의 원리 126
9. 인식과 성인식 128
10. 기억과 성기억 130
11. 표현과 성표현 132
12. 성심리발달과정 135
13. 성정보의 개념 138
14. 남자와 여자의 차이 146
15. 제스(xes)와 섹스(sex)의 차이 150
16. 제스(xes)의 구성요소 153
17. 남성의 성욕은 성마음의 욕구이다 155
18. 여성의 성욕은 마음의 욕구이다 159

제3장 성마음과 성심리

1. 사람과 인간의 성마음 164
2. 인간의 마음과 성마음 166
3. 인간의 심리와 성심리 168
4. 인간에게 성은 무엇인가? 171
5. 인간관계와 성관계 173
6. 남자와 여자의 성마음 176
7. 남자와 여자의 성심리 179
8. 남자와 여자의 성기능 182
9. 남자와 여자의 성욕 185
10. 남자와 여자의 섹스 189
11. 남자와 여자의 성문제 193
12. 이성관계의 성심리 198
13. 마음과 성마음의 근원 200

제4장 인간관계의 성심리

1. 남자의 성행복의 원리 204
2. 여자의 성행복의 원리 206
3. 부부의 성행복 208
4. 이성 간 성심리 210
5. 동성 간 성심리 212
6. 여자의 사랑과 성심리 215
7. 남자의 열정과 성심리 217
8. 남자와 여자의 쾌락 219
9. 남자와 여자의 섹스심리 221
10. 연애의 성심리 224

	11	결혼의 성심리 226
	12	이혼의 성심리 228
	13	재혼의 성심리 230
	14	사별의 성심리 232
	15	인간관계와 성관계 234
	16	친밀한 인간관계의 성심리 237
	17	의식적 인간관계의 성심리 239
	18	비정상 인간관계의 성심리 241
	19	성심리의 과유불급 244

제5장 성감정과 성욕

1	성무의식 248
2	성마음과 성감정 252
3	오감과 성감정 255
4	성의 사실과 느낌 257
5	성기분과 성감정 259
6	남자의 성욕 261
7	여자의 성욕 263
8	성욕과 성스트레스 266

제6장 성트라우마

1. 여자의 성트라우마 270
2. 여자의 성트라우마 방어기준 272
3. 여자의 성트라우마 치료습관 275
4. 남자의 성트라우마 278
5. 남자의 성트라우마 방어기준 280
6. 남자의 성트라우마 치료습관 282
7. 성심리장애 284

제7장 성범죄

1. 성범죄의 개념 292
2. 성범죄의 예방 296
3. 성범죄의 치료 299
4. 성폭력 303
5. 성추행과 성희롱 307
6. 성매매 310
7. 성범죄의 피해심리 313
8. 성범죄자의 치료 315
9. 성범죄피해자의 치료 317

제8장 성기능장애

1. 성기능이란? 322
2. 신체의 느낌이 마음에 미치는 영향 326
3. 성감정의 기억과 신체의 영향 330
4. 남성의 성기능 333
5. 남성의 성마음과 성기능 336
6. 여성의 성기능 338

7 여성의 성마음과 성기능 341
8 남성과 여성의 성기능차이 344
9 성심리와 성기능 347
10 성욕과 성기능 349
11 성몰입과 성기능 351
12 스트레스와 성기능 354
13 상처와 성기능 357
14 성기능에 대한 인식차이 360
15 남성의 성기능장애 365
16 남성 성기능장애의 개념 372
17 남성의 성기능장애가 발생하는 이유 375
18 여성 성기능장애의 기초 381
19 여성 성기능장애의 원인 387
20 성기능장애의 인식차이 391

부록1 성교육의 성심리 394
부록2 섹스테크닉의 성심리 417

온라인 성마음교육 안내 441
저자의 출간도서 안내 444

제1장
마음이론

1 마음과 심리가 작용하는 원리

 마음이론(mimind)은 새롭게 개발된 심리이론이다. 마음이론은 마음유전자(migene)에 의하여 생성되는 마음과 심리가 작용하는 원리를 규명하였다.

 행복유전자(H-migene), 감정유전자(F-migene), 방어유전자(D-migene), 충동유전자(I-migene)의 마음유전자가 마음(의식과 무의식)을 생성하면서 마음과 심리가 어떻게 작용하는지를 체계적으로 정리하였다. 마음이론은 인간의 마음과 심리를 해석하는 기준과 표준이고, 원리와 규칙이다.

 마음이론에서의 마음은 마음유전자에 의하여 의식과 무의식을 통제한다. 마음은 인간이 태어날 때 형성되어 죽을 때까지 변하지 않고 작용한다. 이 마음은 심리의 기준이고 표준이며, 심리가 작용하는 원리와 규칙으로써 의식과 무의식이 작용하도록 한다.

 따라서 마음이론은 의식과 무의식을 작용하도록 하는 마음이 존재하고 있다는 것, 이 마음은 마음유전자에 의하여 작용한다는 것, 마음은 의식과 무의식을 통제하여 심리가 작용되도록 한다는 것 등을 증명하고 규명한 심리이론이다.

생각이 같은 인간은 없다. 그 이유는 첫 번째, 남자와 여자의 마음이 다르다는 것이다. 그래서 남자와 여자의 심리가 다르게 작용하는 원인이 규명된다. 두 번째는 기억이 단 한 사람도 같지 않다는 것이다. 마음은 남자는 남자들끼리 모두 같고, 여자는 여자들끼리 모두 같게 작용한다.

그러나 의식과 무의식인 습관에 의하여 작용하는 심리는 단 한 사람도 같은 경우가 없다. 인간이 성장하면서 지식과 경험에 의한 기억심리가 다르게 작용하기 때문이다. 일란성 쌍둥이라도 똑같은 것을 보면서 똑같이 생각하고 기억할 수 없기 때문에 의식과 습관의 작용이 다르다. 그러나 모든 여자는 여자의 마음이 작용하고, 모든 남자는 남자의 마음이 작용한다.

마음은 의식과 무의식인 습관을 통제하기 때문에 모든 심리에 작용한다. 남자의 마음과 여자의 마음을 알면 인간의 심리가 작용하는 원리를 알게 된다. 이 마음이 작용하는 것은 심리의 기준이고 표준이며, 원리이고 규칙이기 때문에 심리의 작용을 분석할 수 있다. 이처럼 심리가 작용하는 것은 마음에 의하여 결정된다.

동물은 생존 본능으로 살지만, 인간은 자아실현의 행복 본능으로 산다. 그래서 마음은 동물에게는 없고, 인간에게만 존재한다. 따라서 마음은 인간의 심리가 작용하는 핵심이다.

마음은 인간이면 누구든 작용하고 있었지만, 누구도 발견하고 알지 못했던 심리의 원천이다. 이 마음이 의식과 무의식을 통제하며 심리가 작용하는 기준, 표준, 원리, 규칙이라는 것을 규명하였다. 이를 통하여 심리연구, 심리분석, 심리해석, 심리진단, 심리예측, 심리문제의 예방, 심리장애의 치료, 인간의 행복을 알 수 있게 되었다. 그래서 이를 위한 분석기법, 상담기법, 치료기법, 교육기법 등을 새롭게 개발하였다.

　또한, 인간의 심리를 해석할 수 있게 되어 이제 마음이론을 아는 것만으로도 심리장애를 예방하고 치료할 수 있다. 다양한 심리장애의 치료, 성기능장애의 치료, 청소년과 성인의 전인교육, 심리문제의 해결 등을 위한 마음교육도 개발할 수 있었다.

2 인간의 심리구조

심리는 남녀노소를 가릴 것 없이 인간이라면 구조가 동일하다. 인간의 심리는 3가지로 구성된다.

첫 번째는 기억심리이다. 인간의 기억은 사실을 기억하고 동시에 감정도 기억한다. 사실과 감정을 동시에 기억하는 것을 기억심리라고 한다. 이때 사실의 기억은 남자와 여자가 동일하지만, 감정의 기억은 남자와 여자가 다르다. 남자의 마음과 여자의 마음이 다르게 작용하기 때문이다. 남자는 부정기분을 잘 기억하지 못하고 긍정기분을 잘 기억하지만, 여자는 부정감정을 잘 기억하고 긍정감정을 잘 기억하지 못한다.

두 번째는 인식심리이다. 인간은 외부의 사실을 인식한다. 외부의 사실을 신체의 5개 감각기관을 통하여 받아들여 감각으로 전환하고, 이 감각에 대하여 마음유전자가 감정을 판정한 후 느낌으로 전환한다. 이 느낌을 종합하여 외부의 사실에 대한 감정으로 자각한다. 이와 같이 외부의 사실과 감정을 결합하여 생각이 자각하는 일련의 과정을 인식심리라고 한다.

사실의 정보는 외부의 정보와 기억된 정보를 의미하고 이 사실에 대하여 느낌을 자각하는 것이 감정이다. 이때 외부의 정보에 대하여 감정이 자각되는 것을 인식심리라고 하고, 생각의 감정은 의식으로 자각되어 느껴진다. 따라서 인식심리에서는 사실과 감정을 분리해야 하고, 사실보다는 감정이 어떻게 작용하는지 알아야만 인식심리를 정확히 알 수 있다.

　사실은 신체의 5개 감각기관을 통해서 받아들인 감각정보를 말한다. 만일 교통사고가 났다고 하면 교통사고는 사실이고, 사실의 순간을 현상이라고 한다. 사실의 최소 단위가 현상이다. 또한 감정은 현상의 느낌이 종합되어 사실에 대하여 생각이 자각하고 느끼는 것을 말한다. 이 감정은 외부의 사실에 대하여 생각으로 자각되면서 인식되는 느낌이 종합된 것이다. 결국 감정은 사실에 대하여 생각이 한 번 더 작용하면서 느낀다.

　세 번째는 표현심리이다. 표현심리는 감정을 표현할 때 작용하는 심리이다. 정보와 감정을 표현할 때 작용한다. 감정이 외부로 표현되는 과정을 살펴보면 생각으로 자각된 감정을 표현하는 방식과 무의식인 습관이 작용하여 표현되는 방식이 있다. 생각으로 자각된 감정을 표현하는 경우에는 생각으로 자각된 감정을 의식에 의하여 말과 행동과 표정으로 표현하는데, 이때는 생각으로 자각된 감정은 하나만 표현되고, 생각으로 자각하지 못하는 말과 행동과 표정은 무의식인 습관에 의하여 표현된다. 이에 따라서 생각의 감정은 하나만 표현되고 이와 동시에 표현되는 말과 행동과 표정은 무의식으로 작용한다.

　또한, 사실에 대하여 무의식인 습관이 작용하면서 의식으로 자각되도록 한다. 이때 의식으로 자각되도록 하는 과정이 내부로 표현하는 과정이다.

　습관에 의하여 감정을 표현하는 경우는 마음유전자의 작용으로 발생하는 현상이다. 마음유전자는 정보에 대하여 행복유전자에 의하여 행복 여부를 판정하고, 감정유전자에 의하여 감정을 판정한 후, 방어유전자와 충동유전자가 작용한다. 방어유전자와 충동유전자가 작용할 때 무의식인 습관으로 처리하는데, 이때 말과 행동과 표정을 통해서 외부로 표현되고, 내부로 표현하면서 의식으로 자각된다. 생각으로 자각된 감정과는 관계없이 마음유전자에 의하여 무의식으로 표현된다.

 이처럼 심리가 3가지로 구성되어 있는 것을 간단히 살펴보았다. 심리에서는 감정과 사실의 기억이 분리된다. 이때 여자는 외부정보에 대한 인식심리로 발생하는 감각정보의 기분보다는 감각정보를 무의식인 습관이 작용하면서 발생하는 감정이 중요하다. 반면 남자는 감각정보의 기분이 감정보다 중요하게 작용한다. 감각정보에 대한 감정은 의식으로 자각하는데, 이때 스트레스가 발생하기 때문에 남자는 감정보다 감각정보의 기분을 중요하게 인식하는 것이다. 그래서 마치 남자가 감정이 없는 것처럼 느끼게 된다.

 남자는 의식에서 감정을 느끼면 스트레스가 유발되기 때문에 미래의 행복을 추구할 수 없다. 반면 여자는 의식에서 감정을 자각하는 것을 중요하게 인식한다. 5개의 감각기관으로 들어온 감각의 기분보다는 자신의 무의식인 습관이 작용하면서 만들어지는 감정이 중요하기 때문이다.

 심리(心理)는 감정을 인식하고 기억하고 작용하고 처리하고 표현하는 과정을 조절하고 통제하는 것을 말한다. 따라서 인식심리는 외부의 정보를 마음으로 받아들이는 과정이고, 표현심리는 마음을 외부로 표현하거나 의식으로 자각하는 과정이다. 이때 인식심리는 의식이 작용하고, 표현심리는 무의식인 습관이 작용한다.

 의식은 생각으로 자각되지만, 습관은 자각되지 못하는 무의식이다. 이로 인하여 인간은 인식한 것은 잘 기억하는데, 표현할 때는 무의식이 작용하기 때문에 잘 기억하지 못한다.

3 마음이론의 연구배경

저자는 오랜 기간 외도상담(外道相談)과 심리장애(心理障碍)치료를 위한 상담을 했었다. 현재는 상담으로는 치료가 되지 않는 것을 검증한 후, 마음교육, 성마음교육, 심리치료교육, 성심리치료교육, 성기능장애치료교육, 외도치료교육, 테라피투어 등을 하고 있다. 다양한 심리장애와 외상후스트레스장애를 분석하였고, 이 과정에서 남자와 여자의 심리가 복잡하게 작용하는 것을 알게 되면서 심리의 근본적인 원리를 연구하였다.

외상후스트레스장애(PTSD)는 기존의 심리이론으로는 해결이 불가능할 만큼 개별적인 심리장애, 부부갈등, 섹스문제, 가족문제, 사회문제, 경제문제 등이 망라된 다양한 심리가 복합적으로 작용하고 있었다. 그래서 마음과 심리가 작용하는 원리를 알지 못하면 심리장애를 치료할 수 없다는 것을 깨달았다.

마음이론에서는 기존의 심리이론과는 다른 개념을 도입하였다. 기존에 알려진 의식과 무의식을 심리와 분리하였고, 무의식은 습관과 마음에너지로 분리하였다. 마음이론은 행복을 추구하는 마음에 의하여 심리가 작용하는 것으로서 남자와 여자가 서로 다른 행복을 추구하고 있다고 본다.

심리는 마음을 중심으로 인식심리, 기억심리, 표현심리 3가지로 분리하였다. 인식심리에서는 의식이 작용하고, 기억심리는 의식과 무의식이 작용하며, 표현심리는 무의식이 작용하고 있다. 그리고 기존의 방어기제는 습관으로 나타난 결과의 유형이고 인간의 고유한 방어기제가 아니다. 마음이론에서는 인간의 방어기제를 거부방어기제와 수용방어기제로만 분류하였다.

　마음이론에서 마음은 3가지의 기준을 갖고 있다. 첫 번째는 「행복추구의 기준」으로서 '남자는 미래의 행복을 추구하고, 여자는 현재의 행복을 추구하는 기준'이다. 정보가 추구하는 행복의 기준에 맞느냐 맞지 않느냐에 따라서 감정이 발생하고 심리가 작용한다.

　두 번째는 부정감정과 긍정감정에 대한 방어기제로서 「행복추구의 기준에 의한 방어기제」를 갖고 있다. '남자는 부정기분에 대한 거부방어기제와 긍정기분에 대한 수용방어기제가 작용하고, 여자는 부정감정에 대한 수용방어기제와 긍정감정에 대한 거부방어기제가 작용'한다. 이에 따라서 남자는 부정기분을 기억하지 못하고 긍정기분을 기억지만, 여자는 부정감정을 기억하고 긍정감정을 기억하지 못한다.

　세 번째는 「성마음(xesmind)의 기준」으로서 '남자는 열정의 과정에서 성마음이 작용하지만, 여자는 사랑의 과정에서 성마음이 작용'한다. 그래서 남자는 열정의 과정에서 성마음이 작용하여 성행동(sex)을 추구하지만, 여자는 사랑의 과정에서 성마음이 작용하여 성행동(sex)을 사랑으로 인식한다.

　이 3가지를 기준으로 마음은 의식과 무의식을 통제하여 모든 감정을 행복을 추구하는 기준에 맞도록 작용한다. 이것이 심리의 기준이고 마음이론의 개념이다.

　심리장애는 마음의 기준으로 심리가 작용할 때, 심리가 비정상으로 작용하는 것을 분류한 것이다. 행복과 불행 그리고 치료의 대상으로 분류한 것이 아니기 때문에 심리장애가 발생하였다고 모두가 불행하다는 것은 아니다.

심리장애가 발생하였더라도 자신과 상대, 주변 사람들이 함께 행복할 수 있다면 이는 치료의 대상이 아니며 불행하다고 할 수도 없다. 그러나 심리장애로 인하여 자신 또는 상대와 주변 사람들이 불행하다면, 이는 치료의 대상이다.

따라서 심리장애에 대한 선입견과 편견을 갖지 말아야 한다. 좋은 것이 좋은 것만은 아니고, 나쁜 것이 나쁜 것만은 아니다. 이것이 마음이론의 철학이다.

4. 마음이론의 가설

심리이론은 많다. 심리이론은 상담방법의 이론과 심리치료의 이론으로 분류할 수 있는데, 심리의 기준과 체계를 규명한 이론은 없었다. 심리이론이 되기 위해서는 「인간의 심리를 이해하고 해석할 때 논리적인 모순이 없어야 하고, 체계적이어야 한다. 또한, 이론과 현실이 일치해야 하고, 모든 심리의 작용을 몇 개의 변인으로 증명할 수 있어야 하며, 종교적인 해석과 과학적인 검증」이 되어야 한다. 이처럼 심리이론은 간결하지만 모든 인간의 심리를 해석하고 검증할 수 있어야 한다.

심리이론이 중요한 것은 인간관계의 분석과 해석, 심리장애의 원인분석과 치료방법을 개발할 수 있는 심리의 기준이 되기 때문이다. 특히 심리이론은 철학, 정치, 경제, 사회, 문화, 예술, 상담 등 다양한 학문에서 인간관계의 심리를 이해하고 해석할 수 있는 기준이 되기 때문에 중요하다.

인간은 몸(Body)과 마음(Mind)으로 구분할 수 있다. 이를 컴퓨터(Computer)에 비교하면, 몸은 하드웨어(Hardware)로 보고, 마음은 소프트웨어(Software)로 볼 수 있다. 컴퓨터는 하드웨어와 소프트웨어가 분리되어 작용하기 때문에 상호 간 영향을 주지 않는다. 그러나 인간은 생각하고, 말과 행동을 하는 사회적 동물이기 때문에 몸과 마음이 하나로 작용하면서 상호 간 영향을 준다. 인간의 몸과 마음을 컴퓨터의 하드웨어와 소프트웨어로 비교하는 것은 문제가 있지만, 마음과 심리의 개념을 이해하고 분석하기 위하여 비교한 것이다.

하드웨어에 해당하는 몸은 신체, 장기, 세포와 DNA로 구성되고, 소프트웨어에 해당하는 마음은 심리를 작용시킨다. 소프트웨어가 없는 하드웨어는 한낱 고철에 불과하여 컴퓨터의 기능을 할 수 없고, 하드웨어가 없으면 소프트웨어는 필요가 없다. 그래서 정상적인 컴퓨터는 하드웨어와 소프트웨어가 함께 작용해야 한다. 이와 마찬가지로 인간의 몸과 마음은 하나로 되어 있기 때문에 별개로 작용하지 않는다. 그래서 몸의 작용을 분석하는 것은 의학과 과학에서 증명해야 하고, 몸과 마음이 함께 작용하는 것을 분석하는 것은 철학, 정신분석학, 심리학에서 논리를 통하여 증명해야 한다.

컴퓨터에서 소프트웨어는 정상이지만 하드웨어가 고장 나면, 컴퓨터의 기능은 중단되고 소프트웨어는 별 소용이 없다. 또한, 하드웨어는 정상이지만 소프트웨어가 고장 나면, 컴퓨터는 작동하지만 오류가 발생한다. 이처럼 심리는 정상이지만 몸에 질병이 생기면 심리는 별 소용이 없고, 몸은 정상이지만 심리에 장애가 생기면 정상적인 활동은 가능하지만, 심리장애가 발생한다. 특히 인간은 몸과 마음이 하나로 되어 있기 때문에 몸에 질병이 생기면 마음에 의하여 작용하는 심리에도 문제가 발생하고, 심리에 문제가 생기면 몸에도 질병이 발생한다. 따라서 몸과 마음 중 어느 하나라도 문제가 발생하면 몸과 마음이 모두 문제가 되기 때문에 심리이론은 몸과 마음을 함께 연구해야 한다.

의학과 과학은 신체에 대한 명확한 기준이 있기 때문에 신체의 기준에 의하여 검증한다. 종교는 경전의 기준을 갖고 믿음으로 발전하고 있다. 그러나 철학과 심리학은 심리의 기준이 없기 때문에 발전하지 못하고 있다.

따라서 인간을 알아가는 과정에 3가지의 기준이 통합되지 못하여 많은 이론과 반론으로 인하여 심리의 연구는 지속되고 있지만 어려움이 많다. 심리의 기준이 설정되면 심리장애의 치료방법이 개발되고, 심리와 신체의 관계성을 분석하면 신체질병의 치료를 연계할 수 있으며, 심리와 종교의 관계성을 분석하면 종교의 믿음을 강화할 수 있다. 이와 같이 마음이 심리의 기준이라는 것을 증명함으로써 철학과 심리학뿐만 아니라 다양한 학문과의 연계가 가능하다. 따라서 심리의 기준인 마음이론의 가설은 중요하다.

마음이론은 마음에서 의식과 무의식이 작용하고, 마음에 의하여 인식심리, 기억심리, 표현심리가 작용되는 원리를 해석함으로써 심리의 모든 현상을 분석한 심리이론이다. 따라서 심리는 마음에 의하여 작용한다고 할 수 있으며, 마음을 중심으로 인식심리, 기억심리, 표현심리의 작용을 논리적으로 분석하고, 이를 증명하기 위하여 마음이론에 대한 7가지의 가설(假說, Hypotheses)을 설정하여 증명함으로써 심리이론을 개발할 수 있었다.

마음이론의 7가지의 가설로 심리의 모든 현상을 분석하고 이해할 수 있도록 논리성, 체계성, 일치성에 대한 검증을 위하여 심리장애를 치료하는 임상에 적용하였다.

마음이론의 7가지 가설을 살펴보면, 먼저 「마음의 구성에 대한 가설」로서 인간의 마음은 의식과 무의식으로 이루어져 있다는 가설이다.

두 번째는 「마음과 심리가 다르다는 가설」로서 마음의 의식과 무의식이 몸과 연결되어 인식, 기억, 표현 등으로 작용하는 심리로 구분되어야 한다는 가설이다.

세 번째는 「남자와 여자의 차이에 대한 가설」로서 남자와 여자는 마음이 다르게 작용한다는 가설이다.

네 번째는 「감정기억의 차이에 대한 가설」로서 남자는 감정기억을 하지 않고, 여자는 감정기억을 한다는 가설이다.

다섯 번째는 「행복추구의 차이에 대한 가설」로서 남자는 미래행복을 추구하고 여자는 현재행복을 추구한다는 가설이다.

여섯 번째는 「자아실현의 차이에 대한 가설」로서 인간관계에서 남자는 인생의 가치를 추구하고 여자는 삶의 의미를 추구한다는 가설이다.

일곱 번째는 「스트레스와 상처의 차이에 대한 가설」로서 남자는 스트레스를 제거하고 여자는 상처를 치료한다는 가설이다.

이 가설은 심리를 분석하고 심리이론을 검증하기 위한 기본설명이며, 이를 증명하기 위하여 심리장애의 치료에 적용하였고, 남자와 여자의 마음과 심리가 작용할 때 정확성을 갖고 있었다. 다만 마음이론은 인간의 마음과 심리가 작용하는 원리에 대한 심리이론이기 때문에 심리가 신체에 미치는 영향을 분석하기 위한 의학과 과학의 검증과 증거는 없다. 따라서 마음이론은 의학적인 연구를 함께 해야 한다.

제1가설. 마음의 구성

마음이론의 제1가설은 마음의 구성이다. 인간에게 마음이 있다는 것은 누구나 알고 있다. 그러나 마음은 어떻게 구성되어 있는지 알 수 없어서 추상적으로만 생각한다. 그래서 마음이론에서는 마음이 의식과 무의식으로 구성되어 있고, 무의식은 습관과 마음에너지로 구성되어 있다는 가설을 설정했다.

마음에너지에 의하여 습관이 작용되고, 습관은 일정한 패턴으로 작용한다. 또한 습관이 작용할 때 기억정보 또는 외부정보와 감정을 연결하여 의식에서 자각할 수 있도록 한다. 따라서 마음은 의식과 무의식으로 심리를 통제하는 역할을 한다.

제2가설. 마음과 심리는 다르다

마음이론의 제2가설은 마음과 심리가 다르다는 것이다. 기존에는 마음과 심리를 함께 사용하고 동일한 개념으로 알고 있었다. 심리가 작용하는 것을 마음과 동일하게 분석하기 때문에 심리는 많이 연구하였지만 마음은 연구할 수 없었다. 이로 인하여 새로운 심리이론을 계속 개발할 수밖에 없었다. 따라서 마음이론에서는 마음과 심리가 다르다는 가설을 설정했다.

마음은 의식과 무의식으로 구성되어 심리를 처리하고 통제한다. 심리는 인식심리, 기억심리, 표현심리 등으로 구성되어 있다. 인식심리는 외부정보를 마음으로 인식할 때 작용하는 심리이다. 기억심리는 외부정보를 기억하거나 기억된 정보를 마음으로 자각할 때 작용하는 심리이다. 표현심리는 마음을 외부로 표현하거나 내부로 표현할 때 작용하는 심리이다. 이에 따라 심리장애는 인식장애, 기억장애, 표현장애 이렇게 3가지로만 분류한다.

제3가설. 남자와 여자는 마음이 다르다

마음이론의 제3가설은 남자와 여자가 마음의 작용이 다르다는 것이다. 마음을 구성하는 의식과 무의식이 작용할 때, 남자의 무의식과 여자의 무의식이 다르게 작용하기 때문에 심리가 다르게 작용한다는 가설을 설정했다.

남자의 무의식은 기분의 마음에너지에 의하여 스트레스를 제거하는 습관이 작용하고, 여자의 무의식은 감정의 마음에너지에 의하여 상처를 치료하는 습관이 작용한다. 이에 의하여 남자와 여자는 인식심리, 기억심리, 표현심리가 다르게 작용한다.

제4가설. 남자와 여자는 감정기억이 다르다

마음이론의 제4가설은 남자와 여자가 감정기억을 다르게 한다는 것이다. 제3가설에 의하여 남자와 여자가 마음의 작용이 다르기 때문에 심리도 다르게 작용한다. 기억심리에 의하여 남자와 여자는 감정기억이 다르다는 가설을 설정했다.

남자는 부정기분은 제거하고 긍정기분은 의식으로 소모하기 때문에 감정을 기억하지 않는다. 여자는 긍정감정은 의식으로 소모하고 부정감정은 치료하기 위하여 기억한다.

제5가설. 남자와 여자는 행복이 다르다

마음이론의 제5가설은 남자와 여자의 행복추구가 다르다는 것이다. 남자는 기분이 작용하기 때문에 현재의 감정을 느낄 수 없으므로 미래의 행복감정을 추구하지만, 여자는 감정이 작용하기 때문에 현재의 감정을 느낄 수 있으므로 현재의 행복감정을 추구한다는 가설을 설정했다.

남자는 긍정기분을 지속적으로 생성하여 미래에도 긍정기분이 지속되어 행복감정이 될 수 있도록 작용하기 때문에 미래의 행복을 추구한다. 여자는 부정감정을 무감정으로 전환함으로써 행복의 감정을 만들기 때문에 현재의 행복을 추구한다.

제6가설. 남자와 여자는 자아실현이 다르다

마음이론의 제6가설은 남자와 여자는 인간관계에서 자아실현이 다르다는 것이다. 남자는 열정을 갖고 미래행복을 추구하면서 인간관계에서는 특정 대상의 가치를 추구하지만, 여자는 사랑의 감정으로 현재행복을 추구하면서 인간관계에서는 의미를 추구한다는 가설이다.

남자는 인간이 아닌 대상의 가치를 추구할 때 경제적 가치, 관계적 가치,

사회적 가치 등을 추구하면서 인생의 행복을 목표로 살고 있다. 여자는 인간인 대상과 함께 행복을 느끼면서 삶의 의미를 갖는다. 이에 따라 남자의 자아실현은 가치를 추구하는 것이고, 여자의 자아실현은 의미를 추구하는 것이다.

제7가설. 스트레스와 상처가 다르다

마음이론의 제7가설은 스트레스와 상처가 다르다는 것이다. 스트레스는 현재 감각기관의 자극으로 생성된 부정기분이고, 상처는 스트레스를 심리에서 처리할 때 생성되고 부정감정으로 기억된다는 가설이다.

남자는 기분의 마음에너지가 작용하기 때문에 스트레스를 제거하려고 하지만, 여자는 감정의 마음에너지가 작용하기 때문에 스트레스로 인한 상처를 치료하려고 한다. 결국 스트레스는 남자의 마음과 심리에서 작용하는 부정기분이고, 상처는 여자의 마음과 심리에서 작용하는 부정감정이다.

5　마음이론과 학문

　모든 학문은 인간을 중심으로 만들어졌으며, 인간은 서로 관계를 형성하면서 살고 있다. 인간의 심리는 인간관계의 핵심이기 때문에 인간과 인간의 상호관계를 해석하고 분석할 수 있는 심리의 기준과 표준 그리고 심리의 원리와 규칙을 아는 것이 중요하다.

　현재 실시하고 있는 마음교육, 심리치료교육, 성마음교육, 성심리치료교육, 성기능장애치료교육, 외도치료교육 등은 저자가 새롭게 개발한 마음유전자이론(migene), 마음이론(mimind), 성마음이론(xesmind) 등에 근거하고 있다. 이 중 마음이론은 심리의 기준과 표준이고 원리와 규칙을 체계화한 것으로서 인간관계를 해석하는 근본이다. 따라서 심리와 인간관계를 정확하게 아는 것은 모든 학문의 근본 원리를 아는 것으로서 학문에 대한 이해와 분석을 비롯하여 새로운 연구개발이 가능하다.

　현재의 학력, 전공, 진로, 직업이 무엇이냐는 중요하지 않다. 우선은 심리를 알고 난 후 인간심리와 인간관계를 정확히 아는 것이 중요하다. 이후에 학위, 전공, 진로, 직업을 선택해도 늦지 않으며, 무엇을 선택하든 해당 분야의 최고가 되는 것도 어렵지 않다. 모든 학문의 근본이 인간심리와 인간관계를 중심으로 하기 때문이다.

　또한, 관리능력, 창의력, 자신감, 학습동기, 학습능력, 성적향상 등은 자신의 마음과 심리에서 발생하는 것으로서 심리를 알면 어렵지 않게 만들 수 있다. 지식공부는 지식을 쌓을수록 심리에 문제를 유발하지만, 새롭게 개발된 마음이론의 공부인 마음교육은 지식을 쌓는 것이 아니라 인간심리와 인간관계를 해석하고 조절하는 능력을 습관으로 만들기 때문에 심리문제를 해결하고 심리장애를 치료할 수 있게 된다.

이와 같이 새롭게 개발된 마음이론은 다른 학문과의 연계성이 크다. 마음이론은 오랜 세월 동안 심리장애의 치료과정에서 임상을 통하여 검증하고 개발했다. 그래서 심리학자와 의학전문가를 비롯하여 일반 사람들도 다양한 분야에서 연구할 수 있도록 설명하고, 일반 사람들도 마음이론을 쉽게 이해하고 현실의 모든 분야에 적용할 수 있도록 한다.

기존 심리치료의 분석

심리치료는 심리장애를 치료하는 것으로서 기존의 많은 학자와 전문가들이 심리치료를 위한 심리이론과 치료기법을 많이 개발했고, 이를 공부하는 사람들도 많으며, 자격증을 취득하거나 학위를 받아서 심리치료를 위한 상담을 하고 있다. 현대 사회에서 점점 더 심리상처를 유발하는 산업화가 가속화되고 있기 때문에 앞으로 심리치료는 더욱 확대될 것으로 전망하고 있다. 그만큼 심리치료사는 앞으로 유망한 직업의 하나가 될 것이다.

그러나 지금까지 학자와 전문가들에 의하여 개발된 심리이론과 심리치료의 방법에는 문제가 많았다. 그래서 정확한 심리치료의 방법이 없다 보니 새로운 치료기법이 많이 개발되었다. 결국은 사람들이 심리를 공부하는 것은 심리치료를 할 수 없는 치료기법을 공부하는 것이고, 이에 대한 심리이론을 공부하는 것임을 알 수 있다.

저자는 마음이론을 개발한 후 심리치료의 기법을 완성하였고, 분노치료와 상처치료에 적용하여 90% 이상의 놀라운 치료효과를 검증했다. 또한, 우울증, 조울증, 불면증, 공황장애, 섭식장애, 중독증, 성격장애, 신체화장애, 심리화장애,… 등 다양한 심리장애의 심리치료에 적용하였을 때도 90% 이상의 치료 효과를 검증할 수 있었다. 이에 따라서 사람들은 "어떤 치료기법이냐?", "치료기법을 배우려면 어떻게 해야 하느냐?" 등의 질문을 많이 했다.

이는 기존의 심리이론과 심리치료의 방법으로는 심리장애를 정확히 분석, 진단, 예측, 예방, 치료를 할 수 없었기 때문이다. 그렇다고 기존의 심리이론과 심리치료의 방법이 잘못되었다는 것은 아니다. 다만 인간의 마음과 심리가 작용하는 원리를 정확히 알지 못했기 때문에 무의식인 습관을 변화할 수 없었고, 심리의 작용을 변화시킬 수 없었으며, 성격을 변화할 수 없었기 때문에 심리치료를 할 수 없었다. 즉 기존의 방법으로는 치료가 될 것으로 보이지만, 심리장애의 치료에 적용했을 때는 효과를 얻을 수 없었다.

따라서 마음과 심리가 작용하는 원리를 정확히 알아야 하고, 이를 통하여 습관과 성격을 변화하고 조절하는 방법을 찾아야 한다. 이것이 새롭게 개발된 심리치료의 방법이다.

6 마음이론의 응용과 활용

　마음이론은 사람과 인간 그리고 인간관계와 연관되는 모든 분야에 적용할 수 있다. 의학, 학문, 생활, 사업, 교육, 기타 다양한 분야와 연계하여 연구할 수 있다. 마음이론은 심리의 기준과 표준, 원리와 규칙이기 때문에 인간이 추구하는 자아실현과 행복의 원리를 알게 됨으로써 자신의 분야에 맞게 재해석할 수 있다.

　첫 번째, 교육의 분야에서는 전인교육, 교육심리, 교육의 방법과 기법, 학습능력과 학습방법, 이해력의 향상, 집중력의 향상, 기억력의 향상, 인성교육, 대안교육, 교수법, 강의기법, 기타 교육과 관련한 다양한 교육이론과 교육기법을 새롭게 해석하고 개발할 수 있다.

　두 번째, 종교의 분야에서는 신(神)의 존재에 대한 확신, 현실적인 믿음, 인간과 신의 관계, 경전의 해석과 실생활의 적용, 사이비 종교의 구별, 사회공헌, 선교활동, 성직자의 역할과 자세, 기타 종교와 성직자와 신도와 관련한 다양한 해석을 할 수 있다.

　세 번째, 심리이론의 분야에서는 기존의 심리이론에 마음이론을 적용하면 인간의 심리연구, 심리분석, 심리진단, 심리예측, 심리예방, 심리치료가 가능하다. 또한, 심리와 신체의 관계성을 연구하여 심리장애의 치료법을 비롯하여 신체의 질병치료에 대한 연구도 가능하다.

네 번째, 상담기법과 치료기법의 분야에서는 심리장애를 분석하고 치료할 때 마음이론을 적용하면 심리장애의 상담기법과 치료기법을 새롭게 개발할 수 있다. 상담과 치료의 원리가 동일하기 때문이다. 마음이론을 개발하게 되면서 우울증, 조울증, 중독증, 공황장애, 불안장애, PTSD, ADHD, 신체화장애, 심리화장애 등의 상담기법과 치료기법을 새롭게 개발할 수 있었다. 따라서 다양한 병증과 장애를 치료할 수 있는 상담기법과 치료기법의 개발이 가능하다.

다섯 번째, 인터넷, 스마트폰, SNS, IT 등의 분야에서는 감정시스템의 연구와 개발, 감정을 가진 로봇의 연구와 개발, 감정분석, 심리스마트폰, 인간의 활동과 동일한 SNS, 감정 빅데이터분석,… 등 인간의 심리와 감정을 기존의 정보와 함께 분석하고 활용할 수 있는 솔루션을 개발할 수 있다.

여섯 번째, 경영과 사업의 분야에서는 경영심리, CEO 및 임원과 직원의 심리, 인간관계, 사업과 행복의 관계, 생산성 향상, 수익성 향상, 기업문화의 발전, 사회적 공헌, 홍보와 마케팅의 심리, 소비심리, 구매심리, 부가가치 창출, 사업 아이템 개발, 사업과 경영의 아이디어, 사업계획, 경영이론, 기타의 이론과 기법을 새롭게 해석하고 개발할 수 있다. 특히 심리를 알면 사업의 아이템이 많아지고, 경영기법을 쉽게 알 수 있다. 경영과 사업은 인간관계를 기초로 하기 때문이다.

일곱 번째, 의학과 생리학의 분야에서는 더욱 활용할 것이 많다. 의학과 생리학은 신체(몸, 뇌, 장기 포함)를 연구하여 질병의 예방과 치료를 목적으로 한다. 그러나 인간은 몸과 마음이 하나로 연결되어 작용하기 때문에 몸은 마음에 영향을 주고, 마음은 몸에 영향을 준다는 것은 잘 알고 있다.

지금까지 신체의 연구개발의 결과에 대하여 마음이론을 적용하여 함께 연구한다면 새로운 의학과 생리학의 이론과 치료법을 개발할 수 있다. 신체질병의 원인에서 심리의 영향이 많을 것으로 예상하는데, 이에 대한 연구와 개발은 미개척지나 다름없다. 따라서 앞으로 연구할 내용이 광범위하고 많은 분야이다.

이외에 사회, 문화, 예술, 인문, 철학, 사상, 인류, 문명, 역사, 언론, 정치, 대중, 수사와 범죄,… 등 다양한 학문의 분야별로 마음이론을 적용하면 기존의 학문이론과 다양한 기법을 개선하고 발전시킬 수 있으며, 새로운 학문이론과 기법을 개발할 수 있다.

이와 같이 사람과 인간이 연계된 분야는 무엇이든 연구하고 개발할 수 있다. 다양한 이론의 연구와 기법의 개발에도 유용하지만, 사업적인 측면에서도 미래의 부가가치를 만들 수 있을 것이다.

7. 존재와 자아실현

사람은 생존하고 존재하면서 자신만의 행복을 추구한다. 그래서 사람이라면 누구나 자유롭고 평등하고 자기행복을 추구할 권리를 갖고 있다. 인간은 사람으로 존재하지만, 사람들과의 관계에서 존재하는 의미와 가치를 갖는다.

만일 여러분에게 자녀가 있다면, 자기행복만 추구하는 것이 아니라 자녀를 양육하는 과정에서 자신이 존재하는 의미와 가치를 갖고 희로애락을 느끼며 행복을 추구한다. 자녀의 표현을 인식하고, 자녀에게 표현하며, 자녀를 생각하면 마음과 심리가 인간으로서 작용한다. 이를 인간의 자아실현이라고 한다.

사람은 생존하면서 자기만의 행복을 추구한다면, 인간은 자아실현을 통해 행복을 만들어 간다. 자아는 '스스로 자(自)', '나 아(我)', 즉 스스로가 존재의 의미와 가치를 실현해 나가는 것이 자아실현이다.

자아실현의 가장 우선은 신체의 건강이다. 건강해야 생존하고 존재할 수 있다. 즉 사람으로서 존재해야 하는 것이다. 그 다음은 마음이다. 마음이 편안하고 여유로워지면 자기만의 행복을 느끼고, 자신이 존재하는 의미와 가치를 만들면서 함께 하는 행복을 느낀다.

이렇게 존재의 가치와 의미를 갖게 되면 저절로 지적욕구가 생긴다. 기억심리가 작용하면서 기억정보를 더욱 풍요롭게 하고자 하는 욕구가 생긴다. 지식을 공부하는 것뿐만 아니라 아이들이 호기심이 많은 것도 지적욕구가 작용하면서 자아실현을 추구하기 때문이다. 지식, 기술, 경험, 앎, 깨달음 등이 모두 지적욕구이다.

아이들은 성인보다 자아실현을 잘 추구한다. 기억에는 많은 기억데이터들이 있는데 긍정데이터만 있는 것이 아니라 부정데이터도 존재한다.

따라서 성인은 지적욕구를 충족하는 데 있어서 생각을 많이 하지만, 아이들은 긍정데이터든 부정데이터든 기억데이터가 부족하기 때문에 무조건 채워 넣으려고 한다. 그래서 아이들에게는 기억데이터를 풍부하게 많이 넣어 주는 것이 좋다. 그렇다고 좋은 기억데이터만 존재하면 나쁜 것이 무엇인지 모르게 되어 성인이 되었을 때 옳고 그르고 좋고 나쁜 것을 구별하지 못하게 되어 문제가 발생하고, 스트레스와 상처로 인하여 어려움을 겪는다.

그래서 좋은 것과 나쁜 것을 모두 받아들이고 기억해야 한다. 나쁜 것이 왜 나쁜 것인지를 정확하게 알면 자신에게 소중한 기억데이터가 된다. 스트레스와 상처의 기억을 나쁘다고만 생각해서는 안 된다. 무엇이 나쁜지, 무엇이 나를 아프게 하고 고통스럽게 하는지를 정확하게 알 수 있는 기준이 생기는 것은 자아실현을 추구할 때 중요한 생각기준이다.

자아실현 | 의미와 가치

자아실현은 사람으로서 존재할 때, 존재하는 의미와 가치를 추구하는 것을 말한다. 따라서 가장 중요한 것은 사람으로서 존재하는 것이고, 죽지 않고 살아있어야 한다. 사람으로서 살아 있게 되면 인간으로서 자아실현을 추구하는 것이다. 따라서 자아실현은 제일 먼저 건강이고, 두 번째는 마음이며, 세 번째는 지적욕구이다.

존재하면서 사는 것은 건강과 연결된다. 건강하게 살아야 존재할 수 있기 때문이다. 몸이 아프면 존재의 위협을 느끼게 되면서 존재의 의미와 가치는 불필요해진다. 그래서 자아실현의 가장 우선순위는 건강인 것이다.

존재의 의미는 감정이라고 하였고, 감정은 마음의 무의식에서 만든다. 인간관계에서 의미를 찾는다. 그래서 존재의 의미는 마음과 연결되어 있고 주로 여자가 추구한다. 또한, 존재의 가치는 인간관계가 아닌 대상을 추구한다. 존재의 가치는 주로 남자가 추구한다. 그래서 남자는 건강하면 존재의 가치를 추구한다. 대부분 존재의 의미인 마음을 중요하게 생각하지 않는다. 이로 인하여 남자는 존재의 가치를 추구하게 되면 자신이 모든 것을 다 아는 줄 알고, 지적욕구가 생기면서 경험을 많이 쌓거나 열심히 공부한다. 대신 마음이라는 개념이 없다. 지적욕구에 의하여 만들어진 기억에 의하여 자신이 생각하는 것이 마음이라고 생각한다. 결국은 마음에서 느끼는 존재의 의미가 무엇인지 알 수 없다.

남자는 지식을 쌓고 경험하면서 가치를 추구한다. 경제적 가치, 관계적 가치, 사회적 가치 중 어느 하나를 추구하다가 현실에서 이루게 되면, 가치를 추구하는 것이 멈추게 된다. 그러면 다른 가치를 추구하려는 욕구가 생기면서 '왜 사는가? 나는 누구인가? 나는 왜 살았을까?'라고 생각하기 시작한다. 이렇게 되면 남자는 위험한 상황이라 할 수 있다. 존재의 의미를 찾으려고 하지만, 감정을 기억하지 않고 사실만 기억하고 있으니 감정을 느낄 수 없게 되면서 존재의 의미를 아무리 찾으려고 해도 찾을 수 없다.

여자는 건강해지고 난 후에 마음의 의미를 추구한다. 그래서 여자는 마음을 중요하게 생각하면서 행복한 감정을 만들려고 하는 것이다. 존재의 의미를 만들지 않으면 지적욕구가 생기지 않는다. 그러나 마음이 안정되고 행복의 감정을 느끼면서 존재의 의미가 형성되면 지적욕구가 저절로 생기게 된다.

남자든 여자든 건강, 마음, 지적욕구의 순서대로 추구하면 된다. 그러나 이 자아실현을 추구하는 것을 모른 채 오로지 지적욕구만 추구한다. 지적욕구는 경험, 공부, 정보, 앎, 깨달음 등이 모두 포함된다.

인간은 보통 존재를 생각할 때 자기만 살아 있으면 되고 자기만 행복하면 된다. 그 후에 마음을 안정하고 마음의 행복을 느낄 수 있도록 의미를 추구한다. 그 다음에 지적욕구나 성공을 추구하게 된다.

남자는 존재의 의미를 느끼지 못하기 때문에 존재의 가치를 추구하고, 여자는 존재의 의미를 느껴야 존재의 가치를 추구할 수 있다. 그래서 남자는 인생의 가치를 추구하고, 여자는 삶의 의미를 갖고 인생의 가치를 추구한다. 따라서 의미와 가치를 모두 추구하는 여자가 중요하고, 보호되어야 한다. 남자는 가치밖에 모르지만 여자는 의미와 가치를 모두 알기 때문이다. 또한, 여자는 의미가 붕괴되면 가치도 함께 붕괴되기 때문에 여자의 마음에 문제가 발생하면 남자의 가치도 문제가 발생한다.

여자는 현재에서 의미를 갖게 될 때 행복을 느껴야만 미래에 행복인 가치를 추구할 수 있게 된다. 가치는 현재 느끼는 것이 아니라 미래에 느낄 수 있다고 생각하는 것이다. 또한, 남자는 미래행복을 추구하기 때문에 현재의 의미를 느끼는 것보다는 미래의 가치를 추구한다. 이에 따라서 여자는 대부분 현재가 행복하면 굳이 미래의 행복을 추구하려고 하지 않는다. 현재가 행복하면 편안하게 살고 싶어 하기 때문이다.

나는 누구인가?

'나는 누구인가?' 여러분 스스로에게 생각해 보라. 이에 대하여 마음과 심리가 작용하는 원리로서 '나는 누구인가?'를 해석해 보면, 나는 자기 자신이다. 그래서 '나는 누구인가?'라고 하면 누구냐는 의미가 중요하다.

인간은 마음이 있고, 의식과 무의식이 있다. 또한, 심리에는 인식심리, 기억심리, 표현심리 등이 있는데, 이 중에 기억은 태어나서 현재까지 의미와 가치를 추구하면서 쌓아온 경험과 지식을 갖고 있다. 대부분은 기억나지 않는 것이지만 분명 기억하고 있다. 자신이 필요한 것만 기억한다. 이때 과거의 기억은 경험과 지식이다.

과거의 경험과 지식을 기억하고 있으면서 현재의 무의식이 작용하여 의식으로 자각돼서 느끼는 것이 '나'이다. 이때 나는 전 세계에 몇 명이나 존재할까? 나와 똑같은 경험과 지식을 똑같이 기억하고 있으면서 똑같이 생각하고 있는 사람이 몇 명일까? 쌍둥이일지라도 기억은 같지 않다. 그래서 나는 유일무이한 존재이다. 둘도 없고 오로지 나 하나이다. 부모님이 나를 몸과 마음을 갖도록 만들었지만, 태어나서 현재까지의 기억을 만든 것은 '나'이다. 내가 좋든 나쁘든 무엇을 했든 과거의 경험과 지식의 기억을 가지고 현재 내가 생각하고 있는 그 자체가 '나'이다. 이때 과거는 예전 경험과 지식을 기억하고 있는 것이다. 나를 기준으로 볼 때 현재는 지금은 생각하는 것이고, 미래는 기억에 의한 생각으로 추측하는 것이다.

그래서 인간은 '나'의 과거와 현재와 미래가 공존한다. 나의 과거와 현재와 미래는 나 자신에게 존재하고 있는 것이지 외부에는 없다. 오로지 나에게만 존재한다. 나의 것은 나에게, 자식의 것은 자식에게 존재하고 있고,

한 사람 한 사람이 각자 자기 자신에게 존재하고 있는 것이다. 내가 생각하고 지금 느끼고 있는 것이 '나'이다. 과거의 나는 없다. 그래서 나는 지금의 생각이고, 기억을 자각하고 느끼는 자기 자신이다. 이 과정에서 생각은 무의식에 의하여 자각된다. 그래서 무의식이라는 마음은 나를 존재하게 하고 내가 누군지를 알게 하는 근본이 되는 것이다.

무의식의 작용을 알지 못하면 현재 생각하고 있는 '나'를 모른다. 그래서 내가 스스로 나의 존재를 잊고 있는 것이고, 내가 있다는 것을 못 느끼는 것이다. 어제의 나는 오늘의 내가 아니다. 어제의 기억과 오늘의 기억이 다르기 때문이다. 이렇듯 나는 죽는 날까지 끊임없이 변화한다. 발전할지 아니면 퇴보할지는 모르지만 끊임없이 변화되고 있기 때문에 현재의 나는 존재하지 않는다. 그래서 '나'라는 개념이 없는 것이다. 내가 살아가면서도 나를 찾지 못하는 이유는 내가 계속 변하고 있기 때문이다. 계속 내가 변화되고 있기 때문에 지금 생각하는 것은 진짜의 나일지 아니면 가짜의 나일지 생각해 보아야 한다. 따라서 '나'에 대하여 확신할 수 없다.

이 세상을 살아갈 때는 내가 중심이다. 나의 기억을 중심으로 살고 생각을 중심으로 살고 있는 것이지 다른 사람을 위하여 살아가는 것이 아니다. 나를 위해서 내가 살아가고 있다. 그래서 나는 누구인가를 아는 것이 중요하다. 나는 다른 사람이 될 수가 없다. 또한, 다른 사람도 내가 될 수 없다.

여러분이 상대로 인하여 힘들고 아프게 되면 상대에게 "어떻게 네가 이럴 수 있느냐?"라고 화낸다. 이는 내가 나의 상처를 모르기 때문에 내 마음을 상대가 알아달라고 이야기하는 것이다. 그러나 상대는 나를 알지 못한다. 자신 이외는 다른 사람의 마음을 알지 못하고, 다른 사람도 나의 마음을 알지 못한다. 나는 나일 뿐이고 나만이 느끼고 자각한다. 그래서 나는 유일무이한 존재이다. '나'는 태어나서 죽기 전까지 유일한 존재로 살아가는 것이다. 그런데 왜 자꾸 타인에게서 나를 찾으려고 하는가? 타인에게서 나의 마음을 찾으려고 하는가?

나는 왜 사는가?

여러분도 생각해 보자. '나는 왜 사는가?' 사람으로서 인간으로서 살아가는 이유가 있을 것이다. 사는 이유를 생각할 때 먼저 '산다'는 개념을 생각해야 한다. 죽느냐 사느냐를 생각해 보면 죽으면 시체이고 살고 있으면 신체이다. 따라서 신체는 존재하고 있다는 것이고, 존재하지 않으면 시체가 되는 것이다.

여러분은 왜 존재하고 있는가? 이때 중요한 것은 '살고 있다'는 사실이다. 그러면 나는 과거의 경험과 지식을 기억하고 현재에 생각하고 있는 자기 자신이다. '내가 왜 존재하는가?', '내가 왜 이렇게 살면서 존재하고 있어야 하는가?', '이렇게 존재하고 있는 이유는 무엇일까?'

존재는 잘 사는 것이 중요하지 않다. 사는 것이 최우선이고, 그 후에 의미와 가치를 추구하기 위해서 살아간다. 사람들이 '왜 사느냐?'라고 질문하면 어떤 사람은 먹기 위해서 산다고 하고, 살기 위하여 먹는다고 한다. 이때 살기 위하여 먹는 것과 먹기 위하여 사는 것은 다르다. 전자는 존재의 의미와 가치를 추구해 나가는 것이고, 후자는 동물처럼 살아가는 것이다. 우선은 살아야 자아실현을 하든 말든 할 거 아닌가? 이 먹는 것은 존재하기 위해서 필요한 것이니까 살기 위해서는 먹어야 한다.

먹기 위해서 사는 것은 목적이고, 살기 위해서 먹는 것은 존재하면서 의미와 가치를 추구하는 것이다. 그런데 먹기 위하여 사는 것은 먹기 위해서 존재하고 있으니 동물과 다를 바가 없다. 동물이 사육되듯이 먹여 주고 재워 주면 되는 것이다.

그러면 여러분은 왜 살고 있으며, 왜 사회적으로 성공하고자 하며, 유명한 사람이 되고자 하는가? 왜 돈을 많이 벌고자 하고, 사회적 지위나 명예를 왜 가져야 되며, 왜 공부를 하고 있을까? 왜 이렇게 살고 있을까?

결국은 인간으로서 존재하는 이유이다. 과거의 경험과 지식을 기억하고, 현재에 생각하면서 왜 살고 있느냐는 것이다. 결국은 인간으로서 존재하는 이유를 묻는 것이다. 인간이라면 의미 있게 살고 싶고, 가치 있게 살고 싶어 하는 것을 알 수 있다. 경제적 가치를 추구하든 관계적 가치를 추구하든 사회적 가치를 추구하든 무엇을 추구하느냐는 중요하지가 않다. 의미 있게 살고 가치 있게 사는 것은 자기 자신이 사는 이유이다.

여자는 의미를 갖고 난 후 가치를 추구하기 위해서, 남자는 가치를 추구하기 위해서 살아간다. 인간은 죽는 날까지 자아실현을 추구하면서 산다. 만일 의미와 가치를 추구하지 않고 중단하게 되면 '나는 왜 사는가?'가 아니라 살아가야 할 이유가 없게 된다. 이것이 은퇴이다. 왜 사느냐가 사라지면 은퇴라고 한다. 은퇴하면 인간관계에서의 자아실현을 추구해 나가는 것을 중단하는 것이다. 그러면서 그동안 자아실현을 추구하면서 살아왔으니 이제는 죽는 날까지 사람으로서 살겠다는 뜻이다.

왜 사느냐고 질문하면 여러분은 이야기할 수 있어야 한다. '나는 의미를 갖고 가치를 추구하기 위하여 사는 것이다'라고 말할 수 있어야 한다. 이것이 자아실현을 추구하는 것이다. 나는 죽는 그날까지 자아실현을 추구하면서 살아가고, 이것이 인간답게 사는 것이다. 돈을 버는 것만 추구하는 사람이라도 자신은 가치 있는 인생을 추구하는 것이다. 이것을 나무라면 안 된다. 또한, 돈을 벌기보다는 사회를 위해서 봉사하고 헌신하면서 살아가는 사람은 그 사람 나름대로 가치 있는 인생을 사는 것이다. 이 또한 뭐라고 하면 안 된다. 자신의 인생도 아니면서 왜 그 다른 사람들에게 뭐라고 하는가? 자신이 왜 사느냐에 대한 질문의 정답은 자신에게만 있다.

8 마음과 심리

　심리의 기준과 원리는 단순하다. 심리는 일상에서 항상 작용하기 때문에 인간이면 누구나 작용하고 있지만, 심리의 기준과 원리를 알지 못하고 있을 뿐이다.
　인간의 심리는 인식심리, 기억심리, 표현심리로 구성되어 있다. 마음은 심리를 통제하기 위하여 의식과 무의식으로 구성되어 있다. 인식심리는 외부의 정보를 마음의 의식으로 자각하도록 작용하고, 기억심리는 외부의 정보를 기억하거나 기억된 정보를 의식 또는 무의식이 처리하도록 작용한다. 또한, 표현심리는 마음의 무의식이 외부로 표현하도록 작용한다.
　이 3가지의 인식심리, 기억심리, 표현심리는 인간이면 누구나 작용하기 때문에 심리를 쉽게 이해할 수 있고, 심리장애를 분석하고 치료할 수 있으며, 인간관계에서의 심리를 명확히 증명할 수 있다. 또한, 사상, 철학, 종교, 과학, 인문, 사회, 정치, 경제, 문화, 예술, 기타의 모든 인간관계의 이론과 원리가 심리에 모두 존재하고 있음을 증명할 수 있다. 따라서 심리를 정확하게 해석할 수 있으면 성경, 불경, 코란, 기타 경전을 해석하는 것도 어렵지 않으며, 심리는 만물의 이치라는 것을 알 수 있다.
　또한, 의학과 과학으로 증명된 신체의 생리현상과 더불어서 심리를 함께 연구하면 심리장애와 신체질병이 상호 연결되어 있다는 것을 알 수 있고 인간의 행복을 연구할 수 있다. 각 개인이 사회 구성원으로서 자아 성찰과 행복을 이룰 수 있으며, 더 나아가서 인간과 인류의 평화와 발전, 조화와 질서, 자유와 평등에 공헌할 것이다. 따라서 인식심리, 기억심리, 표현심리를 규명하여 심리의 기준과 원리를 알아야 할 필요가 있다. 이것이 마음이론이다.

인간의 심리는 원시사회와 고대사회의 샤머니즘(Shamanism)과 엑소시즘(Exorcism)으로부터 현대 사회에 이르기까지 지속적으로 연구 발전되어 많은 심리이론을 개발하였고 현재에서는 프로이트(Sigmund Freud)의 리비도(Libido)와 무의식의 정신분석이론과 함께 다양한 심리이론이 창시되었다.

그러나 이 모든 심리이론은 인간의 심리에 대한 상담이론과 심리치료의 이론이다. 이는 심리의 이론이기보다는 심리장애가 발생하였을 때, 심리장애를 치료하는 기법과 방법에 대한 이론이었다. 따라서 심리의 기준에 대한 이론이 없었다. 이로 인하여 심리장애에 대한 치료방법이 계속 개발되고 있지만, 아직도 심리장애의 원인과 치료는 정확하지 못하다. 새로운 심리장애가 발생하면 이에 대한 새로운 치료방법을 연구하여 새로운 이론을 만들고 있다. 이에 따라 심리의 기준이라고 할 수 있는 심리이론을 만들어야 한다는 목표를 갖고 연구하고 개발한 것이 마음이론이다.

이 마음이론은 지금까지 개발된 모든 심리장애의 치료방법을 재조명할 수 있는 심리의 기준이 될 것이고, 이를 통하여 심리장애의 원인과 치료를 규정할 수 있는 기초이론이 될 것이다.

심리는 인간으로서 갖게 되는 감정의 흐름과 상태를 통제하는 규칙으로서 외부의 정보를 인식하고, 감정을 생성하며, 기억하고, 생각하고, 외부로 표현하는 일련의 모든 과정이다.

　심리를 이해하기 위해서는 인간의 몸과 마음에서 심리가 상호작용하는 규칙을 알아야 한다. 인간의 신체는 내부기관과 외부기관으로 나눌 수 있는데, 내부기관은 인간의 신체를 보존하는 기능적 역할을 위하여 필요하고, 외부기관은 심리를 위한 기능적 역할을 위하여 필요하다. 감각기관인 눈, 귀, 피부, 코, 입은 외부의 정보를 마음으로 인식하는 역할을 하고, 말과 행동을 위한 입, 표정, 팔, 다리의 움직임은 마음에 의하여 감정을 외부로 표현하는 역할을 한다. 이렇게 감정을 인식하는 역할은 인식심리가 작용하고, 감정을 외부로 표현하는 역할은 표현심리가 작용하며, 사실의 기억은 의식에 의하여 작용하고 감정의 기억은 무의식에 의하여 작용하는 기억심리가 작용한다. 이와 같이 인식심리, 기억심리, 표현심리는 심리의 기준이고 모든 감정을 통제하는 규칙을 갖고 있다.

　인간의 감각기관 중 외부의 정보를 받아들이는 역할과 감정을 표현하는 역할을 동시에 하는 감각기관이 있다. 피부는 외부의 정보를 받아들이고, 외부로 정보를 표현하는 것을 동시에 한다. 피부의 하나인 성기도 느낌을 인식하고, 느낌을 외부로 표현하는 역할을 동시에 한다. 그래서 피부와 성기는 심리의 교차점이라 할 수 있고, 여자의 현재행복을 추구하는 마음과 남자의 미래행복을 추구하는 마음이 함께 작용하는 교감(交感)의 핵심이 된다.

　따라서 피부접촉과 성행동은 인간의 심리에서 남자의 열정과 여자의 사랑을 생성하는 핵심이고, 상처와 행복의 근원이다. 또한, 입은 혀의 미각을 통하여 인식하고, 성대의 울림에 의한 말을 통하여 외부로 표현하기 때문에 엄격하게 구분하면 감각기관이 분리되어 있다고 할 수 있지만, 입도 결국은 정보를 인식하는 것과 표현하는 것이 동시에 작용한다.

마음과 심리가 작용하는 원리

5개의 감각기관을 통해서 외부의 정보가 마음으로 유입되는 과정을 인식심리라고 한다. 마음에 의하여 정보를 뇌에 기억되도록 하거나 기억된 정보를 마음으로 자각하는 과정을 기억심리라고 한다. 또한, 마음의 정보를 내부 또는 외부로 표현하는 과정을 표현심리라고 한다. 이때, 외부정보를 마음으로 유입하는 과정, 뇌의 기억과 마음이 연결되는 과정, 마음을 말과 행동으로 표현하는 과정 등과 같이 마음과 신체가 연결되어 작용하는 것을 심리라고 한다.

따라서 마음과 심리는 별개이다. 마음이 신체에서 작용하는 과정이 심리이다. 심리(心理)는 '마음이 작용하는 이치'이다. 이때 마음은 '마음 심(心)' 하나이다. 마음과 심리는 다르다. 마음은 존재하고 있고 인식으로 작용할 때는 인식심리, 기억으로 작용할 때는 기억심리, 표현으로 작용할 때는 표현심리라고 한다. 따라서 인간은 몸과 심리로 구성된 것이 아니라 몸과 마음으로 구성되어 있다.

지금까지의 심리학은 마음을 연구하지 않았다. 인식심리를 연구한 것이 '인지법'이고, 뇌와 관련한 기억심리를 연구한 것이 '뇌 과학'이며, 표현심리를 연구한 것이 '행동법'이다. 또한, 인식심리와 표현심리를 동시에 연구한 것이 '인지행동법'이다.

심리학과 정신의학은 심리의 일부를 연구하고 있다. 심리는 마음에 의하여 작용하고 있는데, 심리의 원천인 마음을 연구하지 않기 때문에 심리를 100년 이상을 연구하였음에도 아직도 연구를 지속하고 있다.

　마음을 모른 채 심리를 연구하면 끝이 없다. 심리는 마음의 작용으로 나타나는 것이기 때문에 틀린 것은 아니다. 그러나 심리의 작용을 1개 연구하면 n-1개의 가짓수가 남고, 또 연구하면 n-2, n-3, n-4,… 이렇게 지속해도 무한한 심리작용의 가짓수가 남게 된다.

　그러나 마음은 단 하나이다. 이 하나를 알고 해석하면, 마음에 의하여 심리가 작용하기 때문에 n개가 모두 해석된다. 마음이론은 마음과 심리가 작용하는 원리를 해석한 이론이다. 이 마음이론을 알게 되면 심리로 나타나는 n개가 모두 해석된다. 따라서 마음이론은 심리이론에서 가장 핵심이고 뿌리가 되는 것이다.

마음과 심리는 다르다

　마음은 몸 안에 존재는 하는데 실체는 없다. 이때 실체로 보이는 부분이 심리이다. 심리는 '마음이 작용하는 이치'를 말한다. 그러다 보니 인간은 누구나 반드시 몸을 가지고 있고, 몸 안에는 분명히 마음이 존재하고 있는데 어디에 있는지는 모른다.

　마음은 외부로부터 정보가 들어왔을 때 감정이 깃들고 처리하기 시작한다. 5개의 감각기관(시각, 청각, 촉각, 후각, 미각)을 통해서 외부로부터 마음으로 받아들이는데, 이를 인식이라고 한다. 외부정보를 받아들여서 마음이 느끼는 것이다. 그리고 마음에서 느낀 감정을 기억으로 저장하기도 하고 기억으로부터 감정을 인출하기도 한다. 기억은 뇌 과학자에 의해서 많은 연구가 되었고 뇌에 기억된다는 것이 보편적으로 증명되었다. 그리고 마음에서 느낀 감정을 말, 행동, 표정에 의하여 외부로 처리하는 것을 표현이라고 한다. 이처럼 마음을 중심으로 인식, 기억, 표현을 심리라고 한다. 즉 심리는 마음이 작용하는 이치이다.

인간은 몸 안에 마음이 존재하고 있기 때문에 누구나 똑같다. 몸이 없는 사람이 없고 마음이 없는 사람이 없다. 그래서 인간은 누구나 인식, 기억, 표현 등을 하도록 되어 있다.

내가 보고 듣고 느끼는 인식은 나에게 들어오는 것이기 때문에 직접 느끼면서 실체가 존재한다. 기억은 과거의 기억, 전문적인 지식의 기억, 경험의 기억을 스스로 느끼기 때문에 실체가 존재한다. 표현은 말, 행동, 표정이 눈으로 보이기 때문에 실체가 존재한다. 즉 실체가 존재하고 작용되는 인식, 기억, 표현을 심리라고 한다.

그런데 대부분 심리는 곧 마음이라고 하지만, 실제는 마음과 심리가 다르다. 마음은 신체와 연결되어 작용하기 때문에 실체가 없이 존재하면서 작용만 한다. 그래서 외부에서 정보가 유입되어 마음에서 작용하는 것을 인식심리라고 하고, 마음에서 작용하는 정보와 감정을 기억에 저장하고 인출하는 것을 기억심리라고 하며, 마음에서 작용한 정보와 감정을 외부로 표현하는 것을 표현심리라고 한다. 즉 마음이 신체와 결합하여 인식, 기억, 표현으로 작용하는 것을 심리라고 한다. 그래서 마음과 심리는 별개이다.

만약 마음을 제외시키면 인식, 기억, 표현이 어떻게 처리되는지 알 수 없다. 그러나 기존에는 마음을 심리라고 하게 되면서 마음이 블랙박스가 되어 버렸다. 무엇인지는 모르지만 들어오고, 무엇인지는 모르지만 기억하며, 무엇인지는 모르지만 표현하는 등과 같이 블랙박스가 되어 있다. 그래서 어떻게 기억되는지를 연구하는 뇌 과학이 발전하고 있으며, 어떤 정보를 입력하였을 때 뇌의 어느 부분이 반응하여 신체에 영향을 주는 것을 연구하고, 인식에서는 5개의 감각기관을 연구하고, 표현에서는 말, 행동, 표정 등으로 보이는 부분만 연구하고 있다. 마음은 보이지 않는 블랙박스로 되어 있기 때문에 마음을 배제하고 심리만 연구해 온 것이다.

지금까지는 인식, 기억, 표현을 심리라고 결정하지 않았다. 마음과 심리가 작용하는 원리를 체계화하는 과정에서 인식, 기억, 표현이 심리이고, 몸 안에서 마음이 작용하고 있다는 것을 알게 되었다.

마음과 심리가 다르다는 것을 설명해도 사람들은 무슨 말인지 이해하지 못한다. 왜냐면 어릴 때부터 마음이 심리라고 배웠기 때문이다. 그래서 심리학이나 정신의학에서 말하는 심리가 전부라고 생각한다. 눈에 보이고, 실체가 있고, 직접 느껴지기 때문이다.

그런데 마음은 실체가 없고 작용하기 때문에 마음을 구체적으로 설명할 수 없다. 그래서 사람들은 심리는 믿지만, 마음은 믿지 않는다. 심리는 마음을 중심으로 작용하면서 보이고 느껴지기 때문에 믿지만, 정작 중심에서 작용하는 마음은 보이지 않기 때문에 믿지 않는다. 마음이 있는 것은 아는데 보이지 않기 때문에 굳이 알 필요가 없다고 말하는 것이다. 이것이 현실의 심리학이다.

9 인식심리

인간은 몸과 마음이 하나로 되어 있다. 이 중 신체의 감각기관은 신체와 인식심리를 연결한다. 감각기관을 통하여 외부의 정보를 받아들여 의식으로 자각하고 기억하며, 감정을 처리하기 위하여 심리가 작용한다. 신체의 감각기관은 외부의 정보를 받아들이는 눈, 귀, 피부, 코, 입(혀) 등 5개로서 마음으로 받아들인다.

이 신체의 5개 감각기관을 통하여 외부의 정보가 들어올 때 눈의 정보는 시각, 귀의 정보는 청각, 피부의 정보는 촉각, 코의 정보는 후각, 입(혀)의 정보는 미각이라고 한다. 이렇게 감각기관으로 받아들인 정보를 '감각정보'라고 한다. 5개의 감각기관은 '외부정보'를 '감각정보'로 전환한다.

외부의 사물과 현상을 5개의 감각기관을 통하여 5개의 감각정보로 전환하여 심리로 인지할 수 있도록 한다. 이렇게 외부정보를 받아들인 후 5개의 감각기관별로 시각정보, 청각정보, 촉각정보, 후각정보, 미각정보로 전환하고, 이를 종합하여 하나의 감각정보로 만든다. 이 감각정보는 느낌을 갖게 되고, 이를 의식에서 자각하여 느낌정보가 지속적으로 유지되면 이를 감정이라고 한다. 따라서 감정은 생각과 기억의 느낌이 지속되는 것이라고 할 수 있다.

이 과정을 인식심리라고 한다. 즉 외부정보를 5개의 감각기관으로 받아들여서 무의식에서 감정을 생성한 후 외부의 정보에 대한 감정으로 자각하도록 하는 과정이다. 피부접촉에서 좋은 느낌과 나쁜 느낌을 갖게 될 때, 피부접촉의 정보와 느낌이 결합하여 피부접촉이 느낌을 갖도록 만든다.

이때 감각기관을 통하여 외부정보가 지속적으로 유입되면 감각정보가 지속되고 느낌정보도 지속되면서 감정을 자각하여 느낄 수 있다. 그런데 외부정보가 유입되지 않으면 감각정보가 중단되어 느낌정보도 중단되면서 감정을 느낄 수 없다. 이와 같이 외부정보가 유입되지 않으면 감정을 느낄 수 없는 것을 일시적 감정인 '기분'이라고 한다. 반면 외부정보의 유입이 중단되고 느낌정보도 중단되었는데도 기분이 지속적으로 느껴지는 경우가 발생하는데, 이를 감정이라고 한다. 이는 기억정보에 대하여 무의식인 습관이 작용하면서 지속되기 때문이다.

마음유전자는 외부정보가 감각기관을 통하여 유입되면 감각정보로 전환한다. 이 감각정보를 생각에서 느낌정보로 인식되어 자각되도록 하는 것은 마음유전자의 결과를 무의식인 습관으로 처리할 때 발생한다. 남자와 여자가 외부정보를 받아들이고 처리하는 과정에서 감각정보로 전환할 때 마음유전자가 다르게 작용한다. 그래서 외부정보를 감각정보로 전환할 때 남자와 여자의 감각정보는 다르게 인식되어 다르게 자각된다.

남자는 감각정보가 미래행복에 맞는 것이 중요하여 감각기관에서 유입되는 감각정보가 미래행복을 추구하고 긍정기분을 유발하는 것을 선호하고, 이에 맞지 않으면 느낌정보로 전환하는 것을 제거한다. 그래서 남자는 5개의 감각기관을 작용하여 재미와 즐거움을 갖게 되면서 열정의 기분과 행복의 기분을 갖고자 한다.

반면 여자는 느낌정보가 현재행복에 맞는 것이 중요하다. 느낌정보는 감각정보가 유입된 후 마음유전자에 의하여 무의식인 습관이 처리하면서 결정된다. 이 느낌정보가 현재행복을 추구하고 긍정감정을 유발할 수 있도록 부정감정을 치료하여 무감정으로 전환하는 것을 선호한다. 그래서 여자는 사랑의 감정과 행복의 감정을 갖고자 한다.

감정정보로 지속될 수 있도록 하는 것은 여자에게 발생하고, 감각정보를 만드는 것은 남자에게 발생한다. 남자는 감정정보보다는 감각정보에 의하여 열정의 마음에너지가 발생하고, 여자는 감각정보보다는 감정정보에 의하여 사랑의 마음에너지가 발생한다. 다만 여자는 감각정보가 없다거나, 남자는 감정정보가 없다는 것은 아니다. 비교되지 않을 만큼 차이가 있기 때문에 없는 것과 마찬가지라서 없다고 하는 것이다.

외부정보를 신체의 감각기관을 통하여 받아들이는 것은 남자와 여자가 동일하다. 그러나 각 감각기관별 감각정보들이 종합되어 하나의 감각정보가 되면서 느낌정보로 전환될 때 남자와 여자가 다르고, 사람마다 느끼는 것이 다르다. 느낌정보에 대하여 남자와 여자가 다른 것은 마음유전자의 작용이 다르기 때문이고, 사람마다 다른 것은 감각정보가 종합될 때 왜곡되는 현상이 발생하기 때문이다. 또한 5개의 감각기관 중 몇 개의 감각기관이 작용했는지에 따라서 다르게 인식된다.

예를 들면 양파즙을 마신다고 하자. 양파즙을 마실 때는 눈으로 볼 때의 시각정보를 통해서는 양파라는 것을 알고, 코의 후각정보를 통하여 양파의 냄새를 알게 되며, 입과 혀의 미각정보를 통하여 양파의 맛을 알게 된다. 그런데 눈을 가리고 코를 막게 되면 시각정보와 후각정보를 받아들일 수 없게 되는데, 이때 양파즙을 마시면 입과 혀의 미각정보만 받아들인다. 그러면 양파의 맛이 아닌 다른 맛을 느낀다. 사실이 왜곡되어 인식된다.

이와 같이 몇 개의 감각기관이 정보를 받아들였느냐에 따라서 외부정보를 받아들여 인지하는 것이 다르다. 즉 감각기관이 많이 작용할수록 외부정보를 정확하게 인지한다. 따라서 감각기관에 장애가 있으면 외부정보에 대한 정확성이 떨어지면서 사실과는 다르게 인식하는 경우가 많다. 이로 인하여 발생하는 느낌정보와 감정정보도 달라진다.

특히 감각기관별로 외부정보를 받아들일 때 해석되는 정보의 양은 '시각정보 > 청각정보 > 촉각정보 > 후각정보 > 미각정보'의 순서로 차이가 많다. 이로 인하여 외부정보의 왜곡현상은 '시각장애 > 청각장애 > 촉각장애 > 후각장애 > 미각장애'의 순서로 나타나는 것을 알 수 있다.

외부정보를 왜곡되게 인지하면 느낌과 감정이 다르게 나타난다. 외부정보의 사실과 다르게 인식이 되는 경우, 우선적으로 자신의 감각정보와 느낌정보가 왜곡될 수 있고, 감정정보로 전환될 때 왜곡될 수 있다. 따라서 외부정보가 사실과 다르게 인식되는 경우에는 이 2가지의 왜곡을 생각해야 하고, 자신이 받아들인 외부정보가 사실과 다를 수 있다는 것도 생각해야 한다. 이렇게 외부정보가 왜곡되어 인식되는 것을 '인지오류'라고 한다.

이러한 인지오류는 남자보다는 여자에게 많이 발생한다. 여자는 감각정보보다는 감정정보를 중요하게 인식하기 때문에 남자보다 한 단계를 더 처리함으로써 왜곡될 가능성이 높아진다. 남자는 감각정보와 느낌정보에 충실하고, 여자는 느낌정보에 의한 감정에 충실하기 때문이다.

감각정보를 중요하게 인식하는 직업들 중에 최고의 전문가에는 남자가 많고, 감정정보를 중요하게 인식하는 직업들 중에 최고의 전문가는 여자가 많다. 시각, 청각, 촉각, 후각, 미각의 정보를 중요하게 인식해야 하는 전문가들은 남자가 많지만, 만일 여자가 전문가라고 한다면 감정정보보다는 감각정보에 충실하게 되면서 심리장애가 발생했다고 볼 수 있다. 또한 사실에 대한 감정을 중요하게 인식해야 하는 전문가들은 여자가 많지만, 만일 남자가 전문가라고 하면 감각정보보다는 감정정보에 충실하게 되면서 심리장애가 발생했다고 볼 수 있다.

그러나 심리장애라고 해서 정신적으로 문제가 있다는 것이 아니다. 심리의 장애가 발생한 것뿐이다. 감각정보와 감정정보를 조율하는 능력을 갖고 있거나, 문제를 해결하는 습관을 갖고 있는 경우에는 자신의 행복과 타인의 행복을 동시에 추구할 수 있기 때문에 이러한 심리장애는 치료하지 않는다. 따라서 심리장애라고 하여 나쁜 것이 아니라 심리장애로 인하여 문제가 생기고 피해가 발생하는 것이 나쁜 것이다.

최고의 전문가들 중 심리장애가 많은 이유는 심리를 극대화할 수 있는 능력을 갖게 되면서 심리장애가 될 수밖에 없고, 집중력과 기억력이 극대화된다는 것도 심리장애가 될 수밖에 없기 때문이다. 심리장애가 없다면 인류문명은 발전하지 못하고, 새로운 것을 창조할 수 없다.

10   기억심리

　인간의 기억은 사실의 현상과 감정으로 분리된다. 보통 기억을 생각하면 사실과 감정이 통합되어 기억되는 것으로 인식하지만, 실제는 사실만 기억하고 감정은 개별로 작용하면서 생각에서 통합되는 것을 알 수 있다. 그래서 심리에서 기억을 규명하기 위해서는 사실과 감정을 분리해야 한다.
　사실은 특정한 일에 대한 연속적인 과정을 말한다. 한마디로 동영상과 같다. 교통사고가 발생하면 교통사고의 처음부터 끝까지의 과정을 교통사고의 사실이라고 한다. 이때 현상은 사실을 구성하고 있는 하나의 장면을 말하는데 가령 사진과 같다. 관련되는 현상들이 모여서 사실이 된다. 이처럼 교통사고의 전체 과정은 사실이다. 이 교통사고라는 사실이 5개의 감각기관을 통하여 인식되어 감정이 발생하는데 이를 사실에 대한 감정이라고 한다. 결국 교통사고를 기억하면 사실과 감정을 통합하여 기억하지만, 실제는 사실을 기억하고 감정은 무의식에서 만든다.
　남자와 여자는 사실의 기억은 동일하다. 이는 뇌 과학자들에 의하여 뇌에 저장되는 것을 검증했다. 기억하지 못하고 잊어버리는 것은 뇌세포의 작용에 의하여 망각되는 것이다. 그래서 남자와 여자는 사실을 기억하기도 하고 기억하지 못하기도 한다. 이렇게 사실을 기억하는 것을 '사실기억'이라고 하고, 이 사실기억은 남자와 여자가 동일하게 작용한다.

사실기억과 함께 작용하는 것이 감정기억이다. 이는 사실에 의하여 심리에서 발생하는 감정이다. 그래서 교통사고가 나면, 교통사고의 사실과 교통사고로 발생하는 감정이 함께 작용한다. 이와 같이 특정한 사건의 사실로 인해서 발생된 감정이 작용할 때, 사건의 사실과 감정이 분리되지만, 함께 기억된 것으로 자각되기 때문에 마치 사실과 감정이 동시에 기억되는 것으로 생각한다.

그러나 심리에서 작용하는 감정을 분리하면 사실과 감정이 다르게 발생한다. 따라서 감정은 외부정보 또는 기억정보에 대한 느낌으로서 생각의 자각에 의한 감정이지 외부정보 또는 기억정보와 함께 발생하고 심리로 인식된 감정이 아니다. 결국 감정은 심리에서 발생된다.

이러한 감정은 심리에서 발생하기 때문에 남자와 여자가 다르게 기억한다. 감정은 마음유전자의 작용으로 발생하는 것이고, 이 마음유전자는 남자와 여자가 다르게 작용하기 때문에 남자와 여자가 감정을 기억하는 것이 다르다. 사실은 인간이면 누구나 동일하게 작용하므로 기억하기도 하고 기억하지 못하기도 하지만, 감정은 남자와 여자가 다르게 기억한다.

여자는 부정감정을 기억하고 긍정감정을 기억하지 못하지만, 남자는 부정기분을 기억하지 못하고 긍정기분을 기억하는 것은 마음유전자가 다르게 작용하기 때문이다.

만약에 남자가 부정기분을 기억하고 긍정기분을 기억하지 못한다면, 실제의 심리에서는 부정기분을 기억하는 것이 아니라 자신이 부정기분을 기억한다고 착각하는 현상이 발생하면서 심리장애가 생긴다. 착각하는 심리장애로 인하여 부정기분이 제거되지 못한 채 지속된다.

이와 같이 부정기분을 기억하고 있다는 착각을 할 뿐이지 실제는 기분을 기억하는 것이 아니다. 이를 '감정기억오류'라고 한다. 즉 감정기억에 문제가 발생한 것이다. 이와 같은 '감정기억오류'는 '남자의 감정기억오류, 남자의 부정기분기억오류, 남자의 긍정기분기억오류'와 '여자의 감정기억오류, 여자의 부정감정기억오류, 여자의 긍정감정기억오류' 등이 있다.

인간은 경험에 의해서만 감정을 기억하기 때문에 경험은 심리에 영향을 준다. 이때 경험은 직접경험과 간접경험으로 구분된다. 직접경험은 자신이 직접 경험하고 느꼈던 경험을 말하고, 간접경험은 자신이 직접 경험하지는 않았지만 다른 사람들의 경험에 대한 대화, 도서, 영화 등과 같이 다른 대상을 통하여 느끼는 경험을 간접경험이라고 한다. 이 간접경험은 자신과는 관계없지만, 심리에서는 감정이 만들어진다.

지식을 쌓는 공부를 할 때, 환경과 상황에 의하여 감정이 발생하게 되면 직접경험이냐 간접경험이냐에 따라서 남자와 여자의 학습능률이 다르다. 또한, 자신이 직접 교통사고를 경험하였느냐, 다른 사람의 교통사고를 목격한 것이냐에 따라서도 심리에 영향을 미치는 것이 다르고, 남자와 여자가 다르다.

자신이 직접 경험한 것은 아니지만 다른 사람의 경험이 마치 자신이 직접경험 한 것으로 인식되는 것을 외부의 충격이라고 하는데, 이것도 간접경험이다. 2014년에 발생한 '세월호 침몰사고'의 경우, 국민들이 모두 간접경험을 하면서 마치 자신이 사고를 당한 것과 같은 상처를 입었다. 이때 구출된 사람들, 가족, 현장 관계자, 자원봉사자 등은 직접경험이라 할 수 있다.

또한, 자신이 폭행을 당했다면 이는 폭력의 직접경험이고, 다른 사람이 폭행당한 것을 목격하였을 때 폭력피해자와 같은 감정을 갖게 되었다면 이는 폭력의 간접경험이 된다. 자신이 직접 성관계를 했다면 직접경험이지만, 다른 사람이 성관계를 하는 것을 보거나 알게 되었다면 간접경험이다. 폭력과 선정성에 관련되어 있는 것을 미성년자에게 금지하도록 하는 이유가 간접경험으로 인한 폐해 때문이다.

 간접경험에 의하여 직접경험을 한 것과 같은 감정이 형성되면 심리에 문제가 발생한다. 그런데 여자는 부정감정을 기억하고, 남자는 부정감정을 기억하지 않기 때문에 여자에게는 심리문제를 유발하지만, 남자는 시간이 지나면 무관심해지고 다른 대상에 즐거움과 재미를 찾는다. 이때 여자는 간접경험을 자신이 직접경험한 것과 같은 상처를 받게 되고, 남자는 간접경험의 사실기억과 함께 다른 대상에 즐거움과 재미를 기억하게 되면서 마치 폭력과 선정적인 것은 즐거운 것으로 기억한다. 이를 범죄에 적용해도 동일한 심리가 형성된다. 이로 인하여 현재 실시하고 있는 성교육과 예방교육이 매우 심각한 문제를 유발할 수밖에 없는 것이다. 이러한 심리는 지식교육인 공부에서도 동일하게 작용한다.

 이 모든 현상의 원인은 사실기억과 감정기억이 별도로 발생하고, 남자와 여자의 감정기억이 다르기 때문이다. 이렇게 남자와 여자의 감정기억이 다르다는 것은 일상생활에 적용하여 분석하면 쉽게 알 수 있고 증명할 수 있다.

11 표현심리

　표현심리는 정보와 감정을 생각하거나, 외부로 표현할 때 말과 행동과 표정이 작용하는 역할을 한다. 따라서 인간이 감정을 표현할 때 표현심리가 어떻게 작용하는지 알아야 한다. 이 표현심리는 무의식인 습관에 의하여 작용한다. 따라서 자각하는 의식이 아니라 자각하지 못하는 무의식이 작용하고, 말과 행동과 표정으로 표현되거나 생각으로 표현된다. 이때 무의식의 습관은 4개의 습관으로 구성되어 있다. 인심심리에서 작용하는 인식의 습관, 기억심리에서 작용하는 기억의 습관, 표현심리에서 작용하는 표현의 습관과 무의식에서 의식으로 표현할 때 작용하는 생각의 습관이다.
　습관은 반복적인 의식작용에 의하여 형성되므로 경험이 많을수록 습관도 많다. 이 습관은 일정한 패턴을 갖고 있기 때문에 자각되는 내용 또는 말과 행동과 표정의 내용을 갖지 않는 무의식이다. 만일 의식으로 자각되는 생각에 의하여 표현할 때는 의식으로 자각하는 말과 행동과 표정이고, 이는 스트레스를 동반하면서 하나의 생각만 표현된다. 이때 하나의 의도적인 생각으로 감정을 표현할 때 작용하는 말과 행동과 표정은 무의식이 작용하지 않지만, 의식으로 자각하지 않는 모든 말과 행동과 표정은 무의식인 습관에 의하여 표현된다.
　습관은 4개의 습관이 동시에 작용한다. 그래서 표현의 습관이 작용되면 인식의 습관, 생각의 습관, 기억의 습관이 함께 작용한다. 표현심리는 표현의 습관이 작용되면서 말과 행동과 표정을 움직이도록 한다. 의도적인 표현은 하나에 불과하고 의식이 작용하지만, 자각되지 않는 표현은 표현의 습관에 의하여 작용된다. 이때 표현의 습관은 자각되지 않기 때문에 말과 행동과 표정을 움직이도록 하는 원동력이 된다. 표현의 습관이 작용하면서 인식의 습관에 의하여 인식심리가 작용하고, 생각의 습관에 의하여 의식이 자각되도록 하며, 기억의 습관에 의하여 기억되도록 한다. 이로 인하여 습관은 인간의 심리에서 인식하고, 자각하고, 기억하고, 표현하는 역할을 한다.

따라서 인간이 하는 말과 행동과 표정은 무의식으로서 자각되지 않는 표현의 습관이 작용한다. 즉 의도되지 않는 것이다. 또한, 이러한 습관을 변화한다는 것은 성격을 바꾸는 것이고, 마음을 변화하는 것이다. 성격을 바꾸거나 마음을 바꾸려면 습관을 변화해야 한다.

외부정보를 인식하든 기억된 정보였든 무의식이 처리할 때는 우선적으로 표현한다. 표현할 때는 말과 행동과 표정으로 한다. 표현이 중요한 이유를 살펴보면 인식의 경우 생존하기 위하여 기억에 저장시키지만, 표현은 마음을 보호하기 위하여 무의식에서 감정을 만들면서 표현하기 때문이다. 그래서 좋은 감정일 때는 의식에서 자각하기 전에 이미 좋은 것을 표현하고 난 후 의식으로 자각될 때는 약간 적게 느껴진다. 즉, 너무 좋아도 안 되기 때문에 미리 표현 쪽에 80%를 소진시키고, 의식에서는 20% 정도만 자각하는 것이다. 남은 마음에너지를 느끼면서 의식에서 소모를 시키는 것이다.

마음에너지가 100이 만들어졌다고 한다면, 이 100을 고스란히 의식에서 자각하는 것이 아니다. 외부로 표현하면서 마음에너지를 80을 소모하고 20의 마음에너지에 의하여 의식이 자각하도록 한다. 따라서 표현하면서 80을 소모하고, 자각하면서 20을 소모한다. 이는 마음을 보호하기 위해서 마음이 과도하게 좋아져서 이상해지면 안 되기 때문이다. 의식에서 모든 것을 계속 자각하고 좋아지게 되면 의식에 장애가 발생한다. 그래서 무의식은 마음에너지를 만들기도 하지만, 마음을 보호하기 위하여 무의식에서 만들어졌던 마음에너지를 표현을 함으로써 감소시키는 역할을 한다. 의식에는 전체의 마음에너지를 소모할 수 있는 능력이 없기 때문이다.

만일 무의식에서 안 좋은 마음에너지가 만들어졌다고 한다면, 스트레스 또는 상처가 발생한다. 그러면 남자의 무의식은 스트레스를 제거하는 용도로 쓰고, 여자의 무의식은 상처를 치료하는 용도로 사용한다. 이는 무의식이 마음을 보호하기 때문이다. 그래서 마음을 자각하는 것은 무의식에서 마음에너지의 80이 소진되고 남은 20의 마음에너지가 의식으로 자각되는 것이다. 그래서 여러분들이 힘들다고 자각하는 것은 자각되는 느낌의 약 4배를 이미 표현으로 소진했다는 뜻이다. 만약 표현이 억압되면, 80의 마음에너지를 소모하지 못하고 고스란히 의식에서 100을 자각하게 된다. 그래서 실제로 표현해서 아픔을 느끼는 것보다 억압하며 표현하지 못해 아픔을 느끼는 사람이 더 힘들다.

이처럼 표현은 좋은 것이든 나쁜 것이든 마음에너지를 소진해 주는 역할을 하고, 이는 마음을 보호하기 위해서이다. 마음이 심리에서 계속 작용하지 않도록, 또는 너무 아프게만 작용하지 않도록 마음을 보호하는 것이다. 인간의 마음을 중심으로 심리가 작용하는 이유는 마음을 보호하기 위함이다. 인식되는 것은 생존을 위한 것이고, 표현하는 것은 살아가는 동안에 마음에 문제가 발생하지 않도록 소모해 주는 역할을 하는 것이다.

12 트라우마
(Trauma)

트라우마(Trauma)는 부정감정으로 발생하는 '정신적 외상' 또는 '상처'라고 한다. 심리는 감정의 흐름을 조절하고 제어하는 작용을 말하고, 심리와 감정은 직접적인 관계가 있다. 따라서 인간의 심리장애는 대부분 부정감정에 의하여 발생하기 때문에 트라우마에 대한 연구는 필수라고 할 수 있다. 이 부정감정으로 발생하는 트라우마가 인간심리에서 작용할 때, 마음의 행복을 추구하는 심리의 기준에 맞지 않기 때문에 행복을 추구하는 심리의 기준에 맞추려고 하면서 마음의 방어기제가 작용한다. 따라서 부정감정은 인간의 심리에 모두 작용하면서 심리장애가 발생하는 원인이 된다.

기존의 심리이론은 트라우마에 대하여 정신의학적, 상담심리학적으로 해석하면서 '정신적 외상'에 초점을 갖고 있고, 트라우마의 치료에 대한 방법을 연구하였다. 그러나 트라우마에 대한 치료방법의 많은 이론은 남자와 여자에게 동일하게 적용하면서 상담과 치료에 한계를 갖고 있으며, 트라우마가 작용하는 원리를 이해하지 못했다. 또한, 남자와 여자에 따라서 트라우마의 원인은 같더라도 남자와 여자의 방어기제가 다르게 작용되기 때문에 상담기법과 치료방법도 달라야 한다는 것을 알지 못했다.

마음이론을 개발하였을 때, 마음의 방어기제로 인하여 트라우마가 남자와 여자의 감정기억에서 다르게 작용하고 있음을 알게 되었고, 남자의 트라우마를 '진행트라우마'인 스트레스의 부정기분으로 적용하고, 여자의 트라우마를 '결과트라우마'인 상처의 부정감정으로 적용하였다. 이와 같이 트라우마는 '진행트라우마'와 '결과트라우마'로 분리하였고, 이를 기초로 상담에 적용하였을 때 심리장애의 치료효과가 매우 높은 결과를 갖게 되었다.

트라우마는 '진행트라우마'와 '결과트라우마'로 구분한다. 트라우마가 발생하고 작용하는 과정에서 현재에도 계속되는 트라우마가 '진행트라우마'이고, 진행이 멈추고 결과로 발생한 트라우마가 '결과트라우마'이다. 이때 '진행트라우마'는 스트레스로 작용하고, '결과트라우마'는 상처로 작용한다.

인간은 남녀노소를 불문하고 누구나 트라우마가 발생한다. 트라우마는 인간의 마음인 행복을 추구하는 심리의 기준에 위배가 될 때 발생한다. 부정기분으로 인하여 스트레스가 작용하고, 스트레스가 상처로 전환되며, 상처가 지속되면 트라우마가 된다. 자신의 마음인 행복추구에 맞지 않으면 스트레스 또는 상처가 발생된다. 따라서 남자는 미래행복을 추구하는 것에 맞지 않으면 스트레스가 발생하고, 여자는 현재행복에 맞지 않으면 상처가 발생한다.

이런 트라우마는 3가지에 경우에 발생한다. 첫 번째는 외부충격에 의한 트라우마이다. 외부충격은 자신과는 전혀 관계없이 외부에서 발생한 트라우마이다. 자신과 관계없이 특정한 사건과 현상에 의해서 발생하는 부정감정을 '외부충격에 의한 트라우마'라고 한다. 예를 들어 2014년의 세월호 침몰사건과 같은 일은 자신과는 관계없는 사건에 의하여 트라우마가 발생한 것이다. 이를 비롯하여 다양한 사건과 사고를 통하여 자신과는 관계없이 스트레스 또는 상처가 발생할 수 있다.

두 번째는 부정감정을 기억하고 있는 자신의 심리 때문에 발생하는 트라우마이다. 외부와는 관계없이 자신의 부정감정의 기억에 의해서 발생되는 트라우마이다. 이는 자신 혼자에게만 발생한다. 이 경우는 기억된 부정감정인 상처로 인하여 발생한다. 부정감정을 기억하는 것은 여자이기 때문에 여자에게만 해당된다. 남자는 부정기분을 기억하지 못하기 때문에 남자에게는 해당되지 않는다.

세 번째는 심리작용에 의한 트라우마이다. 자신과 상대가 서로 인식심리와 표현심리가 작용하면 인간관계가 형성되면서 감정이 발생하는데, 이때 부정감정이 발생하면서 트라우마가 발생한다. 자신과 상대가 동시에 심리작용을 할 때 발생한다. 이는 상대의 말과 행동과 표정으로 표현을 하였을 때 자신이 의식으로 인식하면서 부정감정이 생기는 트라우마이다.

이 3가지의 경우를 보면 자신과는 전혀 관계없는 외부충격의 트라우마, 자신의 감정기억으로 생기는 트라우마, 자신과 상대가 서로 심리작용을 하면서 생기는 트라우마로 구분할 수 있다.

결국 트라우마는 자신의 심리에서 발생하는 것인데, 스트레스 또는 상처를 의미한다. 트라우마의 결과가 자신의 감정으로 인하여 발생하기 때문에 원인을 찾고 이해하려고 한다. 그 원인만 없어지면 자신의 트라우마가 괜찮아질 것이라고 생각하는 것이다. 그러나 이는 착각이다. 이미 자신의 심리에서 발생한 것이기 때문에 원인을 차단하더라도 계속 남아 있는 것이다. 이에 따라 상처로 인하여 문제가 발생하면 원인은 상처가 발생된 과거 때문이라고 생각한다. 그래서 트라우마가 지속되는 것이다. 발생된 원인과는 관계가 없이 환경과 상황에 의하여 지속적으로 작용하는 것이 트라우마이다.

13 심리문제와 심리장애

인간이면 누구나 심리문제를 갖고 있지만, 이 심리문제가 의식과 무의식이 감정을 처리하는 과정에서 발생하고 있다. 그러나 의식과 무의식에서 감정을 처리하지 못하게 되면 인식심리, 기억심리, 표현심리 중 하나의 심리를 비정상으로 작용하도록 함으로써 의식과 무의식이 감정을 정상적으로 처리하도록 만든다. 이때 인식심리가 비정상으로 작용하면 인식장애, 기억심리가 비정상으로 작용하면 감정기억장애, 표현심리가 비정상으로 작용하면 표현장애가 발생한다. 이것을 통칭하여 심리장애라고 한다.

심리장애는 긍정감정과 부정감정이 마음의 행복을 추구하는 심리의 기준에 맞지 않게 되면서 심리문제가 발생하고, 의식과 무의식이 정상적으로 처리할 수 없는 상황이 될 때 발생한다.

참고로 심리장애는 '정신장애의 진단 및 통계편람'과 같이 정신의학과 생리학의 신체연구를 통하여 심리를 진단한다. 의학, 과학, 생리학, 뇌 과학의 신체의 관점에서 심리장애를 연구한 결과이다. 뇌, 신경, 호르몬, 혈액, 신체의 작용으로 심리를 연구하는 것과 같다. 이는 보이고 측정하고 검증할 수 있는 신체를 연구하는 것이고, 보이지 않고 추측하고 검증할 수 없는 심리를 연구하는 것은 아니다. 즉 심리의 관점에서 신체의 영향을 연구하는 것이 아니라 신체의 관점에서 심리의 영향을 연구하는 것이다.

그래서 의학과 과학은 발전하고 있지만, 심리학은 의식과 무의식으로 심리를 분리한 후 발전하지 못한 채 제자리걸음이다. 의학과 과학은 신체의 기준을 갖고 있지만, 심리학은 심리의 기준이 없기 때문에 의학과 과학에 끌려갈 수밖에 없는 현실이다.

정신의학에서는 신체의 기준으로 심리를 연구한다. 뇌, 신경, 호르몬이 감정과의 연관성을 연구하고 치료방법을 개발하고 있지만, 심리학에서는 정신의학의 연구에 기초하여 의식과 무의식을 연결하여 연구한다. 즉 정신의학과 심리학은 신체의 기준에서 감정을 연구하는 것이다. 결국은 모든 관점이 신체의 기준을 중심으로 하게 되면서 심리의 기준을 찾지 못하는 원인이 되었다.

심리의 문제로 신체의 문제가 발생하는 '신체화현상'은 정신의학에서 연구하고 있다. 다만 정신의학에서는 심리의 문제라고 하지 않고 정신의 문제인 뇌, 신경, 호르몬의 문제라고 한다. 즉 심리학이 아닌 정신의학의 관점이다. 그런데 신체의 문제로 인하여 심리의 문제가 발생하는 '심리화현상'은 연구하지 않는다. 이 '심리화현상'을 명명한 것은 기존의 정신의학에서는 없는 개념으로서 마음이론에서 새로운 개념으로서 명명한 것이다.

이렇게 새로운 개념을 연구한 것은 정신의학의 관점에서 보면 신체의 문제인 뇌, 신경, 호르몬 등이 문제이고 이것이 감정의 문제로 나타난 것이기 때문이다. 그러나 정신의학에서는 연구할 수 없지만 신체의 문제에 의하여 심리의 문제가 발생하는 '심리화현상'은 심리적 관점에서는 존재하고 있다. 그래서 마음이론을 체계화한 후 심리의 기준과 표준을 만들고 원리와 규칙을 만들게 되면서 '신체화현상'과 '심리화현상'을 치료할 수 있는 방법을 개발할 수 있었다.

　심리문제가 신체문제로 진행하는 '신체화현상', 신체문제가 심리문제로 진행하는 '심리화현상'은 신체인 뇌, 신경, 호르몬에 의한 감정으로는 해석할 수 없고 치료할 수 없다. 그래서 현존하는 심리치료법이 없는 것이다. '신체화현상'과 '심리화현상'에서는 심리치료를 해야 하지만 단순히 뇌, 신경, 호르몬의 개념만으로는 심리치료가 불가능하다. 심리의 개념으로 치료해야만 '신체화현상'과 '심리화현상'을 치료할 수 있다. 이와 같이 신체의 치료인 의학과 마찬가지로 심리의 치료인 심리학이 존재한다.

　신체의 문제는 의사가 진단하고 치료하지만, 심리의 문제는 심리전문가가 진단하고 치료해야 한다. 의사와 심리전문가는 서로가 상호 보완적인 관계로서 신체와 심리를 함께 연구해야만 인간의 행복을 위한 의료서비스를 기대할 수 있다. 의사는 신체를 치료하기 때문에 심리를 별것 아니라고 생각하고, 심리학자는 신체를 기초로 하여 의식과 무의식을 연구하다 보니 의사보다 한 단계 아래라고 생각하는 콤플렉스를 갖고 있는 것도 문제이다.

　신체의 연구만으로는 인간의 마음을 알 수 없고, 심리의 기준과 표준조차 없는 심리로는 인간의 마음을 알 수 없다. 반드시 심리에서는 심리의 기준과 표준을 정립해야 한다. 이것이 마음이론이다. 마음이론에 의하여 심리의 기준과 표준을 설정하고 검증했기 때문에 심리를 연구하기 위해서는 반드시 심리의 기준과 표준인 마음을 알아야 한다.

14 심리학의 오류

심리학의 오류를 살펴보자. 현재 사회는 심리학이 대세이다. 그래서 종교뿐만 아니라 매우 다양한 분야에서 심리를 활용하고 있다. 그래서 심리를 연구하고 공부해서 심리관련한 자격증을 취득하기 위하여 많이 노력한다. 실제 많은 심리학자와 심리상담사들이 있다.

그런데 심리학은 학문이기 때문에 인간의 인식, 기억, 표현에 관련된 부분을 학문적으로 체계화시켜서 연구하였다. 또한, 심리학에서는 매우 어려운 용어로 사용하고 있는데, 마음이론과 성마음이론에서는 일반적으로 어렵지 않은 용어로 인식, 기억, 표현으로 사용하였다.

심리학은 프로이트로부터 시작했다. 약 120년 전에 히스테리의 연구부터 시작하여 정신분석학이라는 학문으로 지금에 이르고 있다. 이때 히스테리는 심리장애가 아니라 정신병증으로 볼 수 있다. 프로이트는 심리학자가 아니라 정신과 의사이다. 그래서 여성의 히스테리를 연구하다 보니 인간이 가지고 있는 심리의 원천부터 해석해 보자 하여 새로운 관점에서 연구하여 심리이론을 만들었다. 이는 맞고 틀리고의 문제가 아니라 새로운 관점으로 문제를 제기하여 연구를 했다는 것이 중요하다. 심리학이 만들어지는 결정적인 시초라고 할 수 있다. 이후 프로이트의 연구를 기초로 하여 파생된 심리이론이 매우 많다.

그런데 심리이론이라면 모든 심리의 현상에 대하여 명확하게 규명되어야 하는데, 그렇지 못하기 때문에 또 다른 심리이론이 계속 개발되고 있다. 하나의 심리이론을 만들었을 때 맞지 않는 심리현상이 존재한다. 인식에는 맞지만, 기억과 표현에 맞지 않기 때문에 기억에 관련된 심리이론을 만들고, 표현에 관련한 심리이론을 또 만들게 된다. 이렇게 파생된 심리이론은 n개의 무한대가 될 수밖에 없다.

그러면 왜 심리이론이 n개의 무한대로 개발되어야 하는가?

예를 들어 사물을 인식하여 감정을 만드는 방법은 무한대이다. 왜냐면 인류가 존재하고 살아가면서 인식하는 것은 무한하기 때문이다. 카메라가 인식되면, 100년 전에는 카메라가 무엇인지 모르기 때문에 카메라에 대한 연구는 없었다. 지금은 누구나 보편적으로 잘 알고 있지만, 그때 당시에는 전혀 모르고 있었기 때문이다. 그래서 카메라가 왜 이렇게 인식되는지를 연구해서 심리이론이 만들어져야 한다. 그래서 인식되어 들어오는 n개의 심리이론이 만들어질 수밖에 없다.

그리고 기억할 때 똑같은 현상을 보고도 어떤 사람은 기억하고, 어떤 사람은 기억하지 못한다. 기억하지 못하는 사람이 잘못해서가 아니다. 분명히 기억하지 못하는 이유가 있기 때문에 이를 연구해야 한다. 그래서 기억도 n개 무한대로 심리이론이 만들어진다.

또한, 화를 표현할 때 어떤 사람은 욕을 하면서 화를 내고, 어떤 사람은 인상을 쓰면서 화를 내며, 어떤 사람은 표정으로 화를 내고, 어떤 사람은 말로서 화를 내는 등과 같이 화를 내는 방법도 많다. 만약, 손가락질하면서 화를 내면 그 심리를 연구해서 심리이론을 만든다. 그 손가락질하면서 화를 내는 현상을 연구하는 것이기 때문에 표현하는 심리도 n개가 존재한다. 이 모든 것을 연구하려면 죽는 날까지 연구해야 된다. 그래서 연구를 위한 연구를 한다.

앞으로도 한 가지의 심리이론이 만들어지고, 이 심리이론에 의하여 더욱 많은 심리이론이 개발될 것이다. 이런 현상이 생기는 이유는 심리학이 학문이기 때문이다. 그래서 심리학은 학문으로서만 연구한다. 그런데 옳은 것만 연구하는 것이 아니라 틀린 것도 연구해야 또 다른 시행착오를 겪지 않는다. 학문이 잘못되었다는 것이 아니다. 학문적으로는 연구해야 한다. 그래서 맞는 것, 틀린 것, 옳은 것, 적용할 것 등을 모두 연구해야 한다.

이로 인하여 심리학에서는 인식, 기억, 표현 중의 하나를 연구하는 데 오랜 시간이 소요된다. 그래서 인간은 왜 화를 내고, 화는 어떤 종류가 있고, 화를 낼 때 어떤 말과 행동을 하는지 등에 대하여 연구할 때, 사람들을 대상으로 설문조사를 해서 논문으로 발표하는 것을 양적논문이라고 한다. 그런데 몇 %는 맞고 몇 %는 안 맞고 하는 것을 계속 연구한다. 연구하다가 다른 사람이 이어서 또 연구한다. 연구논문은 맞다, 틀리다의 문제가 아니다. 학문은 맞고 틀린 것이 중요한 것이 아니라, 연구해서 기록에 남기는 것이 중요하다. 그래서 이것을 토대로 또 다른 연구를 할 수 있도록 하는 것이다.

그런데 인식의 문제, 기억의 문제, 표현의 문제 등 심리문제가 생겼을 때 문제가 생긴 것을 올바르게 작용하도록 만드는 것이 치료 또는 치유이다. 그래서 심리치료 또는 심리치유라는 용어를 사용하지만, 문제가 생겼을 때 치료하기 위하여 심리학을 적용하면 맞는지 틀린지 모르는 것이다. 왜냐면 연구를 또 해야 되기 때문이다.

심리치료를 할 때 심리학의 심리이론을 적용해보았을 때 50%는 치료가 되는데 20%는 될 듯 말 듯하고, 30%는 치료가 안 되면 또 연구한다. 그럼 이때 30%의 연구대상이었던 사람들은 치료가 안 되었다는 뜻이다. 그래서 그 사람들을 치료하기 위해 또 새로운 이론을 만들어야 한다. 그래서 새로운 이론을 만들어서 다시 치료했더니 이번에도 50%는 치료되고 50%는 치료가 안 됐다면 또 연구하고 적용해야 한다. 이렇게 연구하고 적용하면서 온 세월이 100년이 넘었다. 그런데 아직도 상처치료법이나 심리치료법을 못 찾고 있다.

이와 같은 심리학의 오류가 발생된 이유를 찾아보자. 심리학은 틀린 학문이 아니다. 연구해야 하기 때문에 매우 중요한 학문이다. 그런데 심리학은 치료학문이 아니고 연구하는 학문이었다. 예를 들어 경제학의 경우를 보면 이론이 매우 많다. 그래서 경제학의 연구를 적용하여 다양한 경제정책을 만들고, 경제를 회복하면 이론은 맞는 이론이 된다. 또한, 회복된 경제정책을 다른 나라에 적용했더니 실패했다면 또 다른 경제이론이 연구되고 개발된다.

이와 같이 심리학을 연구할 가치는 충분히 있으나, 상담이나 치료에는 큰 도움이 되지 않는다. 왜냐면 요즘 대세가 심리학을 전공해서 나름대로 하나의 심리이론이나 치료이론을 연구한 업적으로 상담을 하고 있다. 지금 우리는 하나가 아니라 무한대의 치료이론이 필요하다. 하나의 심리이론으로 심리치료를 한다고 하면 어불성설이 될 수밖에 없다.

심리치료를 할 때 사람들이 많이 점검하는 것이 출신학교는 어디인가? 대학교수인가? 심리학박사인가? 등이다. 왜냐면 심리학이 대세이기 때문이다. 하나의 심리이론으로 심리치료를 하는 것이니 다양한 심리장애를 치료하는 것은 매우 어려운 것이 현실이다. 이것이 심리학의 오류이다. 심리만 연구했기 때문에 오류가 발생하는 것이다.

심리인 인식, 기억, 표현은 반드시 마음과 함께 작용하고 있다. 그런데 마음은 하나인데 마음이 인식할 때 n개를 만들고, 기억할 때 n개를 만들며, 표현할 때 n개를 만든다면, 하나의 마음이 작용되는 원리를 알면 n개가 작용되는 원인과 결과를 모두 해석할 수 있다. 왜냐면 마음에 따라 상황이 만들어지는 원리가 해석되기 때문이다. 그래서 마음은 인식, 기억, 표현의 근본이기 때문에 심리를 연구할 때는 마음이 매우 중요하다.

따라서 마음을 연구해 볼 필요성이 있지만, 심리학에서는 마음을 인정하지 않고 연구하지 않는다. 그나마 정신의학에서는 마음을 조금씩 연구하고 있는 수준이다. 왜냐면 마음이 해석되어 n개의 심리현상이 나타나는 원리가 밝혀지면 그동안 심리를 연구했던 사람들의 연구업적에 심각한 문제가 발생하기 때문에 마음이론을 받아들일 수 없는 것이다. 그래서 심리학에서는 마음이론이 사이비로 취급되고 있다. 그런데 정신의학에서는 마음을 인정하지만, 연구의 영역이 다르다. 정신의학은 신체와 연결된 영역만 연구하는데, 이를 정신이라고 한다. 그래서 정신의학에서 마음을 조금이라도 연구는 하지만, 마음을 신체의 관점에서 연구하기 때문에 마음이론이 불필요한 것이다.

실제 마음을 연구해야 하는 학문은 심리학인데, 마음을 부정한다. 그래서 심리학에서는 마음의 개념이 없다. 그러다 보니 심리학자들이 마음과 연결되어 있는 용어를 매우 어렵게 사용하고 해석함으로써 일반 사람들은 접근하지 못하도록 하고 있다. 그래서 매우 폐쇄적으로 위험한 학문이 된 것이다.

인간의 삶을 좌지우지하는 학문은 분명히 맞지만, 원리를 연구하는 것이 아니라 보이는 것만 연구하기 때문에 인류가 존재하는 한 계속 연구를 해도 끝이 없다. 즉 '밑 빠진 독에 물 붓기'와 같은 학문이 심리학이다. 이는 심리학의 오류에 빠져 있는데 당사자들은 모른다.

저자는 심리학자가 아니다. 그러다 보니 만약 여러분 중에 심리학에 관련된 어느 특정한 부분을 연구하였다면 마음이론이 매우 불편할 것이다. 왜냐면 마음이론을 배우지 않았기 때문이다. 그래서 마음이론으로 심리치료를 할 때는 6개월이 소요되었는데, 자신들이 심리치료를 할 때는 1년 이상이 소요되더라도 심리치료가 힘든 원인을 연구하려고 하지 않는다. 왜냐면 마음이론은 틀렸고 사이비라고 생각하기 때문에 싫어한다. 이로 인하여 마음이론으로 심리치료를 할 때 가장 어렵고 힘들고 오랜 시간이 소요되는 사람들이 심리학의 전공자들이다. 그런데 정신의학의 의사들이 힘들 거 같지만, 의외로 심리치료가 매우 빠르다. 신체적으로 약물로서 계속 치료를 해 보았지만, 치료가 잘 안 된다는 것을 알고 있고, 심리학에 치료법이 없다는 것을 알고 있다. 그래서 마음이론을 이해하면 심리치료가 매우 빠르다.

그런데 마음이론을 거부하는 사람들이 심리학자들이다. 마음이론을 알려고 하지 않고, 심리영상을 아무리 공개하여도 무시하기 일쑤이다.

우리가 늘 생각해야 하는 것이 본질이다. 심리의 본질과 원리를 모르면 심리치료를 할 수 없다. 심리학을 신앙에 근거하여 상담을 하는 것을 목회상담이라고 한다. 불교의 상담, 천주교의 상담 등 신앙과 연결된 상담이 많다. 그런데 문제는 심리학은 하나인데 n개의 심리현상을 모두 종교의 신앙으로 해석한다. 목회상담을 보면 심리학과 마음의 연구가 아니라 심리학과 신의 연구이다. 그래서 심리학과 성경이 결합된 것이 목회상담이고, 심리학과 불경을 결합한 것이 마음수련, 마음학교, 마음챙김 등이다. 이러한 종교와 심리를 결합한 상담은 틀린 것이 아니라 맞다. 그러나 다양한 심리장애들 중에 치료되는 것은 극히 일부분일 뿐이라는 것을 말하고 싶다.

요즘 심리장애는 시간이 갈수록 더 심각하고 확대되기 시작했다. 많은 심리이론이 존재하고 있음에도 불구하고, 벌써 100년 이상 심리학으로 연구했고, 오랜 경전들이 있는데도 불구하고 왜 심리치료가 안 되고 점점 더 심리가 안 좋아지고 문제가 생기는 것일까? 왜 점점 사회가 각박해지고 자살률이 높아지고, 이혼율이 높아지고, 감정은 계속 더 안 좋아질까? 이는 치료방법이 없기 때문이다.

그러다 보니 심리장애에 대한 치료기법을 만들고 또 만든다. 하나를 치료하면 또 다른 문제가 생기는 것을 '풍선효과'라고 한다. 풍선의 한쪽을 누르면 다른 한쪽이 부풀어 올라간다. 분명히 한쪽은 치료가 됐는데 다른 한쪽에서 문제가 생긴다. 그래서 또 다른 쪽을 치료하면 다른 한쪽이 부풀어서 문제가 생기는 풍선효과에서 벗어나지 못하는 것이 '심리학의 오류'이다.

이로 인하여 우울증을 치료했더니 중독증이 발생한다. 중독증을 치료했더니 우울증이 발생하거나 공황장애가 발생하면서 더욱 심각해진다. 이때 중독증의 심리장애를 우울증에 의한 무기력감을 만들어 놓은 후 중독증을 치료했다고 말한다. 즉 사람을 인간으로서 살아가지 못하도록 만들어 버린 것이다. 그러다 보니 심리장애를 치료하겠다고 다른 심리장애를 유발시키는 상황이 현재의 심리학에서 많이 발생하고 있다. 그리고 왜 이런 현상이 생기는 이유를 또 연구한다. 왜냐면 연구해서 업적을 쌓으면 유명해지기 때문이다. 이런 일이 발생하는 원인을 보면 심리학의 오류를 당사자들이 인식하지 못하기 때문이다.

여러분은 최소한 마음과 심리학이 어떤 연관성이 있는지를 명확하게 알아야 한다. 저자는 심리학자가 되고 싶은 생각이 없다. 예전에는 마음이론과 심리학을 연구해 보고자 했지만, 결국 심리학에서는 마음이론을 연구할 수 없다는 것을 알게 된 후에 시간과 노력을 낭비하기보다는 차라리 마음이론을 새롭게 연구하는 것이 좋겠다고 생각하여 심리학을 포기했다. 물론 심리학을 연구하더라도 학위는 생각하지 않는다. 왜냐면 학위를 심사하는 심리학자가 마음이론을 모르기 때문이다. 그래서 마음교육전문가 중에 마음이론을 좀 더 체계화해서 연구할 수 있는 의사나 교수들이 계속 연구해 나갈 수 있도록 환경을 만들어 가는 것이 중요하겠다는 생각을 갖고 있다.

 심리학의 오류로 인해 많은 심리장애가 발생된다. 심리학이 중요한 것은 맞지만 심리학을 있는 그대로 믿으면 안 된다. 심리학은 무한한 n개 중에 하나를 연구하는 하나의 학문일 뿐이다. 심리학자는 무한한 n개 중에 하나를 연구해서 뛰어난 하나의 업적을 가지고 있는 것은 맞다. 그런데 그 하나가 맞는 사람을 제외하면 대부분의 사람들에게는 맞지 않다. 그러나 그 하나를 공부하고, 연구하여 그 하나에 관련된 체계와 규칙을 정확하게 알게 된 것은 큰 노력이고 그 사람이 학자다운 면을 가지고 있는 것이다. 언젠가는 그 하나를 누군가가 쓰게 될 것이기 때문이다.

 심리학의 심리이론이 무한하게 연구되고 있다. 현재를 살아가는 사람들은 치료와 치유를 필요로 하고 있는데, 심리학에서는 무한대의 심리이론으로 치료와 치유를 하고 있으니 점점 더 심각한 심리문제가 발생하는 것이다. 그래서 정신의학에서는 심리학을 별로 대수롭지 않게 인식한다.

 해외의 경우는 심리학을 전공하고 상담을 하고자 하면 우리나라의 의사가 되는 과정과 같이 몇 년 공부하고 인턴과정을 걸치고, 수련과정까지 해야만 상담사자격증을 취득할 수 있다. 그런데 우리나라는 시험만 보면 심리상담가 1급자격증을 취득할 수 있다. 물론 국가공인자격증이 아니라 민간자격증이다. 인터넷으로 신청해서 시험을 보면 자격증을 취득할 수 있다. 인간의 마음을 연구하고 치료하는 상담사를 자격증으로 논할 수 있는 문제가 아니다.

15 심리치료의 개념

마음이론에서 심리치료는 심리장애를 치료하는 것이다. 심리장애가 아닌 심리문제는 힐링해서 기분전환을 하면 며칠 내로 원래의 상태로 회복된다. 그런데 원래 상태로 돌아가지 않을 정도의 단계(가장 깊은 상처를 10으로 할 때, 5 이상의 상처인 경우)가 넘는 경우에는 반드시 상처치료 또는 심리치료가 필요하다. 그래서 심리장애를 치료하는 방법에 대한 것을 연구해 볼 필요가 있다. 그 전에 심리장애의 원인을 정확히 알아야 한다.

심리장애는 인식장애, 기억장애, 표현장애가 있다. 이 3가지의 심리장애를 치료해야 한다. 인식장애는 인식될 때 문제가 발생한 것이기 때문에 인식을 조절해야 한다. 표현장애는 의식의 생각으로 내부표현을 할 때 문제가 발생하는 것이고, 말과 행동으로 외부표현을 할 때 문제가 발생하는 것으로서 이때는 내부표현과 외부표현을 조절해야 한다. 그런데 기억장애는 기억된 상처의 작용이기 때문에 기억을 조절할 수 없다. 왜냐면 뇌가 기억된 것을 인출하는 것은 몸 안에서 일어나는 일이기 때문이다.

인식은 5개 감각기관을 통해서 외부정보가 유입되고, 표현은 말, 행동, 표정으로 하는 것이 보인다. 그런데 기억은 저장하고 인출하는 역할을 하다 보니 어떻게 해야 할지를 모른다. 그래서 기억장애는 심리치료를 하면 안 되고 상처치료를 해야 한다. 이는 감정기억장애인 우울증인데 이것을 정확하게 알아야 한다. 그래서 감정기억장애에 대하여 심리치료를 하면 문제가 생기는 것이다.

예를 들어 인식장애를 치료하는데 인식장애는 인식할 때 문제가 생겼다는 것이다. 그러면 현존하고 있는 인식장애를 치료할 때 어떻게 하면 좋게 받아들이고, 어떻게 하면 안 좋게 받아들이는지 여러 가지를 기억에 넣어서 자기 스스로 조절해 나갈 수 있게끔 만드는 방법을 인지치료법이라 한다. 즉 인식되어 필요한 기억을 하도록 하여 조절하도록 만드는 것이다. 그래서 몰랐던 것을 알고 자각할 수 있도록 또는 깨달아 가는 일련의 과정을 만들도록 하는 것이 인지치료법이다. 그래서 외상후스트레스장애, 공포장애, 공황장애 등에 대하여 인지치료법을 많이 사용한다. 왜냐면 스스로 느끼고 깨달아서 어떻게 하면 조절할 수 있을지를 배워 가면서 스스로 무엇인가를 할 수 있도록 가는 과정이다. 그리고 표현장애의 경우, 불필요하게 화를 많이 내던 것을 화를 조절하여 화를 안 나게 만들어 가는 것을 행동치료법이라고 한다.

그런데 심리장애를 치료하다 보니 정신의학과 심리학에서는 분명히 인지치료법과 행동치료법 또는 인지행동치료법을 사용하면 심리장애가 치료될 것 같은데, 이를 적용하다 보니 어떤 것은 치료되고, 어떤 것은 치료가 안 되는 경우가 많았다. 이때 간단한 심리문제가 있는 경우에는 인지치료법이나 행동치료법을 적용하면 치료가 어렵지 않게 되었다. 이는 심리문제는 조금만 노력을 해도 원래대로 회복할 수 있는 준비가 된 상태이기 때문이다. 그래서 원래 상태로 돌아갈 수 있는 준비가 된 단계(가장 깊은 상처를 10으로 할 때, 5 미만인 경우)인 문제는 상담만으로도 회복이 가능하다.

그런데 인지치료법과 행동치료법으로는 치료가 안 되는 분야가 많아지면서 2개를 모두 적용하는 연구를 하면서 나온 것이 인지행동치료법이다. 인지하고 행동하니 효과가 좋은 것이 당연하다. 왜냐면 어떤 문제에 적용해도 괜찮고, 심리문제는 원래대로 회복하려고 하는 힘이 있기 때문이다. 예를 들어 상처가 났을 때 상처치료용 연고를 발라야 하는데 소금을 뿌리면 더 아파진다. 그리고 상처의 부패를 방지하기 위해 소금을 뿌려야 하는데 상처치료를 위한 연고만 바르면 안 된다는 것이다. 이처럼 방법에 차이점이 있다.

그런데 일반적으로 심리장애가 인식장애, 기억장애, 표현장애로 구분되는 것을 모르고 있다. 표현장애에 있는 사람에게 인지행동치료법을 적용하면 표현장애가 더 강화된다. 인식장애에 있는 사람에게 인지행동치료법을 적용하면 모든 것이 스트레스로 작용하기 때문에 더욱 악화한다. 그래서 반드시 약물처방이 함께 되어야 한다. 몸을 조절하여 심리장애가 강화되는 것을 예방해야 자신과 타인에게 피해를 주지 않기 때문이다. 예를 들어 자살의 욕구가 있는 경우는 먼저 자살하지 못하도록 몸을 조절해야 하는 것과 같다. 이런 식으로 몸을 조절한 후 다른 것을 강화해 갈 수 있게 만드는 것이 인지행동치료법이다. 그래서 상담도 약물복용도 6개월 이상, 1년 이상을 지속하는 것이다. 왜냐면 근본적인 치료법이 아니기 때문이다.

그러나 마음이론에서는 심리장애를 치료할 때 인식장애와 표현장애는 심리치료를 하고, 감정기억장애는 상처치료를 한다. 그래서 인식장애를 치료할 때는 인식에 문제가 발생했으니 가능하면 인식이 안 되도록 만드는 것이 중요한데 어떻게 인식을 안 하고 살아가느냐고 한다.

마음은 의식과 무의식으로 구성되어 있는데 남자든 여자든 인식되어 들어오는 것부터 표현으로 나가는 것까지 모두 무의식이 작용한다. 그래서 남자들은 의식으로 자각될 수 있도록 내부표현을 한다. 즉 들어오는 것에 의해서 스트레스가 처리될 때, 건강하게 처리할 수 있도록 강화시키는 것이 인식장애를 치료하는 방법이다.

인식장애는 인식되는 모든 것이 스트레스로 작용하는데, 무의식이 스트레스를 처리하지 못하기 때문에 문제가 발생하는 것이다. 그래서 유입되는 모든 것을 자기 스스로가 느끼기 전에 처리할 수 있도록 하는 과정을 만들어 주면 인식장애가 치료되기 시작한다. 즉 인식되는 모든 것을 무의식이 저절로 처리하면서 조절하는 능력을 만드는 것이 인식장애를 치료하는 방법이다.

인식을 조절하고 처리할 수 있도록 강화시키기 위해서는 무의식을 변화시켜야 한다. 그러나 무의식을 변화하기 위해서는 의식으로 자각하면 안 된다. 특히 공황장애나 불안장애가 발생하면 약물처방으로 괜찮아졌다고 하는데, 심리장애를 치료할 때는 최악을 -10이라고 놓고 볼 때, -5 미만은 상담을 통하여 인지행동치료법 또는 행동치료법으로 원래대로 회복한다. 이 경우 심리장애인 공황장애라고 하면 안 되고 심리문제인 공황증세라고 할 수 있다. 그래서 공황증세가 있던 사람들은 한두 번의 공황발작이 나타났을 때, 약물처방과 함께 힐링방법 또는 마음수련을 하면 괜찮아져서 일상으로 다시 복귀하는 경우가 많다. 그러나 공황장애가 치료되었다고 하는데 이는 공황장애가 아니었고 공황증세를 가지고 있었던 것이라 할 수 있다. 즉 진단이 정확하지 않았던 것뿐이다.

-5 이상인 인식장애의 경우에는 약물처방 또는 힐링방법이나 마음수련으로는 치료가 안 된다. 그래서 약물복용을 지속해야 한다. 인식장애는 누구에게나 발생할 수 있다. 인식문제는 그때그때 처리하고 -1, -2 정도이

면 스스로 기분전환을 하면서 처리된다. 그래서 강연을 듣고, 자신 스스로 공부하기도 하고, 힐링여행이나 취미활동을 하면 처리되지만, -5 이상이 되면 잘 회복되지 않고 오히려 악화하는 경우가 많다. -5 이하인 경우는 약물과 함께 기분전환으로 조절하면 원래대로 회복하게 되는데, 이는 증세라고 하지 장애라고 하지 않는다.

그러나 인식장애는 반드시 조절을 해 줘야만 원래대로 돌아가고, 원래대로 돌아갔을 때 다시 재발하지 않도록 해야 한다. 조절해서 처리하도록 무의식에 만들어 주는 것밖에 없다. 이것이 인식장애를 치료하는 방법이다.

감정기억에 관련된 우울증이나 조울증은 상처의 감정과 연결되어 있다. -5 미만인 경우는 기분전환을 해서 일상으로 회복한다. 그래서 주로 참고 견딘다는 말은 그때그때 치료하고 넘어갔다는 것이다. 그런데 상처라는 것이 참으려고 해도 안 참아지면서 어려움을 겪게 된다. 이것을 감정기억장애라고 한다.

그런데 감정기억이 너무 커 버리게 되면 자신도 모르는 사이에 무기력해지는 것이 우울증이다. 참는 차원을 넘어서 버린 것이다. 그렇게 되다 보니 상처치료를 할 때 제일 먼저 상처의 감정을 무감정으로 만들어야 한다. 그런데 일상을 살아가는데 또 스트레스가 들어오면 상처가 다시 생겨서 또 재발한다. 그래서 감정기억장애인 우울증은 약물치료 또는 치료상담이든 중단한 후 2~3개월이 지나면 다시 재발된다.

감정기억장애는 신체화현상(신경성장애)을 동반한다. 편두통, 과민성대장증후군, 과민성위장장애, 과민성탈모 등과 같은 신체화현상이 나타난다. 이것이 괜찮아졌다가 또 재발하는데 재발할 때마다 약물에 의존하거나 상담에 의존하게 된다.

무감정으로 비워진 곳에 행복의 감정을 넣어야 하는 것이 감정기억장애의 치료법이다. 그래서 감정기억장애를 치료한 후 반드시 심리치료 즉 인식, 기억, 표현에 관련된 것을 조절해서 무의식에서 처리할 수 있는 능력을 만들어야 한다. 상처가 작용해서 자각되도록 하고, 그래야 무의식이 아픔, 상처, 고통이 쌓이지도 않지만 그렇게 느껴지지 않도록 자연스럽게 조절하는 것이 완치방법이다. 따라서 정확하게 진단되어야 정확한 치료법을 쓸 수 있다.

표현장애의 경우는 내부표현이냐 외부표현이냐에 따라 치료법이 다르다. 왜냐면 무의식이 한쪽은 의식으로 표현하는 내부표현을 하고, 다른 한쪽은 외부로 표현하기 때문이다. 그래서 외부표현은 말과 행동으로 하고, 내부표현은 생각으로 자각된다. 생각을 치료하는 방식과 말과 행동을 치료하는 방식은 다르다.

생각을 치료하려면 스스로가 알아가는 과정이 필요하다. 자기 생각이 어딘가에 몰입되어 연구하면서 계속 의식에서 자각되는 과정을 스스로가 자연스럽게 갈 수 있도록 만들어야 한다. 이것은 행동이 아니다.

또한, 말과 행동을 치료할 때 말과 행동을 어떻게 해야 하는지의 행동치료법에 관련되는 것을 긍정적으로 그 사람의 의미와 가치에 관련된 행복에 맞도록 조절하는 것을 꾸준하게 지속해 줌으로써 무의식에 자연스럽게 형성되도록 심리조절을 할 필요성이 있다. 즉 무의식이 작용함으로써 인식, 기억, 표현을 의식이 자각되는 심리를 조절해 가도록 하고, 그 후 중독증, 성격장애, 인격장애 등의 표현을 조절하는 것이 치료방법이 되기도 한다.

무조건 심리장애인 사람을 가르친다고 해서 치료되는 것이 아니다. 왜냐면 분명히 알아듣게 설명하지만 알아듣지 못하는 것은 이미 심리가 장애인 상태이기 때문이다. 장애인 상태인데 그 사람이 정상이라고 생각하고, 이것을 알려줬으니 분명히 치료될 것이라고 하지만, 이는 안 된다.

그래서 심리장애는 자기 혼자 노력한다고 해서 치료되는 것이 아니다. 정확한 치료법을 이끌어 주고 그 사람이 지속적으로 만들어 갈 수 있도록 환경을 만들고, 그것을 이끌어 주는 것이 치료법이다. 이처럼 자기 혼자 노력한다고 해서 치료가 되는 것이 아니라는 것을 알아야 한다.

그런데 사람들은 자기가 노력하면 얼마든지 치료되는 줄 안다. 그럴 거 같았으면 치료를 왜 하고, 장애가 왜 필요할까? 내가 행동하고, 내가 생각해서, 내가 공부해서, 내가 치료될 수 있다고 하면 그것은 장애라고 하지 않는다. 그냥 조금 문제가 발생된 것을 원래대로 되돌리면 된다. 그러면 혼자서 몇 개월만 고생하면 된다. 그러나 심리장애는 이러한 노력을 몇 년을 해도 치료가 안 된다. 노력을 몇 년 동안 하고 난 후 자신에게는 치료법이 없다면서 자포자기를 해 버린다. 그 사람이 노력한 것은 인정하지만, 치료되지 않는 쓸데없는 노력을 한 것이다.

예를 들어 큰 땅이 있는데 정확히 A라는 곳을 10미터만 파면 물이 나온다고 해 보자. 여기가 상처의 감정을 치료하고 심리를 조절하여 치료가 되면 우물이 나온다. 그런데 B라는 곳을 여기일지도 모른다고 하여 20미터를 팠는데 아니어서 다른 C라는 곳을 50미터를 팠는데 아무것도 안 나오는 것이다. 그래서 여기저기 다 파 봤는데 물이 안 나오는 것이다. 왜냐면 정확한 A라는 곳을 팠어야 하는데, B나 C를 파는 노력을 한 것은 맞지만 결국 물이 나오지 않는 쓸데없는 노력을 한 것이다.

심리전문가는 심리장애를 정확하게 진단하고 치료법을 가지고 있어야 한다. 그러지 않으면 상담실에 갔는데 B라는 치료기법을 사용하고, 또 C

라는 치료기법을 사용한다. 정확하게 진단하고 그에 대한 치료기법을 가지고 있지 않기 때문이다. 정확하게 알면 50미터 또는 80미터를 파는 노력이 아니라 정확한 곳에 10미터를 파는 노력만 하면 끝나는데, 기간은 기간대로, 노력은 노력대로, 비용은 비용대로 낭비했다는 것이다. 그렇다고 노력을 안 했다는 것이 아니다. 50미터를 팠다면 그만큼 노력을 많이 했고, 또 다른 곳을 옮겨서 노력했다는 것은 의지가 대단하다는 것이다. 치료하겠다는 의지를 갖고 시간을 투자하고 노력을 많이 했다. 그런데 치료가 안 됐다는 것은 치료법이 정확하지 않았기 때문이다.

심리장애는 정확한 것을 알고 노력하면 어렵지 않게 치료할 수 있다. 그래서 원리를 정확하게 알면 원래대로 회복하는 것은 어렵지 않다. 그리고 다시는 심리장애가 재발하지 않도록 스스로 조절할 수 있는 능력을 갖게 된다. 조절능력을 갖고 회복이 되어야만 재발하지 않는다. 그래야 치료할 만한 가치가 있고, 노력하고 고생한 보람이 있다.

그래서 심리치료방법을 정확하게 알지 못하면 섣불리 치료하려고 하면 안 된다. 심리학을 공부하여 자격증을 취득하고 상담하는 것은 매우 위험하다. 그런데 상담이 필요한 사람은 −5 미만에 있는 사람들의 이야기를 들어주고, 이해하고, 같이 웃어 주고, 이야기를 해 주고, 위로를 해 주면 다시 원래대로 회복하는 것은 맞다. 그래서 힐링강연도 필요하고, 상담도 필요하고, 종교도 필요하다. 그런데 −5 미만에게는 맞지만 −5를 넘어가게 되면 이런 모든 노력은 쓸데없는 노력이다. 치료되지 않기 때문이다.

반드시 인식, 기억의 상처, 표현을 조절하는 것이 아니면 안 된다. 기분전환을 해서 힐링되는 차원이면 치료는 불가능하다. 그래서 사람들이 자포자기를 잘한다. 자신의 심리를 무너뜨려서 심리가 망가지면 대부분 내부표현인 생각이 무너지고, 외부표현인 행동하는 것을 망가뜨린다. 그래서 '너 때문이야', '이거 때문이다'라고 자기를 합리화시키는 것이다. 대부분 치료를 포기하면 표현장애가 발생한다. 왜냐면 인간은 누구나 다 자기 행복대로 살아가고 싶어 하는 욕구와 자기 권리를 갖기 때문에 너무 고통스럽고 힘든 상황에서 벗어나서 어떻게든 자신의 행복을 찾아가려고 치료를 포기해 버리는 것이다. 즉 자기 행복을 위해서 치료를 포기하는 것이다.

그래서 제일 먼저 내부표현부터 무너뜨리고, 그 후에 외부표현이 무너진다. 안 무너지려고 하면 감정기억을 차단시킨다. 그래서 자기도 모르는 사이에 우울증이 발생한다. 이 우울증을 치료하지 않으면 극단적인 선택을 할 수도 있다.

그래서 너무 위험한 것을 못 하도록 어떻게든 정확한 치료방법을 사용해야 한다. 그리고 그동안 노력한 것은 인정하지만, 조금만 더 노력해서 한 번만 치료를 해 보자고 말한다. 그런데 자기는 할 거 다 해 봤고, '네가 알아봐야 얼마나 안다고, 박사도 아닌 것이…'라고 생각하면서 자포자기를 하는 것이다. 자기가 이미 무너지기 시작했다는 것을 못 느끼는 것이다.

그래서 개발된 심리치료방법이 맞다, 틀리다를 떠나서 정확한 방법으로 치료를 할 수 있다는 것이 중요하다. 그리고 난 다음에 스스로 자각하면서, '내가 정말 이런 것을 몰랐구나'라는 것을 스스로가 깨우쳐 가면 되는 것이다.

그래서 심리장애는 정신병 또는 미친 것이 아니다. 미친 행동을 하는 것이 아니라 자기도 왜 그렇게 심리에 장애가 발생했는지 모른다. 인식장애인 노이로제가 왜 생겼는지, 감정기억장애인 우울증이 왜 생겼는지, 표현장애인 중독증이 왜 생겼는지 스스로는 모른다. 그렇게 심리장애로 살고 싶어 하는 사람들은 아무도 없다. 자기도 모르게 들어간 것이다.

그런데 어느 순간 이것이 문제가 있다고 인식되는 순간, 정확한 치료방법으로 치료한 후 다시는 심리장애가 발생하지 않도록 예방법을 만들어 주면 그 사람은 예전의 건강한 모습으로 다시 회복하여 완치된다.

심리치료를 마치 정신병을 치료하는 것처럼 착각하면 안 된다. 심리에 문제가 생긴 것을 조금만 조정하면 된다. 기억에 있는 상처의 사실을 잊어버리면 안 된다. 상처를 치료해서 예방법까지 만들고 행복하게 살게 된다.

그래서 심리치료가 중요하고, 심리치료로만 모든 심리장애를 치료하는 것이 아니라 상처치료가 필요하면 상처를 치료한 후 심리치료를 해야 한다. 그리고 −5 미만에서는 강연을 듣고, 공부하고, 상담하면 힐링이 되지만, −5 이상을 넘어가게 되면 스스로 치료하지 못한다.

16 심리치료와 상처치료

 우리는 심리치료라는 말을 많이 사용한다. 그런데 실전에서 치료할 때 심리치료와 상처치료라는 말을 잘 구분하지 못한다. 여자와 남자를 치료하는 방법이 다르다. 여자를 치료하는 방법은 상처치료 후 심리치료를 한다. 남자를 치료하는 방법은 상처치료를 하지 않고 심리치료만 한다. 그런데 대부분의 상담이나 치료에서는 상처치료보다는 심리치료를 많이 한다.
 그런데 치료를 할 때 또 하나 고려해야 하는 요인은 상처의 정도 또는 심리장애의 정도이다. 예를 들어 상처의 정도에서 가장 깊은 상처 또는 심리장애를 -10이라고 볼 때, -5 미만의 상처와 심리문제는 조금 아프고, 조금 우울함을 느낀다든가, 일반적인 답답함을 느낀다. 이 경우는 일정 기간 지나면 원래대로 회복된다. 즉 문제가 있는 수준으로서 심리문제라고 하고, 기분전환을 위한 방법으로 충분히 회복할 수 있다. 그러나 -5 이상이면 매우 힘들다고 생각하는 수준이기 때문에 일반적인 상담이나 기분전환으로는 회복되지 않는다. 그래서 치료가 필요하다. 또한 -7 이상을 넘어가면 위험한 상황이기 때문에 즉시 치료를 하지 않으면 심각한 문제가 생긴다.

−5 미만의 경우는 상담을 하든지, 누군가로부터 조언을 받고, 다른 사람에게 이야기하거나 하소연을 하면서 자기 스스로가 조절해 갈 수 있다. 그래서 힐링 또는 기분전환만 시켜 주면 원래대로 회복한다. 즉 상처가 크지 않기 때문에 상담 또는 조언하는 것이 효과가 있다.

그런데 −5 이상의 경우는 치료해야 하는데, 상담 또는 조언을 하면 문제가 더 심각해진다. 왜냐면 상담 또는 조언을 받을 때는 기분전환이 되기 때문에 조금은 괜찮아지는 듯 느껴지지만 일상으로 돌아가서 2~3일이 지나면 더 심각해진다. 즉 일시적으로는 좋아지지만 시간이 지나면 더 악화한다. 그래서 또 상담하거나 조언을 받아야 하고, 기분전환을 해야 한다. 그러면서 점점 더 악화된다.

그래서 −5 미만의 심리문제가 있을 때는 일정 기간이 지나고 힐링 또는 기분전환을 하면 원래의 감정으로 회복한다. 그런데 −5 이상의 심리장애가 있는 경우는 치료가 필요하지만, 힐링 또는 기분전환을 하면 더 악화한다. 이를 아는 전문가가 없다. 그래서 사람들은 상담할 때, 상담하면 할수록 점점 심리장애는 악화된다.

여자는 상처치료와 심리치료가 필요하다. −5 미만인 여자는 굳이 상처치료와 심리치료가 필요하지 않다. 일반적인 상담이나 조언을 통하여 기분전환을 하면 된다. 그러나 −5 이상에 있는 사람은 비용과 노력을 들여서 치료하려고 하지 않는다. 대부분 악화될 때까지 기분전환만 반복하면서 상처를 더욱 악화시킨다.

남자는 심리치료만 필요하다. 왜냐면 남자에게는 상처가 발생하지 않기 때문이다. 만약 남자에게 상처치료를 하면 문제가 심각해진다. 없는 것을 치료하게 되면 스트레스의 제거 기능이 사라지면서 심리장애는 더 악화한다.

그래서 여자는 반드시 상처치료를 하고 난 후 심리치료를 해야 되고, 남자는 심리치료만 하면 된다. 이렇게 이야기를 하는 이유는 심리치료는 예방법이고, 상처치료는 치료법이기 때문이다. 그래서 남자는 스트레스를 예방하면 저절로 심리치료가 된다. 그래서 자신이 갖고 있는 심리문제와 심리장애를 해결하기 시작한다. 그런데 예방법을 모르다 보니 상처냐, 심리냐를 많이 논하게 된다.

상처는 기억에 있다. 그래서 여자는 사실이 기억될 때 상처의 감정이 함께 기억되기 때문에 여자만 상처의 감정을 기억한다. 남자는 스트레스의 나쁜 기분을 제거하기 때문에 상처로 기억되지 않는다. 그래서 남자는 상처치료의 개념이 없는 것이다. 반면 여자는 상처치료를 해야 한다. 그래서 상처치료를 하고 난 후에는 사실에 의한 스트레스가 상처로 형성되지 않도록 하는 방법으로서 인식 또는 표현을 통해서 기억을 수정하는 과정을 갖게 되는데, 이것이 예방법이고 치료법이다.

남자는 상처가 기억되지 않기 때문에 인식, 기억, 표현 중 어딘가를 조절해야 한다. 그런데 인식, 기억, 표현은 심리이기 때문에 심리치료를 하는 것이다. 남자는 감정기억인 상처를 치료하는 것이 아니다. 그래서 남자는 심리치료만 하면 되고, 상처치료가 필요하지 않다. 반면 여자는 기억에 상처의 감정을 갖고 있기 때문에 상처치료를 하고 난 후 심리치료를 하여 심리를 조절해 나가야 한다. 그래서 남자와 여자의 치료법이 다르다.

−5 미만인 사람들을 치료해야 할 필요가 없다. 힐링여행을 하거나, 즐거운 영화를 보기도 하고, 헤어스타일이나 패션을 변화하든가, 상담하면서 힘들었던 이야기를 하면서 위로를 받는 등과 같이 기분전환을 하면서 '아, 내가 이렇게 살지 말고, 어떻게 가면 되겠구나'라고 느끼면서 일상으로 돌

아오면 원래대로 회복한다.

　다만, 힐링이나 기분전환에는 치료법이 없다. 문제를 정확하게 아는 사람이 없기 때문에 문제가 생기고 심각해지는 것이다. 인간의 마음과 심리가 작용하는 원리를 모르니 현재도 계속 힐링하는 법, 상담하는 법, 심리치료법 등을 계속 분석하는 것이다. －5 이상을 넘어간 사람들은 어떻게 치료할지 모르고 있다 보니 약물처방에 의존하고 있다. 사실 상처의 문제인데 자신도 모르게 약물에 의존하게 될 수밖에 없다.

　－5 이상은 상담을 하면 안 된다. 상담을 하면 어린 시절이나 성장과정, 특정한 문제점, 힘들었던 이야기를 하게 되고, 상처는 깊이가 있다 보니 한번 상담을 할 때마다 상처를 끌어내면 점점 악화한다. 상처를 자극해서 점점 악화시키게 되는 것이다.

　상처로 인한 우울증이 발생하면 상처로 인하여 아파하지 않는다. 우울증에 있는 사람들의 특징은 특정한 상처를 기억하지 않고, 그냥 일상이 우울하고 무기력해서 활동을 못한다. 그래서 인식, 기억, 표현이 현저하게 줄어든다. 또한, 상처가 무엇인지 모르고, 왜 사는지도 생각하지 못한 채 그냥 살게 된다. 이것이 더 악화하면 살기 싫어지는 것이 우울증이다.

　우울증일 때는 활동을 하지 않기 때문에 그나마도 조금은 낫다. 문제는 우울증에 있다가 중독증이 발생하면 위험하다. 상처의 크기만큼 좋은 기분이 필요하므로 중독에 깊이 빠져든다. 그래서 치료를 할 때는 우울증도 안 되고, 중독증도 안 된다. 우울증과 중독증은 모두 심리장애이기 때문이다. 그래서 심리장애가 발생하지 않도록 해야 하는 것이 상처치료이고 심리치료이다.

　또한, 치유와 치료는 다르다. 치유는 기분전환이기 때문에 우리는 치유라는 말은 잘 사용하지 않는다. 대부분 상담, 힐링, 기분전환 등을 하는 곳은 치유라는 말을 많이 사용한다. 그래서 심리치유 또는 상처치유라고 해서 기분전환을 시켜서 그 사람을 원래대로 회복시켜 주는 역할을 한다. 이때 치료라는 말은 사용하지 않는다. 왜냐면 치료는 의료행위라고 인식하기 때문이다. 치료는 재발하지 않도록 완치하는 것이다. 그래서 의료행위를 하는 것이 아니라 심리 또는 상처를 치료하여 재발하지 않도록 한다.

그러나 대부분의 상담사와 전문가는 심리치료와 상처치료의 개념조차 모르고 있다. 심리치료와 상처치료의 개념을 모르다 보니 대부분 힐링하면 된다고 생각한다.

예를 들어 상처가 나면 치료연고를 바르거나 밥을 잘 먹고, 덧나지 않는 약을 먹고 며칠이 지나면 괜찮아진다. 그런데 상처가 깊이 생기면 밥을 잘 먹고, 약 잘 먹어도 치료가 안 된다. 그래서 봉합수술을 하고 치료한다. 안 그러면 흉터가 남는다. 그래서 흉터를 최소화하기 위해 일단은 봉합하고 난 후 시간이 지나면 실밥도 뽑고 염증이 생기지 않도록 노력한다. 그런데 그때마다 한 번씩 덧나서 상처에 염증이 생기면 또 치료해야 한다. 계속 반복되면 상처는 더 악화하여 치료가 아니라 수술해야 하는 지경이 된다.

그래서 여자가 상처를 치료할 때 기분전환을 하지 말라는 말을 많이 하는 이유가 −5 이상의 심리장애로 위험해지기 때문이다. 그런데 사람들은 기분전환에 노출이 많이 되어 있어서 대부분 작은 상처를 큰 상처로 만들고 있다.

강의, 강연, 상담, 목회상담, 템플스테이, 마음수련 등이 나쁜 것은 아니다. −5 미만의 기분전환에서는 매우 유익하고 좋다. 더 악화하지 않도록 해서 원래대로 회복하는 용도로도 좋다. 따라서 −5 미만의 사람들은 잘 맞는다. 문제는 −5 이상의 경우에는 더 악화하기 시작한다. 그래서 다양한 심리장애가 깊어지게 되고, 위험한 상황에 빠지게 된다.

　심리장애는 최악을 −10이라고 했을 때, 최소한 −5 이상을 넘어가는 단계라고 한다. 즉 심리문제가 심각해져서 어떤 노력을 해도 회복이 안 되는 상황이 지속하는 것이다. 이렇게 악화하면 더욱 악화가 될 뿐, 회복되지 않는다. 이때 회복의 방법은 모든 인간관계를 끊고 혼자 살면 스트레스와 상처가 발생하지 않기 때문에 그래도 생명을 유지하면서 살아갈 수 있다.

　그런데 우리가 삶과 인생을 살아가는데 자식, 남편 또는 아내, 지인과 친구, 주변 사람들, 일과 업무 등을 모두 다 끊고 혼자 살아갈 수는 없다. 따라서 가장 좋은 치료법은 어딘가에 혼자서만 생활하도록 하면 되겠지만, 이때도 인간관계를 회복하고자 힘들게 되면서 더욱 심각해진다. 이를 심리문제라고 하지 않고 심리장애라고 한다.

17 남자와 여자의 심리치료

여자는 특정한 사실과 함께 상처의 감정을 기억하고 있다. 기억하고 있는 사실은 여자가 살아왔던 삶과 인생이다. 그런데 태어나서 현재까지 삶과 인생의 사실별로 상처를 기억하고 살아간다. 그런데 남자는 사실만 기억하고 있다.

따라서 여자는 심리치료보다는 상처치료를 먼저 해야 한다. 상처치료를 하는 의미는 아프고 고통스러운 상처의 감정을 무감정으로 만드는 것이다. 그래서 어느 시점에 편안해지면 사실을 기억하더라도 기분은 나쁘지만 아프고 힘들지 않도록 하는 것이 상처치료이다.

상처치료를 하고 난 후에는 심리치료를 해야 한다. 무감정인 상태에서 사실이 기억났는데 기분이 나빠지는 것은 스트레스이다. 여자는 스트레스를 상처로 만들어서 기억한다. 그래서 심리치료를 하는 동안 상처치료는 지속해야 한다. 심리치료를 하는 동안에 무감정인 상태를 계속 유지하면서 무의식에서 스트레스를 제거하여 상처를 만들지 못하게 하는 것이 심리치료이다.

상처치료를 지속하면서 심리치료를 지속하면 일정 기간이 지나면서 행복감정으로 기억하게 된다. 상처의 감정 대신 행복감정이 형성되면 태어나서 현재까지의 모든 사실과 연결된 감정이 행복감정으로 변화하게 된다. 이것이 만들어지면 앞으로는 상처치료와 심리치료가 필요하지 않다.

그래서 여자에게는 상처치료와 심리치료의 과정을 한번 하고 나면, 그 기간이 중요한 것이 아니라 태어나서부터 현재 또는 미래의 삶과 인생이 모두 행복감정으로 변화한다.

여러분이 생각할 때 말이 안 된다고 생각하겠지만, 이것이 이론적으로 가능하고 이미 상담과 치료의 실전에서 검증되었다. 여러분은 아직 행복감정이 지속하는 것을 못 느껴 봐서 의구심을 갖는 것이다.

대부분 상처를 무감정으로 전환되는 것도 불가능하다고 생각했던 분들이 상처치료를 하면서 스스로 무감정으로 전환되어 편안함을 느끼게 된다. 그런데 상처를 무감정으로 전환해서 편안함으로 변화하는 것을 직접경험하고도 편안함을 행복감정으로 전환한다는 말을 믿지 않는다.

남자는 사실을 하나씩 기억하여 자신의 가치를 만들어 간다. 그런데 남자는 가치를 추구하기 때문에 공황장애, 불안장애, 강박장애, 중독증 등의 문제가 생긴다. 따라서 남자의 심리치료는 가치추구를 변경시켜 줘야 한다. 이때 사실을 변경할 수는 없다.

가치추구는 표현이다. 그래서 이것을 변화시켜 줄 수 있도록 심리치료를 해야 한다. 올바른 방법으로 표현하면서 가치추구를 해 갈 것인지 정확하게 알고 그 방향을 향하여 갈 수 있도록 해야 한다. 이것이 남자의 심리치료이다.

또한, 남자와 여자의 심리치료는 다르다. 심리를 조절하는 방법은 같지만 치료하는 방법이 다르다. 남자와 여자는 마음과 심리의 작용이 다르기 때문에 치료방법이 같을 수 없다. 여자는 스트레스를 상처로 전환하지 않도록 심리를 조절하는데, 남자는 가치추구의 방향을 변경하여 만들어 주는 심리를 조절한다. 이것이 남자와 여자의 치료법의 차이이다.

이렇게 상처치료와 심리치료의 차이에 대하여 설명을 하면 사람들은 믿지 않는다. 여자들은 생각하는 영역이 아니다. 남자들만 생각하면 된다. 여자와 남자는 상대를 생각하면 안 되고, 자기만 생각하면 된다. 그러다 보니 남자와 여자를 치료할 때는 혼돈이 오기 시작하는 것이다. 자신을 기준으로 생각하면 상대가 이해되지 않기 때문에 스스로 치료를 할 수 없다.

그래서 남자와 여자는 모두 상대를 생각하는 것을 중단하도록 해야 한다. 사업을 하든, 친구관계나 지인관계 및 자녀관계 등이 중요한 것이 아니라 자기 자신의 치료와 행복에만 집중해야 한다. 그래야 치료한 후 행복하게 살아갈 수 있다. 그렇게 치료와 행복을 만들고 원래대로 회복하고 난 후, 자신의 인맥, 사랑하는 가족 등과 함께 행복을 추구하면서 살 수 있다.

그런데 사람들은 상대를 생각하고 신경을 쓴다. 그래서 자신의 치료시기를 놓치게 되고, 심리장애를 점점 악화시킨다. 남자들과 여자들이 상처치료와 심리치료가 안 되는 이유 중의 하나가 자신을 제외한 타인에 대하여 신경을 쓰고, 상담하면서 위로를 받으려고 하기 때문이다. 이는 힐링하려고 하는 것이지, 상처치료와 심리치료를 하는 것이 아니다. 상담사조차도 신경을 쓰면 안 된다. 그래서 이것을 정확하게 알고 정확한 치료법을 적용해야 상처치료와 심리치료를 할 수 있다.

제2장
성마음이론

1   성의 새로운 개념

    성마음이론(xesmind)에서의 성(xes)은 여러분이 알고 있는 성행동인 섹스(sex)가 아니다. 기존의 성(sex)과 성마음의 성(xes)은 다르다.

    인간은 누구나 몸과 마음이 함께 존재한다는 것을 알고 있다. 그러나 마음이 신체와 연결되어 심리가 작용하는 원리를 모른다. 또한, 마음의 구성과 작용도 모르고 있다. 이를 체계적으로 해석한 이론이 마음이론이다. 마음이론은 오랜 기간에 걸쳐서 심리장애인 인식장애, 기억장애, 표현장애를 치료하면서 검증했다.

    이 과정에서 인간은 몸과 연결된 마음만 존재하는 것이 아니라 마음속에서 다르게 작용하는 성마음이 존재한다는 것을 발견하였다. 그래서 기존에는 성마음을 설명할 수 있는 용어가 없었다.

    몸은 바디(body)로 표현하고 마음은 마인드(mind)라고 표현한다. 그래서 마음이론과 성마음이론을 개발하고 난 후 인간의 마음(mind)은 일반마음(mimind)과 성마음(xesmind)으로 분리하여 명명하였고, 마음이론(mimind)과 성마음이론(xesmind)을 완성하였다. 성마음은 반드시 마음과 동시에 작용한다.

    마음에 의하여 인식, 기억, 표현의 심리가 작용한다. 외부정보를 마음으로 받아들이는 인식심리, 지식과 경험을 기억하도록 하는 기억심리, 마음을 내부 또는 외부로 표현하는 표현심리가 작용한다. 또한, 성마음에서는 성심리가 작용하는데 성정보를 성마음으로 받아들이는 성인식심리, 성정보와 성감정을 기억하는 성기억심리, 성정보와 성감정을 표현하는 성표현심리가 있다.

성(性)은 현재 섹스(sex)라는 용어로서 광범위하게 사용하고 있다. 그러나 마음과 성마음에서는 성(xes)과 섹스(sex)는 다르다. 그래서 성(性)을 통칭할 수 있는 새로운 용어로서 제스(xes)라고 명명하게 되었다. 성마음은 섹스와는 정반대로 작용하기 때문에 섹스(sex)의 용어를 반대로 하여 제스(xes)라고 명명하였다.

이에 따라서 성(性)은 제스(xes)라는 용어로 쓰고, 성마음을 제스마인드(xesmind)라고 했으며, 기존의 심리(psychology)와 제스(xes)를 결합하여 성심리(xes psychology)라고 명명하였다. 또한 성인식(xes recognition), 성기억(xes memory), 성표현(xes expression)은 성심리의 용어로 명명하였다.

사람들은 지금까지 보편적으로 알려진 섹스는 무엇이냐는 의문을 갖는다. 섹스는 성표현 중에서 성적행동 또는 성행동이라고 할 수 있다. 즉 성적행위를 위한 행동이 우리가 말하는 섹스이다. 이 성행동은 성(xes)의 일부분이며, 성표현의 일부분이다. 그래서 현존하는 섹스에 관련된 성정보를 살펴보면 성행동의 내용이다.

그러나 성마음과 함께 성표현, 성기억, 성인식 등의 성심리가 작용하는 원리는 현존하는 섹스에는 없다. 섹스만으로는 성마음과 성심리가 작용하는 원리를 알 수 없고, 해석과 분석이 불가능하다. 그래서 성마음과 성심리가 작용하는 원리를 체계적으로 정리한 이론이 성마음이론이다. 이는 지금까지 알려진 섹스와는 전혀 다른 성에 대한 새로운 개념이다.

이에 따라 성마음이론에서는 섹스와 관련한 내용이 거의 없다. 기존에는 섹스의 개념으로 인하여 성문제해결, 심리장애의 치료와 성심리장애의 치료 그리고 성기능장애의 치료 등을 지속하였지만 섹스의 개념만으로는 치료하지 못했다고 할 수 있다. 섹스는 성마음과 성심리가 작용할 때 성표현으로 나타나는 일부분이고, 섹스는 심리장애와 성기능장애를 유발하거나 악화시키는 원인이기 때문이다.

성마음이 성인식, 성기억, 성표현의 성심리와 함께 작용하면서 마음과 심리가 동시에 작용한다. 이때 성심리의 성표현 중 하나인 섹스만으로는 작용하지 않는다. 간혹 심리장애 또는 성기능장애가 초기인 경우에서는 섹스와 관련된 노력으로 호전될 수도 있지만, 치료가 아니라 일시적으로 개선되었다가 다시 악화하는 과정을 반복한다. 따라서 섹스의 개념에 의한 치료법은 일시적인 효과는 줄 수 있으나 완치할 수 있는 방법이 아니다.

이처럼 사람들은 성문제, 성심리장애, 심리장애, 성기능장애 등이 신체와 관련되기 때문에 신체를 회복해야 한다고 생각한다. 성(xes)은 기존에 알려진 섹스(sex)가 아니고, 섹스는 제스(xes)의 일부분이다. 따라서 제스에서는 섹스를 성표현의 일부분으로 해석한다.

성마음이론의 핵심은 성마음과 성심리가 작용하면서 마음과 심리가 동시에 작용하고, 이에 의하여 신체를 회복하고, 심리장애를 치료하며, 성문제와 성심리장애를 치료하고, 성기능을 회복하는 원리이다.

2 성마음의 개발배경

마음은 2가지로 작용하는데, 하나는 마음이고 또 하나는 성마음이다. 그래서 마음이론을 개발한 후, 마음을 더욱 정확하게 해석하기 위하여 성마음이론을 개발하였다.

마음이론을 개발한 후 인간의 마음과 심리가 작용하는 원리와 이치를 적용하면 일반마음에서 작용하는 것이 모두 일치되는 것을 확인했다. 그러나 인간의 섹스와 성과 관련한 부분은 마음이론으로 해석할 수 없었다. 그래서 섹스와 성에 대한 원리와 이치를 개발할 필요가 있었고, 이를 연구하면서 완성한 것이 성마음이론이다.

성마음이론을 개발한 근본적인 이유는 인간의 성을 해석하고 싶었기 때문이다. 인간의 섹스에 대한 원리가 해석되지 않은 이유를 연구하였다. 섹스는 즐거움이고 쾌락인 것은 분명하다. 그러나 왜 섹스로 인하여 인간관계에서 심각한 문제가 발생하는지 해석하고 싶었다.

섹스가 즐거운 쾌락이라면 아무나 섹스를 즐기면서 살면 되는데, 왜 누군가에게는 고통과 슬픔이 되고 누군가에게는 재미와 즐거움이 되는지 원리와 이치를 알 수 없었다. 섹스가 즐겁고 쾌락적인 것은 맞지만 인간관계에서 섹스로 인하여 문제가 발생하게 될 때, 남성과 여성이 다르다는 것, 누구는 즐거움이 되지만 누구는 슬픔과 고통이 된다는 것은 마음이론으로는 해석할 수 없었다.

그래서 지금까지의 섹스에 관련한 자료와 성행동의 쾌락과 즐거움에 관련된 정보를 집중적으로 연구했다. 물론 현재도 여러 학자와 전문가가 성행동인 섹스로 인해서 상처가 발생하는 것, 아픔과 슬픔이 만들어지는 것, 즐거움과 쾌락이 만들어지는 것… 등을 많이 연구하고 있다. 또한, 어떻게 하면 더 쾌락을 느낄까, 어떻게 하면 더 즐거움을 느낄까, 어떻게 하면 더 재미있을까… 등의 섹스에 관한 연구를 많이 하고 있다. 더불어 부부나 커플, 남성과 여성에 관련한 연구도 많이 하고 있다.

그러나 섹스만을 연구하다 보니 인간의 마음과 심리가 섹스에 연결되지 않았다. 섹스로 해석할 때는 인간의 마음을 모두 섹스로만 해석하게 된다. 인간의 마음을 섹스의 관점으로만 해석하면서 문제가 더욱 심각해졌다. 그래서 마음이론을 개발한 후 섹스에서 작용하는 마음이 별도로 존재할지도 모른다는 생각을 하였다. 이것이 성마음이론을 개발하게 된 시작이었다.

처음에는 마음을 중심으로 심리인 인식과 표현, 기억이 작용하는 원리와 이치를 이론화시켰고, 이것이 마음이론이 되었다. 그런데 마음이론을 만들고 난 후에도 섹스의 해석에서는 부족했기 때문에 마음속에 섹스에만 작용하는 또 다른 마음이 존재할지도 모른다는 가설을 세웠다. 인간의 본능을 생각하고, 이를 이론적으로 규명하고자 연구했다.

프로이트의 성충동이론이 있는데 이것은 본능에 대한 이론의 시초이다. 이 성충동이론에 리비도(Libido)의 개념이 나오는데, 이것이 본능이고 성마음일 것이라고 가정했다. 프로이트는 리비도의 가설만 설정하고 검증하지 못했다. 이후에 많은 학자가 연구했지만, 마음의 심리로만 해석하였기 때문에 성충동이론이 발전하지 못했다.

 이 성충동이론을 체계화하면 좋겠다는 생각을 하였고, 마음속 본능인 성마음이 존재한다는 가설을 설정한 후 이를 증명하기 위하여 연구한 것이 성마음이론을 개발하게 된 배경이다.

 섹스만으로는 해석할 수 없는 마음이 존재하고 있다. 인간에게는 성적본능만 있는 것이 아닌데, 그렇다고 성적본능이 없는 것도 아니다. 성적본능을 이론으로 체계화하면 인간의 마음에 대한 모든 것을 알 수 있다고 생각했다. 그래서 성마음이 존재할 것이라는 확신을 하고 지금까지 해석할 수 없었던 본능을 연구하기 시작하여 나온 결과가 성마음이론이다.

 결국, 성마음이론을 개발하게 된 궁극적인 원인은 마음과 심리가 작용하는 원리만으로는 해석할 수 없었던 섹스에서 작용하는 마음과 심리를 해석하기 위한 것이었다.

3 성마음이론의 가설

 마음이론을 개발한 후, 성마음이 필요하다고 판단하여 성마음이 존재하게 될 경우의 가설을 설정하였고, 이 가설을 검증하면서 성마음이론을 개발할 수 있었다. 어떤 이론이든 존재할 수 있다는 생각에 따라서 필요한 이론을 만들고 증명함으로써 이론을 체계화시킬 수 있다.
 그래서 성마음이론을 개발할 때 중요한 첫 번째는 성마음이론을 개발해야 하는 필요성이고, 두 번째는 성마음이 어떻게 존재하고 작용하고 있는지를 추론하여 정리하는 것이다. 그래서 성마음이론의 가설에서 성마음은 마음속에 존재한다는 것이 중요하다. 마음속에 성마음이 어떻게 존재하는가에 대한 가설을 만들었다.
 첫 번째는 '인간의 마음(mind)은 마음(mimind)의 내부에 성마음(xesmind)이 존재한다'는 가설이다. 마음과 성마음이 함께 존재하고 있지만 분리되어 다르게 작용한다. 마음과 성마음이 똑같이 작용한다면 존재해야 할 필요가 없기 때문이다.
 이전에는 마음과 성마음이 존재한다고 생각하지 못했다. 현재의 심리학에서는 마음이 있는 것조차도 모르고 있고, 오로지 심리만을 연구하고 있다. 그래서 마음속에 성마음이 존재하면서 분리되어 작용하고 있다는 것을 전혀 알지 못하고 있다.

두 번째는 '마음에서는 심리가 작용하고, 성마음에서는 성심리가 작용한다'는 가설이다.

외부로부터 마음으로 정보가 유입되는 것을 인식이라고 하고, 정보와 감정을 저장하고 인출하는 것을 기억이라고 한다. 또한, 외부로 마음을 드러내는 것을 표현이라고 한다. 인간의 감각기관인 시각, 청각, 촉각, 후각, 미각을 통해서 외부의 정보를 인식하고, 처리된 것을 기억하며, 말과 행동으로 표현한다. 그래서 인식과 기억과 표현을 심리라고 한다. 이때 마음과 심리는 다르다.

그런데 현존하는 모든 심리이론은 마음을 배제하고 인식, 기억, 표현만을 연구하고 있다. 마음을 배제했기 때문에 마음의 의식과 무의식이 신체와 연결된 심리에서 어떻게 작용하는지 모른다. 그래서 마음이론은 마음과 심리가 작용하는 원리와 이치를 체계적으로 정리하고 증명하였다. 따라서 마음이론이 없으면 심리가 작용하는 근본을 알 수 없다.

한 단계 더 나아가 마음속에 성마음이 존재한다는 것을 연구하면서 마음과 성마음이 분리되어 작용한다면 마음에서는 심리가 작용하고, 성마음에서는 성심리가 작용할 것이라고 가설을 정했다. 이때 성심리를 섹스심리로 생각하면 안 된다. 그래서 성마음이론에서는 용어정리를 명확하게 할 필요가 있었다.

기존에는 성을 섹스라고 말하고 있다. 그러나 성마음이론에서는 성과 섹스를 분리하여 새롭게 정의하였다. 성마음이론에서 성을 통칭하여 제스(xes)라고 했다. 이는 섹스(sex)를 반대로 하여 제스(xes)를 만든 것이다. 즉 섹스의 패러다임을 모두 바꾸기 위한 의미에서 제스(xes)라고 명명하였다.

그래서 성마음은 xesmind로 명명하였다. 성마음에서 성정보를 외부에서 인식하는 성인식, 인식된 성정보와 성감정을 기억하는 성기억, 성정보를 표현하는 성표현 등을 성심리(xes psychology)라고 명명했다. 이때 성심리를 섹스심리(sex psychology)라고 하지 않고 'xes psychology'로 명명한 것은 섹스가 성표현의 일부분이고 섹스에는 심리가 없기 때문이다.

이렇게 성마음이론을 개발한 후 마음이론과 결합하여 마음과 심리, 성마음과 성심리가 신체와 작용하는 원리로서 심리장애, 성심리장애, 성기능장애 등을 동시에 치료하는 방법을 개발하였고, 제스테라피(xestherapy)라고 명명하였다. 제스테라피는 성마음과 성심리가 작용하는 원리와 이치를 정확하게 알면 스스로 성기능장애를 자가치료하는 것을 검증하였다.

이때 성마음과 성심리는 반드시 마음과 심리에서 함께 작용한다. 그래서 마음과 심리가 작용할 때마다 성마음과 성심리가 부분적으로 작용한다. 이렇게 마음과 성마음에서의 마음은 심리가 작용하고 성마음은 성심리가 작용한다는 가설을 설정한 것이다.

세 번째는 '여자는 마음과 심리에서 상처가 작용하고, 남자는 성마음과 성심리에서 성상처가 작용한다'는 가설이다. 여자는 마음과 심리에서 상처의 감정을 기억하지만, 남자는 마음과 심리에서 상처가 작용하지 않고 기분만 작용한다. 그래서 여자는 상처를 기억하고 남자는 상처를 기억하지 않는다.

그러나 성마음과 성심리에서 여자는 성상처가 없이 성기분만 작용하고, 남자는 성마음과 성심리에서 성상처가 작용한다. 남자는 성정보와 함께 성상처가 성기억이 된다. 이때 성마음은 마음속에 있기 때문에 성기분과 성상처를 자각하거나 느끼지 못한다.

느끼는 것은 마음과 심리가 작용한 결과이기 때문에 이를 느낄 수 없다. 결국, 성정보에 대하여 느끼는 것은 성마음과 성심리에서 작용하는 성기분 또는 성감정이 아니라 마음과 심리에서 작용하는 기분과 감정이다. 그래서 성정보에 의한 성마음과 성심리에서 작용하는 성기분과 성감정은 느낄 수 없다. 다만 성마음과 성심리는 마음과 심리에 영향을 주고 신체에 영향을 준다.

여자는 마음의 상처가 작용하고 성마음의 성기분만 작용한다. 그래서 여자는 상처가 마음에서 작용하여 신체에 영향을 주고 이를 느낄 수 있다. 그러나 남자는 성상처가 많아지면 직접 마음과 신체에 영향을 주지만, 성상처는 자각되지 않고 느끼지 못하기 때문에 성상처가 많은지 알 수 없다.

이처럼 성마음에서 여자는 성상처를 성기억하지 않지만, 남자는 성상처를 성기억할 것이라는 가설을 정하였다. 이는 기존의 마음이론에서 마음과 심리가 작용할 때, 여자는 상처를 기억하고 남자는 상처를 기억하지 않는다는 것을 정반대로 생각하여 가설로 정했다.

이것이 성마음이론의 핵심적인 가설이다. 이 가설 이외에도 여러 가지의 가설이 있지만, 이 3가지의 가설을 검증하면서 심리장애, 신체질병, 성기능장애 등이 왜 발생하는지를 정확히 해석할 수 있었다.

4 성마음과 성심리

　성마음에서 성인식, 성기억, 성표현으로 작용하고 이 3개를 성심리라고 한다. 성마음은 마음속에 존재하고 있다. 성정보가 성마음으로 유입되는 것을 성인식이라고 하고, 성정보와 성상처를 뇌에 기억하는 것을 성기억이라고 하며, 성마음을 외부로 표현하는 것을 성표현이라고 한다. 이때 성표현은 섹스를 하는 것, 섹스에 대한 말과 제스처, 성에 의한 행동과 표정 등의 섹스를 포함하고 있다. 이 3개를 성마음(xesmind)에 작용하는 성심리(xes psychology)라고 한다.

　정보는 마음정보와 성정보가 있다. 성정보는 성마음과 성심리에서 작용한다. 이와 함께 마음정보에 의하여 마음과 심리가 함께 작용한다. 성정보는 성마음에서 작용하고, 마음정보는 마음에서 작용한다. 이 2개가 함께 유입될 때 마음정보는 인식으로 작용하고 성정보는 성인식으로 작용한다. 또한, 기억될 때도 마음정보는 기억으로 작용하고 성정보는 성기억으로 작용한다. 표현할 때 역시 마음정보는 표현이 작용하고 성정보는 성표현이 작용한다.

　성마음은 마음과 함께 작용하기 때문에 성마음이 작용하는 원리를 알고 난 후, 마음이 어떻게 작용하는지를 알면 성기능장애, 심리장애, 신체질병이 치료된다. 물론 의학적인 신체질병의 치료는 임상적으로 검증하지 못했지만, 심리장애 또는 성기능장애를 치료하면서 고혈압이나 당뇨병, 이외 다양한 신체질병의 치료가 되는 것을 확인했기 때문에 신체질병이 치료되리라 추정할 수 있었다. 그러나 의학적으로 검증하지 못했기 때문에 신체질병을 치료하는 방법이라고는 말할 수 없다.

　심리장애와 성기능장애가 치료되는 과정에서 성마음이 신체와 연결되므로 신체질병도 함께 치료되는 효과가 나타난다. 그러나 이러한 현상이 성마음이론에 의한 것인지는 의학적으로 검증하지 못했다.

　심리장애와 성기능장애를 치료하는 동안 신체질병과의 관련성을 함께 연구해 볼 필요는 충분히 있었다. 성마음과 마음이 함께 작용할 때 마음에너지가 발생하여 심리장애와 성기능장애를 치료하면서 신체에 영향을 준다는 것은 이론적으로 해석했으니 의학적으로 함께 연구할 수 있기를 바란다.

　마음이론과 성마음이론을 근거로 한 제스테라피의 강점은 남성의 성기능장애를 치료하는 것이 어렵지 않다는 것이다. 조루, 지루, 발기부전… 어떠한 성기능장애이든 동시에 치료된다. 마치 성기능장애의 만병통치약이라고 생각될 수 있겠지만, 제스테라피는 만병통치약이 아니다. 제스테라피는 신체를 회복시키고 성기능을 회복시킴으로써 성기능장애를 치료하는 방법이다.

　또한, 제스테라피는 심리장애가 치료된다. 성마음이 작용할 때 마음이 동시에 작용하기 때문에 심리장애의 치료가 어렵지 않다. 공황장애, 불안장애, 강박장애, 분노장애, 중독증, 우울증 등과 같은 인식장애, 기억장애, 표현장애의 심리장애가 치료된다.

　다음은 의학적으로 증명되지 않았기 때문에 명확하게 주장할 수는 없지만, 제스테라피를 적용했던 대부분의 남성이 신체질병으로서 이명, 고혈압, 당뇨병, 신경성장애 등이 치료되었다고 말한다. 이를 보면 제스테라피가 신체질병의 치료에 효과가 있는 것을 알 수 있다.

5   성마음이론

　성마음이론은 첫 번째, 모든 정보를 2가지로 분리한다. 하나는 정보가 마음정보로만 되어 있는 경우가 있고, 또 하나는 마음정보에 성정보가 일부 포함된 경우이다. 이때 성정보는 마음정보에 비하면 매우 작다. 그래서 정보는 순수한 마음정보, 마음정보에 성정보가 포함된 성정보로 구분할 수 있다. 이것을 증명한 것이 성마음이론이다.
　두 번째, 마음과 성마음이 존재한다는 것을 확인했다. 마음과 성마음은 존재하지만 다르게 작용한다. 마음에는 심리가 작용하고 성마음에는 성심리가 작용한다. 마음이론을 보면 마음에서 인식할 때 의식이 작용한다. 의식에 의하여 마음정보를 기억하고, 기억된 마음정보에 대하여 무의식이 작용할 때 기분과 감정을 생성하여 의식이 느껴지도록 표현하면서 감정을 기억한다. 또한, 무의식에 의하여 외부로 표현하면서 동시에 의식으로 자각한다.
　성마음은 마음과 반대로 작용한다. 외부의 성정보를 성인식하는 성무의식이 작용한다. 성무의식이 작용하면서 성정보와 함께 성기분과 성상처를 생성하여 성기억을 하도록 한다. 또한, 성기억된 성정보를 성의식에 의하여 자각하고, 성표현을 통제한다. 마음에서 표현할 때는 무의식이 작용하게 되어 있지만, 성마음에서 성표현할 때는 성의식이 작용한다.

그러나 성마음의 성기분과 성상처는 자각하지 못한다. 그래서 성무의식에서 생성된 성기분과 성상처는 성의식으로 자각되지 않는다. 이렇게 마음과 성마음이 분리되어 작용한다. 마음에서는 의식과 무의식이 분리되어 있지 않고 상호 연결되어 있지만, 성마음에서는 성무의식과 성의식이 분리되어 상호영향을 주지 않는다. 따라서 마음에서 인식은 의식이 작용하고 표현은 무의식이 작용하지만, 성마음에서 성인식은 성무의식이 작용하고 성표현은 성의식이 작용한다.

세 번째, 마음에서 여자는 상처를 기억하기 때문에 아파하고 힘들어하는 것을 느끼면서 자각한다. 그러나 남자는 상처를 기억하지 않고 나쁜 기분인 스트레스만 작용한다. 그래서 남자는 상처의 감정을 기억하지 않는다.

그러나 성마음에서 여자는 성기분만 신체로 작용하고 성상처를 성기억하지 않는다. 성스트레스로 인한 성기분으로만 작용해 신체에 영향을 주지만, 성상처를 성기억하지 않는다. 반면 남자는 성무의식에서 성기분이 생성되어 신체에 영향을 준 후 성상처로 전환하여 성기억한다. 이때 성상처를 성기억하더라도 자각하지 못하고 신체에만 영향을 준다.

자각이 되지 않으면서 신체만 영향을 주는 성상처로 인하여 성기능장애가 발생하고, 신체질병이 생기며, 심리장애가 발생한다. 따라서 남자는 성정보가 유입되어 생긴 성상처로 인하여 성기능과 신체에 영향을 준다.

성상처는 나쁜 마음에너지이다. 그래서 성상처가 치료되면 심리문제와 심리장애가 치료되고 신체의 성기능도 회복된다. 또한, 신체가 작용하기 때문에 신체질병에도 영향을 준다.

여자는 성상처를 성기억하지 않기 때문에 여자에게 성정보는 큰 영향을 주지 않지만, 남자는 성상처를 성기억하기 때문에 치명적인 영향을 준다.

따라서 심리장애와 성기능장애로 힘들어하는 남성은 성욕이 강하다. 이때 성욕은 자각하는 느낌이기 때문에 마음에서 느끼는 것이지 성마음에서 느끼는 것이 아니다. 그래서 성욕은 성마음의 성상처가 작용하여 마음의 의식에서 느낀다. 이때 성상처는 자각되지 않으면서 신체에 영향을 준다. 따라서 성욕이 강할수록 성상처가 강하게 신체에 영향을 주면서 심리장애와 성기능장애 그리고 신체질병이 발생한다. 이에 따라 섹스가 즐거울수록 성상처가 많다. 섹스를 많이 할수록 심리장애 또는 성기능장애와 신체질병이 발생할 가능성이 높아진다.

성욕과 섹스욕구가 강한 것은 성상처가 많기 때문이다. 이러한 남성은 성정보를 지속해서 받아들인다. 스스로 심리장애나 성기능장애를 치료하려고 하거나 성욕과 섹스욕구를 느끼고 싶으면 성상처가 커져야 한다.

따라서 남성의 경우는 성정보를 차단해야 한다. 성정보를 찾을수록 성상처가 누적되기 때문이다. 따라서 기존에 알고 있는 섹스에 대한 상식이나 지식을 모두 버려야 한다. 이 성정보는 상식이 아니고 왜곡되어 잘못된 정보로서 성상처를 유발한다. 특히 남자는 섹스가 즐겁고 성욕이 강하면 무엇인가 잘 될 것으로 생각하지만, 실제는 성상처가 많아진다. 성상처가 많아지면 심리장애, 성기능장애, 신체질병 등이 악화한다.

6 성마음

성마음은 성정보에만 작용하는 마음이다. 마음정보의 크기를 비교해 보면 마음정보가 성정보보다 훨씬 크다. 마음정보의 일부분인 성정보가 마음정보를 모두 성정보로 바꿔 놓는 것이다.

예를 들어 성정보에서 섹스와 관련한 침대, 침실, 조명등, 어두운 장소, 패션, 소품, 기타의 관련된 많은 마음정보가 섹스와 결합하는 순간부터 침대도 성정보이고, 침실도 성정보이며, 조명등도 성정보가 되고, 어두운 장소도 성정보이다. 이때부터는 침대를 이야기하면 성정보가 유입되고, 성상처가 누적되어 신체에 영향을 준다.

따라서 침대는 신체에 영향을 주고, 어두운 장소가 신체에 영향을 주고, 패션이나 속옷도 신체에 영향을 준다. 이처럼 성정보는 작지만 무서운 작용을 한다. 성정보는 많은 마음정보에서 일부분으로 존재하지만, 마음정보가 성정보와 결합하면 매우 많은 성정보가 생성된다.

그래서 작은 성정보에 작용하는 성마음이 인간의 마음과 신체를 모두 작용시킨다고 해도 과한 말이 아니다. 수치로 변환했을 때 마음정보가 100만큼 있다고 하자. 여기에 성정보가 1만큼만 유입되어도 마음정보와 결합해 100만큼의 성정보가 만들어진다. 자신이 알고 있는 성정보가 1이라고 해도 연결된 100의 마음정보가 모두 성정보로 전환되는 것이다. 이로 인해 성상처 역시 100만큼 생성돼 신체에는 −100으로 작용한다.

성마음은 성정보를 부분적으로 포함하고 있는 마음정보에 작용하고 있다. 성마음의 외부에는 마음이 있고, 성마음은 성무의식이 작용하면서 성인식을 하고, 성인식은 반드시 마음의 인식과 함께 작용한다. 성인식은 성무의식이 작용하고, 성표현할 때는 성의식이 작용한다. 또한, 성무의식이 작용하면서 성정보와 성상처를 성기억한다. 이처럼 성마음인 성무의식과 성의식이 성인식과 성기억, 성표현의 성심리와 작용하는 원리와 이치가 성마음이론이다.

성마음에서 성무의식은 성에너지를 만든다. 여자는 기분에너지를 만들고 남자는 감정에너지를 만든다. 남자는 감정에너지를 만들어서 성기억을 하도록 한다. 그래서 여자는 성상처가 작용하지 않지만 남자는 성상처가 작용한다.

성무의식에는 성습관이 있는데 성습관에 의하여 성인식된 성정보를 성기억할 것인지 차단할 것인지를 결정한다. 남자는 성습관에 맞지 않으면 성스트레스가 되고 성스트레스를 유발한 성정보에 대하여 성상처를 생성하여 성기억한다. 이에 따라 남자는 익숙해져 있는 성정보는 받아들이지 않는다. 이는 성상처로 이미 생성된 성정보이기 때문이다. 그래서 남자는 새로운 성정보를 받아들이고 성상처를 성기억한다.

남성은 성기능장애를 치료하고자 새로운 성정보를 찾고 있는데, 그럴 때마다 성상처가 계속 쌓인다. 새로운 성정보가 유입되기 때문이다. 이처럼 남자의 성습관은 새로운 성정보를 받아들여서 성상처와 함께 성기억한다.

1이라는 성정보를 유입하여 100의 성상처를 성기억하게 된다. 이는 여자가 마음에서 상처를 기억하는 원리와 같다. 그래서 남자의 성마음은 성상처를 성기억하도록 만들어져 있다. 성무의식에서 성습관이 결정하는데, 이때 생성되는 나쁜 성에너지인 성상처로 성기억하는 것이 남자의 성마음이다.

남자의 성마음은 좋은 성에너지를 성기억하지 않는다. 그래서 남자는 성무의식에서 자신이 익숙해진 성정보는 성습관으로 이미 형성되어 있다. 이 성습관에 맞는 성정보는 모두 차단한다.

그래서 남자는 성상처를 얼마나 많이 쌓느냐가 중요하다. 남자는 태어날 때 심리와 성기능이 좋다. 그리고 청소년기를 지나서 섹스를 경험하거나 성교육을 통해서 성정보를 유입시키고, 인터넷에서 성정보를 보거나 야동을 보는 등의 성정보가 유입되는 것이 많아질수록 성상처가 쌓이면서 심리장애 또는 성기능장애가 발생한다.

남성의 성욕은 새로운 성정보에 대한 욕구이다. 그래서 성적으로 특이한 것이나 새로운 것을 찾고, 새롭고 특별한 여성을 찾는다. 오래된 애인이나 아내를 제외한 다른 여성은 새롭게 느껴지고 성욕이 생긴다. 이때는 외모와 몸매는 중요하지 않다. 성정보가 많아질수록 성기능은 점점 나쁘게 된다. 성상처가 신체와 연결되어 있기 때문에 심리장애, 성기능장애, 신체질병 등이 함께 연결된다.

성마음에서 성무의식은 이렇게 성정보를 받아들이는 역할만 한다. 성정보는 자신이 의지로 선택하는 것이 아니다. 성정보를 받아들이지 않겠다고 하여 유입되지 않는 것이 아니다. 성습관에 의하여 생성된 성상처가 그대로 성기억되는 것은 어쩔 수가 없다.

그런데 성기억된 성정보와 성상처를 성의식이 기억을 해내면 마음의 의식이 자각하여 느낀다. 그러나 성상처는 성의식으로 자각하지 못한다. 성의식은 성정보만 느낀다. 이 순간 성정보는 성의식으로 자각하고, 성상처는 신체에 영향을 준다.

그래서 상대 여성과 섹스를 하고 싶다는 생각을 하면 성상처가 신체를 공격하기 시작한다. 그래서 자위를 많이 하거나 섹스의 상상을 많이 하면 성기능장애가 빨리 온다. 또한, 야한 상상을 많이 하면 머리카락이 빨리 자라고 손톱이 빨리 자란다는 속설이 있는데, 이는 성상처가 신체에 영향을 주기 때문이고 신체에 이상이 생기는 현상이다.

성마음에서 성인식할 때는 성무의식이 작용하고 성표현할 때는 성의식이 작용한다. 성무의식에 의하여 생성되는 성에너지가 성습관에 의하여 모두 성상처로 성기억된다. 그래서 남성은 익숙한 것과 좋아했던 것에도 시간이 지나갈수록 시들해지고 재미없다고 느낀다. 왜냐하면, 이러한 성정보는 차단하기 때문이다.

남자는 성기억에 성상처를 누적한다. 남자가 결혼하고 일정한 기간이 지나면 성상처가 많아진다. 특히 섹스와 관련한 지식과 성교육은 매우 많은 성정보가 유입되어 성상처를 크게 만들고, 성상처가 작용할 때마다 심리와 신체에 영향을 준다.

7 성심리

성마음에서 작용하고 있는 성심리를 살펴보면, 성마음이 인식으로 작용하면 성인식이라 하고, 기억으로 작용하면 성기억, 표현으로 작용하면 성표현이라고 한다. 성인식, 성기억, 성표현을 성심리(xes psychology)라고 한다. 이때 성심리는 섹스심리가 아니다. 섹스심리는 성표현의 일부이고, 성행동인 섹스로 성표현하는 것을 섹스심리라고 말한다.

성마음이론은 성마음과 성심리가 작용하는 원리와 이치를 이론으로 체계화한 이론이다. 성마음은 인간의 본능이라고 할 수 있다. 섹스의 본능이 아니다. 따라서 성마음과 성심리는 인간의 본능이라고 할 수 있고, 본능인 성마음의 외부에서는 마음이 작용한다.

인간이 동물과 다른 것은 성마음의 외부에서 마음이 작용하면서 자각하는 것이다. 그래서 마음에 문제가 생기면 본능인 성마음과 성심리만 작용하면서 마치 동물과 같아진다. 인간이 위대한 이유는 마음이 본능의 외부에서 작용하고 있기 때문이다. 본능만 있는 것이 아니다. 인간은 동물과 같은 본능도 존재하지만, 본능과 함께 마음이 작용하기 때문에 동물과 다르다.

성마음은 성무의식과 성의식으로 구성된다. 성정보가 인식되어 들어올 때는 성인식을 하고, 성인식된 것을 성무의식에 의하여 성기억하며, 성의식에 의하여 성기억된 성정보를 성표현한다.

성정보를 성인식하여 성무의식에서 성정보와 성상처를 결합하여 성기억한다. 또한, 성기억에서 성의식이 성정보만 성표현을 하고 성상처는 신체에 작용한다. 성무의식에서 성에너지가 100만큼 생성되면 성상처는 −100으로 성기억된다. 그러면 성의식에 의하여 성표현을 할 때 성기억된 성상처가 −100만큼 신체에 영향을 준다. 이렇게 작용하는 성인식, 성기억, 성표현을 성심리라고 한다.

성인식은 성정보를 자각한다. 성인식으로 자각할 때는 성표현을 하지 않을 수도 있다. 성정보가 자각되기 때문에 성표현을 하지 못하도록 할 수 있는데 이를 성적억압 또는 성억압이라고 한다. 그런데 성적억압을 하더라도 성상처가 신체에 영향을 준다. 그러나 성표현을 할 때 성적억압이 되지 않고 자신도 모르게 성표현을 하는 것을 성적강박 또는 성강박이라고 한다.

성정보를 성표현하느냐 안 하느냐는 것은 성정보만 자각하고 느끼기 때문이다. 성강박이나 성억압을 하더라도 성상처가 심리와 신체에 영향을 주는 것은 동일하고, 심리장애나 성기능장애가 발생하는 것도 같다. 섹스를 참더라도 심리장애 또는 성기능장애가 발생하고, 매일 섹스를 하더라도 심리장애 또는 성기능장애가 발생한다. 이처럼 성억압이든 성강박이든 성의식에서 성정보를 자각하면 성기억된 성상처가 심리나 신체에 영향을 미친다.

성표현을 하면 말과 행동으로 성표현을 했던 일부가 다시 성인식된다. 그러면 성표현이 증폭된다. 그래서 성표현을 하지 않고 성의식이 작용하면 성상처의 크기만큼만 심리와 신체에 영향을 주는데, 성표현을 하면서 성의식이 작용하면 성표현을 하는 만큼 다시 성인식되기 때문에 성상처는 증폭되어 심리와 신체에 영향을 준다.

따라서 성표현을 하지 않은 상태에서는 성상처가 −100만큼 작용하지만, 성표현을 하면 다시 성인식되기 때문에 성표현을 할수록 성상처가 계속 증폭되면서 -200, -300,… 등으로 심리와 신체에 영향을 준다.

만일 섹스의 상대인 여성과 3박 4일간 섹스를 하면 얼마나 많은 성상처가 심리와 신체에 영향을 줄지 생각해 보면 된다. 섹스의 쾌락도 중요하겠지만, 강력한 성상처의 작용으로 인하여 자칫 복상사가 발생할 수도 있다. 그래서 복상사는 남성에게 생기고 여성에게는 발생하지 않는다.

특히 성표현을 했을 때 성표현의 일부가 다시 성인식되면서 성상처가 더욱 커진다. 따라서 섹스의 욕구가 있다고 성표현하는 것은 남자에게는 치명적이다. 그래서 성적억압은 그나마 -100만큼만 신체에 영향을 주지만 성강박에 의한 성표현은 최소한 -100 이상의 몇 배부터 수천~수만 배로 심리와 신체에 영향을 준다. 따라서 성억압보다 성강박이 훨씬 더 많은 영향을 미친다.

성강박이 형성되는 경우는 대체로 심리장애인 중독증이 발생한 경우이다. 중독은 스트레스에 의한 강박이기 때문에 자신도 모르게 표현하는 경우가 많다. 섹스 후 다시는 하지 말아야겠다고 결심하지만, 이미 섹스를 하는 과정에서 많은 성상처가 신체에 영향을 준다. 그래서 성욕이 강해지고, 일정한 시간이 지나면 다시 성행동을 하려고 한다. 마음에서 남자는 상처를 기억하지 못하기 때문에 약 3일이 지나면 다시 성행동을 하고 싶어진다. 이는 성강박이라 할 수 있다.

성정보가 성인식되고 성기억되고 성표현되는 것은 모두 성에 관련되는 것이지 성적행동이 아니다. 그래서 성심리는 섹스심리가 아니다. 성표현과 관련된 섹스는 매우 위험하다. 성심리는 성인식과 성기억과 성표현으로서 성마음에서 작용한다. 이처럼 성마음이 심리와 신체와 연결되어서 작용하는 것을 성심리라고 한다.

8 심리와 성심리의 원리

성마음이론에서 보면 성마음은 반드시 마음과 함께 작용한다. 성마음이 성인식하고 성기억하고 성표현하는 것이 신체와 연결된다. 그래서 감각기관으로 성정보가 들어오는 것이 성인식이고, 성정보와 성상처를 뇌에 저장하는 것이 성기억이며, 성정보를 표현하는 것이 성표현이다. 이때 마음에서는 심리가 작용하는데, 마음정보가 감각기관을 통해서 들어오는 것이 인식이고, 마음정보와 감정을 뇌에 저장하는 것이 기억이며, 마음을 외부로 나타내는 것을 표현이라고 한다. 그래서 성마음의 성심리는 성인식, 성기억, 성표현이고, 마음의 심리는 인식, 기억, 표현이다.

성정보는 마음정보의 부분이기 때문에 성정보가 성마음에서 작용하려면 반드시 마음정보가 마음에서 함께 작용해야 한다.

따라서 마음속에 성마음이 존재한다. 외부정보가 감각기관을 통해서 들어올 때, 성정보는 성마음으로 성인식되고, 동시에 마음정보는 마음으로 인식된다. 이때 마음에서 의식이 작용하면서 무의식이 함께 작용하고, 성마음에서는 성무의식이 작용하면서 성의식이 작용한다.

또한, 유입된 마음정보와 성정보는 뇌에 기억 또는 성기억된다. 그리고 표현할 때는 성정보는 성표현을 하고, 마음정보는 표현한다. 이렇게 인식할 때 마음과 성마음이 작용하고, 기억할 때도 마음과 성마음이 작용하며, 표현할 때도 마음과 성마음이 작용한다.

성정보가 성마음으로 유입되는 것을 성인식이라고 하고, 성정보와 함께 마음정보가 마음으로 유입되는 것을 인식이라고 한다. 따라서 성인식과 인식은 함께 작용한다. 그런 후 기억될 때도 마음정보와 성정보가 함께 기억된다. 또한, 성정보를 표현할 때는 성표현이고, 마음정보는 표현이다.

그래서 성인식은 인식과 함께 작용하고, 성기억은 기억과 함께 작용하며, 성표현은 표현과 함께 작용한다. 이렇게 마음의 심리와 성마음의 성심리가 분리되어 함께 작용한다. 외부에서 정보가 들어올 때는 마음정보와 성정보가 분리되어 들어온다. 그런데 마음과 성마음에서는 마음정보와 성정보를 통합하여 처리한 후 기억한다. 그리고 표현할 때는 다시 마음정보와 성정보를 분리하여 표현한다.

이때 의식으로 자각하고 느끼는 것은 마음만 작용한다. 그래서 마치 마음정보와 성정보가 모두 통합된 것처럼 느껴지는 것이다.

심리와 성심리는 함께 작용한다. 인식은 마음의 의식이 작용하고, 성인식은 성마음의 성무의식이 작용한다. 그러나 표현할 때 성표현은 성마음의 성의식이 작용하고 표현은 마음의 무의식이 작용한다. 이것이 마음의 심리와 성마음의 성심리가 함께 작용하는 원리이다. 그래서 반드시 심리와 성심리는 함께 작용해야 하고, 성심리는 개별로 작용하지 않는다. 그러나 성정보가 없는 일반정보에 대해서는 마음의 심리만 작용하는 것이다.

9 인식과 성인식

성마음에는 성심리가 작용한다. 그리고 성마음이 작용하면 반드시 마음도 동시에 작용하면서 심리가 작용한다. 성심리는 성인식, 성기억 그리고 성표현이 작용한다. 성마음의 성인식과 심리의 인식이 같이 작용한다.

인식이 작용하면 마음정보와 성정보가 감각기관으로 유입된다. 성정보가 성마음으로 전달되면 성인식이라고 하고, 마음정보가 마음으로 전달되면 인식이라고 한다.

마음에서 심리가 작용할 때 인식에는 의식이 작용한다. 그래서 유입되는 마음정보가 느껴진다. 그러나 성마음에 전달되는 성정보는 느껴지지 않고 유입되는데 이는 성무의식이 작용하기 때문이다. 인식은 심리에서 마음의 의식이 작용하지만, 성인식은 성심리에서 성마음의 성무의식이 작용한다. 따라서 성정보는 자각하지 못하고 마음정보만 마음의 의식으로 자각하고 느낀다.

성무의식에서 성에너지가 생성되고 성습관을 통하여 성기억한다. 이때 유입된 성정보에 성상처를 결합하여 성기억한다. 마음정보와 감정이 기억되고 성정보와 성상처가 성기억된다.

예쁘고 날씬한 여성이 지나가는 것을 보면, 그 순간 남자에게는 성상처가 발생한다. 성상처는 자신의 성습관에 의하여 결정된다. 또한, 어떤 남자가 스타킹을 좋아하면, 스타킹이 성정보로서 이미 성기억되어 있고 이와 관련된 모든 정보가 성정보로 유입된다. 그래서 어떤 스타킹을 보더라도 성상처가 생기는데 자신에게 성상처가 생기는 것을 알지 못한다. 이는 성인식에서 작용하는 성무의식 때문이고, 성무의식은 자신이 통제할 수 없다.

집에서 혼자 살든, 산에서 혼자 살든 성정보가 유입되지 않아야 성상처가 생기지 않는다. 성정보를 차단하려면 타인을 만나면 안 되기 때문에 인간관계가 불필요해진다. 인간관계가 없으면 가치추구를 하지 못하고, 열정이 생기지 않아서 그냥 살아가는 것만 한다. 인간관계로 살아갈 때 많은 성정보가 유입되도록 작용하는 것이 성무의식이다.

성인식에서 성무의식이 작용하기 때문에 성정보에 대한 성인식에 의하여 성상처를 생성하고 성기억한다. 또한, 인식은 의식으로 작용하기 때문에 예쁜 여성을 쳐다보는 것을 스스로 느낄 수 있다. 이에 따라 남성은 상대 여성을 힐끗 쳐다만 봐도 머리끝에서 발끝까지 한번에 다 볼 수 있다. 이는 순간적으로 성정보로 유입되어 성상처와 함께 성기억되기 때문이다.

상대 여성을 잊더라도 가슴의 크기, 허리, 엉덩이의 크기 등은 성기억한다. 이는 성정보에 의하여 성상처가 함께 성기억된다. 여성을 한번 보는 순간에 유입된 성정보이다. 다른 것은 기억이 나지 않고 불필요한 것도 기억하지 않지만, 성정보는 성기억하기 싫다고 안 되는 것이 아니다.

성상처가 치료되지 않으면 성정보가 유입될 때, 또는 성정보를 성의식으로 성표현할 때 성상처가 작용한다. 성인식에서는 성무의식이 작용하기 때문에 임의로 통제할 수 없다. 성정보가 유입되는 것은 어쩔 수가 없다. 그래서 들어오는 성정보를 차단하는 것보다 이미 들어와 있는 성상처를 치료하는 능력을 만드는 것이 좋다.

10   기억과 성기억

성마음에서는 성심리가 작용하고 마음에서는 심리가 작용한다. 그래서 심리에서 인식, 기억, 표현이 작용할 때 성마음에게 성인식, 성기억, 성표현이 같이 작용한다. 이 중에서 성기억과 기억이 어떻게 작용하는지 살펴보자.

성마음은 성무의식과 성의식이 작용하고, 마음에서는 의식과 무의식이 작용한다. 이때 기억은 심리의 기억과 성심리의 성기억이 있다.

마음에서 인식은 의식에 의하여 마음정보를 기억하고, 무의식에서 생성된 감정을 함께 통합하여 기억한다. 이때 남자는 무의식이 기분을 생성하고 느끼기 때문에 마음정보만 기억하고 기분은 기억하지 않는다. 그래서 남자는 자신이 필요한 마음정보를 잘 기억하지만, 상처의 감정은 기억하지 않는다.

성마음에서 성인식은 성무의식이 작용한다. 남자는 성무의식이 작용할 때 성습관에 의해서 성상처를 만든다. 그래서 성인식할 때 유입된 성정보와 성상처를 결합하여 성기억한다. 성기억된 성정보는 성의식에 의하여 자각되지만, 성상처는 자각되지 않고 신체에 영향을 준다.

마음에서는 인식된 마음정보를 의식에 의해서 기억하고, 무의식이 작용하면서 마음정보에 대한 감정을 수정하여 기억한다. 이때 성기억과 기억이 함께 작용하기 때문에 마음정보와 성정보가 같이 작용한다. 그래서 성기억과 기억이 함께 통합되어 기억된다. 마음정보와 감정, 성정보와 성상처 등이 함께 기억되는데 성상처는 성기억하지만 자각하지 못한다. 그래서 자각되는 것은 마음정보와 감정 그리고 성정보이다.

성기억에 성정보와 함께 성상처가 성무의식에 의하여 성기억되지만, 자각되지 않기 때문에 실제 느껴지는 감정은 마음에서 자각한다. 성기억된 성상처는 느껴지지 않기 때문이다. 그래서 남자는 성상처가 있는지 없는지 모른다.

남자에게 성기억은 큰 영향을 준다. 여자는 성상처를 성기억하지 않고 성정보만 성기억한다. 그런데 남자는 성정보와 성상처를 함께 성기억한다. 그래서 남자에게 성정보는 치명적인 독약과 같다.

성상처의 독은 좋게 작용할 수도 있지만, 과해지면 몸이 치명상을 입게 된다. 성상처로 인해서 심리와 신체에 영향을 주면서 심리장애 또는 성기능장애가 생기고, 신체질병도 생긴다.

11   표현과 성표현

마음에서의 표현과 성마음에서의 성표현이 상호 연결되어 작용하는 원리를 살펴보자. 성마음은 성무의식과 성의식으로 구성되고, 마음은 의식과 무의식으로 구성된다. 마음정보는 마음의 의식에 의하여 기억되고, 성정보는 성마음의 성무의식에 의하여 성기억된다.

성마음의 성표현할 때는 마음의 표현이 함께 작용한다. 마음의 표현은 신체를 통한 말과 행동으로 나타난다. 또한, 성마음의 성표현은 신체인 말과 행동을 통하게 되는데 이때 성기능에 문제가 발생하는 것을 성기능장애라고 한다. 남성이 성기능장애라고 할지라도 자위할 때는 성기능장애가 발생하지 않는다. 그래서 자위는 섹스가 아니라 성정보이다.

성기억된 성정보를 성표현하려면 성의식이 성기억된 성정보를 자각한다. 이때 성기억된 성정보는 성의식으로 자각하지만 성상처는 신체에 영향을 준다. 그래서 성기억된 성상처의 크기가 −100이라면 성기억된 성정보를 성의식을 하면 −100의 성상처가 신체에 영향을 준다.

또한, 성의식으로 성정보를 자각한 후 말과 행동으로 성표현을 한다. 이때 표현이 함께 작용하는데 이 표현은 마음의 무의식이 작용하면서 감정 또는 기분을 만든다. 마음의 무의식에서 남자는 기분을 만들고 여자는 감정을 만들기 때문에 여자는 상처가 발생하고 남자는 좋은 기분인 쾌락이 만들어진다. 그래서 남자는 성기억된 성정보를 성의식으로 자각하면서 성표현을 하면 마음의 무의식에서 쾌락의 기분을 느끼는 것이다. 이때 성상처가 심리와 신체에 작용하는 것이다.

따라서 성의식에서 성정보를 성표현하면 마음의 표현으로 좋은 기분으로 느껴지지만, 성상처는 신체에 영향을 준다. 특히 섹스로 성표현을 하는 경우는 성표현된 성정보가 다시 성인식으로 작용하기 때문에 몇 배의 성상처가 작용된다. 처음에는 신체에 −100만큼 영향을 주지만, 점점 −200, −300… 등으로 성상처가 커지면서 심리와 신체에 더 큰 영향을 준다.

이렇게 성상처가 작용하도록 성표현할 때, 마음의 무의식에 의하여 표현하면서 기분이 좋아진다. 특히 성행동을 하면 자극되는 기분이 매우 좋아진다. 처음에는 +100의 기분이 좋아지고, 점점 +200, +300… 등으로 기분이 더 좋아진다. 즉 의식으로 느낄 때 +200만큼 좋은 기분을 느끼면, 성상처가 −200만큼 심리와 신체에 영향을 주고 있다.

마음의 무의식에서 생성된 기분은 보통 1의 크기라고 한다면, 1만큼 기분을 느낀다. 그런데 성마음의 성상처가 −100인 경우 마음의 무의식에서 생성되는 기분은 +100만큼 느낀다. 그래서 일반적인 1보다는 성정보에 의한 100을 느끼려고 한다. 당연히 강력한 쾌락을 느끼고 강력한 기분을 느끼고 싶어 한다. 이것이 성욕이고 섹스의 욕구이며, 남자가 섹스에 죽고 사는 이유이다.

그런데 +100만큼 느끼는 기분을 못 느끼게 만드는 심리장애 또는 성기능장애가 발생하면 강한 스트레스를 받게 된다. 마음에서 기분을 100번 느낀 것과 성마음에 의하여 기분을 1번 느끼는 것과 같다. 그래서 일이나 다른 것에 열정을 갖고 100번을 느껴야 성마음에서 1번 느끼는 것과 같다. 그러니 성마음에 의하여 1번 느끼는 것이 중요하다.

이는 남자가 섹스를 인생의 전부라고 생각하는 이유이다. 왜냐하면

+100의 기분을 느낄 수 있는 것은 섹스 이외에는 없기 때문이다. 강력한 쾌락의 기분을 느끼는 것은 성표현 이외에는 없다. 대신 −100만큼 심리와 신체에 영향을 주면서 심리장애 또는 신체질병이 발생한다. 일반적인 스트레스보다 100배의 크기로 심리장애 또는 신체질병이 발생한다. 성상처 때문에 심리와 신체는 −100만큼 영향을 받는다.

남자가 섹스를 생각하면서 즐거웠다고 느끼면 그 순간 신체는 즐거운 생각만큼의 나쁜 영향을 받는다. +100만큼의 기분과 성욕을 느끼고 쾌락을 느끼면, −100만큼이 심리와 신체에 영향을 준다. 따라서 성상처가 클수록 심리장애 또는 성기능장애는 일찍 발생하고, 신체질병도 일찍 발생한다.

남자는 기분과 쾌락을 많이 느끼고 즐거운 것을 하려고 노력하기 때문에 심리적으로 심리장애가 발생하거나 신체적으로 성기능장애 또는 신체질병이 발생한다. 심리장애, 성기능장애, 신체질병 등을 회복하기 위해서는 성상처를 치료하는 것이 중요하다.

결국, 성인식이 되어 들어오는 성정보가 얼마나 많이 성기억되었느냐는 것도 중요하겠지만, 그보다는 성표현할 때 성상처가 심리와 신체에 영향을 주기 때문에 성표현을 얼마나 하느냐가 중요하다. 그래서 성인식과 성기억에서는 심리와 신체에 영향을 거의 주지 않지만, 성정보를 표현할 때 심리와 신체에 영향을 준다.

따라서 성표현을 많이 하면 심리장애 또는 성기능장애가 생긴다. 물론 성표현을 하지 않으면 심리장애나 성기능장애는 발생하지 않는다. 그렇다고 남자가 성표현을 하지 않고 살 수는 없다. 따라서 성무의식 때문에 성기억된 성상처를 제거하는 능력을 가져야 한다.

12 성심리발달과정

마음이론에서 심리발달과정은 4단계로 구분된다.

1단계는 0~5세까지의 생존본능기로서 사람으로 태어나서 살아서 존재하는 것에만 중점을 두게 된다. 이 시기의 심리는 생존과 직접적으로 관련되는 것으로만 작용하기 때문에 사물에 대한 이해보다는 살아가는 데 필요한 생존본능만 작용하게 된다.

2단계는 5~13세까지의 관계적응기로서 인간관계에서 좋음, 나쁨, 싫음 등의 구분을 만들면서 적응해 가는 과정이다. 그래서 가족관계로부터 시작하여 친구관계, 선생님과의 관계, 간헐적인 타인과의 관계 등을 통하여 좋은 인간관계, 나쁜 인간관계, 싫은 인간관계 등을 학습함으로써 인간관계에 대한 생각을 만들게 된다.

3단계는 13~20세까지의 자아형성기로서 인간관계의 적용을 기초로 하여 자신의 가치와 생각을 정립하는 자아를 형성해 가는 과정이다.

마지막 4단계는 20세 이상의 자아실현기로서 형성된 자아를 기초로 하여 인간관계에서 행복을 추구하면서 살아가는 과정이다.

마음이론과 마찬가지로 성마음이론의 성심리발달과정도 4단계로 구분된다.

1단계는 0~5세까지의 감각적응기이다. 몸을 구성하고 있는 5개 감각기관이 외부정보에 적용하는 시기이다. 그래서 이 기간에는 물고, 빨고, 만지며 생존하면서 감각에 하나씩 적응하는 과정이다.

2단계는 5~13세까지의 성구분기로서 인간관계에 적응하면서 인간관계의 성을 구분하는 시기이다. 모든 사물과 인간에 대하여 남자, 여자, 남성, 여성 등으로 구분하는 과정이다. 또한, 남자와 여자로서 기본적인 인식과 행동을 해 갈 수 있도록 한다.

3단계는 13~20세까지의 성감형성기로서 마음의 자아형성과 함께 성적인 감각을 형성하는 과정이다. 어디를 만지면 좋고 싫은지, 무엇을 하면 되고 하지 말아야 하는지 등의 성에 대한 감각이 형성되는 것이다. 이 시기에서는 성에 대한 호기심이 가장 왕성해지면서 자위 또는 성적흥분에 대한 전반적인 성감을 형성하게 되는데, 남자와 여자가 전혀 다르게 작용하기 시작하는 시기이다.

4단계는 20세 이상의 성실현기로서 마음에서 자아실현을 하게 될 때, 성인으로서는 성을 실현해 가는 과정이다. 남자는 성관계를 통하여 현재의 성행복을 갖고, 성에 의미를 추구한다. 반면 여자는 성의 가치를 가질 수 있는 대상을 통하여 미래의 성행복을 추구한다. 그래서 3단계에서 성감을 형성해야 한다.

그러나 어린 시절부터 성교육이나 다양한 성정보에 노출되면서 성심리 발달과정이 뒤죽박죽이 되면서 어렸을 때부터 심리장애, 성심리장애, 신체질병 등이 발생하고, 사회적인 문제가 계속 발생하고 있다. 즉 성심리가 제대로 발달하지 못함으로써 심각한 심리문제와 신체질병이 발생하는 것이다.

감각적응을 하지 않은 상태에서 성구분을 하게 되는 현상, 성구분을 제대로 하지 못하는 상태에서 성감형성을 하게 되는 현상, 성감형성이 되지 않은 상황에서 성실현을 하는 현상 등은 인간으로서 살아가면서 심각한 심리문제와 신체질병을 유발하고, 사회적인 문제들이 계속 발생할 수밖에 없도록 만든다. 남자와 여자의 구분이 사라지는 현상, 섹스만을 추구하는 재미와 즐거움으로 인생을 살게 되는 현상, 인간관계를 맺지 않고 혼자인 사람으로서 살고자 하는 현상, 사회적인 여러 다양한 사건과 사고 등이 이와 무관하지 않다.

프로이트의 정신분석학에서 성심리발달을 보면 구강기, 항문기, 남근기 등을 지나서 성욕기 또는 성기기로 구분하였는데, 청소년과 성인의 시기인 성욕기를 제외한 구강기, 항문기, 남근기 등은 모두 감각적응기임을 알 수 있다. 결국은 성심리라는 용어를 분석해 보면 대부분은 섹스를 중심으로 사용하고 있다.

지금까지 누구도 성인식, 성기억, 성표현 등의 성심리가 성의식과 성무의식인 성마음에 의하여 작용하는 원리를 연구하지 못했다. 이 성마음이론은 태어나서 죽을 때까지 인간에게 작용하는 성에 대한 모든 원리를 체계적으로 해석했으니 매우 획기적인 이론이라 할 수 있다. 성마음이론을 모르면 결국 성표현의 일부분인 섹스로만 모든 성을 해석할 수밖에 없으니 섹스로 인한 모든 문제를 제대로 해결할 수 없었다.

13 성정보의 개념

 심리장애와 성기능장애를 분석할 때는 성정보가 어떤 영향을 미치는지를 정확하게 알아야 한다. 그래서 성정보(xes Information)에 대한 개념을 알 필요가 있다. 사람들은 성정보를 섹스정보(sex Information)라고 알고 있다. 그러나 실제의 성정보는 섹스정보를 포함하여 성적행동이나 섹스와 관련되는 모든 정보를 말한다. 이 성정보는 주로 도서와 매스컴, 성교육이나 친구간의 대화, 인터넷 정보와 동영상… 등에 많이 존재한다.
 인터넷으로 야동을 시청한다면, 야동에서의 섹스에 대한 모든 것뿐만 아니라 야동을 보고 있는 인터넷, 스마트폰, 동영상의 출연배우, 장소, 스토리, 상황, 패션, 가구, 소품… 등 관련되는 모든 정보가 성정보가 되는 것이다. 자신도 모르게 성정보가 유입되는데, 이것은 성적인 정보 또는 섹스에 관한 정보만이 아니라 관련되는 모든 마음정보를 포함한다. 이러한 성정보는 남성에게 성상처를 만들고 여성에게는 상처를 만든다.
 이때 성마음에 의하여 성상처는 남자에게만 생기고 여자에게는 생기지 않는다. 그뿐 아니라 성정보는 여자의 성기능을 좋게 만들고 심리장애를 유발한다. 남자에게 성상처가 생기면 성상처가 커질 때까지는 심리와 신체에 큰 영향을 주지 않고, 이는 자각되지 않기 때문에 느낄 수도 없다.
 예를 들어 물(성상처)을 담는 물통(성상처의 한계치)이 있다고 가정할 때, 물(성상처)이 물통(성상처의 한계치)을 가득 채울 때까지는 심리와 신체에 크게 영향을 주지 않는다. 그러다가 물통(성상처의 한계치)에서 물(성상처)이 넘치면 이때부터 성기능장애, 심리장애, 신체질병이 발생한다.

심리장애와 성기능장애는 초기, 중기, 말기가 있다. 초기는 성욕이 느껴지지 않으면서 심리와 성기능이 좋을 때도 있고 안 좋을 때도 있다. 이때는 심리문제와 성기능문제를 대수롭지 않게 생각한다. 중기에 들어가면 스스로 심리와 성기능에 문제가 있다고 느끼면서 성욕이 강해진다. 섹스를 즐기고 싶다는 생각이 많아진다. 말기에 들어가면 심리장애와 성기능장애의 치료를 포기한다. 이때부터 신체질병이 가속화된다. 이처럼 심리장애와 성기능장애가 발생하는 원인은 성상처이고, 성상처를 발생시키는 원천이 성정보이다.

남성에게는 이미 성정보로 유입되었거나 경험하여 알고 있는 성정보는 유입되지 않고 관심도 없다. 이미 성상처로 만들어진 성정보는 유입되지 않고, 자신에게 없는 성정보만 유입된다. 그래서 남성은 이미 해 본 것과 알고 있는 것에는 성욕이 안 생긴다. 안 해 본 것이나 처음 본 것에서 성욕이 생긴다.

따라서 오래된 여성에게서는 성정보가 유입되지 않으니 성욕이 없고, 새로운 여성에게서는 성정보가 많이 유입되기 때문에 성욕이 강해진다. 따라서 결혼한 남편의 경우는 아내가 아닌 다른 여성에게 성욕이 생긴다. 즉 안 해 본 여성이라면 누구든 상관없이 성정보로 유입된다. 자신이 알고 있는 것은 이미 성상처가 만들어졌기 때문에 성정보로 유입되지 않고 관심도 없으며 성상처가 생기지 않으니 성욕도 생기지 않는다. 그런데 성상처는 자각되지 않기 때문에 자신이 성정보를 받아들였는지도 모른다.

'야동을 볼 때 스타킹을 신은 여성이 섹스한다'라고 하면, 야동은 성정보가 된다. 동시에 스타킹, 여성의 외모, 몸매, 가슴, 엉덩이, 가구, 장소, 패션, 소품… 등이 모두 성정보이다. 그래서 성마음에서 작용하는 성정보와 마음에서 작용하는 일반정보가 함께 결합하여 모두 성정보가 된다. 그다음부터는 일상생활에서 스타킹과 관련된 것은 모두 성정보가 되기 때문에 스타킹만 보아도 성정보로 유입되면서 성상처가 생성된다. 외출했는데 여성들이 스타킹을 신고 있다면 이를 보면서 성정보로 받아들이게 된다. 빨간색, 파란색, 노란색 등의 색깔별 스타킹을 포함하여 스타킹과 관련한 모든 것이 성정보가 된다.

섹스와 연결된 모든 것은 일반정보이지만, 성정보가 된다. 이때 일반정보는 모두 보고 듣고 배운 경험의 지식이다. 따라서 지식이 많은 남성일수록 섹스와 연결된 모든 지식이 성정보로 작용한다. 그래서 지식이 많은 남성일수록 성정보가 많다.

이렇듯 성정보는 단순하게 섹스정보만이 아니다. 섹스와 연결된 모든 정보이다. 예를 들어 야외섹스를 했다면, 그 후에는 야외의 모든 것이 성정보가 된다. 이렇게 성정보는 단순하게 섹스만의 정보가 아니라 섹스와 연결된 모든 일반정보가 함께 연결되어 성정보가 되고, 성상처로 누적된다. 따라서 남성마다 성상처의 한계치는 모두 틀리지만 언제 넘칠지는 아무도 모른다.

심리장애와 성기능장애가 발생하면 심리장애와 성기능장애를 증명할 수 있는 지표로서 성격이 변한 것을 보면 된다. 왜냐하면, 성상처가 작용하면서 마음에 영향을 주기 때문에 마음에서 습관적으로 처리하는 것이 변한다. 그래서 심리장애와 성기능장애가 발생하면 성격이 이전과 달라진다.

식사를 다른 사람에 비하여 빨리하는 남성은 심리장애 또는 성기능장애일 가능성이 크다. 또한, 별일 아닌데 불같이 화를 내는 남성도 심리장애 또는 성기능장애일 가능성이 크다. 성상처는 자각하지 못하지만, 성마음은 반드시 마음이 함께 작용하기 때문에 성격이 변한다.

조급한 남성, 화를 잘 내는 남성, 특별한 행동을 잘 하는 남성 등은 대부분 심리장애 또는 성기능장애이다. 이때 심리장애 또는 성기능장애가 말기로 들어가면 분노장애, 공황장애, 공포장애, 불안장애, 강박장애 등이 발생할 수도 있다.

심리장애와 성기능장애의 초기에는 욱하는 정도이고, 중기에는 신경질과 짜증을 내고 사사건건 시비를 건다. 성욕이 강해서 무엇을 하든 잘 안 풀린다. 성격이 변한다. 그래서 심리장애나 성기능장애 또는 신체질병이 발생할 때 자신도 모르게 성격이 변한다.

이는 곁에 있는 사람만 알 수 있고 자신은 모른다. 그리고 가족 중에서 유일하게 남편을 객관적으로 볼 수 있는 사람이 아내이다. 남편의 성격이 변하면 아내의 잔소리도 많아진다. 아내가 바가지 긁는다면 남편이 변하고 있으며 심리장애 또는 성기능장애가 시작되었다는 것으로 볼 수 있다.

이는 남성에게 중요하다. 남성은 성상처를 자각하지 못하기 때문이다. 그만큼 성정보는 단순한 섹스정보가 아니다. 카섹스의 동영상을 본 적이 있다면, 이후에는 자동차와 관련된 모든 것이 성정보가 된다. 자동차만 보면 성상처가 쌓인다. 그래서 자동차 모터쇼에 가면 레이싱걸이 섹시한 포즈를 취하는 것을 볼 수 있는데, 이 모든 것이 성정보이다. 그러면 성욕이 발생하고 구매의 욕구가 생긴다.

만일 자동차 모터쇼에 멋있는 남성을 세워 놓으면 여성들은 구매욕구가 생기지 않는다. 여성은 성정보에 관심이 없기 때문이다. 그러나 남성은 자동차보다는 섹시한 레이싱걸에 의하여 자동차까지 성정보로 유입된다.

　남성을 대상으로 하는 광고마케팅은 성정보와 연결되어 있을 때 광고효과가 크다. 남성에게 성정보는 중요하기 때문이다. 섹스정보만이 아니라 섹스와 관련한 성정보로도 충분히 효과가 있다.

　오랫동안 자동차와 섹스는 이미 연동되어 있기 때문에 자동차 또는 레이싱걸만 보면 자기도 모르게 성상처가 작용한다. 성상처가 작용하면 성욕이 증가하고, 성욕이 증가하면 무엇인가 하고자 하는 욕구가 생기면서 자동차를 구매하고자 하는 욕구가 생긴다. 고급자동차동호회나 고급오토바이동호회의 남성들은 성기능장애가 많다.

　그래서 성정보는 섹스정보만이 아니라 섹스와 연결된 모든 것이다. 이 성정보는 성상처를 생성하여 성기능장애, 심리장애, 신체질병이 발생하는 원인이 된다.

남성의 성정보

　남성은 성정보가 성상처를 유발하고, 성상처는 심리와 신체에 영향을 준다. 물론 성상처가 있다고 하여 무조건 심리장애나 성기능장애가 발생하는 것은 아니다. 일정 기간 동안 성상처가 누적되고 커져서 성상처의 한계치를 넘어가야 심리장애나 성기능장애가 발생한다.

　이때 남성에게 성정보가 어떻게 유입되는지 살펴보자. 첫 번째, 남성은 자신이 이미 알고 있던 성정보를 제외한 모든 성정보가 유입된다. 즉 남성이 이미 알고 있는 성정보는 더 이상 성정보로서 작용하지 않는다. 자신이 모르고 있는 성정보가 유입된다. 두 번째, 성행동인 섹스에서 자신이 모르거나 경험이 없는 성성보는 모두 유입된다.

섹스의 지식이 많다고 해서 성욕이 생기는 것은 아니다. 그러나 많은 성정보로 인하여 성상처는 많다. 남성은 편안하고 익숙한 상황에서는 성정보로 유입되지 않는다. 만일 여성이 알몸이라면 당연히 흥분된다. 그러나 알몸에 익숙해지고 편안해지면 알몸은 성정보가 아니기 때문에 흥분되지 않고 아무렇지도 않게 된다. 그러나 익숙하지 않은 다른 여성은 성정보로 유입된다. 그만큼 남성은 상대 여성에게 익숙해지면 성정보가 유입되지 않고, 성욕이 생기지 않는다.

인터넷에 접속하면 연예인의 이야기가 많다. 예쁜 외모와 섹시한 몸매 그리고 한 번도 만나 본 적이 없는 여성은 모두 성정보이다. 성정보는 남성이 의식해서 유입되는 것이 아니라 성마음에 의하여 무조건 유입된다.

남성이 애인 또는 아내를 두고 다른 여성과 바람이나 외도를 하는 경우가 있다. 이때 상대 여성은 성정보로 작용하고 성욕이 강화되면서 섹스로만 존재한다. 남성이 상대 여성에게 밥을 사 주고 선물을 사 주는 것은 모두 섹스의 즐거움을 위한 투자이다. 따라서 상대 여성은 그 자체가 모두 성정보이고, 상대 여성과 관련되는 모든 것이 성정보이다. 물론 상대 여성과 관련된 자녀들까지 모두 성정보이다.

외도의 상대 여성과 연관된 모든 정보가 성정보이기 때문에 매우 심각한 상황으로 진행된다. 결국, 남성이 바람이나 외도를 하면 성정보가 극대화되고 이로 인하여 성상처가 급격하게 커진다. 이 상대 여성과 함께하는 모든 것은 성정보이기 때문이다. 상대 여성과 같이 밥 먹는 것 하나까지도 성정보이다.

  이때 외도하는 남성은 상대 여성에게만 심리상태나 성기능이 좋아지는 경우가 있다. 이는 신체질병이 생기고 있거나 악화하는 중이라는 뜻이다. 죽음을 재촉하기 위하여 상대 여성과 함께 보내는 것으로 해석할 수 있다.

  남성에게 심리장애와 성기능장애는 자신의 신체를 보호하기 위하여 더 이상의 성정보가 유입되지 못하도록 하는 현상이다. 신체의 건강을 보호하는 마지막 안전장치가 심리장애 또는 성기능장애이다. 또한, 신체질병이 발생하면 심리문제가 확대되고, 성기능이 사라지면서 섹스가 무의미하고 불필요하다.

  남성의 심리장애와 성기능장애가 발생하는 이유는 성정보가 많기 때문이다. 처음 보는 여성이 지나가는데 가슴이 크다는 것을 인식하면 벌써 그 여성과 관련되는 모든 것이 성정보로 유입되면서 성상처가 쌓인다. 여기에 상대 여성과 말하고 함께 커피를 마시면 성정보는 수십~수백 배로 커진다. 더욱이 상대 여성과 섹스를 했다면, 수만~수백만 배의 성정보가 유입되어 성상처가 강력하게 커져서 심리와 신체에 나쁜 영향을 준다.

  원나잇을 즐기는 남성은 심리장애 또는 성기능장애이다. 그러나 이 남성은 평상시에는 심리장애 또는 성기능장애인데, 원나잇을 하면 심리상태나 성기능이 괜찮아진다. 이는 심리나 성기능이 좋다고 느끼는 만큼 신체질병이 가속화되거나 신체질병이 발생했다고 볼 수 있다. 나이가 적고 많은 것은 중요하지 않다.

  만일 원나잇을 한 여성과 식사를 했다면, 이 여성과 섹스를 할 때 심리나 성기능은 좋아질 수 있지만, 위장에 질병이 발생할 수도 있다. 성상처가 남성의 어떤 심리문제 또는 신체부위에 영향을 줄지는 모른다. 그러나

이 남성에게 위장병이 생겼다면 이 여성과 함께 식사할 때 성상처가 신체의 위장으로 작용한 것이라 할 수 있다.

특히 신체질병은 성기능장애와 밀접한 관계가 있다. 이는 마음과 성마음이 심리와 성심리에서 작용하는 원리를 알지 못하면 해석할 수 없다.

남성의 성마음은 단순하게 작용하는 것이 아니다. 성정보가 유입되면 성상처가 생기고, 이는 심리장애, 성기능장애, 신체질병 등을 유발한다. 이는 마음이론과 성마음이론을 개발한 이후 2개의 마음이 결합하여 작용하면서 마음에너지가 신체에 직접 영향을 준다는 것을 해석하면서 알게 된 것이다. 기존에는 성정보가 남성에게 유익한 것처럼 알고 있었지만, 이번 해석을 통해 마음과 성마음에서는 엄청난 결과를 초래한다는 것을 알 수 있다.

14 남자와 여자의 차이

　인간은 남자와 여자를 통칭한다. 마음과 성마음이 작용하는 원리에서 마음은 심리가 연결되고, 성마음은 성심리가 연결된다. 마음의 심리에서는 인식, 기억, 표현이 있고 성마음의 성심리에서는 성인식, 성기억, 성표현이 있다. 남자든 여자든 3개의 심리와 3개의 성심리가 작용한다.

　그런데 마음과 성마음에서 작용되는 원리와 이치는 남자와 여자가 다르다. 남자는 마음에서 기분만 작용하기 때문에 상처를 기억하지 않는다. 그래서 좋은 기분에 몰입하는데 이것을 열정이라고 한다. 이 열정을 갖고 미래행복을 추구한다. 남자는 실현가능한 미래의 계획과 명분을 중요하게 생각하고 미래행복을 추구한다.

　남자는 오늘이 힘들어도 내일의 희망이 있다면 충분히 살아갈 수가 있다. 이렇게 열정을 갖고 미래행복을 추구하는 이유는 인생의 가치를 추구하기 때문이다. 인간이 아닌 대상의 목표를 이루기 위하여 사는 것이다. 경제적인 가치, 인간관계에서 지위나 명예에 관련된 관계적 가치, 사회에 참여하고 기여하는 사회적 가치 등을 추구한다. 이때 경제적 가치, 관계적

가치, 사회적 가치에는 사람을 제외한 것을 목표로 추구한다.

그러나 여자는 감정을 기억하기 때문에 마음에서 상처를 기억한다. 좋은 감정에 몰입되는 사랑의 감정을 만든다. 사랑의 감정을 갖고 현재의 행복을 느낀다. 현재가 행복해야 하고 지금 행복하지 않으면 상처로 아픔을 느낀다. 여자는 사랑의 감정을 갖고 현재의 행복을 추구하기 때문에 삶의 의미를 추구한다. 이때 의미는 행복의 감정이다.

남자가 가치추구를 하는 것은 인생의 이력서와 같다. 언제부터 언제까지 어떤 일을 했다는 것을 남자는 잘 기억한다. 그러나 여자는 인생의 이력서가 중요한 것이 아니라 그 기간에 행복했던 정도를 기억할 만큼 삶의 의미가 중요하다. 그래서 남자는 인생의 가치를 추구하고, 여자는 삶의 의미를 추구하면서 살고 있다. 이것이 남자와 여자의 마음이 다른 부분이고, 자아실현의 차이이다.

그러나 성마음은 마음과 다르다. 남자는 성마음에서 성상처를 기억한다. 그러나 성상처는 자각되지 않고 느끼지 못한다. 또한, 여자는 성기분만 작용하기 때문에 성상처를 기억하지 않는다.

남자는 성상처를 기억하기 때문에 성욕이 중요하다. 남자가 성욕이 없으면 인생을 살아가는 의미를 갖지 못한다. 그래서 성상처가 많을수록 성욕이 강하다. 이는 현재의 성행복을 추구하기 때문이고, 미래의 성행복은 중요하지 않다.

남자는 현재의 성행복을 추구하기 때문에 성적인 의미가 중요하다. 그래서 남자는 성행복을 갖고 있느냐 아니냐가 중요하다. 남자가 여자를 사귈 때, 섹스를 한 사람을 우선으로 생각한다. 이는 자신의 성행복을 갖게 될 때 성의 의미를 느끼기 때문이다.

그럴수록 남자는 성상처가 점점 많아지고 성욕은 강화되면서 성행복을 느끼려고 한다. 남자가 여자들을 보면서 섹스를 희망하는 이유는 현재의 성행복을 추구하기 때문이다. 성행복은 현재 즐거움과 쾌락을 느끼는 것이다. 이때 성상처는 자각되지 않고 심리와 신체에 영향을 준다. 동시에 마음에서는 쾌락의 기분을 만들고 느낀다.

그러나 여자는 성마음에서 성기분이 작용한다. 성기분을 추구하기 때문에 성욕보다는 대상에 대한 욕구가 강해진다. 왜냐하면, 성기분이 대상에게서 오기 때문에 좋아하는 대상이 중요하다. 이때 좋아하는 상대나 사랑하는 상대와의 관계로서 상대에 대한 욕구가 강해진다. 그래서 상대를 보고 싶어 하고 스킨십을 원하는 것이다.

다른 상대에게는 관심이 없다. 여자는 성이 그렇게 작용한다. 그래서 여자는 남자를 만나서 좋아하는 감정이 생기면 이야기를 많이 하고, 함께 있고 싶어 한다. 남자는 현재의 섹스가 중요하지만, 여자는 현재의 섹스가 중요한 것이 아니다. 그래서 여자는 상대에 대한 욕구를 갖는데 이는 성욕이 아니다.

남자는 성욕 때문에 여자를 만나지만, 여자는 성욕 때문에 만나는 것이 아니라 그 상대에 대한 욕구 때문에 만난다. 따라서 여자는 현재의 성행복이 아니라 상대와 함께하면서 실현이 가능한 미래의 성행복을 추구한다. 그래서 섹스는 현재하지 않고 내일 또는 미래에 해도 괜찮다.

이로 인하여 남자는 여자와 섹스를 하고자 하지만, 여자는 섹스보다는 만나서 이야기하고 사랑의 감정을 느끼기를 원한다. 여자가 섹스를 회피 또는 거부한다고 해서 그 남자를 사랑하지 않는 것이 아니다.

여자는 미래의 성행복을 추구하기 때문에 현재의 성행복을 추구하는 남자와 다르다. 여자는 상대에 대한 성적가치를 중요하게 생각한다. 이것이 남자가 섹스를 원할 때 마지못해 섹스를 하는 경우가 많은 이유이다. 성적가치가 중요하기 때문이다. 섹스는 나중에 해도 되는데, 상대인 남자가 여자에게는 성적가치를 주기 때문에 현재 섹스를 할 수 있는 것이다.

이처럼 성마음이 작용하는 것은 남자와 여자가 다르다. 또한, 마음도 다르게 작용한다. 남자는 현재의 성행복을 느껴야 한다. 성적의미를 느껴야 하기 때문이다. 그런데 현재의 성행복을 느껴야 하는데, 성기능장애가 발생하면 심각해진다. 그래서 성기능장애가 발생하면 살아가는 이유는 느끼지 못하게 되고, 미래의 성행복을 추구할 수 없게 되며, 기분이 안 좋고 열정도 사라진다.

이는 성상처가 작용하기 때문이다. 이 성상처로 인하여 심리장애나 성기능장애가 발생하기도 하고, 신체질병이 발생하기도 한다. 그래서 성상처를 제거하지 않으면 심리장애, 성기능장애, 신체질병 등이 생긴다. 만일 성상처를 제거하는 능력을 갖게 되면, 심리장애가 치료되고, 성기능이 좋아지면서 현재의 성행복을 가질 수 있게 되어 성적의미도 느끼게 된다.

이렇게 성상처를 제거하는 능력을 갖게 되면 변강쇠가 되는 것이다. 성기의 크기는 중요하지 않다. 여자는 대상에 대한 욕구이지 성욕이 아니기 때문이다. 따라서 남자는 자신의 성기능을 회복시키면 된다.

15   제스(xes)와 섹스(sex)의 차이

성(xes)과 섹스(sex)를 구분하는 이유는 제스와 섹스가 다르기 때문이다. 성마음과 성심리에 작용하는 모든 성을 제스라고 한다. 성마음은 성무의식과 성의식이 작용한다. 성인식은 성무의식이 작용하고, 성정보와 성상처가 결합하여 성기억을 한다. 그리고 성기억의 성정보를 성의식에 의하여 자각하고 성표현을 한다. 성표현을 할 때 성적행동을 섹스라고 한다. 성마음과 성심리에서 작용하는 모든 것을 제스라고 하고, 성표현 중에 성적행동을 섹스라고 한다.

제스는 성인식, 성기억, 성표현의 성심리에 의하여 성마음이 심리와 신체에서 작용한다. 그러나 섹스는 성표현할 때 성행동에만 한정되어 있다. 그래서 섹스는 제스의 일부분이다.

사람들은 섹스만을 연구하고 있다. 성행동을 섹스심리라고 말하는데 섹스에는 심리가 없다. 섹스심리라는 말 자체가 잘못되었다. 섹스에는 심리가 존재하지 않는다. 섹스는 성표현의 하나인 성적인 행동이다.

섹스의 방법과 기법, 애무의 방법, 섹스를 즐기는 방법 등과 같이 섹스에 대한 성정보가 있다. 이를 제스로 해석해 보면 성정보는 남자에게 성상처를 생성하고 성기능장애, 심리장애, 신체질병을 유발하는 원인이다. '여자에게 오르가슴을 느끼게 하는 10가지 방법'과 같은 성정보는 남자의 성기능장애, 심리장애, 신체질병을 유발하는 10가지 방법과 같다.

섹스에 대한 성정보는 남자에게 성상처를 생성한다. 따라서 10개의 성정보가 유입되면 10개의 성상처가 생긴다. 이때 1개의 성정보에 −100의 성상처가 생성된다면 10개의 성정보는 −1,000의 성상처가 생성된다. 또한, 이 성정보에 의하여 섹스를 하면 다시 성인식으로 성정보가 유입되면서 성상처는 수천~수만으로 증폭된다.

이렇듯이 '여자에게 오르가슴을 느끼게 하는 10가지 방법'을 배운다고 섹스를 즐겁게 할 수 있는 것이 아니다. 제스에서는 남자의 신체를 망가트리는 10가지 방법, 남자의 성기능장애를 만드는 10가지의 방법, 남자의 심리장애를 유발하는 10가지의 방법이다. 만일 '섹스를 즐기는 99가지의 방법'을 배운다면 더 심각해진다.

특히 성상처는 성욕을 발생시키기 때문에 성정보를 더 찾게 만든다. 그래서 다양한 성정보를 지속해서 찾는다. 이때 모든 성정보는 성상처를 유발한다. 이처럼 섹스는 심리가 아니라 성마음과 성심리를 작용시켜서 마음과 신체에 나쁜 영향을 준다.

성마음은 단독적으로 작용하지 않는다. 성마음과 성심리는 반드시 마음과 심리가 함께 작용한다. 성상처를 치료할 수 있는 원리가 마음과 심리에 있다.

섹스에는 심리가 없다. 섹스는 심리가 아니라 성표현의 하나이다. 그러나 섹스를 좋은 것으로 알고 섹스를 연구하고 공부하는 사람들이 있다. 남자이든 여자이든 섹스를 연구하는 사람은 성기능장애, 심리장애, 신체질병 등과 관련성이 높다.

홈페이지, 블로그나 카페, 인터넷에 섹스의 글을 쓰는 사람들, 섹스에 대한 정보를 알려 주는 사람들, 섹스를 즐기는 방법을 가르치는 사람들, 섹스의 기법을 말하는 사람들, 섹스에 대한 명상이나 요가를 하는 사람들, 성교육 하는 사람들이 많다. 또한, 이를 배우고 공부하거나, 찾는 사람들도 많다.

섹스에 노출이 많은 남자는 성상처가 매우 크고 심리장애 또는 성기능장애일 가능성이 크다. 성정보를 많이 알고 있다는 것은 그만큼 성상처가 많다는 것이다. 이는 자신이 심리장애 또는 성기능장애라고 자랑하는 것과 같다.

기존의 성기능장애를 치료하는 방법은 성정보로 유입하여 성상처가 커지기 때문에 성기능장애가 악화한다. 설령 성기능이 일시적으로 좋아졌더라도 심리장애 또는 신체질병이 악화한다. 이처럼 성정보로 유입되면서 섹스와 연결되기 때문에 문제가 된다.

성기능장애의 치료법인 신체자극법, 약물요법, 수술법, 음식요법, 민간요법은 모두 성정보이다. 그래서 성기능장애가 치료되기보다는 오히려 악화한다. 모두 섹스와 연결되기 때문이다. 이는 제스를 알지 못한 채 섹스가 좋은 것으로 인식하면서 발생하는 문제이다.

제스와 섹스는 다르다. 섹스는 제스가 아니고 성표현인 성행동의 일부분이다. 섹스를 성이라 하면 안 된다. 섹스는 성기능장애, 심리장애, 신체질병을 유발하는 성정보이다. 남자가 섹스를 많이 할수록 성상처로 인하여 몸과 마음이 망가진다.

16   제스(xes)의 구성요소

성마음과 성심리가 작용하는 제스(xes)의 구성 요소를 살펴보면, 성정보에 작용하는 성마음은 마음과 같이 심리가 작용하면서 성심리도 함께 작용한다. 신체와 심리가 연결될 때 성심리가 함께 연결되면서 신체의 성기능이 작용한다.

성마음에 의하여 성인식, 성기억, 성표현의 성심리가 작용하고, 성심리가 신체와 작용하는 성기능이 있다. 이것이 제스의 구성 요소이다.

인간은 신체의 내부에 마음이 있고, 마음의 내부에 성마음이 있다. 이에 따라 성마음과 성심리는 반드시 마음과 심리가 함께 작용한다. 성마음과 성심리 그리고 마음과 심리가 신체와 연결되어야 성의 구성 요소를 알 수 있다. 또한, 신체에 마음과 성마음이 연결될 때 신체의 성기능은 섹스의 기능이 아니라 성마음과 성심리가 작용할 때의 신체적인 기능이다.

성기능은 외부의 성정보를 성인식할 때 감각기관이 작용하는 것과 성정보를 성표현할 때 말과 행동이 작용한다. 이때 성정보를 성인식하지 못하거나 성표현하지 못하는 것을 성기능장애라고 한다. 이는 성적억압이 아니다.

따라서 제스는 기존의 심리와 성기능에 대한 개념보다 더 광범위한 개념이다. 제스에서는 신체와 심리와 성마음이 함께 작용할 때 감각기관이나 말과 행동으로 신체가 작용한다.

　제스의 기본 구성은 신체와 마음과 성마음 그리고 성기능이다. 섹스는 제스의 일부이다. 만일 심리장애 또는 성기능장애가 발생하면 신체와 성마음이 작용할 때 문제가 생긴다. 신체, 마음, 성마음 3가지 중 하나 이상에 문제가 발생한다.

　신체에 문제가 발생하면 성마음과 마음에 문제가 발생하고, 신체의 문제가 마음과 성마음에 영향을 준다. 또한, 마음 또는 성마음에 문제가 발생하면 신체에 문제가 발생한다. 마음과 성마음은 신체와 연결되어 있기 때문이다. 그래서 신체화현상(마음 또는 성마음의 문제로 인하여 신체의 문제가 발생하는 현상)과 심리화현상(신체의 문제로 인하여 마음 또는 성마음의 문제가 발생하는 현상)이 발생한다. 따라서 심리와 성기능을 분석할 때는 제스의 구성과 작용의 원리를 알아야 한다.

17 남성의 성욕은 성마음의 욕구이다

　남자의 모든 욕구는 성욕이다. 남자들이 살아가는 이유는 돈을 버는 것도 있고 처자식을 위해서 살아가는 것도 있지만, 자신이 즐겁고 재미있게 사는 것이다. 그리고 재미와 즐거움이 가장 큰 것이 섹스이다. 한 번에 1을 충족할 수 있는 일을 100번 하는 것보다 한 번에 100만큼의 즐거움을 느낄 수 있는 섹스의 재미의 크기는 비교되지 않는다. 그래서 남자는 성욕이 있느냐 없느냐에 따라서 인생의 가치가 다르다.

　예를 들면 A라는 남자가 100억을 가지고 매월 1억 원씩 벌고 있고, B라는 남자는 1억 원을 가지고 매월 200만 원을 벌고 있다고 가정하자. 그런데 A는 섹스능력이 아예 없고 성기도 너무 작고 성기능장애를 갖고 있지만, B는 성기능이 좋고, 섹스능력이 변강쇠라서 섹스를 하는 여성마다 모두 매달릴 정도라고 하자. 그러면 남자는 대부분 B를 선택하지 A를 선택하기는 쉽지 않다.

　또한, 남자가 동창회를 하는데 어떤 친구가 성공한 자산가라고 해 보자. 여자는 동창들이 보고 싶어서 동창회를 나가지만, 남자는 자신의 성공을 자랑하기 위하여 간다. 성공하지 못한 남자는 창피해서 잘 갈 수 없다.

　그런데 딱히 성공은 못 하더라도 그럭저럭 사는 동창이 아무런 생각도 없이 그냥 동창들이 좋아서 나가는 경우가 있다. 이때 자산가의 아내는 치장하고 부부동반으로 동창회에 오지만, 그럭저럭 살아온 아내는 그냥 평범한 동네 아줌마처럼 차려입고 온다.

동창인 두 부부가 이야기를 나눈다고 생각해 보자. 이때 성공한 친구는 어깨에 힘을 잔뜩 주면서 "오늘 내가 계산할 것이니 마음껏 마셔라"라고 이야기한다. 그런데 다른 친구는 한턱내고 싶어도 그럴 처지가 못 되니 기가 죽는다. 성공한 친구는 기가 살고 살맛이 난다. 그러면서 술이 한잔 들어가면서 성공한 친구의 아내가 "돈만 있으면 뭐해 1초도 안 걸리는 토끼인데!"라고 말하고, 가만히 기가 죽어있던 친구의 아내는 "나는 너무 힘들어, 이 사람은 시도 때도 없이 달려드는 통에 너무 힘들어"라고 말한다고 해 보자. 이때 남자의 표정은 정반대가 된다. 성공한 친구는 기가 죽는 정도가 아니라 창피하고 수치스러워서 그 자리에 앉아 있지 못한다. 그리고 술값을 모두 계산해 주고 도망친다.

남자의 욕구 중에서 성욕이 가장 크다. 성욕이 없다고 말하는 남자는 이미 남자의 기능을 상실했다는 이야기이다. 성욕이 많아도 남자의 기능이 많이 상실되었다는 이야기이다. 왜냐하면, 성욕은 성상처가 많을수록 강해진다. 성상처가 많아져야 기분을 더 많이 느끼려고 한다. 섹스에서 강력한 쾌락의 기분을 느끼려고 한다. 성상처가 많아야 쾌락의 기분이 훨씬 더 커진다.

예를 들어 예전에는 10만큼 느껴졌던 성욕이 최근에는 300을 느끼고 어지간한 것에는 흥분도 안 된다고 한다면 그만큼 성상처가 많이 작용한다는 것이다. 성상처가 처음에는 +10만큼 작용하더니 이제는 +300만큼의 쾌락을 추구하는 것이다. 이때 섹스를 하면 점점 쾌락이 커진다. 그러면 성상처 때문에 심리와 신체에 문제가 생긴다. 따라서 남자는 성마음에서 성상처를 얼마나 많이 성기억하느냐에 따라서 신체의 심리장애나 성기능장애 또는 신체질병이 결정된다.

남자는 야동을 비롯하여 다양하고 새로운 성정보를 받아들이기 위하여 노력한다. 길거리를 지나가다가도 가슴이 크고 섹시한 여성을 보거나 섹스에 관해서 특이한 생각을 하면 성정보가 많이 들어온다. 남자는 성정보를 누가 더 많이 성인식해서 성상처로 쌓느냐를 내기하면서 사는 것처럼 느껴지기도 한다. 성욕 때문이다.

또 한 가지는 누가 많이 성표현을 하느냐 하는 것이다. 대부분 남자는 말로 성표현하기보다는 성행동인 섹스로 성표현한다. 누가 섹스를 많이 하느냐를 경쟁한다. 많이 하는 남자가 대단한 것처럼 느껴진다. 이러한 것은 성마음이 작용하기 때문이고 남자는 성정보에 의하여 인생의 성패가 결정된다.

그래서 남자들은 성마음의 욕구로 살아간다. 옛날에 '영웅호색이라고 하여 영웅호걸은 미녀를 좋아한다'고 했다. 영웅호걸이 되려면 많은 성인식을 하고 성표현을 잘해야 한다. 여기서 일등을 해야 우두머리가 되는 것이다. 경제력이 아무리 많더라도 1등이 되는 것이 아니다. 이것이 남자의 세계이다. 여자는 이해가 되지 않는다. 이러한 남자를 보면 미쳤다고 하고 짐승이라고 말한다.

남자들은 누가 성인식을 많이 하고 성표현을 많이 하느냐에 따라서 인생의 가치가 달라진다. 그래서 남자는 성마음의 욕구에 의해서 살아간다. 다만 이것이 신체에 어떤 영향을 미치는지는 모른다. 성인식을 많이 하면 성상처가 많아지고 심리나 신체를 망가트리는 병원균과 같은 것이 들어오는 것과 같다.

그런데 성표현을 하면 병원균이 활동하기 시작한다. 성인식으로 병원균을 계속 유입시키고 성표현으로 활동한다. 성상처로 인하여 신체에 영향을 주면 심리장애나 성기능장애가 생기고 신체질병이 발생한다.

이 병원균과 같은 성상처가 작용하면서 심리와 신체가 무너진다. 여기에 심리장애 또는 성기능장애가 악화하면 신체질병까지 발생한다. 그래서 남성의 고혈압이나 당뇨병과 같은 성인병이 성상처와 관련되었을 것으로 생각한다.

성기억된 성상처를 치료하면 심리장애, 성기능장애, 신체질병 등을 회복할 수 있다. 예를 들어 성상처를 담는 물탱크가 있다고 하면, 성상처가 많을수록 성욕이 강해진다. 그런데 성욕이 강해지고 섹스를 많이 하면 물탱크가 찰랑거리다가 넘치면서 심리와 신체에 영향을 미치고 성기능장애가 생긴다. 그러면 이것을 넘치지 않게 하면 성욕이 생기더라도 심리나 성기능은 좋아지고 신체에도 큰 영향을 주지 않는다. 즉 신체에 조금은 영향을 미치더라도 신체질병이 생길 정도로 영향을 주지 않는다. 따라서 어느 정도 시간이 지나서 성상처가 많아지기 전에 성상처를 치료하면 된다. 이렇게 스스로 채우고 비우면서 자유롭게 성상처를 조절하는 능력이 생긴다.

성마음은 인간의 본능이다. 이 본능을 해석한 이론이 성마음이론이다. 지금까지 전문가들이나 일반사람들도 마음이론와 성마음이론을 알지 못해서 심리장애와 성기능장애, 신체질병의 치료를 제대로 할 수 없었다. 이제는 마음이론과 성마음이론을 완성하였고 제스테라피를 개발하였으니 성상처를 치료하는 능력을 갖고, 평생 심리장애와 성기능장애의 불안감에서 벗어나기 바란다.

18   여성의 성욕은
　　　　마음의 욕구이다

　여자에게 성마음이 작용하는 이유는 마음을 보호하기 위한 것이다. 마음의 무의식에서 감정을 생성할 때는 나쁜 감정인 상처를 만들게 되고 좋은 감정은 기억하지 못하고 나쁜 감정인 상처를 기억한다. 그러면 무의식이 감정을 처리할 때 좋은 감정은 표현하여 소멸시키지만, 나쁜 감정인 상처를 치료하도록 한다. 이때 상처를 치료하기 위한 표현을 하게 된다. 또한, 상처를 치료할 때는 반드시 기억된 상처를 이해하고 관심 또는 위로를 받도록 한다.

　이를 보면 마치 여자는 성마음과는 무관한 것처럼 보이지만, 여자가 성마음이 작용하면, 마음의 무의식과 함께 성마음에서는 성의식이 작용한다. 성의식에 의하여 성기억된 성정보를 자각하지만, 성상처는 성기억되지 않았기 때문에 작용하지 않는다. 따라서 무의식이 상처를 치료하기 위하여 표현할 때 성표현이 함께 작용한다. 성표현을 하면 5개 감각기관에 의하여 성인식을 하면서 성무의식과 함께 의식이 작용하게 된다. 이때 마음의 상처가 치료되기 시작한다.

　여자에게 성마음이 필요한 이유는 마음의 상처를 치료할 때 중요한 역할을 하기 때문이다. 여자는 상처가 많아지게 되면 이해하기까지는 많은 시간이 소요되기 때문에 이해하기보다는 관심 또는 위로를 받으려고 한다. 특히 성마음에 의하여 성적관심과 성적위로를 받으려고 한다. 이에 대한 안전장치로서 여자는 성마음에서 성실현을 할 때 대상이 필요하도록 한다.

그래서 마음은 좋아하는 감정을 만드는 것이 중요하다. 성마음에서 성적가치를 추구할 수 있는 대상이 필요하고, 이를 위해서는 대상을 좋아하는 감정이 있어야만 성적관심과 성적위로를 받을 수 있다. 여자는 성적가치를 추구하지 않는 대상을 만들면 마음을 보호할 수 없게 된다. 그래서 여자는 몸보다는 마음을 더 중요하게 생각하고, 마음을 중심으로 살아간다.

여자는 마음의 욕구로 살아가는 것을 알 수 있다. 마음의 상처와 성마음은 자신의 마음과 직접 연결하여 마음을 보호하기 위하여 성마음이 작용한다. 결국 성정보가 유입되면 성상처를 성기억하지 않기 때문에 성표현을 할 수 있는 성정보만 성기억된다. 이때 성표현과 함께 상처를 치료하기 위한 무의식의 표현이 함께 작용하면 상처가 치료된다.

이 과정은 결혼한 여성은 누구나 경험했을 것이다. 아내가 힘들고 어려울 때 남편과 섹스를 하고 난 후에는 아내의 마음이 편해진다. 그래서 남편은 아내가 힘들어할 때는 섹스를 하려고 하는 경향이 강하다. 이처럼 아내의 상처를 치료하고자 섹스를 하는 남성의 행동은 성마음에 의하여 저절로 작용하는 것이다. 이와 같이 남자는 여자의 상처를 치료할 때 섹스가 중요하다는 것을 성마음이 저절로 작용하면서 알고 있다. 이에 따라서 상처가 많은 여성이라면 남성은 누구나 할 것 없이 섹스하려고 한다. 즉 남자는 섹스로 여자의 마음이 움직인다는 것을 알고 있다. 반면 여성은 남자를 보면 섹스보다는 마음부터 움직인다. 이는 남자와 여자의 성마음이 정반대로 작용하기 때문이다.

따라서 여자에게 가장 중요한 것은 마음이고, 성마음은 마음을 보호하기 위하여 작용하기 때문에 마음을 보호하는 열쇠라고 할 수 있다. 여자가 성마음을 조절할 수 있는 능력을 갖게 되면 자기치료법을 갖게 되는 것이다. 이로 인하여 성마음을 잘못 조절하면 마음이 파괴되고, 잘 조절하면 행복해진다. 이때 성마음을 잘 조절하기 위해서는 대상이 중요하다. 대상이 없는 여자는 자칫 성마음을 잘못 조절하게 되어 마음을 모두 파괴한다. 이처럼 여자에게 성욕은 성마음이 작용하면서 마음의 상처를 치료하려는 욕구이다.

제3장
성마음과 성심리

1 사람과 인간의 성마음

　마음에서 남자는 자신의 좋은 기분만 추구하고, 여자는 자신의 좋은 감정만 추구한다. 그래서 사람인 남자와 여자는 오로지 자기 행복만 추구하면서 남자는 자신의 기분만 좋으면 되고, 여자는 자신의 감정만 좋으면 된다.
　사람인 남자와 여자가 인간관계에서 인간으로 살게 되면 남자는 좋은 기분으로 인생의 가치를 추구하고, 여자는 좋은 감정으로 삶의 의미를 추구한다. 인간으로 살 때는 자기만의 행복이 아니라 다른 인간과 함께하는 행복을 추구한다. 이때 자신의 행복도 함께 추구하게 된다. 자신의 행복과 상대의 행복을 함께 추구하는 것을 자아실현이라고 하고, 인간의 행복추구이다.
　그러나 성마음에서 사람과 인간은 마음과는 다르다. 성마음에서 사람인 남자는 성감정 즉 성상처가 작용하지만 느껴지지 않는다. 또한, 성마음에서 사람인 여자는 성기분이 작용하지만 느껴지지 않는다. 사람일 때는 얼마든지 마음에서 기분과 감정이 좋을 수 있기 때문이다. 그래서 성마음에서 사람일 때는 작용하지 않는다.
　성마음은 인간일 때 작용한다. 인간은 사람과 사람의 관계이기 때문에 남자는 상대에 대하여 성적의미를 추구하고, 여자는 상대에 대하여 성적가치를 추구한다. 그래서 남자는 성적의미 때문에 성이 필요하고, 여자는 성적가치 때문에 대상이 필요하다. 이는 상대와 함께하는 행복이 아니다. 성마음에서는 오로지 자기 자신뿐이다. 왜냐면 마음 안에 성마음이 존재하고 있기 때문이다. 그래서 자신의 성마음은 자신의 마음에만 영향을 주고 성마음은 오로지 자신 이외는 관계되지 않는다.

따라서 여자는 성마음이 작용할 때, 사랑하는 대상이 있으면 이미 사랑하는 대상에 대한 성적가치가 만들어지기 때문에 성마음이 작용하지 않아도 마음에서는 행복의 감정을 갖는 것이다. 이로 인하여 결혼한 부부의 경우, 아내는 성행동이 필요하지 않고 남편과 성행동을 하든 하지 않든 별 영향을 주지 않는다. 또한, 성마음이 작용하면 마음이 좋아지는 현상이 발생하기도 한다. 이에 따라서 아내가 답답하고, 힘들고, 신경질 부리고 하더라도 남편과 성행동을 하면 기분이 좋아지고 감정이 회복된다. 왜냐면 성마음이 마음에 영향을 주기 때문이다. 그래서 여자는 마음이 힘들고 답답할 때, 성적가치를 갖는 대상에게 성마음이 작용하면 마음이 안정된다.

그러나, 성적가치의 대상과는 관계없이 여성이 상처로 인하여 아프고 힘들 때 성마음이 무조건 작용하면 성적가치의 대상이 바뀔 수도 있고, 많아질 수도 있고, 문제가 유발할 수도 있다.

마음에서 사람과 인간을 구분하는 것은 매우 중요하지만, 성마음에서는 사람인 경우는 작용하지 않기 때문에 중요하지 않지만, 인간일 때의 성마음은 마음과 함께 작용하면서 자신의 마음에 직접적인 영향을 주기 때문에 중요하다. 남자든 여자든 인간의 성마음은 오로지 자신에게만 작용하고 상대와는 관계가 없다.

2 인간의 마음과 성마음

성마음은 마음에만 작용하고, 다른 사람과는 작용하지 않는다. 다만 인간의 마음이 작용할 때 성마음이 인간에서 작용하면서 자신의 마음에 직접적인 영향을 주게 된다.

인간으로서의 마음은 조화와 질서 속에서 자아실현을 추구한다. 그래서 남자는 인생의 가치를 추구하고, 여자는 삶의 의미를 추구한다. 남자는 열정을 가지고 미래행복에 대한 가치를 추구하고, 여자는 사랑의 감정을 가지고 현재행복에 대한 의미를 추구한다.

그러나 인간관계에서 자신의 성마음이 작용하려면 반드시 인간의 마음으로 존재하는 것이 중요하다. 그래서 성마음이 존재하는 것이다. 인간의 성마음에서는 자신의 마음이 작용해야 하고, 상대의 마음도 작용하기 때문에 자신과 상대가 각각 성마음이 존재하고 있어야 한다.

남자는 사람과 사람의 관계에서 자신의 현재 성행복이 중요하다. 이로 인하여 마음에서는 현재 자신의 성행복을 위하여 마음이 작용하게 된다. 반면 여자는 미래 성행복이 중요하기 때문에 상대에 대한 성적인 가치를 가질 수 있도록 마음에서 사랑의 감정을 갖는 것이 중요하다.

남자는 현재 성행복이기 때문에 상대에 대한 성적가치가 필요하지 않고, 성적의미로서 지금 자신만 성적으로 행복하면 되는 것이다. 그래서 남자는 지금 자신에게 성행복이 있느냐 없느냐가 매우 중요하다. 이때, 성행복이 있으려면 상대가 필요하기 때문에 인간의 성마음이 작용하는 것이다.

여자는 미래 성행복이기 때문에 지금 성행복이 없어도 된다. 성행복이 없어도 미래에 성행복이 있을 수 있으면 된다. 이때 여자는 성적가치의 대상이 중요하다. 이로 인하여 여자는 상대의 외모, 성능력, 성기 등은 그리 중요하지 않다. 이는 마음의 상처가 작용하는 것이지 성마음과는 관계가 없다. 성마음은 상대에 대한 성적가치로만 작용하기 때문이다.

성마음을 조금이라도 알면 여자는 남자를 판단하는 생각이 달라진다. 미래 성행복은 생각하지도 못한 채 그냥 사랑한다는 착각으로 현재 성행복을 해 주어야 한다고 생각하고, 결혼한 후에도 남편에게 맞춰 주면서 살아가게 된다. 결국은 성마음에 의하여 마음이 큰 상처를 입고 살게 되는 결과를 초래하게 된다. 이는 성마음이 어떻게 작용하는지 모르고 살아온 결과이다.

남자는 성적의미를 추구하기 때문에 성적대상은 중요하지 않다. 반면 여자는 성적가치를 추구하기 때문에 성적대상은 중요하다. 이것이 성마음이 작용하는 원리이다. 만일 남자들끼리만 있으면 동성애를 통한 현재 성행복을 추구하는 경향이 많지만, 여자들끼리만 있으면 미래 성행복을 추구하기 때문에 현재 성행복이 없어도 된다.

3

인간의 심리와 성심리

사람 또는 인간일 때 마음과 성마음이 작용하듯이 사람 또는 인간일 때 심리와 성심리가 작용한다. 왜냐면 마음속에 존재하는 성마음은 함께 작용하기 때문에 성마음이 작용하면 무조건 심리도 함께 작용하게 된다.

마음에서는 상대가 나에게 말을 표현하면 내가 인식해서 인간관계가 형성된다. 그래서 인간관계에서 가장 중요한 것은 표현보다 내가 인식하고 느끼는 것이다. 또한, 기억은 인간관계에서 인식된 정보에 대하여 기분과 감정을 결정하고, 결정된 기분과 감정을 표현하면서 자아실현을 한다. 따라서 자신이 행복해지면 여자는 행복감정의 표현이 많고, 남자는 열정적인 표현이 많다. 이때 자아실현은 인식할 때 있는 것이 아니라, 표현할 때 있는 것이다.

남자는 자아실현을 할 때 가치추구를 하는데, 가치를 잃으면 표현이 현저히 줄어든다. 표현이 줄어들면 편안해지면서 자아실현을 못하게 된다. 따라서 다른 사람들과 인간관계를 하지 않는 것은 심리문제 또는 심리장애가 발생했다고 분석할 수 있는 것이다. 이처럼 마음에서는 인간관계를 인식하고, 기분과 감정을 기억에서 결정한 후 결정된 기분과 감정을 표현하면서 인간관계에서의 자아실현을 추구하는 것을 알 수 있다.

그런데 성마음에서는 다르게 작용한다. 성마음에서는 마음을 통해 인간관계를 형성한다. 그래서 성마음이 작용할 때는 성인식에서 마음의 자아실현을 하게 된다. 왜냐면 성무의식에서 성인식을 하여 마음에 영향을 줄때, 마치 자신과 인간관계의 상대에 대하여 성실현이 된 것처럼 느껴지기 때문이다.

이로 인하여 여자는 성성보에 대하여 마음에서 거부감을 느낀다. 왜냐면 성마음에서 성정보가 성인식되면, 마음에서는 마치 성관계를 하는 것처럼 느껴지기 때문이다. 예를 들어 상대 남성과 성적인 이야기를 하면 마치 성관계를 하는 것처럼 인식한다. 이와 같이 성마음에서 성정보가 성인식되는 것 자체가 마음에서는 성실현이 된 것으로 인식하기 때문이다.

마음에서는 표현해야 자아실현을 추구하는데, 성마음에서는 성인식을 해야 성실현을 한다. 그러면 남자와 여자가 성정보를 이야기하고 있다면, 남자는 이미 성정보를 이야기하는 여자와 성관계를 하는 것처럼 인식되면서 열정적인 표현이 많아진다. 이미 상대 여자와 이야기를 하면서 성정보를 성인식하는 것만으로도 성실현이 된 것으로 인식하기 때문이다.

그런데 성기억은 성정보에 대하여 성기분과 성감정이 연결되어 있다. 그래서 남자든 여자든 성정보가 많으면 성적으로 성표현이 많아진다. 상대가 성정보 또는 성지식이 얼마만큼 있는지를 보면, 인간관계에서 성이 어떻게 작용하는지 알 수 있다.

여성에게 성정보와 성지식이 거의 없고, 야동도 전혀 본 적이 없는 경우에 결혼하여 아이를 출산하게 되면, 대부분은 성기능장애가 발생한다. 왜냐면 성기분과 성감정이 별로 중요하지 않고, 성정보에 대한 거부감이 있기 때문이다. 이는 성기억에 의하여 결정된다.

성마음에서는 성인식이 인간관계에서 작용한다. 이때 성표현은 성관계이다. 예를 들어 누군가와 성정보를 주고받고, 성정보에 대한 이야기를 서로 표현했다면 이는 성관계를 하고 있다고 볼 수 있다. 그래서 성표현를 잘하는 여자는 성적가치를 갖는 상대와는 관계없이 성표현을 잘하는 상대 남자와 성관계를 잘 한다. 또한, 친구들끼리 만나서 성표현을 잘하는 경우는 다른 상대들과 성표현을 잘한다고 보면 된다.

이와 같이 인간관계에서는 성표현을 잘하지 않는다. 그래서 여자가 성표현을 하지 않는 것은 정상적인 심리의 작용이다. 그런데 성표현을 시작했다면 이 인간관계는 이미 성관계가 형성되었다고 볼 수 있다. 그래서 성마음에서 인간관계는 성인식에 의하여 형성되고, 성관계는 성표현에 의하여 작용한다.

4 인간에게 성은 무엇인가?

성은 '성품 성(性)'이라고 쓴다. 이를 풀어서 쓰면 '마음 심(心)'과 '날 생(生)'이 결합되어 있고, '마음이 만들어진다'는 뜻이다. 결국은 마음속에서 마음을 만드는 근원이 성마음이라는 것을 알 수 있다.

성마음에서 외부의 성정보를 성인식한다. 성인식된 성정보에 대하여 성무의식의 작용하면서 성감정을 생성한다. 이때 여자는 성상처를 제거하여 성정보만 성기억한다. 반면 남자는 성인식된 성정보에 대하여 성무의식에 의하여 생성된 성상처를 결합하여 성정보와 성상처를 함께 성기억한다.

그리고 성기억된 성정보를 성표현할 때, 마음에서 표현이 동시에 작용한다. 왜냐면 기억정보는 반드시 마음정보와 성정보가 같이 결합되기 때문에 단독적으로 성표현하는 것은 불가능하다. 그래서 성마음이 작용하기 위해서는 반드시 마음이 함께 작용해야 한다.

성마음에서 성표현을 할 때는 반드시 마음의 표현이 함께 작용한다. 표현할 때는 무의식이 작용하는데, 무의식에서는 기분과 감정을 만들고 의식에서 자각하고 생각하고 느낀다. 그래서 좋고 나쁜 기분을 느끼는 것은 표현할 때 무의식이 작용하면서 의식으로 느끼는 것이다.

표현할 때 무의식이 작용하면서 기분과 감정이 크면 클수록 성마음에서는 성상처가 크게 작용하고 있다는 것이다. 이때 여자는 성정보만 성기억하기 때문에 성표현에서 크게 느껴지지 않지만, 만일 크게 느껴지면, 마음의 상처가 그 크기만큼 작용하고 있다는 것이다.

이처럼 마음과 성마음이 함께 작용하면서 성마음이 마음에 영향을 주게 된다. 그래서 성마음은 마음을 만드는 것이다. 이때 성은 마음이 만들게 되는데, 저절로 생기는 것이 아니라 성마음의 작용으로 인하여 마음이 작용하도록 만들어지는 원리 때문에 성마음의 작용으로 마음이 작용하는 것이다.

사서삼경의 하나인 중용을 보면, '성은 천명'이라고 했다. 남자로 태어나면 남성으로 사는 것이 천명이고, 여자로 태어나면 여성으로 사는 것을 천명이라고 했다. 그래서 '천명대로 살라'고 해서 남자는 남성으로, 여자는 여성으로 살아가도록 하는 것은 성마음이 마음을 만들기 때문이다.

5 인간관계와 성관계

　마음에서는 사람과 사람이 심리작용을 하고 관계를 맺을 때 인간 또는 인간관계라고 한다. 그래서 성관계는 성으로 서로 인간관계를 맺는 것과 같은 성행동을 뜻하고 있다. 이로 인하여 인간관계에서 남자는 상대에게 성이 작용하면 무조건 성상처가 생긴다. 이때 성상처는 신체에 영향을 주면서 성욕이 커지고, 성표현이 많아지게 된다.

　남자는 인간관계가 다양하고 많으면 성상처가 매우 많고, 신체에 문제가 발생할 가능성이 높으며, 성욕은 많고 성표현을 잘한다. 이러한 남자는 대부분 다른 여자에게 매우 친절하지만, 아내에게는 성표현을 거의 하지 않는다. 왜냐면 아내는 여자로 느껴지지 않기 때문에 성상처가 발생하지 않고, 신체에 이상도 없으며, 성욕도 없고, 성표현도 안 한다. 남편과 아내는 좋은 인간관계에 살고 있기 때문이다.

　여자는 감정이 작용하기 때문에 상처를 받는다. 그래서 마음에서는 상처에 대한 감정을 치료하고 싶은 욕구를 갖게 되면서 상처에 대한 표현을 많이 한다. 남편에게 표현하지 못하면 자녀들 또는 사랑하는 가장 가까운 사람에게 표현한다. 이때 여자가 표현하는 이유는 상처를 치료하기 위한 것이지만, 남자가 성표현을 하는 이유는 성욕의 해소를 위한 것으로서 인간관계에서는 필수로 작용한다. 그래서 여자는 인간관계에서 주로 마음이 작용하고, 남자는 주로 성마음이 작용한다.

예를 들어 남자가 여자에게 "예쁘다"라는 말은 남자의 성마음에서는 '드디어 나에게 성정보를 제공해 준 너로 인하여 성상처가 생겨서 신체가 안 좋아지기 시작했고, 성욕이 많아졌으니 너와 섹스를 하고 싶다'라고 해석하면 된다. 그런데 여자는 이러한 남자의 성마음을 전혀 이해하지 못하고 마음에서는 자신이 정말 이쁘다고 생각한다.

남편에게 아내는 여자로 성인식이 되지 않기 때문에 성상처가 안 생기고, 신체도 좋아지고, 성욕도 없다. 그래서 성표현도 없이 "그냥 자자"라고 말한다. 물론 이로 인하여 아내는 마음의 상처가 발생한다.

성관계는 성행동을 말하는 것이다. 그래서 남자는 현실에서 성행복을 위한 성실현을 하게 되는 하나일 뿐이고 성관계가 끝나면 그만이다. 따라서 남자는 내일 되면 또 성실현을 해야 하고, 모레가 되면 또 성실현을 하려고 한다. 만일 성실현을 하지 못하게 되면 다른 성적대상을 통하여 성실현을 추구한다. 왜냐면 성실현을 위한 대상은 중요하지 않기 때문이다. 통상적으로 남자의 신체주기(성마음이 작용하는 주기)는 3일이라고 보았을 때, 3일에 한 번은 성실현을 하려고 한다고 할 수 있다.

반면 여자의 성관계는 대상에 대한 성적가치가 중요하기 때문에 성에 대한 성의식을 가능하면 억압하게 되는 것이다. 원래는 남편 또는 사랑하는 남자에게 성표현하고 싶지만, 잘 안 하는 이유는 성표현을 하면 '이상하게 볼까 봐, 싼 여자로 보일까 봐, 가치가 없는 것으로 보일까 봐'라고 생각하기 때문이다. 그래서 여자는 성표현을 힘들어한다. 남편 또는 사랑하는 남자에게서 성적가치를 잃는 것이 걱정되기 때문에 성표현을 억압한다. 그래서 여자가 성적으로 내숭인 이유가 자신의 성적가치를 올리려고 하는 것이라고 볼 수 있다. 성표현이 많은 여자는 성적가치가 없는 여자가 되기 때문이다.

이때 성적가치가 없는 여자는 성적가치인 대상을 잃은 채 아무에게나 성표현을 하는 강박을 갖는다. 그래서 성적가치를 모두 잃어버리는 것이다. 결국은 성표현하는 것과는 관계가 없는데 성적가치를 갖는 대상에게 어떻게 성표현을 하느냐가 중요하다고 할 수 있다.

남자는 성적가치를 갖는 대상이 중요하지 않고 오로지 현재 성행복을 위한 성실현이 중요하다. 또한, 성실현을 했으면 그것으로 끝이다. 그리고 내일 또 성실현하면 된다. 그래서 남자들끼리 말할 때, 애인이 있다고 하면 성관계를 했느냐 하지 않았느냐가 중요하다. 만일 성관계가 없었다면 애인관계가 아니라고 인식한다. 왜냐면 성실현을 아직 하지 않은 상태이기 때문이다. 따라서 남자는 상대 여성과 성관계에 의하여 현재 성행복의 성실현이 중요하다.

6   남자와 여자의 성마음

성마음에서 남자의 성무의식은 성감정을 생성하지만, 여자는 성기분을 생성한다. 성감정은 성기분이 지속하는 것이고, 성기분은 감각기관이 자극될 때만 작용한다. 성무의식에서 성기분과 성감정을 만들고 작용하는 것이 남자와 여자가 다르다.

성감정은 긍정감정과 부정감정이 있지만 성에 대한 긍정감정은 긍정기분을 만들어서 소모하기 때문에 성에 대한 긍정감정은 생성되지 않는다.

그래서 남자는 성무의식에서 성에 대한 부정감정인 성스트레스만 작용하면서 자기가 모르는 성정보, 처음 느끼는 성정보 등과 같은 성스트레스의 성정보만 받아들여 성상처로 전환하여 성기억한다. 정반대로 여자는 성무의식에서 익숙한 성정보, 편안한 성정보, 아는 성정보 등만 받아들여 그때그때 긍정 성기분만 생성하여 쓰고 제거한다. 그래서 성인식된 성정보로만 성기억하고 성감정은 성기억을 못하도록 작용한다. 이것이 성마음에서 남자와 여자의 차이이다.

남자의 성무의식인 성습관은 이미 자신에게 익숙해져 있는 성정보, 긍정 성기분을 유발하는 성정보로 성감정의 기준으로 만들어져 있다. 그래서 자신에게 성상처를 유발하는 성정보만 받아들이기 때문에 성습관에 없는 것만 받아들이고, 성습관에 있는 것은 차단한 후 이를 제거한다.

여자의 성무의식의 성습관은 자신에게 이미 있는 긍정 성기분으로 성습관이 만들어져 있어서 자신의 성습관에 맞는 것만 성정보로 유입된다. 그래서 편안하고 익숙한 성적 대상인 사람, 오래도록 만났던 사람 등으로부터 성정보가 유입된다. 그러나 어색하고 불편한 대상의 성정보는 자신의 성습관에 맞지 않기 때문에 성정보가 유입되지 않는다.

즉 남자의 성습관은 어색하고, 이상하고, 처음 본 사람으로부터 성정보가 훨씬 잘 유입된다. 왜냐면 성습관이 없기 때문이다. 그러나 여자의 성습관은 성기억된 성정보가 없는 것은 성정보로 유입되지 않기 때문에 남자와 여자의 성무의식은 다르게 작용한다.

성정보에 대해서 여자가 좋은 성정보 또는 나쁜 성정보를 판단하는 것은 성습관의 성기분으로 한다. 그래서 여자가 성정보에 대해서 감정적으로 좋고 싫은 것이 아니라 자신도 모르게 좋은 성정보와 나쁜 성정보로만 구분하기 때문에 돌아서면 생각이 나지 않는다. 그런데 남자는 좋은 성기분을 유발한다고 하더라도 자신에게 이미 있는 성정보는 받아들이지 않고, 자신에게 없는 나쁜 성정보만 받아들인다.

예를 들어 포르노 영상을 처음 본다고 하면, 남자는 성정보로 유입하면서 성상처가 만들어진다. 그런데 똑같은 포르노 영상을 반복해서 안 본다. 왜냐면 이미 자신에게 성습관이 만들어졌기 때문에 재미가 없다고 느껴진다. 그래서 한두 번 볼 때는 재미있지만 그 후에는 성정보로 받아들여지지 않는다. 남자들이 포르노 영상을 많이 가지고 있는 이유는 하나씩 보면서 늘어나고, 혹시 또 볼지도 모르겠다는 생각에 모아 두는 것이다. 그러나 한 번 이상 본 영상은 잘 보지 않게 된다.

여자는 포르노 영상을 많이 가지고 있지 않다. 가지고 있더라도 스토리가 있는 영상을 몇 개만 가지고 있다. 즉 자신이 선호하는 것만으로도 충분해서 다른 영상은 잘 안 보려고 한다. 그러나 남자는 새로운 영상만 찾고 몇 번을 보면 다시는 안 본다. 이것은 남자와 여자의 성마음의 차이 때문이다.

7 남자와 여자의 성심리

　남자와 여자의 성심리를 살펴보면, 먼저 성정보를 성인식하면 성무의식에는 성습관이 있어서 성기분과 성감정이 생성되어 성정보와 함께 들어온다. 이때 성감정은 성상처이기 때문에 남자는 성상처와 함께 성정보를 성기억한다. 그래서 남자는 성기억에 성정보가 기억된 만큼 성상처가 기억되는데 이때의 성상처는 자각되지 않고 느껴지지 않는다.

　반면 여자는 마음에 의하여 상처가 기억되면 무의식이 기억된 상처를 치료하기 때문에 자각되고 느껴진다.

　남자는 성마음에서 성상처가 자각되지 않은 상태로 성기억되어 있다. 성기억에서 성정보만 성의식에서 작용하면, 성정보와 함께 성기억된 성상처는 신체에 영향을 주면서 자각되지 않기 때문에 신체의 어느 부분으로 영향을 줄지는 모른다.

　예를 들어 담배를 피우지 않는 남자가 폐암이 발생하는 것과 같이 신체의 질병이 발생하는 것은 성상처가 신체에 영향을 주게 됨으로써 신체질병이 발생할 가능성이 높아지는 것을 분석해 볼 수 있다. 이때 신체의 어디로 영향을 미칠지는 아직 의학적으로 연구하지는 않았지만, 성상처가 신체에 영향을 미치는 것은 유추할 수 있다.

성의식에서 성정보가 작용하는 순간 자각되고 느끼는 것은 성욕으로 생각하는 것이다. 즉 성정보를 성의식에서 생각하면 기분이 좋아지지만 아직은 성표현을 하지 않은 상태이다.

남자가 성의식에 의해서 성표현을 했다면 반드시 마음에서 표현이 함께 작용한다. 그래서 성의식에서는 성정보만 성표현을 하고, 마음에서는 마음정보와 함께 기분이 표현되면서 느껴진다.

반면 여자는 성인식을 할 때, 성무의식에서는 성상처가 발생하지 않는다. 성무의식의 성습관에서는 익숙하지 않는 성정보를 모두 차단하고 제거하기 때문에 익숙한 성정보만 유입되어 성기억을 한다.

그러나 여자도 성의식에 의해서 성표현이 될 때, 반드시 마음의 표현이 함께 작용한다. 그래서 성의식에서는 성정보만 성표현을 하고, 마음에서는 마음정보와 함께 감정이 표현되면서 느껴진다. 이것이 남자와 여자의 성심리이다.

남자는 성상처가 신체에 작용한다는 것이 여자와 다르다. 그래서 성의식에서 성표현이 될 때, 남자의 마음에서는 기분을 만들어 표현하고, 여자의 마음에서는 감정을 만들어 표현한다. 실제의 성마음에서 성기분과 성감정이 만들어지지만, 직접 느끼는 것이 아니다.

결국은 성의식으로 자각되었다는 것은 성표현을 했다는 것으로서 생각으로 이미 성표현을 했다는 것이다. 생각만 하고 말과 행동을 하지 않았다고 해서 성표현을 하지 않았다는 것이 아니다. 생각으로 성표현이 된 것이기 때문에 내부표현인 성욕을 느낀다. 외부로 말과 행동으로 성표현된 것을 외부표현이라고 한다.

자각하고 생각하는 내부표현은 실제의 느낌에 10~20% 정도를 느끼고, 말과 행동으로 하는 외부표현은 실제의 느낌에 80~90%를 느낀다. 이때 말과 행동의 외부표현을 하지 않고 내부표현의 생각으로 느끼는 것은 100%라고 할 수 있다.

예를 들어 아픈 것을 참으면 매우 아프지만, 아프다고 말과 행동을 하면 조금은 덜 아프게 느껴지는 것은 아픈 느낌이 내부표현과 외부표현으로 분산되어 느껴지기 때문이다.

이는 성심리의 작용에서도 같다. 외부표현에서는 80~90%를 느끼는데, 내부표현이 될 때는 혼자 상상을 할 수 있게 된다. 그래서 외부표현과 내부표현이 어떻게 구성되고, 어떻게 작용하는지, 성욕과 성상처가 어떻게 작용하는지의 원리를 아는 것이 중요하다.

마음에서는 내부표현과 외부표현이 통합되기 때문에 100%를 느낀다. 그런데 성마음에서는 내부표현은 전체 10~20%밖에 못 느끼기 때문에 신체에 10~20%만 영향을 미치는 것이고, 외부표현으로 80~90%가 영향을 미친다. 마음과 성마음에서 정반대로 영향을 미친다. 즉 마음에서는 감소시키는 역할을 하지만, 성마음에서는 증폭시키는 역할을 한다. 그래서 신체를 기준으로 보면 마음과 직접 연결되기 때문에 내부표현과 외부표현이 통합되어 100%를 느끼지만 성마음에서는 내부표현에서는 신체에 10~20%만 영향을 주고, 외부표현에서 80~90%가 신체에 영향을 준다.

8 남자와 여자의 성기능

　남자는 성의 의미를 추구하고, 여자는 성의 가치를 추구한다. 성의 의미를 추구하는 남자는 성행동이 필요하다. 왜냐면 성실현을 위해서는 성표현이 중요하다. 이때 성표현을 많이 하면 성상처가 많아지고 성기능이 안 좋아진다.

　남자는 성상처가 적으면 성기능은 비교적 좋다. 즉 성정보가 적은 남자일수록 성기능은 좋다. 남자는 성의 의미를 추구하기 때문에 성표현과 성상처가 직접 연결된다. 그래서 남자는 성경험이 많을수록 성기능이 안 좋다.

　성의 가치를 추구하는 여자는 성적인 대상이 중요하다. 왜냐면 성적인 대상에 대한 성인식이 중요하기 때문이다. 그래서 여자의 성기능은 성인식과 직접 연결된다.

　여자가 성기분이 적다는 것은 성정보가 그만큼 적다는 것이고 성기능도 안 좋다. 만일 성정보가 많으면 성표현이 많아지면서 성기능은 좋아진다. 그래서 여자는 성경험이 많을수록 성기능이 좋다.

　남자는 성정보가 많을수록 성상처가 신체에 작용하면서 성기능이 안 좋아지는데, 성정보를 찾는 이유는 성욕을 유발하기 때문이다. 또한, 남자에게 성정보는 대상에 의해 결정되는 것이 아니라 얼마나 많은 성표현을 하느냐에 의하여 결정된다. 즉 성행동이 중요하다. 왜냐면 성의 의미를 추구하기 때문에 성적대상이 중요하지 않다.

그러나 여자는 성의 가치를 추구하기 때문에 성적대상이 중요하다. 그래서 여자가 노력하더라도 성정보가 많아질 수 없다. 연애하고, 결혼해서 편안하게 살아온 여자들은 성정보가 많지 않기 때문에 성억압을 한다. 즉 성기능이 안 좋다는 것이다.

성적대상을 바꾸면서 연애를 많이 해 본 여자가 결혼을 잘 하는 편이다. 남자와 여자가 콩깍지가 씌어서 결혼할 때 성기능이 좋을수록 속궁합이 좋아서 얼떨결에 결혼하는 경향이 많다.

남자가 학력, 지위, 돈을 가지고 있다면 성기능이 좋은 여자를 만나기 전까지 성관계가 많을 수도 있다. 가진 것이 있으니 재미있는 성의 의미를 실현하는 용도로 놀 만큼 놀아 봤는데 성기능이 좋은 여자가 없었을 뿐이다. 그래서 서로 속궁합이 잘 맞아서 살아 보면 어떤 현상이 생길까?

처음에 속궁합이 잘 맞았는데 시간이 지날수록 남자는 성기능이 점점 안 좋아지고, 여자는 성기능이 점점 좋아진다. 그래서 남자는 성기능이 좋아지고 싶어서 새로운 여자를 찾는다.

즉 연애를 많이 해 본 남자와 여자는 결혼을 잘하지만, 결혼 후에는 행복하게 살 것이라는 확신을 가질 수 없다. 속궁합이 잘 맞아서 결혼하고 난 후에는 누구도 성심리를 가르쳐 주지 않기 때문에 속궁합이 지속하는 방법을 모른다. 이것이 남자와 여자의 성기능차이 때문에 나타나는 현상이다.

대부분은 신혼을 거쳐 아이를 낳으면서 결혼생활 10년 정도가 지나야 성기능이 안 좋아진다. 그러나 속궁합이 좋았던 사람은 성기능이 안 좋아지는 기간이 1년도 채 소요되지 않는다. 그래서 여자는 성기능이 강해지면서 계속 자신도 모르게 욕구를 충족하려고 쇼핑 또는 수술을 하려고 한다. 가진 것이 많으면 그냥 쇼핑하는 것이 아니라 성기능과 직접 연결되어 있어서 욕구충족을 위하여 쇼핑하는 것이다.

9 남자와 여자의 성욕

    남자의 성욕은 성정보와 성상처가 많고 성표현이 많을수록 강하다. 성욕은 성정보를 외부표현 또는 내부표현을 할 때 생기는 느낌이다. 따라서 성욕이 강하다는 것은 그만큼 성기능이 좋지 않다는 뜻이다.

    남자의 성욕은 성정보와 성표현이 증가하면서 마음에서는 기분을 함께 표현한다. 예를 들어 성상처가 −100으로 작용하면, 마음에서는 +100의 기분으로 느낀다. 이렇게 내부 성표현이 될 때 생각하게 되면, 마음의 표현이 작용하면서 기분으로 느끼는 것이 성욕이다. 실제 성상처인 −100은 신체에 영향을 미친다. 그래서 남자가 성욕이 강하다는 것은 그만큼 성상처가 많고 성기능도 안 좋다는 것이다.

    마음에서 남자는 미래의 행복을 추구할 때, 재미있고 즐거운 기분을 +1만큼 느낀다. 그래서 평상시에는 +1만큼 기분을 100번 연속적으로 느껴야만 쾌락을 느끼는데, 한 번에 성표현으로 +100의 쾌락을 느끼는 것이 성욕이다. 그래서 한 번 쾌락을 느낀 남자는 미래의 행복을 추구할 때 성표현이 중요한 것이다.

다른 남자는 10만큼 일할 때, 100만큼 몰입해서 일하는 사람은 성표현을 통하여 +100의 성욕이 있는 상황에서 일하는 것이다. 예를 들어 남자가 일이 잘 안될 때 야동을 보면서 성욕을 강화하면 일을 잘할 수 있게 된다. 성욕을 일에 몰입하는 에너지로 사용하기 때문이다.

그런데 야동을 보는 것보다 성표현을 위하여 성행동을 하게 되면, 일에 몰입하는 에너지로 사용하는 것이 아니라 성상처가 신체의 영향을 주면서 성기능이 안 좋아진다. 따라서 남자는 성표현을 할 때 몰입하는 에너지를 어떻게 활용하느냐에 따라서 남자의 성욕은 긍정적인 에너지로 사용하느냐, 부정적인 에너지로 사용하느냐가 결정되기 때문에 성욕이 좋은 것이다, 나쁜 것이라고 말할 수는 없다.

마음에서 남자는 기분을 +1만큼만 느끼는데, 강력한 기분을 한꺼번에 느끼기 위해서는 성상처가 작용해야 한다. 다만, 성상처가 작용하면 신체에 나쁜 영향을 주면서 사용하는 에너지이다. 그러니 성표현을 할 때 성상처는 신중하게 사용해야 하는데, 쾌락을 목적으로만 사용하게 되면 심각한 문제가 발생한다. 이것이 남자의 성욕으로서 성마음이 작용하는 원리를 알면 자신의 몸과 마음에서 성마음이 어떻게 작용하는지 알 수 있다.

여자는 마음에서 상처를 치료하기 때문에 표현을 많이 한다. 그래서 상처를 치료할 때 신경질 내고, 짜증을 내고, 화를 내기도 하는데, 이때 성정보가 많으면 성표현이 함께 증가된다. 그래서 마음에서 상처가 작용할 때, 성욕은 성정보가 얼마나 있느냐에 의하여 결정된다.

여자는 성정보가 없이 상처만 표현하면 힘들다. 그런데 많은 성정보에 의하여 성표현이 될 때는 마음의 표현이 함께 작용하면서 무의식이 아픈 감정을 느끼는데, 성정보를 성표현하기 때문에 아픈 감정이 좋은 기분으로 작용한다. 예를 들어 아픈 감정 -100이 기분으로 작용하면서 +100의 기분을 느끼는 것이다. 이것이 내부표현인 생각으로 느껴지는 성욕이다.

일반상처는 표현하면서 치료하는데, 외상후스트레스장애와 같은 강력한 트라우마는 여자가 감당할 수 없는 강력한 상처로 작용하면서 마음을 보호하기 위해 성마음이 작용한다. 그래서 성기억된 성정보를 내부로 성표현하는 것이 이상성욕이다.

여자는 일반적인 상처를 표현하면서 상처를 치료할 때, 성마음의 성기억된 성정보를 성표현하지 않는다. 그러나 마음에서 강력한 상처가 작용하면 성마음이 작용하면서 성욕이 발생한다. 왜냐하면 여자의 성마음은 마음을 보호하려고 존재하기 때문이다. 그래서 강력한 상처가 작용할 때는 내부 성표현으로 이상성욕이 발생하는 것은 당연하다.

이때 외부 성표현은 80~90%가 다시 성인식되면서 마음에 상처가 더 커지고, 성마음에서는 성정보가 유입되기 때문에 상황이 더욱 악화한다. 그런데 마음에서 상처의 해리가 발생하면 더욱 심각해진다. 따라서 성욕과 이상성욕까지는 괜찮지만, 상처를 치료하지 않고 오래도록 그냥 두면 내부 성표현에서 외부 성표현으로 전환되면서 심각한 상황이 발생할 수 있다.

남자는 성상처에 의해서 성욕이 작용하고, 여자는 마음의 상처로 인해 성정보에 영향을 주면서 성욕이 작용한다. 그래서 여자는 상처가 클수록 성욕이 강해진다.

예를 들어 남편 외도가 발생하면, 아내는 '외상후스트레스장애'가 발생하면서 강력한 성욕이 발생한다. 이때 다른 남자가 조금만 관심을 주면 성욕은 그 관심을 향해 가면서 상처의 해리가 발생한다. 그래서 남편 외도로 고통 받고 있는 아내의 경우는 다른 남자를 만나는 것이 매우 위험하다.

아내가 의도적으로 만나는 것이 아니라 성마음이 마음의 강력한 상처를 치료하기 위하여 아내 자신도 모르게 다른 남자의 관심이 작용한다.

여자는 성적대상에 대한 성의 가치가 중요하기 때문에 성적대상이 변하면 마음의 상처는 해리가 발생하면서 마음보다는 성마음에 의해서만 작용하게 된다.

여자가 마음의 상처에 해리가 발생하면 마음의 작용보다는 몸이 성정보에 노출된다. 그래서 조금만 관심을 주는 남자에게 성정보가 유입되면서 성행동이 작용하게 된다. 여성은 절대 아니라고 말을 하지만, 안전장치인 마음이 작용하지 않고 성마음만 작용하면서 당연하게 나타나는 현상이다.

따라서 여자는 성정보가 아무리 많다고 하더라도 마음이 작용하는 것은 인간답게 살아가는 원천이다. 그래서 남자와 여자에서 심리장애가 발생하면 마음이 작용하기보다는 성마음만 작용하면서 마치 동물적인 쾌락만을 추구하게 되는 것이다.

10 남자와 여자의 섹스

　남자와 여자의 섹스는 성표현의 일부로써 성적인 행동(성행동)이다. 섹스는 내부표현이 아니라 외부표현으로 성욕이 섹스로 전환한 것이다.
　성욕이 섹스로 전환되면 남자는 성정보와 성상처가 많아지면서 성표현이 증가한다. 내부 성표현인 성욕이 아니라 외부 성표현인 섹스를 하면서 나타났던 성행동들이 다시 성인식되면서 성정보로 유입된다.
　예를 들어 외부 성표현을 한 번 할 때, 성상처는 −100만큼 증가되면서 성표현은 100만큼 더 늘어난다. 그래서 처음 성표현을 할 때는 성상처가 −100이었는데 −200으로 증가하는 것이다. 따라서 외부 성표현을 하면 할수록 성상처가 커지면서 쾌락도 커진다.
　그래서 남자는 내부 성표현인 성욕보다는 외부 성표현인 섹스를 더 선호한다. 한번에 강력한 쾌락을 경험하면 할수록 그 강력한 쾌락을 계속 느끼려고 한다. 또한, 섹스하다가 심장마비로 사망하는 것을 복상사라고 하는데 이는 쾌락이 강력할 때 나타나는 현상으로서 아내와는 복상사가 발생하지 않는 특징이 있다.

다른 여성에게 강력한 쾌락을 느껴 봤으면 아내와는 섹스에서 쾌락을 못 느끼기 때문에 아내와는 섹스리스(Sexless)로 살게 되는 경향이 많다. 이때 남편은 아내가 상상처를 치료하는 대상임을 모르고 있다. 다른 여성과의 강력한 쾌락만을 추구하는 것이 보편적이다. 이는 남자와 여자의 성마음을 모르기 때문이다.

성표현이 증가하면 성행동이 강화된다. 외부 성표현을 할 때, 마음의 표현이 함께 작용하면서 기분으로 느껴지는 것이 쾌락이다. 따라서 남자에게는 현재 성행동인 섹스를 하는 성적대상이 세상의 최고가 되는 것이고, 자신에게 쾌락의 강력한 기분을 준 상대로 인식하게 된다. 다만, 신체에는 악영향을 미치고 있지만, 남자는 자신의 신체에 문제가 발생하는 것을 느끼지 못한다.

남자는 오늘 다른 여성과의 섹스를 통하여 강력한 쾌락을 느끼면, 가족과 함께 있을 때 후회한다. 그러나 내일이 되면 후회는 사라지고 강력한 쾌락을 느끼려고 한다. 신체의 문제가 점점 악화하면서 질병으로 전환되는 것과 같다.

열심히 일하더라도 스트레스가 발생하면 쾌락을 찾게 되는 것을 중독이라고 한다. 관계중독, 일중독, 게임중독… 등 중독증은 스트레스에 의한 쾌락에 빠져드는 것이다.

관계중독은 인간관계에 중독되는 것으로서 이성 간의 관계중독이 흔하다. 이 관계중독은 인간관계에서 10초 이내에도 발생한다. 이는 남자와 여자의 마음과 성마음이 작용하는 원리 때문이다. 남자와 여자가 서로 만나서 한번 이야기를 나누면 즉시 관계중독이 발생한다는 것을 남자와 여자는 모른다.

여자는 상처가 증가하면 표현이 증가된다. 이때 성기억된 성정보가 많으면 성표현도 같이 증가하는데 내부 성표현은 성욕이고, 외부 성표현은 섹스이다. 외부 성표현으로 섹스를 했다는 것은 그만큼 마음에 상처가 있다는 것이고, 상처의 크기만큼 성적인 쾌락이 만들어졌다는 것이다.

예를 들어 일반적인 상처를 -100이라고 하면, 내부 성표현에 성욕은 1,000~2,000이라고 할 수 있다. 그런데 특정한 트라우마에 의해 외부 성표현인 섹스를 하게 되면 성적인 쾌락에서 느끼는 것은 10,000~20,000이라고 할 수 있다. 따라서 작은 상처가 작용하면 성적 쾌락이 필요하게 되는 것이다.

여자는 상처가 많을 때 관계중독이 발생하는 것이 아니라, 외부 성표현인 섹스하고 난 후에 관계중독이 발생한다. 반면 남자는 외부 성표현인 섹스를 하기 전에 관계중독이 발생한다. 그래서 여자는 외부 성표현인 섹스의 쾌락이 형성되려면 현재의 성적대상이 무력화될 때라고 할 수 있다. 여자는 섹스의 쾌락이 만들어지기까지 시간이 오래 소요되지만, 그 위험성은 매우 크다. 다른 성적대상을 만날 때마다 -10,000씩 상처는 커지고, 쾌락은 +10,000의 기분을 느끼는데 다른 성적대상을 만나면 만날수록 쾌락이 점점 강해진다.

그래서 여자는 성적대상이 바뀐 상태에서 상처가 커지면 몸이 성정보에 노출되면서 남자와의 관계중독이 발생한다.

남자는 성적대상과는 관계없이 현재의 성적대상과의 섹스는 쾌락일 뿐이다. 그러나 성상처는 자각되지 않는다. 반면 여자는 성적대상이 바뀐 상태의 섹스는 마음에서 상처의 해리가 발생하면서 상처가 커지면서 작용하지만, 쾌락은 점점 더 커진다. 그래서 여자는 마음이 무너지고, 남자는 신체가 무너진다.

남자의 몸이 무너지는 것은 몸을 회복시키면 된다. 그리고 섹스를 하려고 해도 늙고 병들어서 섹스를 못 하게 되면 원래로 돌아온다. 그러나 여자는 마음이 무너지면 회복시킬 수가 없다. 왜냐면 마음이 보여야 회복시킬 수 있는데 보이지 않기 때문에 회복이 어렵다. 그래서 돌아오지 않고 마음이 무너져도 몸과 성마음만 작용하면서 계속 성표현만 하게 된다. 이처럼 여자의 상처해리는 매우 위험하고 무서운 것이다.

남자는 몸을 잃으면 천하를 다 잃은 것이고, 여자는 마음을 잃으면 모든 것을 다 잃은 것이다. 즉 자신의 삶과 인생을 잃은 것이다. 이것이 남자와 여자의 섹스 차이이다.

섹스의 성적인 쾌락이 강하면 강할수록 남자는 신체가 무너지고, 여자는 마음이 무너진다. 이때 여자는 마음의 안전장치가 무너지게 되면서 회복을 할 수 없다. 왜냐면 여자는 마음이 최후의 보류이기 때문에 마음이 무너지면 성마음만 작용하면서 인생이 모두 무너진다. 반면 남자는 신체와 성마음이 있어서 신체가 무너지더라도 성마음이 있어서 견딜 수 있다.

11 남자와 여자의 성문제

　남자는 성정보에 의해 성상처가 생기고, 성상처가 많으면 성기능문제 또는 성기능장애가 발생한다. 예를 들어 성상처가 −1,000이면 신체의 성기능문제는 1,000만큼 발생한다. 성상처는 −1,000이지만 마음에서 +1,000의 기분으로 느끼는 것이 성욕이다. 성정보에 의한 −1,000의 성상처로 발생하는 성욕이 해소될 때는 +1,000의 쾌락으로 작용하지만, 성욕이 해소되지 않으면 −1,000의 스트레스로 작용한다.

　이때 쾌락으로 작용한다는 것은 성표현을 하는 것이고, 스트레스로 작용한다는 것은 성표현을 못 하는 것이다.

　평상시 −1의 스트레스가 발생하면 −1을 차단하고 제거하는데, 갑자기 −1,000의 스트레스가 발생하면 −1을 차단하고 제거하는 것이 불가능해진다. 그래서 스트레스를 해소하려고 재미있는 것에 몰입하거나, SNS에 댓글로 욕을 쓰는 식으로 무엇인가를 통해 욕구를 해소하려고 한다. 욕구가 해소되지 않으면 심각한 문제가 발생하는데, 범죄가 발생하기도 하고 게임 중독이 발생하기도 한다. 이것이 남자의 성문제인데 어떤 형태로 발생할지는 모른다.

그래서 남자의 성문제는 어디에 몰입되어 있는지, 해소의 여부에 따라서 발생하는 형태가 다르다. 즉 성정보에 의해 성상처가 작용할 때, 신체가 내 뜻대로 작용하지 않으면 스트레스가 발생하면서 성문제가 시작되는데, 이는 언제부터 발생할지 모른다. 그래서 남자의 성기능문제 또는 성기능장애가 발생이 되었다면 이는 신체의 피해가 심각하다는 뜻이다.

남자는 여자가 생리할 때 큰 스트레스로 작용한다. 왜냐면 남자의 신체 주기는 3일인데 성표현을 못하기 때문에 생리를 시작한 후 2~3일이 지나면 괜히 신경질과 짜증을 낸다. 그래서 남자는 3일이 지나면 성표현을 하고 싶어 하는데 성관계를 거절당하거나 여자가 성관계를 말하지 않으면 남자는 스트레스로 작용하면서 이유 없이 신경질을 낸다.

반면 여자는 마음의 상처가 커지면 치료하고자 표현하는데 이때 많은 성정보로 성표현을 하게 되면 성욕을 발생하게 되고 성적가치가 있는 대상이 존재하여 몰입하면 상처가 치료된다. 그런데 성정보가 많지 않으면 상처를 치료하고자 계속 표현하기 때문에 성문제가 발생한다.

여자의 성문제는 섹스와는 관계없이 마음의 상처로 인하여 발생한다. 예를 들어 여자가 오르가슴을 못 느끼는 성문제가 있다고 해서 남자와의 성관계에 대하여 스트레스를 받지 않고, 성문제를 치료해야겠다는 생각도 하지 않는다. 성관계를 한 후 감정이 좋아지는 것뿐이다.

남자의 성문제는 성상처로 인하여 발생하고, 여자의 성문제는 성에 관련된 섹스테크닉을 많이 알든 모르든 상관없이 마음의 상처로 인하여 발생한다.

만약 여자의 상처가 치료되어 남자와의 관계가 행복하면 남자의 손만 잡아도 좋아한다. 왜냐면 상처의 감정이 치료되었기 때문에 성문제 또는 성기능장애도 함께 치료된다.

그런데 여자의 상처가 작용하면 성문제뿐만 아니라 모든 일상생활에 문제가 발생한다. 예를 들어 아내에게 상처가 작용하면 남편의 얼굴만 봐도 기분이 안 좋고, 잠자는 모습만 봐도 기분이 나쁘다. 이는 남편이 잘못한 것이 아니라 아내의 상처 때문이다.

여자는 자신에게 성문제가 있다는 것을 상처로 인하여 느끼지만, 남자는 자신의 성문제를 못 느낀다. 그래서 부부를 상담하면 남편에게 아내와의 성문제가 있는지 물어보면 문제가 없다고 대부분 말한다. 그런데 아내는 10년 동안 성관계가 없었다고 하면서 성문제가 많다고 말한다. 왜냐면 남자는 못 느끼기 때문에 10년 동안 성관계가 없었다는 것을 처음 안 것이다. 이때 10년 동안 몇 번의 성관계를 했다고 기억하면 자신은 매우 많이 한 것으로 안다. 왜냐면 남자는 성에 관련된 것은 자각하지 못하고 기억도 하지 않는다.

그래서 남편이 10년 동안 성관계가 없었다고 하면 "지금부터 잘하면 돼"라고 말한다. 그러나 쾌락이 작용하지 않기 때문에 남자는 성상처, 여자는 상처로 인하여 성문제가 발생되는 본질을 정확히 알아야 한다.

남자와 여자의 성문제 인식

남자의 성문제는 성상처가 많으면 성기능에 문제가 발생한다. 그런데 여자에게 불감증, 성교통, 절정장애가 있으면 남자는 자신과 성문제가 있는 것으로 인식한다. 즉 남자는 자기 잘못이라고 생각하지 않기 때문에 여자가 성에 관련돼서 별로 안 좋아한다고 인식한다.

즉 남자에게 성기능에 문제가 있으면 상대 여자는 섹스를 전혀 모르고 섹스능력이 없다고 생각한다. 그래서 상대 여자에게 외모도 신경을 쓰지 않았다고 자기합리화를 한다. 사실 외모에 신경을 써도 남자는 스트레스를 받는다.

그래서 그 여자만 보면 남자가 스트레스를 받는 이유는 자신에게 성기능문제가 있어서 상대 여자도 성기능문제가 있다고 생각한다. 그래서 그 여자랑 살면 분명히 불행할 것이라고 생각하고 자신의 성기능문제를 자각하지 못한다.

반면 여자의 성문제는 상처로 인해 성기능문제가 발생한다. 그래서 여자는 평상시 성문제를 잘 인식하지 못한다. 그런데 상대 남자에게 성문제가 발생했었다는 것을 느끼는 순간 자신에게 상대 남자가 성적으로 억압되어 성표현을 안 한다고 생각한다. 그래서 상대 남자가 자신을 만나면 우울함이 느껴지는 것이다.

남편 외도로 인해 상담하러 온 아내의 특징은 남편이 우울해 보인다는 이야기를 많이 한다. 그래서 남편에게 상처가 많다고 생각하여 어린 시절의 상처를 이야기하는데, 아내는 자신의 상처로 성문제가 생겼기 때문에 남편도 마찬가지라고 생각하기 때문이다. 즉 여자에게 성문제가 발생하면 자신이 불쌍한 것이 아니라 상대가 불쌍하게 느껴진다.

그런데 여자의 성문제가 자신의 문제라고 생각하면 성적억압으로 인하여 성표현을 못하고, 상처가 많아서 우울하고 '나는 불행한 여자'가 되는 것이다. 남자는 성문제가 자신의 문제라고 생각하면 섹스능력도 없고 스트레스를 받아서 '나는 불행한 남자'가 되는 것이다.

남자든 여자든 자신 또는 상대의 성문제에 대하여 자신의 생각한 대로 인식하지만, 남자와 여자의 성문제는 다르다. 남자는 마음에 상처가 없기 때문에 불행하지 않고, 성적억압을 하지 않기 때문에 우울하지 않다. 여자의 앞에서만 우울한 것뿐이다.

　반면 여자는 성기능문제가 없기 때문에 아무 때나 성관계를 해도 된다. 왜냐면 성정보만 성인식하면 저절로 성능력이 많아지기 때문이다. 그래서 여자는 상처가 중요하기 때문에 스트레스는 신경도 안 쓴다. 스트레스를 받으면 마음은 수용하기 때문에 성정보가 더 잘 수용돼서 들어가면서 불행하지 않다.

　남자가 생각하기에 여자의 성문제는 섹스 때문이라고 생각하는데, 여자는 섹스가 없어도 잘 살 수 있다. 그래서 여자는 섹스 때문에 스트레스를 받지 않는다.

　예를 들어 성에 대해 아무것도 모르는 여자가 성정보에 관련된 책을 읽으면 성정보가 많아지면서 성능력이 많아진다. 그래서 성기능문제와 성기능장애가 치료된다. 그런데 남자의 성문제는 성정보로 인한 성상처로 발생하기 때문에 성문제의 인식도 남자와 여자가 차이가 난다.

12 이성관계의 성심리

남자는 처음 본 여자와 자주 본 여자로 섹스가 있었느냐 없었느냐를 구분한다. 그래서 섹스가 없으면 무조건 상대 여자에 대한 모든 것을 성정보로 성인식이 되기 때문에 오늘 처음 본 여자라면 머리부터 발끝까지 모두 성정보로 성인식이 된다. 예를 들어 처음 본 이성이 자동차를 타고 왔다면 자동차까지도 모두 성정보로 유입된다.

반면 여자는 처음 본 남자에 대해서는 성정보를 모두 거부하고 마음정보만 인식한다. 그런데 자주 만나거나 늘 만나는 남자가 성정보로 성인식되기 시작하면 스킨십 또는 손을 잡고 싶어지는데, 이는 미래의 성행복을 추구하기 때문이다. 이때 성관계를 하게 되는 것이다.

여자는 이성을 만날 때 마음정보로 인식하는데, 남자는 이성을 만날 때 성정보로 성인식을 한다. 이때 반대로 작용하면 성희롱이 되는 것이다.

남자는 상대 이성에 대하여 성정보로 성인식되면 성기억이 되면서 성상처가 생긴다. 이렇게 형성된 성상처는 신체에 영향을 준다.

반면 여자는 상대 이성에 대하여 처음에는 마음정보로만 인식된다. 그러다 스킨십을 하면 스킨십을 한 만큼 성정보가 성인식되기 시작한다. 그래서 여자는 성정보가 조금씩 늘어나기 때문에 제일 먼저 손잡는 것으로부터 성정보로 성인식된다.

만약 일하면서 이성과 악수하는 것은 마음정보였는데, 그 이성을 이미 오래도록 알고 있는 이성이라면 악수를 하는 것은 마음정보가 아니라 성정보이다. 그래서 여자는 손을 한번 잡는 것은 성을 허락하는 의미이기 때문에 손을 잡고 난 다음 팔짱을 끼고, 포옹하면서 성정보를 넓혀 간다. 키스하면 거의 90%는 성관계를 허락한 것이다.

즉 남자는 처음 본 이성에 대하여 성정보로 성인식되어 성상처가 발생하고, 성표현을 하게 되면서 성상처는 신체에 나쁜 영향을 주지만, 그만큼 쾌락을 느끼게 된다.

반면 여자는 처음 본 이성에 대하여 마음정보로만 인식하다가 익숙해지면 성정보로 성인식되기 때문에 쾌락보다는 대상에게 관심을 받는 것을 좋아한다. 손잡고 포옹하는 것이 여자에게는 관심이고 사랑인 것처럼 인식된다.

그래서 여자는 처음 본 이성에 대해서는 성마음이 작용하는 것이 아니라 마음으로 작용하고, 남자는 처음 본 이성에 대해서는 성마음으로만 작용하면서 마음은 기분으로만 느낀다. 그래서 남자는 돌아서면 잊기 때문에 내일 또 만나는 것이다. 이것이 이성 관계에서 작용하는 성심리이다.

13 마음과 성마음의 근원

 근원이라는 것은 원래부터 시작한 원천을 뜻한다. 남자의 마음은 몸과 성마음을 위해서 존재하고, 여자의 성마음은 몸과 마음을 위해 존재한다. 즉 남자의 마음은 성마음을 위해 존재하고, 여자의 성마음은 마음을 위해 존재한다.

 결국은 남자의 마음은 성마음을 작용하기 위하여 존재한다. 남자의 성마음은 주로 성상처의 작용으로 신체에 영향을 미치면서 마음에는 재미, 즐거움, 욕구, 쾌락 등의 가치를 추구하는 역할을 한다. 성마음은 '필요의 악'으로서 남자는 가치추구를 할 때 성상처가 필수적으로 존재하고 과도해지면 마음에 영향을 주면서 문제가 발생한다.

 남자가 나름 행복하게 잘 살았다는 뜻은 성상처를 많이 갖고 마음에 쾌락의 기분을 느끼고 열정을 갖고 가치추구를 하면서 잘 살아왔다는 뜻이다. 즉 남자는 누가 성상처를 많이 갖고 있느냐의 싸움으로 남자들끼리 여자를 차지하기 위해 싸우는 것이다. 이는 성상처를 많이 가져야만 열정을 갖고 가치추구를 할 수 있기 때문이다. 그래서 남자들끼리 일할 때보다 여자들과 일할 때가 더 열정이 많다.

그런데 여자들과 일을 하는데 성정보가 하나도 없으면 열정도 안 생기고 그냥 마지못해서 일하는 것이다. 반면 성정보로 인해 성관계가 한번 작용했다면 전체가 성정보가 되면서 강력한 열정이 발생한다. 그래서 남자의 성상처는 신체에 나쁜 영향을 주지만, 마음에는 재미와 즐거움의 기분을 발생시켜 열정을 느끼면서 가치를 추구하면서 살아가는 것이다. 즉 남자는 마음이 아니라 성마음이 원천이다.

반면 여자의 성마음은 마음을 보호하기 위해 존재한다. 마음에서 행복을 느끼려면 상처가 작용하고, 상처를 치료하기 위해서 무의식이 표현을 많이 하게 된다.

만일 상처치료가 되지 않으면 성마음을 작용시킨다. 그래서 마음을 보호하는 대신 성마음이 작용하면서 상처의 크기만큼 신체에 나쁜 영향을 준다. 그래서 성마음이 작용하면 일단 신체는 나쁜 영향을 입게 된다. 즉 마음을 보호하거나, 치료하는 원천은 성마음에서 시작한다.

결국은 남자의 성상처는 성마음에 있는데, 성마음에 성상처를 느끼지 못하고 자각하지 못한다. 그런데 여자의 상처는 마음에서 자각한다. 그래서 성마음보다는 마음이 우선이 되는데 사실 여자의 성마음은 마음을 보호하기 위한 안전장치이다.

마음과 성마음이 단절되어 따로 작용하면 상처와 성상처의 치료가 매우 쉽다. 그렇지만 마음과 성마음을 단절하는 훈련이 없으면 역 현상이 발생하여 매우 위험하다. 근본을 바꾸는 일이기 때문에 안전장치가 없으면 함부로 하면 안 된다. 즉 치료와 역 현상으로 다 무너지는 것은 백지 한 장의 차이이다.

남자는 성마음이 근본이고, 이를 통하여 열정을 갖고 미래의 가치를 추구한다. 만약 성마음이 근본으로 작용하지 않으면 열정도 없고, 미래의 가치도 없다. 여자는 마음이 근본으로 작용해야 사랑을 갖고 현재의 의미를 추구한다. 만약 마음이 근본으로 작용하지 않으면 인생 전체가 무너진다. 그래서 심리장애가 발생하면 정반대의 역 현상이 생긴다.

제4장
인간관계의 성심리

1 남자의 성행복의 원리

남자의 성기억에는 성정보의 크기만큼 성상처를 가지고 있다. 성의식이 성정보를 성표현할 때, 성상처는 신체에 영향을 미친다.

이때 마음의 표현에서는 성상처의 크기만큼 좋은 기분을 느끼게 된다. 원래 기분은 1 또는 최고 10의 크기밖에는 못 느끼는데, 성상처의 크기만큼 신체에 좋은 기분을 마치 감정처럼 +100으로 느끼는 것이다. 즉 좋은 기분에 몰입되면서 마치 열정이 생기는 것처럼 느껴진다.

그런데 남자는 자신에게 성상처가 왜 발생하는지 느끼지 못하지만 성상처를 가지고 있는 것으로도 열정을 느낄 수 있어서 행복해진다. 그래서 남자가 행복하다고 느낄 때는 현실에서 성실현을 할 때이다. 성실현이 꼭 성관계가 있어야만 느끼는 것이 아니어서 성관계가 없어도 성욕을 갖고 성적인 생각만으로도 행복하다고 느낄 수 있다.

남자는 성정보에 의한 성상처가 중요한 역할을 하는데, 성욕이 균형을 잃게 되면 문제가 발생한다. 그래서 섹스와 성몰입을 할 때 성욕을 조절할 수 있는 남자는 행복하게 살아가는 것이라 할 수 있다.

남자의 성행복은 중요한 역할을 한다. 성에서 삶의 의미와 열정을 갖고 인생의 가치를 스스로가 느끼기 시작한다. 예를 들어 가치추구는 반드시 이루어야 하는 것이 아니다. 하찮은 일을 하더라도 행복감을 느끼고 살아가는 것은 성정보에 의한 성상처의 역할 때문이다.

남자의 성기억에 있는 성상처가 과도하게 커지지 않으면 성욕, 성몰입, 성행동을 조절하는 능력이 생기면서 남자의 열정은 커지게 되고 사라지지 않는다.

그러나 어느 한 방향으로 집중되면 문제가 발생한다. 자신의 가치와 성행복을 실현하기 위해 한 방향으로만 몰입되고, 그 방향이 아니면 매우 큰 고통을 느끼게 된다.

남자의 성행복, 성기능장애, 신체질병 등은 성기억의 성상처에서 시작한다. 성상처의 작용에 따라 극과 극이 된다.

2 여자의 성행복의 원리

여자의 성마음이 작용하려면 마음에 기억된 상처를 무의식이 치료하면서 감정을 표현해야 한다. 이때 마음의 의식에서는 상처의 감정을 자각하게 된다. 그러면 성마음에서는 성기억되어 있는 성정보를 성표현한다. 즉 성마음의 성정보와 마음의 상처가 결합하면서 성정보와 연결된 마음의 감정이 전달된다.

그래서 상처의 감정이 치료되지 않으면 부정감정이 되면서 성관계 후 나쁜 기분을 느낄 것이고, 상처의 감정이 치료되면 긍정감정이 되면서 성관계 후 행복을 느낀다. 즉 상처치료에 의해서 행복이 좌지우지되지만 성정보에 의하여 몸이 느끼고 반응하는 것은 같다.

여자의 성행복의 원리는 마음의 상처로부터 시작하지만, 상처를 치료하기 위해서는 성정보가 필요하다. 왜냐하면 성정보가 성표현될 때, 상처의 사실과 감정이 결합하면서 치료되는 속도가 빠르기 때문이다. 만약 성정보가 적으면 상처치료의 속도는 느리다.

여자에게 성정보는 상처를 치료하는 중요한 역할을 하지만 상처해리가 발생하면 상처는 상처대로 커져서 치료하지 못하고, 성마음만 작용하면서 몸으로 성적 느낌만 느끼려고 한다. 그래서 여자에게 상처해리는 위험한 심리장애이다. 차라리 상처치료를 기다리고 있는 우울증이 더 나은 것이라 할 수 있다.

마음에서 상처해리는 마음이 무너지고 성마음만 작용하는 것이다. 그래서 상처가 작용하면 무조건 성마음에 성정보가 필요하고 상처의 크기만큼 강력한 즐거움을 느끼게 되는데, 이때 오르가슴을 느끼는 경우가 많다.

강력한 상처가 작용하는 여자는 성적 대상인 어떠한 남자와 성관계만 해도 오르가슴을 느낀다. 만약 세상에 태어나 처음으로 강력한 오르가슴을 느꼈다는 것은 그만큼 강력한 상처가 작용하고 있다는 것이다.

결국은 여자의 성정보는 상처를 치료하는 용도로 작용하면 성행복을 느끼지만, 잘못 사용하면 심리문제 또는 심리장애를 유발하게 된다.

이와 같이 남자와 여자는 마음과 성마음이 정반대로 작용하되 과도하지도 과소하지도 않게 적정 수준에서 오르락내리락하는 것이 남자와 여자의 성행복의 원리이다.

3   부부의 성행복

부부는 남편과 아내로서 남편은 남자이고, 아내는 여자이다.

남자의 마음은 열정을 갖고 미래행복을 추구한다. 이때 상대 여자와 함께 열정을 갖고 미래행복을 위하여 가치추구를 하는 것을 남자의 자아실현이라고 한다.

여자의 마음은 사랑을 갖고 현재행복을 추구한다. 그래서 여자의 행복, 아내의 행복, 엄마의 행복 등 3개의 행복을 결합하면서 마음의 행복이 형성된다.

만일 자식이 없어도 여자의 행복과 아내의 행복으로도 충분히 행복하고, 남편과 자식이 없어도 여자의 행복만으로도 충분히 행복하다. 즉 결혼하고 난 후 남자와 여자가 어떤 역할을 하고, 어떻게 마음이 작용하는지 알면 마음에서 행복이 만들어진다.

반면 남자의 성마음은 현재의 성행복이 중요하기 때문에 성상처가 필요하다. 왜냐하 성상처는 성욕과 성몰입으로 작용하기 때문이다. 그래서 현재의 성행복에서는 현재의 성적의미를 갖게 되면 경제적인 것이 부족해도 된다. 이와 같이 남자의 성마음에서 성상처는 마음에서는 열정과 가치를 만든다. 그래서 남자는 성상처가 없다면 마음에 열정도 생기지 않는다.

여자의 성마음은 미래의 성행복을 추구하기 때문에 성적대상이 중요하다. 즉 미래에 성적인 가치를 추구할 수 있는 대상이 중요하다. 왜냐면 이 성적대상의 가치로 인하여 마음에서는 여자의 행복, 아내의 행복, 엄마의 행복이 만들어지기 때문이다.

그런데 성행복은 여자의 행복에서만 존재하기 때문에 여자의 행복을 잃고 아내의 행복 또는 엄마의 행복으로만 살아가는 여성은 행복을 느끼는 것이 아니라 편안함에 안주하면서 살아가는 것이다.

만약 여자가 결혼했는데 자식이 없으면 여자의 행복을 기초로 하여 아내의 행복을 추구하면 된다. 연애할 때 여자가 행복을 느끼는 이유는 아내 또는 엄마가 아닌 여자의 행복만 작용하기 때문이다. 여자의 행복의 근원은 성마음에서 작용하기 때문에 연애할 때 행복을 느끼는 것이다. 즉 여자는 혼자서도 행복해지는 것이 어렵지 않다.

반면 아내의 행복은 혼자서는 불가능하다. 그래서 결혼 후 남편과 관계없이 엄마가 혼자서 자식을 키우면서 엄마의 행복을 추구하면서 살아가는 여자는 행복해질 수 없다. 이처럼 여자는 자기 혼자 또는 남편과 자식과 함께 살아가면서 얼마든지 행복해질 수 있다.

문제는 남편과 자식이 개입될 때이다. 자식을 혼자 키우거나, 이혼하고 혼자 살더라도 절대 여자의 행복을 잃어서는 안 된다. 즉 현재 성이 굳이 필요하지 않기 때문에 성에 대한 가치를 충분히 의식하고 있으면 문제가 되지 않고 얼마든지 행복을 만들어 갈 수 있다.

그런데 부부의 행복은 남편인 남자와 아내인 여자가 함께 살아가기 때문에 남편의 아내이기도 하고, 아이의 엄마이기도 하다. 그렇지만 아내 또는 엄마보다 더 중요한 것은 여자라는 것이다. 따라서 자신이 여자라는 것을 절대 잊어버리면 안 된다. 여자라는 것을 잊으면 부부의 성행복은 만들어질 수 없고, 남자는 아내로부터 미래행복을 추구할 수 없는 상황이 된다.

4 이성 간 성심리

　남성이 여성에게 성표현을 할 때 마음에서는 무의식의 표현이 함께 작용한다. 그런데 성표현은 성의식으로 하기 때문에 의도적으로 하는데, 생각하지 않고 표현하는 것은 마음의 무의식이 함께 작용하기 때문이다. 그래서 커피를 한 잔 줄 때는 마음정보인데, 짧은 순간에 성정보를 연결하게 되니 본인도 못 느끼는 것이다. 그래서 그냥 커피를 한 잔 주는 것이 아니라 커피와 함께 성정보가 작용하면서 상대에게 대가를 바라는 의미가 있다.
　마음정보의 표현이 10,000이라고 하면, 10,000이 커피 1잔으로 보이는 것뿐이다. 그런데 성정보가 유입되면 성정보 1은 마음정보 10,000과 결합하여 성정보는 10,000개를 만든다. 그래서 커피가 그냥 커피가 아니다.
　그런데 여성은 성인식을 할 때, 성정보 1에 의하여 성스트레스를 유발하게 되면 "커피 됐어요"라고 거절하는데, 성스트레스를 유발하지 않으면 "아, 네"라고 하면서 받아들인다. 즉 마음정보로 자각하는 인식이 함께 작용한다. 이때 상대가 괜찮으면 성인식으로 성정보가 반복적으로 유입되면 성습관이 만들어지고 상대가 주는 것을 믿을 수 있게 되면서 성정보도 받아들이게 된다. 그래서 성정보가 포함된 커피를 몇 잔 마시면 함께 식사하고, 술도 마실 수 있게 된다.
　여성이 1이라는 성정보를 성인식해서 성기억한다. 그리고 1이라는 성정보를 성표현하는데, 10,000이라는 마음의 표현이 함께 작용한다. 이때 남성이 여성의 성표현에 의하여 성정보가 1이 성인식되면 성정보 1은 마음정보 10,000과 결합하여 성정보가 10,000이 유입되게 된다. 그래서 여성이 웃기만 해도 '저 여자가 나를 좋아한다'라고 생각하게 된다.

이때 남성은 성기억에 10,000개의 성상처로 기억되어 성표현을 하게 된다. 이에 따라서 성에 대해서는 점점 발전하게 되고, 점점 선명해지고, 명확해진다. 그러면 여성은 그 남성에 대한 성인식으로 성습관이 만들어지면서 남성은 그 여성에 대한 성정보로 성상처가 만들어지는 것이다.

따라서 한번 식사하고 성관계까지 진행되고 난 후에는 그 여성으로부터 성정보가 유입되지 않을 때까지는 머릿속에서 안 사라진다. 사라지게 하려면 성습관이 모두 만들어져야 한다.

남성이 여성을 일정 기간 만나다 헤어지면 여성을 잊게 되는데, 우연히 헤어진 여성의 얼굴을 보는 순간 과거의 성기억이 모두 의식적으로 기억된다. 그런데 이 성정보에 대해서는 평상시에는 잊고 살아간다. 기억이 잘 안 나는데, 그 여자랑 과거에 했던 성정보만 기억한다. 그래서 성정보만 기억할 뿐, 마음정보는 기억이 안 난다.

남성들은 과거의 여성에 대해서는 성이 잘 작용하지 않는다. 그런데 새로운 여성으로 인식되는 이유는 성정보가 마음정보와 결합하기는 하지만, 마음정보는 모두 지워 버리기 때문에 성정보가 없는 것과 마찬가지이다. 성상처만 가지고 있을 뿐이지, 성정보와 마음정보가 연결되지 않는다.

이렇듯이 마음정보와 성정보가 상호 연결되어 작용하도록 만들어져 있는 것이 이성 간의 성심리이다.

5   동성 간 성심리

　남자든 여자든 A라는 사람이 성표현을 하면, 성정보는 1이고 마음정보가 대부분 표현된다. 남자가 성표현을 하면 성상처가 작용한다. 여자는 표현과 함께 성표현을 하기 때문에 마음의 상처가 작용한다. 이때 남자든 여자든 동성인 B라는 사람이 성인식을 하면 남자는 성상처가 자기 신체에 영향을 미치고, 여자는 성정보가 유입되지 않고 표현으로 상처가 작용한다.
　성정보는 마음정보 안에서 작용하는데 여자는 상대가 이성이면 상대가 입고 있는 옷부터 모든 것이 다 연결되기 때문에 모든 것이 성정보가 된다. 그런데 동성이면 그 사람이 입고 있는 옷이나 환경과는 관계없이 성표현한 것만 성인식이 된다. 그러다 보니 성인식은 제한적이다.
　동성 간에 성정보는 여자에게 매우 제한적이기 때문에 마음에 상처가 작용한다. 그런데 상처와 성심리가 작용할 때, 동성인 여자에 의한 성정보는 성스트레스가 작용하면서 성습관이 만들어진다. 왜냐면 동성인 여자가 이야기한 것이 자신에게 성인식되면서 성습관이 만들어지기 때문이다. 그래서 여성은 동성 간의 성정보가 위험하다.
　상대 여자가 남성과의 섹스를 이야기했다면, 본인이 그 남성과 섹스를 한 것과 똑같은 성정보가 유입되어 성습관이 만들어진다. 또한, 여자는 처음 만난 남자와 섹스를 하면, 그 남자에 관련된 성습관이 만들어진다. 그러면 즉시 모든 것이 성정보로 유입되고 성기억된 성정보를 성표현한다. 그러나 상처가 작용한 B라는 사람은 성을 제한적으로 표현하면서 자기도 모르게 성습관이 만들어진다.

A라는 사람이 성표현을 하면 B라는 사람이 성정보를 성인식하고 또 B라는 사람이 성표현을 하면 A라는 사람이 성정보에 관련되는 것만 성인식하면서 성습관이 만들어지는 것이다. 그러다 보니 A라는 사람이 성기억을 하게 되는데 매우 제한적으로 성기억하게 되면서 다시 성표현을 하는 것이다.

그런데 남자에게는 큰 영향을 미치지 않는다. 성상처가 조금 커지기는 하지만, 의식적으로 재미만 있다. 그래서 남자들은 성에 관련된 이야기를 많이 하게 될 때 당시에는 재미있다가도 돌아서면 재미가 사라진다.

반면 여자는 성표현을 하면 할수록 상처가 작용하기 때문에 성습관이 점점 많아진다. 그러면 상대의 경험이 자신의 경험이 되는 것이다. 그래서 여자들끼리 만나서 상처를 공유하지 말라고 하는 이유이다. 상처를 공유한 사람끼리 함께 상처가 더 커지게 되기 때문이다.

그래서 여자들끼리 함께 외도 또는 성에 연결되어 있거나, 남자와 연결된 이야기를 하면 무조건 성성보가 성인식되면서 성습관이 만들어진다. 그래서 동성인 여자가 이야기한 성정보가 모두 자신의 것이 되면서, 자신이 경험한 것처럼 성습관이 만들어진다. 만약 성에 관련된 변태적인 이야기를 들으면서 공유되면 자신은 경험이 없지만, 이미 성습관이 형성되는 것이다.

이처럼 여성은 동성 간에 성심리가 작용할 때 위험하고, 남성은 이성 간에 성심리가 작용할 때 위험하다.

그래서 성정보를 공유할 것 같으면 동질성을 갖고 정확한 의식을 갖고 하든가, 그렇지 않고 어설프게 하면 상처가 공유되면서 자기도 모르게 성정보가 마음정보와 함께 작용하면서 하나씩 성습관이 만들어진다. 그냥 남자의 이야기를 하고 즐거웠던 이야기일지라도 모든 것이 성정보로 유입된다. 예를 들어 "이번에 나이트 가 보니 참 재미있더라"라고 하는 말도 모두 성정보로 성인식이 된다. 그래서 나이트를 한 번도 가보질 않아도 나이트에 가서 그 남자랑 만나서 즐겼던 것처럼 자신에게 성습관이 형성된다. 그래서 여자는 간접경험을 직접경험으로, 즉 간접상처를 직접적인 상처로 전환하는데, 이는 성습관 때문이다.

그래서 여자에게 동성 간에 성심리는 매우 민감하게 작용한다. 그런데 남자에게 동성 간에 성심리가 민감하지 않다. 그래서 남자는 똑같은 이야기를 반복하면 짜증이 나면서 스트레스가 작용한다. 그래서 다른 여자의 이야기를 하라고 말을 하기도 한다. 왜냐면 이전의 이야기에서는 이미 성습관이 만들어졌기 때문에 똑같은 성정보가 성인식되면서 짜증을 내는 것이다.

6 여자의 사랑과 성심리

여자의 사랑은 마음에서 느끼는 것이다. 그래서 마음에서 느끼는 사랑의 감정과 성심리가 상호 어떻게 작용하는지 알아야 한다.

성정보를 성인식하면 성무의식에서 이 성정보가 나에게 맞는 것이면 좋은 성기분이 만들어진다. 그래서 그 대상만 있으면 좋은 성정보가 계속 성인식되는 것이다. 그 남자가 옆에 있고, 손만 잡고 있어도 좋은 성기분으로 감각기관에서 느껴진다. 그러다 보니 감각기관이 좋아져서 그 남자와 식사를 하면 모든 음식이 맛있게 되는 것이다. 옛날에는 먹지도 않았던 것도 다 맛있는 것이다. 왜냐면 그 남자와 같이 먹어서 느낌이 좋기 때문이다. 이처럼 여자는 상대 남자에게 사랑의 감정을 느끼게 되면 이런 현상이 생기게 되어 있다. 주로 연애할 때 많이 발생하는 현상이다.

좋은 느낌이 인식되면 성인식이 함께 작용한다. 그러면 마음정보가 함께 인식되고 무의식이 작용하면서 상처에 관련된 것을 무의식에서 상처치료의 욕구를 갖게 된다. 그러면 성기분으로 좋은 기분이 작용하면서 상처치료와 성기분으로 좋은 기분이 연동되면서 사랑의 감정으로 행복하게 되는 것이다.

그러면 남자와 손잡고 느껴지는 기분 또는 키스하면서 느껴지는 기분은 성기분에서 감각기관이 느낀다. 그리고 마음에서 행복을 느끼는 것은 마음에서 상처가 치료되고 있다는 뜻이다. 이것이 여자의 상처치료원리이다.

많은 상처가 있는 여자라도 결혼을 해서 무한책임이 있는 남자와 인간관계가 형성되면, 목적이 없고 위로만으로 작용하는 것이 아니라 사랑의 감정이 작용하면서 상처가 치료된다. 그래서 옛날에 많은 상처로 힘들었더라도, 상처해리가 온 상태가 아니라면 사랑하는 남자와 함께 살게 되면 상처가 치료된다. 그래서 여자가 결혼하면 상처가 치료된다.

여자의 상처와 성심리가 상호 연동되어 사랑의 감정이 작용하면서 상처가 치료되는 것이다. 이때 순수한 사랑이 만들어지고, 이것을 상처를 치료하는 사랑이라고 한다. 즉 감정이 만들어지면서 사랑의 감정을 느끼고, 행복의 감정을 느끼게 되는 것이다. 사랑을 착각하고 행복을 착각하는 것은 다르다.

7 남자의 열정과 성심리

　남자는 성정보를 성인식하여 성기억을 한다. 이때 성상처를 성기억하는데, 성상처의 크기만큼 신체에 영향을 준다. 그래서 신체에 영향을 준 크기만큼 성표현을 하는데 이때 표현이 함께 작용한다. 남자의 표현은 무의식이 작용하면서 기분을 만들면서 성상처의 크기만큼 기분을 느낀다.

　남자는 스트레스가 제거되고 좋은 기분으로 열정을 만든다. 이것을 의식으로 자각한다. 성기억에 성상처가 작용할 때 인식과는 관계가 없다. 그래서 남자는 표현하는 것이 중요하다. 표현으로 주는 것이 중요하고, 인식으로 받아들이는 것은 중요하지 않다. 받아들이는 것은 성무의식이 작용하는 것이기 때문에 여자가 남자에게 잘해 주고 있다는 것은 문제가 생겼다는 것이다.

　원래는 마음에서 무의식으로 그냥 표현한다. 생각하지 않고 그냥 목적도 없이 표현하는 것이다. 이때 표현은 내부로 생각하는 표현과 외부로 표현하는 방식이 있다. 남자의 순수한 열정은 생각으로 내부표현은 하는데 외부표현이 안 된다. 이것이 남자의 순수한 열정이다.

　마음의 표현과 성마음의 성표현이 함께 작용하면, 무조건 목적이 있는 것이다. 그래서 연애할 때 사랑하고 있는데, 상대 여자가 싫다고 하면 남자는 여자가 싫은 것을 못 한다. 그래서 생각으로는 하고 싶지만, 실제 성표현은 못 하는 것이다. 그러면서도 계속하려고 하는 것은 표현이 무의식으로 작용하고 있기 때문이다.

그러나 성표현은 성의식에서 작용한다. 성심리로 보면 내부 성표현은 성욕 즉 성정보를 성표현을 하고 싶지만, 상대 여자의 표정이 조금만 안 좋아도 성표현을 못 한다. 그런데 목적이 있으면 일단은 하고 본다. 그래서 사랑을 착각하는 여자는 일단 무조건 성표현을 하고 보는 것이다. 안 하면 안 되는 것이다.

그런데 그 여자가 강력하게 거부하면 남자는 기분이 나빠진다. 남자가 목적이 있기 때문이다. 이런 내부표현과 외부표현에 관련된 균형은 성의식에서 만들어진다. 이때 성정보가 기분과 연결되어 있지만, 성상처에 의하여 신체에 영향을 미치는 것은 같다.

그러다 보니 성기억의 성정보를 성의식하기 때문에 자꾸 만나게 되고, 연애하는 동안에는 성상처를 쌓아 가면서 내부표현과 외부표현 즉 성표현과 표현이 상호충돌을 일으키는 것이다. 그래서 한 사람은 성표현이고, 한 사람은 표현이다. 이것을 내부표현에 생각으로만 하느냐, 외부표현으로 성표현을 하느냐, 이 2개의 표현이 충돌을 일으키게 된다.

충돌을 일으키는 것을 순수한 열정이라고 한다. 어차피 주는 것은 같은데 목적이 없다. 목적은 목적한 방향을 향해서만 가기 때문에 내부표현과 외부표현이 같다. 그러다 보니 목적이 있으면 성표현과 표현이 같이 작용한다.

의외로 남자의 열정은 성표현에서 균형이 맞지 않았을 때, 즉 욕구와 표현이 맞지 않을 때 성심리가 작용하면서 열정을 만들기 시작한다. 그러나 표현하는 것은 똑같다.

8   남자와 여자의 쾌락

　성정보를 성표현하면 마음에서는 표현이 함께 작용하면서 무의식이 작용하고, 기분 또는 감정을 만들어서 의식에서 자각하는데, 이것을 성욕이라고 한다.
　성욕이 작용할 때까지는 쾌락이 아니다. 그냥 좋은 기분 또는 좋은 감정이다. 쾌락이라는 것은 좋은 기분 또는 좋은 감정을 강하게 느끼는 것이다. 이때 표현과 성표현이 성행동으로 작용하는 것이 섹스이다. 이것을 성몰입이라고 한다.
　그래서 성행동에 몰입되는 것을 성몰입이라고 하고, 섹스하는 것과 같은 말이며, 성몰입이 되면 무조건 쾌락이 만들어진다.
　그래서 남자의 성욕은 성상처의 크기만큼 기분이 작용하기 때문에, 남자는 성상처를 쌓는 것이다. 그래서 한번 성몰입을 할 때마다 성상처가 모두 작용하면서 그 크기만큼 기분을 느낀다. 그래서 남자는 성을 최고의 가치로 생각한다. 경제적으로 10억 원을 가지고 있는 남자보다, 성적인 능력을 더 많은 남자가 최고의 가치를 가지고 있다고 생각하는 이유이기도 하다.
　남자가 이 여자 저 여자를 만나는 이유는 성콤플렉스 때문이다. 성에 대한 가치가 크려면 성상처가 커야 한다. 그러면 과유불급으로 인해 심리장애를 비롯하여 성기능장애 또는 신체질병이 발생하게 된다.

여자의 성욕은 상처의 크기이다. 여행에서 좋았던 행복의 크기가 중요한 것이 아니라, 상처의 크기가 중요한 것이다. 그래서 상처를 치료하면 행복의 감정이 만들어지는 것이다. 즉 상처와 연결된 감정의 크기만큼 성욕을 느끼는 것이다. 그래서 행복한 여자가 평상시 성관계를 하고 싶은 생각을 잘 안 한다. 왜냐면 성마음에서는 미래의 성행복을 추구하기 때문이다.

이때 성행동을 하면 강력한 쾌락을 느끼도록 만들어져 있다. 상처가 치료되면 기분으로 작용하더라도 행복을 느낀다. 그런데 상처해리가 발생하면 상처는 치료되지 않은 채 끝없는 쾌락이 작용하게 된다. 그래서 아무리 많은 오르가슴을 느끼고 또 느끼더라도 마치 소금물을 마시는 것과 같이 오르가슴을 더 느끼고 싶어 한다. 즉 문제가 발생한 것이다.

감정이 작용하는 정상적인 여자는 가끔 또는 어쩌다 한두 번의 오르가슴을 느끼기도 하고, 어떤 때는 못 느끼기도 하지만 기분은 나쁘지 않다. 이런 감정이 오르락내리락하는 것이 정상이다.

그런데 성몰입이 점점 커지고 좋아진다는 것은 문제가 생겼다는 것이다. 상처는 치료가 되지 않은 채 상처가 점점 더 커지지만 이를 전혀 느끼지 못하는 것이다. 성마음은 마음의 내부에서 작용하기 때문에 마음에서는 상처를 자각하지 못하지만, 성마음은 계속 작용한다. 이것이 상처해리의 현상이다.

따라서 여자는 상처해리가 발생하면 심각해진다. 상처해리가 발생하지 않으면 성마음은 상처를 치료하는 용도로 작용하지만, 상처해리가 발생하면 신체적인 쾌락의 용도로만 사용하게 된다.

9   남자와 여자의 섹스심리

　섹스에는 심리가 없다. 그런데 사람들이 섹스의 심리를 많이 이야기하기 때문에 섹스심리라는 말을 사용한 것뿐이다.
　여자는 성정보가 성기억되어 있으면 성표현을 할 때, 남자는 성의식이 작용한다. 그러면 여자의 성표현이 남자에게는 성인식되기 때문에 성관계를 하고자 한다. 그래서 성표현 중에 상대에게 성행동을 하는 것이 섹스이다. 이처럼 섹스는 성표현의 하나일 뿐이다.
　여자는 성기억과 함께 마음의 기억이 작용한다. 여자는 상처가 기억되어 있고, 상처가 작용할 때 무의식이 상처를 치료하려고 표현한다. 이때 상처가 느껴지지 않으면 마치 상처가 마취된 것과 같다.
　상처에 대하여 무의식이 작용하는데, 성의식에서 성행동이 작용할 때, 성표현과 표현이 동시에 작용하면서 치료된다. 실제는 섹스에서 치료되는 것이 아니라, 섹스는 그냥 느끼고 끝나는 것이다.
　그래서 여자는 성표현으로 남편 또는 사랑하는 남자가 손을 잡아 주고, 안아 주고, 스킨십만 있어도 행복해진다. 성행동을 하지 않아도 된다. 성행동의 섹스는 성표현의 하나일 뿐이다. 그래서 성행동은 해도 그만이고 안 해도 그만인 것이다. 성표현을 하는 것이 중요하기 때문이다.

따라서 여자에게 성행동인 섹스는 의미가 없다. 그냥 안아 주는 것만으로도 상처가 치료된다.

남자는 성상처를 성기억한다. 또한, 성표현을 할 때 성의식이 작용하는데, 남자는 지금 당장 성적으로 느끼는 성적의미를 중요하게 생각한다. 그래서 성행동을 해야만 성적의미를 느낀다. 성행동인 성적의미를 느끼지 못하는 성표현만 하는 것은 아직 성적의미가 미완성이기 때문에 스트레스를 받는 것이다.

여자는 성표현만 해도 충분하지만, 남자는 성표현만 하는 것은 성적의미의 1%도 못 한 것과 같다. 그래서 성행동을 해야만 성적의미가 100% 충족되기 때문에 남자는 성표현이 1%이고 성행동이 99%이지만, 여자는 성표현이 99%이고 성행동이 1%이다.

또한, 남자는 기억에는 상처가 없이 정보만 가지고 있다. 그리고 무의식으로 표현하는데 1의 기분만 작용하기 때문에 1%만 느끼게 된다. 나머지 99%를 채우려면 성욕이 생기면서 성행동을 했을 때, 비로소 99%가 채워지는 것이다. 남자에게 섹스는 성행동이며, 성표현의 가장 중요한 핵심이다.

남자가 "나는 성욕은 많지만, 여자를 지켜 주기 위해서…"라는 말은 거짓말이다. 남자는 섹스에서 여자를 지켜 줄 수가 없다. 물론 이성적으로 통제하면서 그럴 수 있겠지만 결코 쉬운 것이 아니다. 왜냐면 성심리가 작용하고 있기 때문이다.

남자는 100%가 아니면 부족함을 갖는다. 성행동인 섹스가 없다는 것은 99%가 없는 것이다. 성행동이 있어야 비로소 100%가 되는 것이다. 그래서 남자는 성행동을 했느냐, 안 했느냐가 중요하다. 예를 들어 남자들끼리 이야기를 할 때 애인이 생겼다고 하면 함께 잠을 잤느냐 자지 않았느냐가 중요하다. 성행동인 섹스를 했으면 100%를 가진 것이고, 성행동인 섹스를 하지 않았으면 아직은 100% 가진 것이 아니다.

10   연애의 성심리

마음정보와 성정보가 있으면 남자가 연애할 때, 무조건 상대 여자에 대한 정보가 모두 성정보로 성인식된다. 그래서 손잡는 것, 만나는 것, 같이 식사하는 것, 상대 여자와 함께 하는 모든 것이 성정보이다. 마음정보는 관심도 없다.

그래서 상대 여자에 대해 성인식이 매우 커지면서 성기억에 성상처가 커지고, 어떻게든 기회만 되면 성표현을 하려고 한다. 이때 남자는 상대 여자에게 무엇이든 다 할 수 있게 된다. 왜냐하면 성심리(성인식, 성기억, 성표현)가 활성화되기 때문이다. 연애할 때는 상대 여자가 예쁘고 날씬한 것에는 관심이 없다. 남자가 연애하는 생각이 들어가면 상대 여자의 모든 것이 성정보로 작용한다.

그런데 여자가 연애할 때, 상대 남자에 대한 정보가 모두 마음정보로 인식된다. 그래서 상대 남자가 어떤 바지 입고 나왔는지, 바지 길이가 짧다 길다는 식으로 성정보와 관계없이 마음정보가 중요하다. 반면 남자는 상대 여자가 바지를 입고 나온 것이 엉덩이 라인부터 양말을 신었는지 안 신었는지 등의 모든 것을 성인식하면서 기분이 좋아진다.

여자는 상대 남자에 대하여 모든 것이 마음정보이다. 성정보는 성인식하지 않으려고 한다. 그래서 마음정보가 중심이기 때문에 상대에 의한 성인식은 최악이 된다. 그래서 성인식이 없다 보니, 성기억과 성표현을 최대한 안 하려고 노력한다.

  남자는 상대 여자가 성정보로 활성화되고, 여자는 상대 남자가 성정보로는 최악이 된다. 여자가 성으로 아무리 개방적이라 하더라도 연애를 하면 상대 남자에게는 성을 차단한다. 다른 남자와는 섹스만을 했더라도 연애하는 남자에게는 성을 차단하는 이유는 사랑해야 하기 때문이다. 만약에 여자가 다른 남자와 섹스를 하는 것을 알고 있는데, 자신과는 섹스하지 않으면 남자는 억울하기는 하지만, 그래도 연애하는 상대 여자를 성정보로 성인식한다.

11 결혼의 성심리

결혼하면 남자는 상대 여자로부터 받아들이는 정보가 성정보보다는 마음정보가 훨씬 더 많다. 결혼 후 시간이 갈수록 아내로부터 성정보가 성인식되지 않는다. 그러다 보니 아내에 대한 성인식과 성표현이 줄어드는 것이다. 이것을 섹스리스라고 한다. 결혼하게 되면 섹스리스는 정해진 순서이다.

그런데 여자는 결혼하고 난 후 남자로부터 받아들이는 정보가 마음정보보다는 성정보가 점점 커지기 시작한다. 그래서 그냥 자면 서운해지고, 하다못해 손이라도 잡고 자야 하고, 성표현을 하고 싶지만 남편이 안 하는 것이다.

결혼 전에는 여자가 성표현을 하지 않으려고 했는데, 결혼 후 일정 시간이 지나면 모든 것이 성정보로 작용하게 되고, 남편에 대하여 성인식이 증가하기 때문에 남편이 섹시하고, 멋있게 보이기 시작한다. 남편이 옷을 하나 입어도 멋있어 보이는 것은 성적인 멋이다. 그래서 자기도 모르게 누군가에게 자랑하고 싶은 것이다. 왜냐면 내가 이렇게 괜찮은 남자랑 살기 때문에 자랑하고 싶은 것이다.

여자에게는 성정보가 커지면서 성인식이 강화되고, 성기억되는 성정보도 늘어나게 된다. 그래서 성정보가 필요하면 인터넷을 찾아보고, 다른 여자들과 만나서 이야기를 하는 것도 대부분 성정보이다.

예를 들어서 누군가가 "싱싱한 굴이 남자에게 좋대"라고 하면, 자신도 모르게 굴을 구매하려고 한다. 또한, 방송에서 성과 관련하여 남편에게 좋은 음식에 대한 정보가 나오면, 그 음식을 남편에게 해 주려고 노력한다. 남편에게 보약을 먹이는 이유가 모두 성정보이기 때문이다.

어떤 여자는 "저는 성정보가 아닙니다"라고 말하는데, 마음정보 100개 중에 성정보가 1개이면, 100개의 마음정보는 모두 성정보가 된다. 그래서 남자를 생각하는 순간 모두 성정보가 되는 것이다. 그때부터는 남편이 아니라 내 남자인 것이다. 다만, 성기억에 성정보가 많이 생기더라도 성상처가 안 생긴다. 그래서 시간이 가면 갈수록 알게 모르게 더 용감해지면서 성표현을 잘 한다.

예를 들어 남편과 여행을 갔는데 남편이 먼저 잠을 자면 서운하게 된다. 다른 사람은 팔짱을 끼고 가는데, 손을 잡아 주면 좋겠다는 생각으로 상처를 받는다. 이때 상처를 받는 것이 아니라 성표현을 못해서 상처가 발생하는 것이다. 이는 나이가 들어갈수록 더 심해진다. 그래서 노인이 되었다고 해서 성이 없다고 생각하는 것은 착각이다. 노인이 되면 성은 더 많이 작용한다.

이처럼 정상적으로 잘 살아온 부부라면 결혼의 성심리로 작용한다. 결혼 후 말을 하지 않을 뿐, 아내는 성정보가 확대가 돼서 성심리(성인식, 성기억, 성표현)가 매우 활성화된다. 그런데 남편이든 아내든 이를 모른다. 왜냐면 성마음은 자각되지 않기 때문이다.

아내가 남편에게 왜 화를 내고, 왜 짜증을 내고, 왜 잔소리를 하는지 알아야 한다. 성마음에서는 작용하는데 마음에서는 작용하지 않기 때문에 짜증이 나서 이유 없이 상처를 받는다. 그래서 남자들은 아내가 성격이 이상해진 것으로 생각한다. 반면, 연애할 때 남자가 이유 없이 짜증이 나는 것은 성마음이 작용하기 때문이다.

12   이혼의 성심리

이혼한 남자를 보면 전처에 대한 마음정보와 성정보가 있는데, 거의 마음정보이다. 그래서 전처를 제외한 다른 여자는 모두 성정보로 작용한다. 그래서 전처를 빼고는 어린아이까지도 모두 성으로 작용하는 것이다. 그 정도로 심각한 상태가 된다. 따라서 남자가 이혼했다고 하면 상대 여자에 대하여 성적 분석을 비롯하여 신체의 부위별로 분석하게 된다. 그런데 그 남자가 일부러 그러는 것이 아니라, 자기도 모르게 작용하는 것이다.

전처는 이미 여자로 느껴지지 않기 때문에 다른 여자는 모두 성정보로 성인식되고 성기억이 활성화가 된다. 그런데 성표현은 쉽지가 않다. 왜냐면 마음정보가 작용하다 보니 상대가 무엇을 싫어하는지 어느 정도는 알고 있어서 마음을 통제한다. 성표현은 안 되는데 성상처가 계속 쌓이고 있다가 한번 성표현이 되면 지속적으로 성표현만을 하고자 한다.

그래서 이혼한 남자는 성행동이 있기 전까지는 여자에게 매우 잘하다가 하룻밤 자고 나면 태도가 돌변하는 일이 많다. 이혼한 남자를 만나면 성표현에 의하여 한번에 결정된다. 그런데 매우 좋았다고 하면 다음부터는 계속 성표현만 하려고 하면서 그동안 막혔던 댐이 무너지는 것과 같게 된다.

이혼한 여자를 보면, 전남편에 대하여 마음정보보다는 성정보가 크다. 그러다 보니 다른 남자가 있으면 우선순위에 마음정보가 아니라 성정보로 들어온다. 전 남편의 친구이든, 다른 모든 남자의 성정보를 우선으로 한다.

따라서 남자의 성정보가 중요하게 작용하기 시작한다. 이미 성정보에 대한 경험을 성기억하기 때문에 상대 남자에 대해서 성인식이 많아진다. 상대 남자를 조금 만나더라도 손을 잡지 않거나 스킨십이 없으면 섭섭해지게 된다. 과거에 연애할 때는 남자가 손잡는 것을 거부했더라도 이혼을 한 후에는 남자가 손을 잡지 않으면 남자가 자신에게 관심이 없다고 생각한다. 그리고 3~4번 만났는데 같이 여행을 가자고 하는 경우, 연애 때는 1년을 만나도 함께 여행하는 것이 매우 어려웠지만, 이혼한 후에는 만난 지 얼마 되지 않았어도 여행을 함께 가는 것에 거부감이 크지 않다.

설령 여행을 못 간다고 내숭을 떠는 한이 있어도, 여행을 가자는 소리를 하지 않거나 만나자는 연락이 안 오면 서운해지기 시작한다. 이는 성인식이 강화되기 때문에 나타나는 현상이다. 그러다 보니 성기억은 점점 커지고 있는데 성표현을 못해서 그렇지 한번 성표현을 하게 되면 매우 성표현이 많아진다.

그래서 이혼한 남자와 여자는 거의 비슷하다. 그래서 섹스의 대상으로서 가장 좋은 상대가 이혼한 여자라고 하는 것이다. 왜냐면 성에 대한 준비된 상태이기 때문이다. 이혼하는 것이 얼마나 위험에 노출되어 있는지 알아야 하고, 이혼을 신중하게 생각해야 한다.

이혼한 남자는 성표현이 억압되어 있다가 한번에 터지지만, 이혼한 여자는 이미 성적으로 준비된 상태에 있다. 그래서 이혼하게 되면 성심리가 여자에게 매우 활성화되어 작용한다.

13 재혼의 성심리

　남자가 재혼이냐, 여자가 재혼이냐의 차이는 자신의 기준이다. 왜냐면 성마음은 자신에게서만 작용하기 때문이다. 그래서 남자가 재혼일 때 상대 여자가 미혼이든, 재혼이든, 사별이든, 기혼이든 상관없이 성정보보다 마음정보가 훨씬 많이 작용한다. 즉 기혼남자의 성심리가 작용하는 것과 같다. 그러다 보니 상대 여자에 대해 성인식, 성기억, 성표현이 많이 감소한다.

　그런데 재혼한 여자는 마음정보보다는 성정보가 훨씬 많이 작용한다. 상대 남자에 대하여 미혼이든, 재혼이든, 사별이든, 기혼이든 중요하지 않다. 상대 남자에 대해 성인식, 성기억, 성표현이 증가한다. 즉 기혼여자의 성심리가 작용하는 것과 같다.

　이처럼 남자와 여자가 균형이 맞지 않는다. 그래서 남자가 재혼이냐, 여자가 재혼이냐에 따라서 성마음의 작용이 다르다. 그러면 남자를 어떻게 조절할 것인지, 여자를 어떻게 조절할 것인지 서로 연구해 볼 필요성이 있다.

　재혼일 경우 성마음은 거의 관련이 없다. 즉 재혼한 성심리는 재혼을 했다고 해서 성마음이 다르게 작용하는 것이 아니라 결혼의 성심리로 작용하는 원리는 같다.

　그런데 재혼했을 때 문제점은 심리에서 발생한다. 예를 들어 상처가 없다가 갑자기 증가하면 문제가 발생하는 것이다. 이를 잘 조절하여 재혼의 원리만 알면 재혼을 하더라도 오랫동안 행복하게 잘 살 수 있다. 그런데 마음의 작용을 모르기 때문에 심리문제가 발생하면서 심리장애가 쉽게 발생할 수 있다. 왜냐면 기혼의 경험이 있어서 기혼보다 문제가 발생하는 속도가 빠르다.

14 사별의 성심리

　남자의 사별은 아내가 사망해서 아내를 잃은 것이다. 이때 남자는 전처에 대한 마음정보만 남아있다. 아내와의 성심리(성인식, 성기억, 성표현)가 아내와 사별한 날, 모두 사라져 버린 것이다. 모든 것이 차단되기 때문에 성기능은 좋아진다. 아내와 관련된 성정보와 함께 작용하던 성상처가 모두 사라진다. 그렇다고 혹시 남편의 성상처를 치료해 주겠다고 아내가 엉뚱하게 생각하면 안 된다. 사별한 남자는 전처에 대해 성심리가 이렇게 작용할 뿐이다.

　그런데 만약에 사별한 남자가 전처에 관련되는 것을 잊어버리고 내 인생을 위해서 뭔가를 해야 한다고 했을 때는 이성이 작용하면서 이혼의 성심리로 작용한다. 그래서 사별한 남자가 이성을 만나면 쉽게 빠져들게 된다. 이로 인하여 사별한 남자를 잘못 만나면 이혼한 남자보다 성적으로 문란한 경우가 많다. 왜냐면 아내와 사별한 것을 활용해서 여자의 성심리를 작용하도록 하는 용도로 쓸 수 있기 때문이다.

　이처럼 아내와 사별한 것을 이용하는 남자가 많다. 이혼한 남자는 호시탐탐이지만, 사별한 남자는 호시탐탐이 아니라 성적인 목표로 정하면 자신의 사별을 이용하기 때문에 이에 넘어가는 여자가 많다.

　반면 여자의 사별은 남편이 사망해서 남편을 잃었다는 것이다. 이때 여자는 전남편에 대한 성정보만 작용하는데 훨씬 더 강해진다. 그러다 보니 전남편만 생각하면 성심리(성인식, 성기억, 성표현)가 강화가 되는데 성표현을 할 수 없으니 답답해진다. 전 남편을 보고 싶어 하고, 많이 애틋함을 갖게 되지만 현실에 존재하지 않기 때문에 성표현을 하지 못하는 것이다. 그래서 성표현을 억압한 채 성심리가 작용한다.

따라서 보고 싶고, 애틋함이 넘쳐서 슬프고 아프게 느껴질 정도까지 크게 작용한다. 왜냐면 성심리가 작용하고 있기 때문이다. 그런데 사별한 여자와 남자가 자신들이 힘든 것은 성심리에서 결정이 되는데, 본인들은 이를 모르고 있다. 성심리를 조절하면 마음이 안정되기 시작한다.

만약 사별한 여자가 만나는 남자가 좋고, 계속 옆에 있었으면 좋겠다는 생각을 하면 여자는 재혼의 성심리와 같게 작용한다. 그런데 사별한 남자는 여자를 만나면 이혼의 성심리와 같게 작용한다. 이것이 사별한 여자와 사별한 남자의 차이이다.

15 인간관계와 성관계

사람들은 인간관계와 성관계를 잘 구분하지 못한다. 왜냐면 성관계를 섹스라고 생각하기 때문이다. 즉 성적으로만 관계를 맺는 것을 성관계라고 한다. 또한, 인간관계는 사람과 사람이 상호관계를 맺는다.

인간관계는 마음과 심리가 작용한다. 그런데 성관계는 마음과 심리가 작용하면서 동시에 성마음과 성심리가 작용한다. 이때 성마음과 성심리가 작용하면 반드시 마음과 심리가 함께 작용하기 때문에 성관계는 반드시 인간관계에서만 존재한다. 왜냐면 마음과 심리에 의한 관계에 성적인 관계가 함께 작용하기 때문이다. 그래서 성관계는 인간관계의 속에서 작용한다. 이로 인하여 사람들은 대부분 성관계와 인간관계를 혼동하는 경향이 많다.

인간관계에서는 마음과 심리가 상호작용하다 보니, 남자에게는 마음과 심리가 작용하고 있지만 실제로 성마음과 성심리가 함께 작용하고 있다. 이로 인하여 남자는 상대로 인하여 성상처가 만들어지고, 여자는 상대로 인하여 마음에 상처가 만들어진다.

인간관계에서 남자는 성마음의 성상처가 작용하고, 여자는 마음의 상처가 작용한다. 여자는 긍정감정을 그때그때 소모하고 부정감정은 기억하여 상처를 만든다. 그래서 여자는 인간관계에서 언제까지 좋을 수가 없다. 남자는 자기가 받아들이는 성정보에 의하여 성상처가 쌓이고 있다는 것을 의식하지 못한 채, 인간관계에서 성정보를 성인식한다.

남자는 성상처가 신체에 영향을 준다. 여자는 마음에 상처가 작용하면 치료의 욕구를 갖는다. 남자는 성상처가 신체에 영향을 주는데 성상처가 자각되지 않는다. 그래서 표현보다는 성표현이 많다. 남자들은 자신의 마음을 표현하지 않는다. 어떻게 표현해야 할지 모른다. 그래서 자신이 좋을 때만 좋은 이야기를 잘하고, 안 좋을 때는 대부분 차단한다.

그러나 여자는 마음의 상처가 감정으로 작용하다 보니, 자기도 모르게 무의식이 치료의 욕구가 작용하면서 표현하게 된다. 이때 여자는 무의식의 작용으로 표현하다 보니 인간관계에 문제가 발생하는 것이다.

남자와 여자는 인간관계에서 성관계가 필수로 작용하는데, 성관계는 성표현이 작용한다. 성표현이 작용해야 섹스를 하든 말든 하는 것이다. 그래서 성표현에 의해서 성마음과 성심리가 작용하다 보니 남자는 성실현이 중요하다. 이로 인하여 성에 의미를 갖는다. 여자는 성실현보다는 성적가치, 즉 미래에 성실현을 할 수 있는 특정한 대상을 중요하게 생각한다.

여자는 성적가치, 남자는 성적의미에 관련된 것으로 상호 성실현을 해나가는 과정에서 성표현의 성행동을 섹스라고 한다. 그래서 섹스가 필요한 이유는 성관계가 인간관계와 연결되어 작용하기 때문에 남자는 성상처, 여자는 상처가 작용할 때 성관계인 섹스가 필요하다.

여자는 상처에 대한 치료의 욕구로 인하여 사랑에 감정을 필요로 하면서 성마음과 성심리가 작용할 수 있는 특정한 대상을 찾기 시작한다. 남자는 성적의미를 갖기 때문에 성상처를 성인식하기 위하여 여성을 보면 무조건 성정보가 성인식된다. 왜냐면 성실현를 하기 위하여 성적의미를 가져야 하기 때문이다.

그래서 성관계에 관련된 욕구는 남자든 여자든 성마음이 먼저 작용한 후, 마음에서 느낀다. 그래서 성에 관련된 이야기를 할 때는 마음보다 성마음이 수십~수백만 배의 속도로 더 빨리 작용한다. 마음에 의해서 성마음이 작용하는 것이 아니라, 성마음에 의해서 마음이 작용한다.

그래서 여자는 성적가치를 위한 대상을 찾는 것이고, 남자는 성적의미를 위한 여자를 찾는 것이다. 남자는 무조건 성과 연결된 여자면 된다. 이것이 끊임없이 작용하게 되므로 여자는 상처에 관련된 치료의 욕구, 남자는 성상처가 작용하면서 인간관계에서 사랑의 감정이 없어도 성행동이 남자에게 필요하다.

인간관계와 성관계를 논할 때는 인간관계에서 성관계가 형성된다는 것을 알아야 한다. 즉 모든 인간관계가 성관계로 이루어진다는 것은 아니다. 그러나 성관계는 반드시 인간관계에 기초를 두고 있다. 즉 인간관계에서 성관계가 일부 포함되어 있다. 성에 대한 것이 비록 작기는 하지만, 실제로 작용하는 성에 대한 특정한 대상이나, 성 그 자체가 결국 인간관계의 매우 큰 영향을 준다.

16 친밀한 인간관계의 성심리

 친하고, 오래되고, 편안하고, 사랑하는 관계를 친밀한 인간관계라고 한다. 이때, 혈육관계는 성심리가 작용하지 않기 때문에 논외로 해야 한다.

 남자는 친밀한 인간관계일수록 성심리의 작용이 감소한다. 사랑하고 친밀도에 따라서 감소의 폭이 달라진다. 그러면 최하인 0에 가까울 정도로 감소하고, 성심리 작용이 거의 없다면 사랑하는 관계이면서 혈육의 수준이라 할 수 있다.

 성심리의 작용이 일반적인 사람을 100이라고 할 때, 친밀한 인간관계일지라도 성심리의 작용이 50~30을 유지한다. 그만큼 남자에게는 친밀하고 사랑하는 관계에서는 성심리가 급격하게 감소된다.

 그런데 여자에게 친밀한 인간관계는 특정한 대상이 만들어졌다는 것이다. 여자는 친밀한 인간관계일 때 성심리가 가장 많이 활성화된다. 그래서 누군가와 성과 관련된 성표현을 하고 싶다든가, 성표현을 하고 있다는 것은 매우 가까운 사람으로서 성심리가 작용하고 있다는 것이다. 얼마나 가까운 사람이냐 따라서 성심리가 증가하는 폭이 결정된다. 그래서 100에

근접하면 진정으로 사랑하는 감정이 작용하는 것이다.

이처럼 친밀한 인간관계에서 남자는 성심리가 감소하지만, 여자는 증가한다.

남자의 성심리가 감소하는 이유는 이미 성습관이 많이 만들어져 있어서 성심리가 거의 작용하지 않기 때문이다. 반면 여자는 성습관이 형성되면서 성인식이 계속 작용한다. 그래서 친밀한 인간관계에서 여자는 성심리가 활발하게 작용하고, 남자는 거의 작용하지 않는다.

결혼생활이 오래되었거나 사랑하는 관계에서 여자는 성심리가 강화되기 때문에 남자의 성심리를 회복하여 성심리를 강화시킬 수 있는 방법으로서 친해지는 것과 친해지지 않는 것을 반복하는 것도 하나의 방법이 될 수 있다.

사람과 사람의 관계를 인간관계라고 하는데, 항상 성마음과 성심리가 작용한다. 그래서 인간관계는 중요하다. 마음과 심리의 안에 성마음과 성심리가 있기 때문에 성마음과 성심리는 반드시 자신의 마음과 심리에서만 작용하고 있다는 것을 알아야 한다.

성심리는 남자와 여자가 상호 작용하는 것으로 생각하지만, 성심리는 오로지 자신의 심리에서만 작용한다. 이때 자신의 심리가 상대의 심리와 연결된 것뿐이다. 이것이 인간관계이다. 성심리는 상호교류가 되는 것이 아니라 반드시 마음과 심리를 통해서만 나타나게 된다. 그래서 성관계는 인간관계를 기초로 한다.

17　의식적 인간관계의 성심리

의식적 인간관계는 의식인 생각이 작용하는 인간관계이다. 상대의 말 한마디, 행동 하나까지 인식하고 표현하는 것을 모두 생각하게 된다.

처음 만난 인간관계, 얼마 만나지 않은 인간관계, 일과 업무를 하는 인간관계 등을 모두 의식적 인간관계라고 한다. 그래서 '저 사람이 왜 나한테 저런 이야기를 하지?', '왜 저 업무를 저렇게밖에 못 할까?'라는 생각을 하게 된다.

의식적 인간관계에서 남자의 성심리는 마음정보 보다는 성정보가 훨씬 많이 작용하기 때문에 처음 보는 여성에 대한 것은 모두 성정보로 성인식되어 성마음이 가장 크게 작용한다. 예를 들어 여자가 남자가 길을 물어볼 때, 여자를 보는 순간 여자의 머리부터 발끝까지 모두 성정보로 성인식된다. 남자는 자기도 왜 그런지를 모른다. 그러다 보니 의식적 인간관계에서 남자는 성심리가 가장 활발하게 작용한다. 남자에게 처음 만난 여자는 성정보가 가장 많이 성인식되기 때문에 처음 만난 여자는 무조건 예쁜 것으로 성인식된다. 왜냐면 새로운 여자이기 때문이다.

그런데 처음 만났을 때 성심리가 100이었는데, 조금 친해지면 강도는 99, 98,… 점점 떨어진다. 그러다 어느 일정 시점을 지나면 친밀한 인간관계가 아니기 때문에 80~90 정도 수준에서 계속 머물러 있다. 왜냐면 자신이 필요한 성행동을 이루기 전까지는 아무도 잃으면 안 되기 때문이다. 만일 상대에 대하여 성행동이 불가능하다는 확신을 갖게 되면 성심리의 작용은 모두 사라진다. 따라서 남자에게는 성행동이 불가능하다는 것을 명확하게 말하는 것이 필요하다.

여자는 마음이 훨씬 크게 작용한다. 대부분 성정보와 관련된 것이 없고, 성심리가 최소화로 작용한다. 반면 여자가 처음 만난 남자에게 관심이 있다는 것은 심리장애가 발생하였을 때 나타난다. 즉 상처가 매우 많다는 것이다. 상처가 많은 여자가 처음 만난 남자에게 호감을 잘 느낀다.

여자는 처음 만난 남자에게는 호감을 잘 느끼지 못한다. 왜냐면 성심리가 가장 최소로 작용하기 때문이다. 그런데 첫눈에 반한 경우는 이미 오래 전부터 그 대상에 대한 욕구를 갖고 있다가 우연히 그 사람이 겹쳐졌기 때문이다. 즉 열망의 대상이 존재한다는 뜻은 어린 시절부터 자신도 모르는 상처가 많았다는 것을 의미한다.

그래서 보통은 나이가 어리든 성인이 되었든 부모님과의 관계가 좋으면, 이상형이 존재하고 있더라도 한눈에 푹 빠지지 않는다. 그러나 오랜 기간 동안 이런 남자 저런 남자를 만나면서 진정으로 만나고 싶은 남자에 대한 이상형을 가지고 있다가 일상생활을 하는 중에 이상형의 남자를 만나게 되면 마치 오랫동안 만나 온 것처럼 착각하는 현상이 생긴다.

이처럼 의식적 인간관계에서 여자는 성심리가 최소로 작용하고, 남자는 가장 활발하게 작용하면서 남자와 여자의 성심리는 정반대로 작용한다.

18 비정상 인간관계의 성심리

　비정상 인간관계는 표현할 때 한 사람은 의식이 작용하고, 다른 한 사람은 무의식이 작용하는 인간관계를 말한다. 즉 둘 중에 한 사람이 표현을 의식으로 하느냐, 무의식으로 하느냐에 따라 인간관계에서 목적관계 또는 범죄관계가 발생하는데 이것을 비정상 인간관계라고 한다.

　비정상 인간관계에서 표현을 의식적으로 하는 남자의 성심리는 상대 여성에 대한 목적을 갖는다. 상대 여성에게서 필요한 것이 있는 경우에는 무조건 가해심리로 작용하면서 성심리로만 작용한다. 성마음이 오로지 자신의 목적으로만 작용한다. 만약 남자가 피해를 입는 경우에는 마음으로만 작용하기 때문이다.

　남자가 가해자인 경우는 성마음만 작용하고 마음은 작용하지 않지만, 피해자인 경우는 마음으로만 작용하고 성마음은 작용하지 않는다. 남자가 성마음이 작용하지 않는데, 상대 여자가 남자에게 목적이 있으면 남자는 피해를 입는다. 꽃뱀에게 당하는 남자들이 대부분 마음으로만 작용하기 때문이다. 성마음은 중요하지가 않다. 반면 가해자인 남자는 자신의 목적을 위해서는 수단과 방법을 가리지 않고 성마음으로만 작용한다.

비정상 인간관계에서 여자의 성심리는 상대 남자에게 필요한 것 또는 목적이 있는 경우에는 가해심리로 작용한다. 비정상 인간관계에서의 남자와 여자가 사랑하는 마음을 말하는 것은 목적관계로서 가해심리와 피해심리가 작용한다.

상대 남자가 여자에게 목적이 있는데, 여자가 이를 모르면 여자는 피해심리가 된다. 여자는 남자에게 원하는 것을 주기만 하기 때문에 피해심리일 때는 성심리가 작용한다. 그래서 가해심리이든 피해심리이든 심리장애가 발생한다.

여자들에게 피해심리가 많다. 왜냐면 심리장애가 발생하면 마음보다는 성심리만 작용한다. 그래서 본인이 피해자인 줄 모른다. 이에 따라서 아내 외도에서 아내는 상간남에 의한 피해자라고 하는 것이다. 아내외도일 때는 상간남에 의한 범죄이고 아내는 피해자라는 말을 쓰는데 이를 아내도 상간남도 모른다. 오로지 성마음만 작용하면서 이를 마치 사랑과 관심인 것으로만 생각한다.

여자의 가해심리인 꽃뱀은 상대 남자로부터 목적을 갖기 때문에 철저하게 마음만 작용하고, 성마음은 작용하지 않는다.

여자가 마음만 작용할 때는 남자에게 원하는 것이 있는 가해자이고, 남자가 성마음만 작용을 할 때는 여자에게 원하는 것이 있는 가해자이다. 반대로 여자가 성마음으로 작용할 때는 피해자이고, 남자가 마음으로 작용할 때는 피해자이다. 가해와 피해를 연결했을 때 둘 다 마음이거나, 둘 다 성마음인 것이다.

친밀한 인간관계에서의 성심리를 보면, 남자는 상대 여자에 대하여 성심리가 감소하고, 여자는 성심리가 증가된다. 반면 비정상 인간관계는 한 명은 가해자이고, 다른 한 명은 피해자이다. 이때 상대가 피해를 입을 것이 없어야만 피해자는 가해자로부터 벗어날 수 있게 된다. 둘 중에 하나가 끝나야만 벗어날 수 있다. 따라서 성마음에서는 비정상 인간관계의 성심리가 매우 위험하다.

 남편외도 또는 아내외도가 발생하거나, 사기 사건이 발생하게 되면 누가 피해자인지 가해자인지 분석할 수 있다. 여자가 피해자이고 남자에게 사기를 당했다면 성심리까지 작용했다고 볼 수 있다. 여자는 상대 남자에게 돈을 그냥 주는 것이 쉽지 않기 때문이다. 여자는 돈으로 인하여 인생이 좌우되지 않는다.

19 성심리의 과유불급

성심리의 과유불급은 '성심리가 너무 많이 작용하는 것은 작용하지 않는 것만 못하다'는 뜻이다. 성심리는 성인식, 성기억, 성표현이다. 이때 남자가 성인식이 너무 많다는 것은 성상처가 그만큼 증가하면서 성욕이 커진다. 즉 심리장애 또는 성기능장애가 발생할 가능성이 높다. 자기도 모르게 모든 것이 성정보로 성인식된다. 일상생활에 쓰는 생활용품, 의자와 책상,… 모든 정보가 성정보로 성인식된다. 이때 성인식장애가 발생하게 되고, 성인식이 과해서 나타나는 현상이다.

그런데 여자는 성인식이 과해서 성정보가 너무 많아지면 마음에 상처가 커진다. 상처가 커지면 성욕이 생기면서 감정기억장애가 발생한다. 즉 우울증이 발생한다. 그래서 여자의 성인식장애는 우울증을 동반한다.

여자의 우울증은 성관계가 있었던 애인 또는 남편이 존재하다가 헤어지거나, 결혼한 여자에게 많이 발생한다. 만약 성관계가 없이 헤어진 경우는 우울증이 발생하지 않는다. 우울증이 발생하면 감정기억장애인데, 이는 성인식장애에서 많이 발생한다.

남자는 성인식장애가 인식장애인 노이로제와 관련된다. 그래서 남자가 성인식이 너무 과도하여 성기능장애에 들어가 있는 사람들은 공황장애나 불안장애가 발생할 가능성이 높아진다.

성인식이 너무 없는 남자는 성상처가 매우 적기 때문에 성욕도 없어지고 열정도 없다. 성정보가 너무 없다는 것은 마음정보가 매우 많다는 것이다. 그래서 인식장애가 발생할 가능성이 높다. 이로 인하여 공황장애나 불안장애는 성인식과 인식이 함께 작용하면서 발생한다.

반면 성인식이 너무 없는 여자는 성정보에 관련된 상처의 기억이 감소된다. 성정보가 거의 없기 때문에 성욕이 발생하지 않는다. 즉 성기억된 성정보가 거의 없다는 것이다. 그러다 보니 상처해리가 발생할 가능성이 높은데, 상처해리가 쉽게 발생하는 여자는 성정보가 많이 없는 경우라고 할 수 있다.

따라서 여자는 상처가 그렇게 많지 않음에도 불구하고 우울증이 발생한다. 즉 성정보가 너무 많아도, 너무 없어도 쉽게 우울증이 발생한다. 그런데 거의 없는 경우가 훨씬 더 빨리 상처해리가 발생한다. 그래서 여자 청소년에게 우울증이 발생하는 경우는 성정보가 없는 상태에서 상처가 발생하기 때문이다.

남자가 성기억을 너무 많이 하고 있다는 것은 성상처가 증가하여 성욕이 증가하고, 성기능장애가 발생하였다는 뜻이다. 그런데 성기억이 여자에게 많다는 것은 성정보가 아주 많다는 것이다. 즉 성정보로 유입되는 것이 많다는 뜻이다. 그러다 보니 성표현이 증가한다. 주로 다른 사람들을 만나서 성정보의 이야기가 많아진다. 성정보에 대한 이야기가 많은 여자는 성기억이 과다하다는 뜻이다. 그러면 성표현이 많아지면서 성욕도 증가한다. 이런 여자는 어떠한 남자이든 자신의 마음에 들면 성표현을 하게 된다. 이것이 성표현장애이고, 중독증이 발생한다.

성기억이 너무 없는 남자는 성상처가 감소하고, 성욕과 열정도 감소한다. 성정보가 없어도 너무 없기 때문에 인식장애는 발생하지 않는다. 왜냐하면 성기억은 저장하고 있지 영향을 미치지 않기 때문이다. 그래서 실제로 성상처와 성욕이 거의 없는 상태이다. 이런 경우를 범생이라고 하는데 남자치고 성기억된 것이 없어도 너무 없는 것이다. 이런 경우에는 성욕도 없고, 열정도 없다. 이러한 남자는 대부분 다른 사람들이 하라고 하는 것을 그냥 하는 경향이 많다.

남자가 성표현이 과다하다는 것은 성상처가 과다해서 성표현되면서 다시 성인식을 하게 된다. 이때 성상처가 성인식되는 것보다 몇 배로 늘어난다. 그러다 보니 성욕은 훨씬 커지고, 쾌락을 느끼고, 열정도 강하게 증가하면서 성기능장애가 더 빨리 발생한다. 이때 발생하는 성기능장애는 중증이다.

반면 여자가 성표현이 많다는 것은 상처를 억압하면서 상처해리가 발생하였다고 볼 수 있다. 그렇게 되면 상처를 치료하려는 강박이 발생한다. 그래서 성표현이 워낙 강하기 때문에 성욕이 강해지면서 강박에 의하여 상처해리가 발생한다. 이처럼 성표현과 성인식이 결합하면서 상처는 치료되지 않게 된다. 상처가 치료되지 않은 채 상처해리가 발생하면 강박적으로 성표현만 증가한다. 그래서 중독증인 심리장애가 발생한다. 대체로 중독증이 발생한 여자는 성표현을 잘한다. 말을 하지 않을 뿐이지 한번 성표현이 되면 다양한 성표현을 하게 되는데 이는 성표현이 과해서 나타나는 현상이다.

그런데 성표현이 너무 없는 남자는 성상처가 거의 없다. 그러다 보니 성인식도 매우 줄어들고 성욕도 열정도 없다. 반면 여자가 성표현이 너무 없게 되면 성기억과 성인식과는 관계없이 자기도 모르게 성적으로 억압하게 된다. 그러다 보니 상처를 쌓아 두게 되면서 우울증이 발생한다.

제5장
성감정과 성욕

1 성무의식

성무의식은 성인식을 할 때 작용한다. 또한, 성무의식은 성습관과 성에너지가 작용한다. 이때 성에너지는 남자보다 여자가 훨씬 작다. 남자의 성에너지를 10이라고 할 때 여자의 성에너지는 1이라고 보면 된다. 즉 남자는 성감정에너지이고, 여자는 성기분에너지라고 해서 10:1로 보면 된다. 성에너지가 공급되면서 성습관이 작용한다. 따라서 성정보를 성인식에 의해서 받아들일 것인지, 안 받아들일 것인지, 또는 받아들일 때 성기분 또는 성감정으로 작용할 것인지를 결정하는 역할이 성습관이다.

마음의 무의식은 습관과 마음에너지로 구성되어 있는데 원리가 같다. 그런데 남자는 1의 기분에너지로, 여자는 10의 감정에너지로서 작용한다. 마음의 무의식인 습관과 성마음의 성무의식인 성습관이 남자와 여자가 정반대로 작용한다.

여자의 성습관은 성정보가 성인식에 반복적으로 들어오면서 만들어진다. 이때 남자는 성습관에 없는 것만 성기억으로 받아들이면서 성습관을 만들고, 성습관에 있는 것은 받아들이지 않는다. 이처럼 남자와 여자의 성습관은 다르게 작용한다.

남자의 성무의식

　남자는 성인식될 때 성정보가 들어오면서 성무의식이 작용한다. 성무의식에서는 성습관이 작용하는데 일단 모든 성정보를 받아들인다. 기존에 성습관이 있는 성정보를 차단하는 것이 아니라 기존에 있는 성정보에 덮어씌워서 성정보로만 성인식된다. 그래서 성상처가 안 생긴다.
　기존에 있는 성습관으로 인해 힘들고 어렵지는 않다. 기존의 성습관이 있다는 것은 성기억에 성정보와 성상처가 기억되어 있기 때문에 성정보로만 들어와서 성기억을 한다.
　그런데 성정보로 받아들인 것 중에 성습관에 없는 것은 성에너지를 생성하는데, 마이너스인 성에너지인 성상처로 저장한다. 그런데 성상처가 왜 마이너스인 성에너지이냐 하면, 성습관에 없기 때문에 성스트레스가 작용하게 되고 성습관은 성상처로 전환하여 성기억되면서 마이너스인 성에너지로 저장한다.
　남자는 성습관에 없는 것을 받아들인다고 생각하면 쉽다. 성습관에 있는 것은 굳이 성기억으로 저장할 필요가 없기 때문에 그냥 지나치게 된다.
　따라서 성적의미가 오래 지속된 여자 또는 아내는 성정보가 성인식되지 않는다. 왜냐면 이미 성정보로 성기억되어 있기 때문이다. 따라서 아내에 대한 성적의미가 없고, 성감정과는 관계가 없기 때문에 성욕이 생기지 않는다. 아내가 야한 속옷을 입더라도 정보로만 들어오고 성적으로는 별 관심이 없다. 성적의미가 없고, 성감정이 발생하지 않으며, 성욕이 생기지 않는다. 성정보가 성인식될 때, 마이너스인 성감정을 성기억되어야 하지만, 마이너스인 성감정이 생기지 않기 때문이다.

여자의 성무의식

여자가 성인식할 때 성무의식이 작용하는 것은 남자와 똑같다. 여자는 성정보를 성인식하면서 성무의식이 성정보를 선별적으로 받아들인다.

남자는 성정보를 모두 성인식하여 성기억을 한다. 이때 남자에게 없는 성정보는 성인식하면서 마이너스 성감정인 성상처를 생성한다.

그래서 남편에게는 아내가 익숙해져 있기 때문에 성습관에 있는 아내가 성적으로 무엇을 하든지 성상처가 생기지 않는다. 성적의미를 갖지 않고 성정보만 들어오기 때문이다. 그때 잠시 감각이 조금 좋다가 그냥 넘어간다. 이것이 계속 반복될 때만 느낌이 좋아지는 것뿐이다.

그런데 여자는 성습관이 성정보를 받아들이지 않고 거부하는 경우가 많다. 처음인 성정보는 무조건 거부한다. 말이든 행동이든 일단 성정보를 선별하기 때문에 거부한다. 즉 성습관에 없는 성정보는 받아들이지 않는다.

받아들이지 않았던 성정보가 다시 성인식되면 거부를 하더라도 점점 거부하는 강도가 약해진다. 이전에는 10만큼 거부했으면 다음에 또 성인식되면 9만큼 거부한다. 그러다가 0이 되면 성습관이 만들어져서 그때부터는 성정보를 성기억한다. 그래서 처음에는 극도로 거부한 성정보에 대하여 일정한 시간이 지나면 성인식을 하게 된다. 이처럼 여자는 성정보가 반복하면 성습관이 형성되면서 성정보를 성인식하는 원리에 의하여 '스톡홀름 신드롬'이 발생한다.

이는 남자에게 발생하지 않지만, 여자에게는 성습관이 성정보를 선별적으로 받아들일 때, 성정보가 반복적으로 들어오면서 성습관이 만들어진다. 그래서 남자들이 이 원리를 알고 계속 성정보를 주게 되면 여자는 성습관이 만들어지면서 성행동을 하게 된다. 이로 인하여 "10번 찍어서 안 넘어가는 나무가 없다"라고 말하는 것이다.

이처럼 여자는 성정보에 의하여 성적으로 세뇌하기 쉽다. 그러나 남자를 성정보에 의하여 성적으로 세뇌하면, 성정보에 대하여 담담해지면서 상대가 무엇을 하든 성적으로는 별 관심이 없다. 남자와 여자가 성습관이 만들어지는 것이 다르기 때문이다.

여자는 성무의식이 성정보를 선별적으로 성인식하여 성습관에 없는 것은 거부하지만, 남자는 성정보를 모두 성인식한다. 그래서 여자는 성정보에 대하여 맞다 틀리다가 명확하다.

그러나 남자는 성정보를 모두 성인식하여 성감정으로 무감정인 것, 의미가 없는 것은 신경을 쓰지 않고, 마이너스인 성감정만 성기억하면서 중요하게 성인식한다. 그래서 남자는 새로운 성정보가 중요하다.

2 성마음과 성감정

남자는 성인식될 때 성무의식이 작용하면서 성기분과 함께 성감정을 만든다. 성정보를 성인식하여 성습관과 비교하고 난 후, 성기분을 만들고 성감정을 생성한다. 따라서 성습관에서는 성정보를 모두 성인식하는데, 성습관에 맞지 않은 성정보만 성스트레스를 생성하고, 성감정을 생성한 후 성기억한다.

남자의 성감정은 성기억되어 신체에 계속 영향을 미친다. 즉 성상처는 사라지지 않고 성기억에서 계속 신체에 영향을 준다. 여자가 마음에서 상처가 발생하고 상처가 치료되지 않으면 계속 작용하는 원리와 같다.

성감정인 성상처는 한번 성기억되면 제거되지 않은 채 계속 누적된다. 이때 성상처는 자각하지 못하고 신체에만 작용한다. 그래서 성적인 기분을 느끼는 것은 마음의 기분으로 느끼는 것이지 성마음의 성기분을 느끼는 것이 아니다. 성상처는 자각되지 않기 때문에 신체 또는 심리 중 어느 곳으로 영향을 주는지는 개인에 따라서 다르다.

그러나 여자는 성인식에 의해서 성무의식이 성기분을 생성하기만 한다. 성무의식의 성습관으로 성정보가 성기억되고, 성기억된 성정보를 성의식한다. 성기억에 성정보가 기억되는데 지속적으로 성정보를 성인식할 때, 성정보가 하나 있을 때는 성습관이 약하지만, 2개 이상이 될 때는 성습관이 점점 강해진다. 그래서 여자는 성정보에 대한 성습관의 선명도를 가지고 있다.

　남자는 성상처가 비슷비슷한 것으로 많이 존재하고 있고, 여자는 성정보에 명확하게 맞다 틀리다의 성습관이 존재한다. 그래서 여자는 성습관에 맞는 성정보를 성인식하여 성습관을 더욱 명확하게 한다. 반면 성습관과 다른 성정보는 성기억을 하기 전에 제거시킨다. 이때 성습관으로 성정보가 계속 작용하면 성습관이 만들어진다. 처음에는 흐리게 만들어지지만 성정보가 계속되면 성습관이 더욱 강해진다.

　예를 들어 성정보에 의한 성습관이 1단계에서 10단계까지의 선명도가 있다고 하면, 성정보가 지속적으로 성인식되면서 조금씩 단계가 높아지면서 성습관이 만들어지고, 성기억에 성정보를 저장한다. 그래서 여자는 성정보를 한 번 성인식할 때와 두 번 성인식할 때가 다르다. 이처럼 여자는 성정보가 반복적으로 성인식되면 자신도 모르는 사이에 성습관이 형성된다.

　그래서 여자는 성무의식이 성기분을 생성하고 성습관에 맞는 성정보만 성인식한다. 성습관에 의하여 생성된 성기분은 일시적으로 신체에 영향을 주지만, 성기분에 의해 자각되지 않는다.

　예를 들어 여자가 촉각정보에 의하여 성정보가 성인식되면 자신도 모르게 좋은 기분을 느끼는 것은 마음에서 느끼는 것이지 실제로 성정보에 의하여 성무의식이 좋은 성기분을 만드는 것이 아니다. 여자의 성기분은 성에너지로서 신체에 공급하고 소멸한다. 이때 공급된 성기분의 성에너지에 대하여 좋다 나쁘다로 느끼는 것은 마음의 감정에서 자각하는 것이다.

　그래서 여자는 성정보에 의하여 자각되는 것은 신체에 성에너지로 영향을 주고 소멸한다. 이때의 성정보에 대하여 기분이 좋다 나쁘다는 것은 마음에서 느낀다. 성기분은 자각되지 않지만, 신체에 일시적으로 작용한다. 그런데 남자는 성기분이 신체에 일시적으로 작용한 후, 성기억된 성상처로 작용하면서 지속적으로 신체에 영향을 주게 된다.

이처럼 남자와 여자의 마음이 작용하는 원리는 성마음의 원리와 정반대로 작용한다. 다만 마음에서는 내부표현이든 외부표현이든 표현할 때 기분 또는 감정이 만들어지지만, 성마음에서는 성인식을 할 때 성무의식에 의하여 성기분 또는 성감정이 만들어진다.

3 오감과 성감정

　오감은 시각, 청각, 촉각, 후각, 미각 등 5개의 감각기관으로 느끼는 느낌이다. 성인식을 할 때 성무의식이 작용하면서 성정보가 5개의 감각기관을 통해서 성인식되면서 느낌을 만드는 것이 오감이다. 신체적으로 감각기관으로 느껴지는데 성무의식에서는 자각되지 않는다. 여자는 성기분에 의해서 그때그때 소모하지만, 남자는 성감정으로 성기억을 한다. 이때 남자는 긍정의 성감정은 성기억하지 않고 마음의 좋은 기분으로 소모하고, 부정의 성감정은 성상처로 전환하여 성기억한다.

　마음에서는 여자에게만 5개의 감각기관을 통해서 인식된 정보에 의하여 상처로 작용하지만, 성마음에서는 남자에게만 5개의 감각기관을 통해서 성인식된 성정보에 의하여 성상처로 작용한다.

　그래서 성감정은 남자만 만든다. 여자에게 상처는 자신의 습관에 의하여 스스로 만드는데, 이는 성마음의 성무의식이 성습관을 작용시키기 때문이다. 만일 남자가 과거에 성습관이 형성되어 있으면, 관련되는 성정보는 성상처로 성기억되지 않는다. 결국은 남자는 성무의식의 성습관에 의해서 성상처가 결정된다.

　반면 여자는 마음에 무의식의 습관에 의해서 상처가 결정된다. 자신의 감정기준에 없으면 상처가 생기고, 감정기준에 있으면 상처가 발생하지 않는다.

여자가 마음이론을 공부하면 상처가 발생하는 것이 달라지는데 이는 감정기준이 많아지면서 상처가 거의 발생하지 않기 때문이다. 즉 마음이론에 의한 마음과 심리가 작용하는 원리가 무의식의 습관으로 만들어지면 상처가 생기지 않는다. 그래서 행복의 원동력이 되는 것이다. 따라서 마음과 심리가 작용하는 원리는 무의식인 습관에 형성되어야 하고, 지식으로 기억하면 심각한 문제가 발생한다.

이처럼 성마음이 작용하는 원리를 알게 되면 성정보에 의한 성스트레스를 받지 않는다. '아, 그럴 수 있겠구나. 그러나 나는 안 해'라는 생각을 하게 되면서 혐오라는 개념이 사라지고, 성으로부터 자유로워진다. 그런데 남자는 성상처가 많아지면 성기능장애, 심리장애, 신체질병 등이 발생할 가능성이 높아진다.

성정보에 의하여 5개의 감각기관으로 느껴지는 오감은 남자에게만 성감정을 만들고 성상처로 성기억을 한다. 결국 긍정의 성감정은 신체에서 느낀 후 소모하기 때문에 성기억되지 않는다. 성마음에는 좋은 것은 없고, 안 좋은 것으로 균형을 맞추면서 마음에 에너지를 공급하고 마음을 작용하도록 한다. 즉 성에너지를 마음으로 공급하여 마음의 기분을 극대화를 시킨다.

따라서 섹스가 건강에 좋다고 하는 말은 맞다. 왜냐면 신체에 영향을 주기 때문이다. 그러나 과해지면 여자는 심리와 신체에 문제가 발생하고, 남자는 성기능장애와 심리장애 그리고 신체질병이 발생한다.

4   성의 사실과 느낌

 성에 대한 사실은 성정보이고, 느낌은 성기분 또는 성감정이다. 이때 정보는 마음정보와 성정보가 있는데 이것이 사실정보이다. 그런데 성정보는 단독으로 존재하지 못하기 때문에 마음정보에서 기분과 감정을 만들고, 성정보는 성기분과 성감정을 만든다.
 그런데 성마음에서 만들어진 성기분과 성감정은 신체에만 영향을 준다. 마음의 기분과 감정은 자각하기 때문에 2개가 결합하면서 신체로 느껴지는 것을 자각한다. 성기분과 성감정이 부정인지 긍정인지는 모른다. 왜냐면 자각하지 못하고 신체에만 성에너지를 공급하기 때문이다.
 예를 들어 성기분과 성감정이 −20이면 신체에 −20만큼 영향을 미친다. 즉 긍정과 부정의 개념이 없다. 다만 부정의 개념은 신체를 병들게 하는 역할을 하는데, 에너지가 공급되는 것은 동일하다. 그래서 성마음에서 20만큼 에너지가 공급되면 신체에 20만큼 공급되면서 마음의 의식으로 자각하면서 긍정 또는 부정을 느낀다.
 성정보에 대한 느낌은 마음에서 느끼는 것이다. 그래서 성욕이 강한 사람이 성기능장애인 이유는 마음에서 자각될 때 +100만큼 좋게 느끼기 때문이다. 이는 −100만큼의 성에너지가 신체에 영향을 미치고 있다는 뜻이다. −20만큼 성에너지가 신체에 영향을 미치는 남자와 −100만큼 영향을 미치는 남자는 신체적으로 5배의 차이로 문제가 생겼다는 뜻이다. 이때 성욕을 느낀다는 것은 자신이 생각하여 자각하는 것이다. 이로 인하여 +100만큼 자각하고, 성행동을 했을 때 +10,000을 느낀다. 성행동에서 +10,000을 느낀다는 것은 신체에는 -10,000만큼 영향을 주고 있다는 것이다.

이때 말, 행동, 표정에 의한 성표현은 다시 성정보로 성인식이 된다. 그만큼 좋은 기분이 더욱 강력하게 자각되는 것이다. 따라서 남자는 성행동을 최소로 해야 건강하다. 대신 강력한 쾌락을 느끼지 못한다.

여자는 성상처가 없지만, 남자는 성상처의 크기가 있다. 예를 들어 성상처를 담을 수 있는 용량이 10,000이라고 하면, 10,000 미만의 성상처에서는 신체에 거의 영향을 주지 않는다. 그러나 성상처가 10,000을 넘게 되면 신체에 직접적인 영향을 주면서 성기능장애, 심리장애, 신체질병이 발생한다. 이는 성상처의 용량에 의하여 결정된다. 이때 성상처의 용량은 사람마다 모두 다르다. 동일한 성정보에 대하여 어떤 남자는 30대부터, 어떤 남자는 40대부터 성인식되기 때문에 남자마다 성상처의 용량은 다를 수밖에 없다.

성의 사실은 성정보이지만, 성정보가 성인식되더라도 실제로 자각하는 성기분과 성감정은 신체에만 영향을 줄 뿐 의식으로 자각되지 않는다. 느낌으로 자각되는 것은 실제로 마음의 의식에서 느끼는 것이다. 그래서 남자는 -10,000의 성에너지가 신체에 공급되면, 신체에서 느끼고 자각되는 기분은 +10,000이 느껴지는 것이다. 이때 자각되는 느낌은 좋은 기분이기 때문에 이를 마치 좋은 감정인 것처럼 느낀다.

그래서 남자도 감정이 있다고 하는 말은 성욕 또는 성행동이 많다는 뜻이다. 즉 성욕과 성행동이 많은 남자는 "남자에게도 감정이 있다"고 말한다. 반면 성욕과 성행동이 없는 남자의 경우에는 '감정이 있나?'라고 생각하면서 '감정이 있을 수도 있겠구나'라고 생각한다.

5 성기분과 성감정

성정보를 성인식하면 성무의식이 작용하면서 성기분과 성감정을 만든다. 성기분은 일시적으로 신체에 영향을 미치고 성정보를 성기억한다. 그런데 성감정은 성기분으로 신체에 일시적으로 영향을 미치고, 성감정으로 전환하여 성정보와 함께 성기억한다. 그런데 성감정은 긍정의 성감정이 없기 때문에 부정의 성감정을 성상처로 전환하여 성기억을 하고 있다가 성의식에 의하여 성표현을 하게 되면 성기억된 성상처의 크기만큼 신체에 영향을 준다.

여자는 성정보만 성의식한다. 그래서 여자의 성기분은 일시적으로 신체에 영향을 주고, 남자의 성기분은 신체에 영향을 미치면서 성감정으로 전환하여 성상처로 성기억한 후 성의식을 할 때마다 성상처가 신체에 영향을 준다. 이때 성상처가 제거되지 않는 한 성기억에 의하여 성상처가 계속 작용한다. 그런데 여자의 성기분은 성정보가 성인식되지 않으면 소멸된다. 이처럼 남자의 성감정인 성상처는 성기억되어 있기 때문에 지속적으로 작용한다.

성기분과 성감정은 별개이다. 작용하는 곳이 다르다. 대신 성표현을 할 때 표현이 함께 작용하면서 무의식이 작용하면서 무의식에 의하여 기분과 감정을 만든다.

따라서 여자는 성기분에 의한 감정을 느끼는 것이다. 이로 인하여 여자는 과거의 성정보로 성기억하면서 자위행위 또는 성적흥분이 잘되지 않는다. 만일 자위행위 또는 성적흥분을 하려면 성정보가 성인식이 되어야 한다. 즉 직접적으로 성정보가 성인식이 되어야만 하고 성의식으로는 잘되지 않는 것이다. 이때 성에 대한 상상은 성기억된 성정보를 성의식하는 것인데, 성기억에는 성감정이 없기 때문에 성정보가 성인식이 되어야 감정을 느끼게 된다.

그런데 남자는 성정보가 성인식되지 않아도 성기억에 성정보와 성감정이 존재하기 때문에 성의식이 성기억된 성정보를 자각하면 성상처가 신체에 영향을 주면서 직접적인 기분을 자각하게 된다. 이처럼 남자는 성에 대한 상상만으로도 자위행위 또는 성적흥분이 가능하다.

반면 여자는 상처가 작용하면 신체에 영향을 주면서 마음의 의식에서는 부정감정을 느끼지만, 심리장애인 상처해리가 발생하면 성기억의 성정보를 성의식이 자각하면서 성적흥분을 느끼게 된다. 여자가 성적으로 상상하면서 자위행위를 하거나, 성적흥분을 한다는 것은 상처해리가 발생할 때 나타날 수 있다. 다만 상처해리가 나쁜 것만은 아니다. 상처해리가 발생하는 과정에서 다시 감정을 느끼도록 하는 것이 중요하다.

예를 들어 물고기를 잡는 통발에 물고기가 들어가면 다시는 못 나가는 것처럼 상처가 많은 여자는 상처해리라는 통발의 입구에 있는 상황이라 할 수 있다. 이때 상처해리라는 통발로 들어가면 어떠한 노력을 하더라도 통발에서 벗어날 수 없다. 입구에 있는 것은 감정이 편안한 상태인데, 편안한 상태는 항상 불행을 예고하는 것이다. 따라서 타인이 상처해리라는 통발을 제거해 주거나 물고기를 통발에서 꺼내 주어야 한다. 자신의 노력만으로는 상처해리에서 벗어날 수 없다.

6   남자의 성욕

　남자는 성정보를 성인식할 때 성무의식에서 성스트레스가 발생한다. 이 성스트레스를 성상처로 전환하여 성정보와 함께 성기억한다. 이때 성의식에 의해서 성표현을 할 때 성상처는 신체에 영향을 준다. −1,000이라는 성상처가 있다면, −1,000이라는 성에너지가 신체를 공격한다. 예를 들어 성상처가 작용하는 상황이 식사하는 중이라면 위에 영향을 줄 것이고, 숨을 쉬고 있다고 하면 폐에 영향을 줄 것이다. 이처럼 성상처는 신체의 어딘가에 영향을 주게 된다.

　성표현에 의해서 신체에 영향을 주기 때문에 마음의 표현이 함께 작용하면서 성표현과 표현이 결합하면서 마음의 의식에서는 신체에 영향을 주는 성에너지가 자각되지 않는다. 따라서 남자는 성정보를 성표현하면 기분이 좋아진다. 왜냐면 지금 성실현을 하는 중이기 때문에 마음에서는 스트레스를 제거하고 좋은 기분에 몰입되면서 열정이 만들어진다.

　이때 마음의 의식에서는 자각하면서 느끼기 때문에 성에너지의 크기만큼 열정이 생긴다. 성표현에서 성의식이 작용하면서 성정보를 성인식하고, 표현에서 마음정보가 함께 결합하여 마음에는 열정이 생긴다.

　성정보와 마음정보가 결합한 모든 정보를 성정보라고 한다. 그래서 성정보는 성과 연결된 정보인데 이 성정보에 의하여 생기는 열정을 성욕이라고 한다. 이는 마음의 의식에서 생각으로 작용한다. 이처럼 마음의 의식에서 만들어진 열정과 성정보가 결합하면서 성욕이 생긴다. 성욕은 다시 또 다른 성정보를 성인식하도록 한다. 왜냐면 성욕은 기분을 좋게 만들기 때문에 성정보를 성인식하려고 노력하게 된다. 성욕이 강해질수록 더 많은 성정보를 성인식하려고 노력하는 이유이다.

그래서 남자에서 성욕의 실체는 성상처가 신체에 영향을 주는 크기만큼 느껴지는 것이다. 성욕이 많으면 많을수록 신체에 문제가 생기고, 노화의 속도가 빨라진다. 남자가 성욕이 많으면 '머리카락이 빨리 자란다. 손톱이 빨리 자란다'는 속설은 성상처가 신체에 영향을 주기 때문으로 분석된다. 이처럼 성욕과 신체는 직접 연결되어 있다.

7 여자의 성욕

여자는 마음에서 상처의 감정을 기억한다. 이때 무의식이 상처를 치료하고자 말, 행동, 표정으로 표현한다. 이때 상처를 내부표현하면서 20%를 자각한다. 그래서 의식으로 느낀다. 이 상처를 치료하고자 하는 욕구가 작용하면서 표현하게 되는데, 성정보가 많으면 치료의 욕구로 인하여 성욕이 생긴다.

성기억된 성정보를 성의식하여 성표현을 할 때, 마음에서는 표현이 함께 작용한다. 성정보가 성의식이 되었다는 것은 마음의 의식에서 생각으로 자각되었다는 뜻이다. 즉 상처를 치료하고 싶을 때 성정보를 성표현하면서 마음의 상처가 결합하면 부정감정이 작용하면서 성에 대한 트라우마로 작용한다.

이때 성정보를 먼저 성표현하는 것이 아니라 상처를 치료하고 싶은 것이 우선이다. 그래서 상처를 치료하고자 표현을 할 때, 성정보가 성의식되면서 성표현과 결합하면 상처의 감정과 성정보가 함께 자각된다.

여자의 상처는 부정감정인데, 성정보가 성의식되면 여자에게 성정보는 좋은 성기분이다. 왜냐면 좋은 성기분이 아니면 성정보를 성기억하지 않기 때문이다. 그래서 성기억된 성정보를 성의식에 의하여 성표현을 하면 상처와 결합하면서 자각된다. 즉 상처의 감정과 성의식에서 성정보가 자각이 되는 것이 결합한다.

성정보와 상처의 감정이 결합하면서 치료하고자 하는 욕구로 인하여 성욕이 발생한다. 이처럼 여자에게 성욕은 상처를 치료하고자 할 때 발생한다. 그래서 성욕이 없다는 것은 아직 상처를 치료할 것이 없든가, 상처를 치료할 생각이 없는 것이다.

상처해리인 여자는 상처가 매우 많기 때문에 치료하려고 하지 않는다. 그런데 상처를 치료하고자 하는 무의식이 작용하면 성기억된 성정보를 성의식하여 성표현을 한다.

여자의 성정보는 남자 또는 남편과 연결되어 있다. 그래서 남자 또는 남편에 의한 과거의 성정보와 연결된 마음정보를 기억하는 것은 치료의 욕구 때문이다.

그런데 특정한 상처로 인하여 부정감정을 느끼는 것은 치료의 욕구가 아니라 부정감정을 느끼는 것뿐이다. 이때 성정보를 성의식하여 성표현을 하면 표현과 함께 작용하면서 치료의 욕구 즉 행복해지고 싶은 욕구가 발생한다. 그래서 성욕이 생기는 것이고, 성욕이 있다는 것은 아직 행복해지고 싶다는 뜻이다.

여자의 성욕은 행복의 감정 또는 사랑의 감정을 회복하려는 욕구이다. 이것이 성정보와 결합하면서 성욕이 생긴다. 그래서 상처가 작용되면 성욕이 생긴다. 다만 상처가 작용할 때 치료를 하거나 사랑의 감정을 가져야 하는데, 마음에서 무의식이 작용하지 않으면 성정보를 성의식하는 순간 상처가 더 크게 작용한다. 이로 인하여 상처해리가 발생할 가능성이 높아진다. 따라서 성정보부터 성의식을 하면 안 된다. 성을 상대에게 적용하지 말아야 하는 이유이다.

먼저 마음의 상처를 느낄 수 있어야 한다. 그래서 부정감정인 상처의 감정과 성정보가 결합하면 회복하고자 하는 욕구로 인하여 성욕이 생긴다.

이처럼 여자에게 성욕의 실체는 감정을 회복하고자 하는 욕구이다. 반면 남자에게 성욕의 실체는 신체에 악영향을 주는 만큼 열정이 생기고, 열정에 성정보가 결합한 것이다. 이를 쾌락이라고 한다. 결국은 남자와 여자의 성욕은 전혀 다르다.

남자의 성욕은 재미와 즐거움만 있으면 되는데, 여자의 성욕은 특정한 대상을 향한다. 그래서 미우나 고우나 사랑하는 남자에게 성욕을 느낀다. 반면 대상이 불특정한 남자 또는 다른 남자에게 성욕을 느끼는 것은 상처 해리가 발생하였기 때문이다.

8 성욕과 성스트레스

성정보를 성인식하면 성무의식에서는 성스트레스를 유발한다. 성무의식의 성습관이 없는 성정보만 성스트레스를 유발한다. 이때 성표현을 할 수도 있고, 하지 않을 수도 있다. 만약 성표현을 하면 성인식이 작용하면서 자각하게 되고, 욕구가 생기게 된다. 그런데 성인식을 할 때 마음에서는 인식이 작용한다. 이로 인하여 마음정보의 인식이 작용하면서 기억에서는 정보를 수정하지만, 무의식에서는 상처를 치료하고자 한다.

성스트레스는 남자에게 중요하지 않다. 남자는 성상처가 작용하기 때문이다. 성스트레스는 여자에게 작용한다. 여자는 상처가 있으면 무의식이 치료하려는 욕구로 인하여 성욕이 생긴다. 물론 상처가 없으면 성욕도 없다. 그래서 남자에게 제일 재미없는 여자는 상처가 없는 여자이다.

여자가 행복하면 사랑하는 남자 이외는 어떠한 성욕도 느낄 수 없다. 그래서 다른 남자에게는 제일 재미없는 여자가 된다. 행복한 여자는 사랑하는 남자에게만 성적으로 좋아진다. 여자에게 행복이 중요한 이유이다.

여자에게는 상처가 작용하면 치료의 욕구가 작용한다. 이때 성정보에 의한 성스트레스가 함께 작용한다. 왜냐면 성스트레스는 신체에 영향을 미치기 때문이다. 그래서 치료를 하려는 무의식이 작용하면서 표현을 하는데, 성표현의 성정보와 표현의 치료욕구가 결합하면서 성욕이 생긴다.

여자에게는 성스트레스보다 치료의 욕구가 중요하다. 그런데 성표현을 생각으로 하든 성표현을 하지 않으면 부정감정만 느껴질 뿐 상처는 치료되지 않는다. 여자가 상처치료를 할 때는 성욕이 동반된다. 이에 따라서 여자의 상처치료를 할 때는 반드시 성마음을 작용시켜야 한다.

이에 따라 여자의 상처치료를 할 때는 성욕이 생기기 때문에 다른 사람을 만나지 말고 위로받지 말아야 한다. 상처치료를 할 때 성마음을 작용하기 때문이다. 그래서 표현과 성표현을 할 수도 있고 하지 않을 수도 있지만, 성표현을 하지 않으면 상처치료를 할 수 없다.

성욕이 생기면 치료욕구가 결합하도록 한다. 그래서 성스트레스가 있느냐, 없느냐 따라서 성무의식에서 작용하지만 성스트레스가 반복되면 신체에 영향을 미친다. 처음에는 좋지 않지만 두 번, 세 번 반복되면 자신도 모르게 좋아진다.

성정보가 성스트레스로 작용할 때 성욕과는 연결이 되지 않는다. 왜냐면 성정보로 성인식되지 않기 때문이다. 그런데 성스트레스가 지속되면 성습관이 만들어진다. 이는 마음과 관련되는 것이 아니라 성스트레스와 연결되어야 치료욕구가 있을 때 성정보를 성의식할 수 있기 때문에 여자가 성정보를 성기억하는 것이 중요하다.

그런데 미처 치료의 욕구를 갖기 전에 사랑하는 대상이 아닌 다른 남자에게 치료의 욕구를 표현하면 상처해리가 발생한다. 이것이 이해 없는 위로이다. 따라서 남자든 여자든 타인에게 위로를 받으면 안 된다.

성욕과 성상처

남자는 성정보에 의해서 성인식된다. 그러면 성무의식이 작용하면서 성스트레스가 발생하고, 이 성스트레스를 성상처로 전환하여 성정보와 함께 성기억한다. 또한, 성표현을 할 때 성의식이 작용하면서 성정보를 자각하고, 성상처는 신체에 영향을 준다. 신체에 영향을 줄 때 성에너지가 신체의 감각기관으로 느껴지게 된다.

평상시에는 감각기관으로 느껴지지 않다가 갑자기 느껴지게 되면 스트레스가 발생하는데, 이 스트레스를 제거시킨 후 긍정기분을 생성한다. 그래서 무의식에 긍정기분이 일시적으로 생긴다. 이때 신체에는 −1,000의 성에너지를 공급한다. 그래서 신체의 성에너지와 무의식에 기분이 결합하여 의식에서 자각하고 느낀다.

즉 성표현을 할 때 성의식이 작용하고 마음의 의식이 연결되어 +1의 좋은 기분에 1,000의 성에너지가 작용한다. 이때 성에너지는 부정적인데 성에너지의 크기만큼 좋은 기분을 느낀다. 그래서 의식에서 느끼는 기분은 +1,000이 된다. 이처럼 의식인 생각으로 몰입하는 것을 성욕이라고 한다.

성스트레스는 어떠한 역할도 하지 않고 성상처를 생성하는 역할만 한다. 따라서 남자에게 성스트레스는 중요하지 않다. 남자에게는 성상처의 크기에 따라서 성욕이 결정된다. 왜냐면 성상처의 크기만큼 신체에 영향을 주기 때문이다.

제6장
성트라우마

1 여자의 성트라우마

성스트레스와 성상처를 성트라우마라고 한다. 이 성트라우마가 발생을 할 때도 중요하지만, 성기억되어 있는 것도 중요하다.

먼저 여자의 성트라우마는 성정보에 대한 성스트레스와 성상처가 분명히 존재하는 것을 느낀다. 문제는 성트라우마가 심리에서만 작용한다는 것이다. 성마음과 성심리에서 작용한 것이 아니라 마음과 심리에서 작용한 결과이다.

여자는 마음과 심리에서 상처를 기억한다. 그래서 여자는 상처로 인해 부정감정을 느끼고 무의식으로 표현한다. 이때 무의식이 작용하면서 상처를 치료하려는 욕구로 인하여 표현하는 것이다.

그런데 성마음과 성심리에서는 성인식을 할 때 성무의식이 작용하면서 성스트레스를 유발한다. 이때 여자는 성스트레스를 소멸시켜 버리고 성정보만 성기억한다. 그런 후 성기억된 성정보를 성표현한다. 실질적으로 여자가 성에 대한 트라우마를 가지고 있는 것은 마음의 상처라고 할 수 있다. 왜냐면 인식과 성인식이 같이 작용하듯이 마음정보와 성정보가 같이 작용하기 때문이다.

마음정보에 성정보가 포함되면 성기억과 기억이 함께 작용한다. 기억에는 마음정보와 상처가 저장되어 있다 보니 성정보가 연결되면 마치 성정보에 상처가 결합한 것처럼 느껴진다.

그래서 여자는 마음에서 상처가 작용하는 것이 성트라우마의 실체이다. 즉 성정보와 마음정보가 같이 결합하여 상처로 느껴지는 것이 성트라우마이다. 성정보는 독립적으로 존재하지 못하고 반드시 마음정보와 결합하기 때문에 성정보를 성의식하면 마음정보에 의한 상처를 함께 자각한다. 이때 성정보가 상처인 것처럼 인식되는 것이 여자의 성트라우마이다.

그래서 여자는 성상처가 있다고 자각하지만, 성정보와 마음정보가 결합하고 있을 때 상처가 결합하면서 자각하는 것이다. 실제는 마음정보에 상처가 결합해 있는 것이지, 성정보에 상처가 결합한 것은 아니다.

그런데 성트라우마라고 하는 이유는 마음정보와 성정보를 결합한 것이 성정보이기 때문이다. 성정보에 있는 마음정보의 상처를 자각하기 때문에 성트라우마라고 한다. 성정보는 마음정보가 작용하는 마음과 심리에 강력한 영향을 미치기 때문이다.

2 여자의 성트라우마 방어기준

여자는 스트레스에 의하여 기분이 나쁘지만, 기억으로 수용한다. 그래서 이해의 과정과 위로와 관심이 작용하는 치료의 과정이 필요하다. 이때 치료가 되지 않으면 상처로 기억한다.

그런데 성마음과 성심리에서 성스트레스가 작용하면 성무의식이 제거한다. 그런 후 마음의 무의식이 좋은 기분을 느끼려고 한다. 왜냐면 제거한 후 좋은 기분을 느끼려고 하기 때문에 위로와 관심이 필요하다. 따라서 여자는 성스트레스를 제거한 후 좋은 기분을 갖기 위하여 관심을 받고 싶어 한다. 마음과 성마음이 연결되기 때문에 나타나는 현상이다.

성스트레스가 완전히 제거되면 성기억을 하지 않는다. 성정보에 의하여 성스트레스가 유발되면 제거하고 성기억이 되지 않기 때문에 성스트레스를 유발하는 성정보는 성기억을 잘하지 않는다.

마음에서 스트레스는 수용하여 상처로 기억하고, 이 상처에 대하여 이해와 관심을 통하여 치료하는데, 이 상처가 작용할 때 성마음에서는 성스트레스를 제거하고 좋은 기분을 느끼려는 욕구가 함께 작용한다.

그런데 좋은 기분이 안 들어와서 관심을 못 받게 되면 성스트레스는 상처가 된다. 이로 인하여 성정보 때문에 상처를 입었다고 의식하는 것이다. 이때 관심을 받으면 성스트레스를 제거하고 성정보를 잊는다.

관심을 받지 않았는데 성스트레스가 유발되는 것은 성스트레스의 문제가 아니라 상처가 발생했다는 것이다. 그래서 성정보가 마치 나에게 상처를 준 것처럼 의식한다. 이때 성정보가 계속 성인식되는데, 이는 상처가 계속 작용하기 때문이다. 이때 인식의 문제가 발생하기 시작한다. 원래는 성스트레스가 성인식되면 제거해야 하는데, 상처가 작용할 때마다 계속 성정보가 성인식되기 때문에 심리장애가 발생하고 상처해리가 발생하는 것이다.

기본적으로 여자는 성트라우마에 대한 방어체계를 가지고 있다. 그래서 마음에는 스트레스를 수용하여 기억하지만, 성마음에서는 성스트레스는 제거한다. 이때 성정보는 마음정보 안에 있어서 마음정보가 모두 성정보가 되는데, 이 성정보가 성스트레스를 유발하면 제거되고, 마음정보는 인식되어 상처를 유발한다.

성정보는 성스트레스이지만, 마음에서 상처로 전환하는 역할을 한다. 그래서 여자는 남자에 의해서 상처를 많이 받는다. 사실 친구 또는 가족에 의하여 상처를 받는 것은 매우 적다. 주로 관심과 연결된 것에 의하여 상처가 발생하는데, 엄마로부터 관심을 받고 싶은데 엄마가 관심을 주지 않는 경우 상처를 받는다. 이때 성정보가 성인식되면 모든 것을 상처로 전환한다. 그래서 엄마에 대한 트라우마를 갖게 된다.

이런 식으로 마음에서 상처를 만들게 되는데, 상처의 궁극적인 원인은 사실상 성스트레스라고 할 수 있다. 따라서 성스트레스를 제거하고 좋은 기분을 유발하기 위하여 관심을 받아들이는 것이다. 즉 성스트레스를 제거하고, 좋은 기분을 유발하기 위해 관심이 필요한 것과 원리는 같다.

마음과 심리에서 남자는 스트레스를 제거하고 난 후 좋은 기분에 몰입하는 것과 원리가 같다. 여자는 상처를 받게 되면 관심에 몰입할 수밖에 없다. 누군가로부터 관심을 받으려고 한다. 이때 성스트레스가 작용할 때 상처가 생긴다. 그냥 일상적인 스트레스는 거의 상처로 만들지 않고, 일정한 기간이 지나면 소멸한다.

3 여자의 성트라우마 치료습관

여자는 무의식이 치료습관을 가지고 있어서 상대방이 힘들어하면 치료해 주려고 한다. 다른 사람이 스트레스로 힘들어하면, 이해하기 위하여 표현한다. "무슨 일 있었어?", "어디 아파?"라고 관심을 주기 시작한다. 왜냐면 관심을 줘야 그 사람이 왜 그런지를 알 수 있기 때문이다. 그래서 여자는 치료습관을 가지고 있기 때문에 자기도 모르게 관심을 주게 된다.

이해와 관심이 필요하기 때문에 트라우마가 발생한 원인을 자세히 알아야 하고, 그 사람에게 무슨 일이 있는지, 뭐 했는지, 하다못해 따뜻한 말 한마디라도 뭔가 하려고 치료의 과정에서 많은 표현을 한다. 그래서 치료를 하여 상처를 무감정으로 기억하느냐, 아니면 상처로 기억하느냐가 여자의 마음에서 작용한다.

그런데 성정보에 대한 성스트레스가 성인식되거나 누군가가 성에 의하여 힘들어하면 여자는 별거 아닌 듯이 잊어버리라고 한다. 예를 들어 성과 연결된 트라우마로서 성스트레스가 발생하면 잊어버리려고 하거나 회피한다. 그래서 기분을 좋게 하려고 기분전환을 하는 것이다.

즉 기분 좋은 관심이 들어와야 치료되기 때문이다. 그런데 기분전환이 되지 않으면 상처가 커지게 된다. 이는 성스트레스가 제거되지 않아서 상처가 작용하는 것이 아니라 기분에 문제가 생기면서 상처가 커지는 것이다.

그래서 어떻게든 기분전환을 하려고 한다. 어떤 여자는 미용실을 가고, 어떤 여자는 쇼핑하며, 어떤 여자는 맛있는 것을 먹으러 간다. 이를 통하여 기분전환을 하면 성스트레스는 완전히 제거되고, 성기억을 하지 않는다.

성스트레스가 유발되면 누구는 맛있는 것 먹으러 가고, 누구는 영화를 보러 가고, 누구는 여행 가고, 누구는 미용실을 가는 것이다. 그런데 기분전환에 문제가 생기면 상처는 커지게 된다. 그래서 여자는 성과 연결된 부분에서는 반드시 기분전환을 하려고 한다. 이때 필요한 것이 기분 좋은 관심이다.

예를 들어 맛있는 것 먹으러 갔는데 그것은 관심이 아니다. 기분만 전환하는 것이기 때문에 자기도 모르는 사이에 고스란히 상처가 된다. 따라서 맛있는 음식을 먹는 것은 치료가 되지 않는다. 이로 인하여 중독이 발생하게 되는데, 중독은 특정한 대상에 몰입하는 강박이다. 분명 좋은 기분이 들어와서 제거되어야 하는데, 관심이 차단되기 때문에 심리문제 또는 심리장애가 발생하게 되는 것이다.

마음에서 좋은 기분으로 전환하는 것은 관심과 연결되어 있다. 그래서 여자가 어딘가에서 안 좋을 때는 실컷 울기도 하고, 남자와 손잡고 자면 괜찮아지는 것도 모두 관심을 받았기 때문이다. 관심으로 상처가 치료된 것이다. 성관계를 하지 않더라도 상처를 치료하기 위해서는 관심과 연결하면 된다.

그래서 이해가 없는 위로 또는 관심을 받지 말라고 하는 이유는 성정보에 좋은 기분이 연동되어 있기 때문이다. 상처해리로 인하여 중독증인 심리장애가 발생한 여자의 특징은 관심과 성의 좋은 기분이 별개로 작용한다. 상처해리가 발생하면 심리장애이기 때문에 상처는 많아지지만, 상처가 자각되지 않는 현상이 생긴다.

여자는 성에 대해서는 그냥 잊어버리고, 그냥 그러려니 하고 기분전환을 한다. 그래서 남자가 성에 관련된 문제가 생기면 여자는 남자에게 좋은 기분을 만들어 주려고 한다. 그러면 그 남자가 괜찮아질 것으로 생각하기 때문이다.

예를 들어 남자가 발기가 잘 안 되거나 성적으로 문제가 있더라도 여자는 이를 잊어버린다. '피곤해서 그런가 보다'라고 생각하면서 일단은 자고 난 후 성스트레스를 제거하고 좋은 기분을 주려고 한다. 또는 어떻게 하면 기분 좋게 해 주기 위하여 고기를 사다 준 것이다. 사실은 여자가 고기를 먹으려고 한 것이 아니라 남자를 기분 좋게 해 주려는 것이다. 왜냐면 여자는 성스트레스를 제거하고 기분 좋게 해 주려고 하는 치료습관을 가지고 있기 때문이다.

4 남자의 성트라우마

　남자의 성트라우마는 성상처의 작용이다. 그래서 성정보를 성인식할 때 성무의식이 작용하면서 성스트레스가 유발되는데, 성스트레스를 성상처로 전환하여 성정보와 함께 성기억이 된다. 그래서 성상처는 성정보만큼 생성된다.
　그런데 성정보는 마음정보 안에 결합하기 때문에 그 크기만큼 성상처가 형성되는 것이다. 성표현할 때 성의식에 의해 성기억된 성정보만 성표현하고 성상처는 신체에 영향을 주지만 자각되지 않는다.
　그래서 남자의 성트라우마는 자각이 안 된다. 기억은 마음정보만 기억하고 상처는 기억하지 않는다. 왜냐면 스트레스를 제거하기 때문이다. 그래서 표현할 때 무의식이 작용하는데 이때 정보와 기분이 표현된다.
　즉 남자의 성트라우마는 자각이 되지 않고, 오로지 신체에만 영향을 준다. 그래서 남자의 성트라우마가 나쁜 것이고, 성상처는 맞는데 자각할 때는 성상처의 크기만큼 좋은 기분으로 자각이 된다는 것이다. 그래서 성적으로 기분이 좋으면 좋을수록 성트라우마는 그만큼 많다는 것이다.
　여자는 성상처가 만들어지지 않고 마음의 상처와 연결되어 마치 성적으로 상처를 입은 것처럼 느껴지지만, 남자는 성상처가 느껴지지 않고 신체에만 영향을 주고, 의식으로는 기분이 좋아지기 때문에 남자는 성에 대하여 재미와 즐거움의 쾌락으로 느끼게 된다.

그래서 느끼는 것은 좋으나 신체에 바쁜 영향을 주기 때문에 신체적으로는 독약을 먹으면서 의식으로 즐거워하는 것이 남자의 성트라우마이다. 남자의 성트라우마가 강하면 성욕이 많고, 성행동에 집중하게 된다. 즉 남자는 스스로 성트라우마가 많다는 것을 빨리 생각해야 한다.

마음에서는 남자도 스트레스가 자각된다. 스트레스가 제거되지 않고 계속 인식되면 노이로제가 발생한다. 여자는 상처와 정보가 기억되어 있는데, 상처를 기억하면 아프고, 힘들고, 답답한 것을 표현하면서 느껴진다.

그런데 실제로 성은 남자와 여자가 전혀 다르다. 왜냐면 느껴지지 않기 때문이다. 여자에게는 상처가 성정보와 연결되어 성트라우마로 생각되지만, 남자는 성상처가 자각되지 않고 좋은 기분을 만들면서 신체에 나쁜 영향을 주는 성트라우마가 작용한다.

5　남자의 성트라우마 방어기준

　마음과 심리의 작용을 보면, 남자가 스트레스를 느끼면 수단과 방법을 가리지 않고 차단하고 스트레스를 제거한 후 좋은 기분에 몰입한다. 그런 후 스트레스를 기억하지 않는다. 스트레스에 관련된 기억을 하고 있다면 목적이 있는 경우이다. 그렇지 않으면 스트레스를 기억하지 않는다. 이처럼 마음에서 남자는 스트레스를 제거하고 좋은 기분에 몰입하여 기억하지 않도록 하는 방어기준을 가지고 있다.
　그런데 성마음과 성심리의 작용을 보면, 성스트레스가 발생하면 이를 수용하여 성상처로 만든다. 남자는 성상처를 치료하려는 방어기준을 갖는다. 그런데 자각되지 않고 치료의 욕구를 갖다 보니 마음정보에 긍정기분을 느끼고자 한다. 긍정기분과 치료의 욕구가 함께 작용하기 때문에 치료의 욕구가 생기면 좋은 기분에 몰입한다. 그래서 성상처가 크면 클수록 좋은 기분이 커진다.
　그런데 성상처는 제거되지 않고 성기억한다. 왜냐면 자각하지 못하기 때문에 좋은 기분만큼 성트라우마가 작용하는 것이다. 즉 치료하고자 하는 욕구로 성무의식이 마음과 연결되어 좋은 기분을 생성한다.

여자는 100개의 마음정보 안에 1개의 성정보가 있으면 1개의 성정보를 제거하고 마음에서 100개의 상처를 만든다. 그러나, 남자는 100개의 마음정보 안에 1개의 성정보가 있으면 모두 성상처이기 때문에 치료의 욕구로 인해 좋은 기분에 몰입하므로 1개의 성상처로 인해 100개의 마음정보 전체가 성상처로 만들어진다. 이를 자각하지 못한 채 성기억한다.

즉 남자는 1개의 성정보와 100개의 마음정보가 결합하면 100개를 성상처로 만든다. 이 성상처의 크기만큼 좋은 기분을 느끼게 된다. 그래서 남자는 성정보를 성인식하기 때문에 신체가 나빠지기 시작한다. 따라서 조기 성교육을 하게 되면 어린아이들이 조숙해지고, 신체가 빨리 성장한다. 왜냐면 성에 대한 방어기준을 가지고 있기 때문이다.

따라서 남자는 성트라우마가 생기면 기분이 좋아진다. 대신 그 기분 좋은 크기만큼 신체에 영향을 준다. 이것을 사람들은 모른다. 여자는 남자가 불쌍하다. 왜냐면 좋은 기분을 성상처로 만들고 있기 때문이다.

서로가 알 수가 없는 것이 방어기준이다. 왜냐면 마음과 성마음이 연동되어 있기 때문이다. 그런데 마음의 방어기준보다는 성마음의 방어기준이 우선이기 때문에 치료의 욕구로 인해 좋은 기분이 작용한다. 그래서 작은 스트레스 받으면 제거한 후 자기도 모르게 좋은 기분에 몰입한다. 이는 나이와는 관계없이 남자라면 똑같다.

6 남자의 성트라우마 치료습관

　마음과 심리에서 남자는 스트레스가 발생하거나 상대에게 스트레스를 받아서 힘들면 스트레스를 제거 또는 회피한다. 그런 후 특정한 행동을 하면서 좋은 기분에 몰입한다. 그래야 스트레스를 잊어버리고 기억하지 않는다.
　그런데 성마음과 성심리에서는 다르다. 성스트레스가 작용하든가, 상대가 성에 대해서 안 좋으면 고민한다. 예를 들어 상대가 성 때문에 힘들어하면 "왜 그래?"라고 물어보기도 한다. 왜냐면 성스트레스를 자기도 모르게 수용하고 성상처를 만들기 때문이다. 그래서 남자에게는 성스트레스는 새로운 성정보인데 상대의 성스트레스에도 관심을 갖는다. 결국은 다른 사람에게는 안 좋은 것은 나에게는 다 좋은 것이다. 이 성스트레스를 수용하면서 상대를 치료해 주려고 한다.
　그래서 남자는 누가 되었든 성문제가 있다고 하면 자기도 모르게 해결해 주려고 한다. 그래서 다른 여자가 상처를 이야기하면 자신이 해결해 주려고 하는 것도 치료습관에서 나오는 것이다.
　처음 본 여자라고 하면 새로운 여자는 모든 것이 성상처이기 때문에 새로운 여자는 성스트레스로 작용하면서 무조건 수용하고, 상대 여자가 아파하고 힘들어하는 것은 성문제가 있는 것으로 성인식하면서 자기도 모르게 치료를 해 주려고 한다. 그래서 새로운 여자부터 치료해 준다. 왜냐면 성스트레스가 많아지기 때문이다. 그래서 여자가 상처를 이야기하면 치료의 욕구가 작용하면서 재미와 즐거움으로 몰입하게 된다.

남자가 외도하면, 성기능장애가 반드시 발생하는 이유는 남자의 치료습관 때문이다. 남자는 자기도 왜 그런지를 모른다. 이는 이성으로 통제할 수 없기 때문이다. 새로운 여자가 상처로 인하여 힘들어할 때 단 두 사람이 있게 되면 성트라우마가 작용하면서 성행동으로 진행하고자 한다. 만일 여러 명이 함께 있으면 치료습관이 잘 작용하지 않지만, 오로지 둘만 있으면 치료습관이 무조건 작용한다. 왜냐면 치료의 욕구로 인해 좋은 기분이 같이 연결되기 때문이다.

그런데 성스트레스는 제거되지 않고 성상처로 전환하여 성기억한다. 그러다 보니 다음에 또 만나서 성스트레스를 계속 받기 위하여 노력한다. 자기 자신도 왜 그런지를 모든다. 그래서 남자는 외도의 기간과는 관계가 없다고 하는 것이다. 이는 성스트레스와 치료의 욕구가 연동되어 있기 때문이다. 그런데 아내에게는 성스트레스와 치료의 욕구가 없다. 왜냐면 성스트레스가 작용하지 않기 때문이고, 이로 인하여 아내와는 성적으로 재미와 즐거움을 가질 이유가 없다.

따라서 남자가 여자에게 커피를 사 주는 것은 그냥 사 주는 것이 아니라 치료의 욕구 때문에 사 주는 것이다. 그래서 기회만 되면 치료습관이 작용한다.

7   성심리장애

　남자는 성심리장애 중에 성인식장애와 성기억장애만 생기고 성표현장애는 발생하지 않는다. 또한, 남자는 마음과 심리에서는 인식장애와 표현장애만 생기고 감정기억장애는 발생하지 않는다. 이때 성심리와 심리 중에 2개의 장애가 발생하는데 정반대로 작용한다. 만약 성심리 또는 심리에서 2개의 장애가 동시에 발생하면 의식이 작용하지 않으면서 이성을 잃게 된다.

　여자는 성심리장애 중에 성인식장애와 성표현장애만 발생하고, 성기억장애는 발생하지 않는다. 왜냐면 성상처를 성기억하지 않기 때문이다. 또한, 여자는 마음과 심리에서는 감정기억장애와 표현장애가 발생하고, 인식장애는 발생하지 않는다.

　남자든 여자든 마음과 심리에서는 표현장애가 발생할 수 있고, 성마음과 성심리에서는 성인식장애가 발생할 수 있다. 또한, 남자는 성표현장애가 발생하지 않고, 여자는 성기억장애가 발생하지 않는다.

　마음과 성마음을 연동시킨 이유는 성심리장애가 심리장애에 직접적으로 영향을 주기 때문이다. 예를 들어 남자가 중독증인 표현장애가 발생하면 성인식장애와 연결된다.

　마음이 한 번 작용할 때, 성마음은 수만 번이 작용한다. 그래서 성심리장애에 의하여 심리장애가 발생한다. 여자는 성스트레스, 남자는 성상처가 중요한 이유이다.

따라서 가능하면 성표현을 하지 말라고 말하는 이유는 스스로 조절하는 능력이 없는 상태일 때, 한 번의 성표현에 의하여 여자는 성표현장애가 발생할 수 있고, 남자는 성인식장애가 발생할 수 있기 때문이다.

성인식장애

성인식장애는 성인식에 문제가 발생한 후, 일정한 기간을 지속하는 것을 말한다. 즉 성인식되는 성정보가 너무 많아진 것이다. 너무 없는 것은 문제가 되지 않는다. 왜냐면 잘 작용하지 않기 때문이다. 과도해도 너무 지나칠 정도로 많기 때문에 남자는 성상처가 많아도 너무 과다한 것이다.

여자는 성스트레스가 제거되기도 전에 계속 성인식되면 점점 많아지기 시작한다. 그러면 성표현을 하지 못한 채 성적으로 억압한다.

성인식장애는 남자와 여자 모두에게 발생할 수 있다. 남자는 성정보가 성상처로 전환되어 성기억되기 때문에 강력한 쾌락을 느낀다. 이렇게 성상처는 점점 많아지면서 쾌락이 커지기 때문에 심각한 문제가 발생한다. 그러나 성정보를 성인식하기 싫더라도 지속적으로 성정보가 성인식되면 성강박이 형성된다. 그러면 쾌락에 있다가 성정보가 안 들어오고 멈추면 강력한 고통을 느끼는 것이다.

그래서 남자에게는 성상처가 강박적으로 발생하고, 여자는 성스트레스가 강박적으로 발생한다. 즉 자기도 모르게 강박적으로 성인식을 하기 때문에 성무의식이 과다하게 작용한다.

성무의식이 작용한다는 것은 마음정보가 과도하게 인식되고 있다는 것이다. 그렇게 되다 보니 남자는 성인식이 과다해진다. 이때 인식이 과다해지는 것을 노이로제인 인식장애라고 한다. 즉 역으로 이야기하면 성정보가 과다할 정도로 많이 성인식되면 인식장애가 발생할 가능성이 있다는 것이다.

이처럼 성인식장애는 남자와 여자에게 성정보가 과다하게 성인식되면 발생한다.

성기억장애

성기억장애는 여자에게는 발생하지 않고 남자에게만 발생한다. 성기억장애는 성상처가 과다한 것을 말한다. 남자마다 성상처의 성기억이 과다한지 아닌지는 모른다. 과거로부터 과다하게 성상처가 성기억되어 있느냐 없느냐의 차이일 뿐이지 성인식과 연결시키면 안 된다.

성기억이 과다해지면 성기능장애부터 발생한다. 성상처는 신체에 영향을 주면서 성기능장애에 직접적인 영향을 미친다. 그래서 성기능장애에서 신체질병으로 연결되기 때문에 성기능장애는 신체질병을 예고하는 것이다.

성기능을 안 쓰면 자신에게 성기능장애가 있는지 없는지 모르고 살아간다. 또한, 성기능장애는 신체질병과 연결되어 있다. 왜냐면 성기능은 성행동에 대한 신체적인 기능이기 때문에 성기능장애가 발생하였다는 것은 신체에 문제가 발생한 것을 의미한다. 이처럼 성상처가 과다하게 성기억되어 성기능장애가 발생하게 되면 이를 성기억장애라고 한다.

성콤플렉스를 가진 남자는 성상처가 훨씬 더 많다고 볼 수 있다. 남자는 성콤플렉스를 가질 필요가 없지만, 자신도 모르게 만들어진다. 그래서 '성적능력이 부족한 것 같다'라고 생각하면 성상처를 훨씬 많이 갖게 된다. 이로 인하여 타인을 만나면 성콤플렉스를 갖고 있다 보니 심리적으로 위축되면서 누군가를 만나면 화를 잘 내거나 신경질적이 된다. 또한, 성기의 크기에 대한 증오와 예쁜 여자에 대한 증오심이 생기는 이유가 된다.

이러한 현상은 성상처가 과다하여 성기능장애와 함께 성콤플렉스가 생기는 것이다. 이것을 성기억장애라고 하는데 이는 남자에게 위험하다. 이 성기억장애는 자각이 되지 않는다. 성콤플렉스로만 자각되는데 심리적으로 신체적으로 영향을 주는 것은 매우 크고 강하다. 그래서 남자에게 성콤플렉스가 있다고 하면 성기억장애라고 보면 된다. 그런데 성기억장애가 발생하면 언제 어디서 작용할지 누구도 예측하지 못한다. 마치 성적인 우울증처럼 느껴진다.

여자의 우울증은 상처가 천천히 작용하지만, 남자에게 성콤플렉스가 작용하는 것은 성상처가 강력하게 작용하는 것을 조절한다. 그래서 성행동을 하지 못하도록 하기 때문에 성기능이 불필요하게 되고, 신체질병의 형태로 나타나면서 성상처에 의한 신체화현상이 발생한다. 남자의 신체화현상이 발생하면 신체질병이 없음에도 신경성장애가 발생하는데, 이는 성기억장애가 발생하였기 때문이다.

성표현장애

성표현장애는 성표현이 과다한 것이고, 성인식이 매우 많다는 것이다. 하루종일 성에 대하여 생각하고 있는 것이나, 일상의 모든 것을 성적으로 성표현을 하게 된다. 또한 계속 성표현을 하려고만 하는 것도 모두 과다한 성표현이다. 그래서 과다한 성표현은 주로 여자에게 나타나는 현상이다. 남자는 성표현이 과다하지 않다. 성의식을 하고 싶을 때 하고, 안 하고 싶을 때는 안 하는 식으로 작용하기 때문이다.

반면 여자는 성표현이 과다하면 한시도 가만히 있지 못한다. 성표현을 하지 못하면 매우 힘들어한다. 이렇게 성표현이 과다한 것을 성표현장애라고 한다.

성표현장애가 발생하는 이유는 성표현과 함께 마음에서 표현이 함께 작용하는데, 마음에서는 상처를 치료하려고 하지만, 상처가 과다하면 성마음이 저절로 작용하면서 성표현을 과다하게 하도록 하기 때문이다.

마음에서 상처가 과다하면 우울증이 발생하여 표현을 최소화하도록 하면서 성표현이 억압이 된다. 이때 마음에서 상처가 과다할 때 표현하게 되면 강박적으로 표현되는 중독이 발생한다. 강박적으로 표현하는 주기가 점점 짧아지면, 히스테리가 발생한다.

히스테리가 동반되는 강박적인 표현을 하다 보면 마음에서 상처가 과다해져서 표현하지 않고는 살 수 없게 되고, 성표현을 과다하게 할 수밖에 없는 상황이 된다. 결국은 유부남을 사랑한다고 착각하면서 히스테리를 갖는 상간녀가 점점 시간이 지나게 되면 성표현장애가 발생한다.

이때 딱 한 번의 상간녀로도 성표현장애가 발생할 수도 있다. 이는 여자마다 조금씩 다르다. 그러다 보니 성에 대한 강박으로 인하여 작은 상처나 스트레스가 작용하면 즉시 성표현을 해야 하는데, 이를 섹스중독(성중독)이라고 한다.

성표현에 대한 강박으로 인하여 자기도 모르게 성표현을 하고자 한다. 그래서 오래된 상간녀의 경우는 남자를 만나면 밥 먹고, 관심을 받고, 성행동을 하기보다는 성행동을 우선으로 하는 경우가 많다. 성표현을 하지 않으면 견딜 수 없는 고통을 갖게 되면, 성표현장애이다. 성표현이 과다해지면서 심리장애가 발생하는 것이다.

제7장
성범죄

1 성범죄의 개념

성범죄를 전문으로 연구하는 사람들도 있지만, 성마음이론에서는 마음과 성마음이 작용하면서 성범죄가 발생하는 원인을 분석해 보고자 한다. 그렇다고 성범죄를 전문적, 학술적으로 논하고자 하는 것은 아니다. 성범죄가 발생하는 원리를 정확하게 알고자 한다.

성범죄는 A라는 사람과 B라는 사람이 있을 때, A라는 사람이 B라는 사람에게 성적으로 범죄를 저지른 것이라고 할 수 있다. A라는 사람이 B라는 사람에게 표현하면서 성표현을 함께 하였을 때 B라는 사람이 피해를 입는 것을 말한다.

성표현이 작용할 때는 마음에서는 표현이 함께 작용한다. 그래서 성범죄가 형성되려면 반드시 성표현과 함께 표현이 작용한다. 즉 성마음이 작용하면서 성표현이 작용할 때 상대방이 피해를 입는 것을 성범죄가 형성되는 기초이다. 어떤 피해를 입는지는 중요하지 않다. 성표현과 표현이 동시에 작용하면서 말, 행동, 표정이 상대에게 피해를 입히는 것이 성범죄이다.

어떤 피해를 입었냐는 것보다 상대가 피해를 입었다고 하면 성범죄가 성립되는 것이다. 성범죄를 의도하지 않은 채 표현과 성표현을 했다고 하더라도 상대가 피해를 입었다고 하면 이 또한 성범죄이다. 즉 가해자가 의도를 했던, 의도를 하지 않았던 성표현이 상대에게 피해를 입혔다고 하면 성범죄가 되는 것이다. 또한, 성표현을 한 적이 없는데, 상대는 성표현을 했다고 성인식되어 피해를 입었다고 하면, 이 또한 성범죄이다.

즉 의도를 했든 하지 않았든, 성표현을 했든 하지 않았든 상대가 피해를 입으면 성범죄이다. 그래서 성범죄의 개념을 정확히 알아야 하는 것이 가해자의 측면에서 성범죄를 결정하는 것이 아니라, 피해자의 측면에서 성범죄를 결정해야 한다.

그런데, A라는 사람이 B라는 사람에게 성표현을 했는데, B라는 사람이 그 성표현을 성인식하면서 좋은 기분을 느끼고 행복한 감정을 갖게 되어 피해를 입었다고 생각하지 않는다면 이는 성범죄가 아니다. 이는 서로 사랑한 것이라고 할 수 있다.

범죄는 가해자와 피해자로 구분된다. 이에 따라서 성범죄는 가해자의 의도 또는 가해자의 중심이 아니라 피해자의 생각과 피해자의 중심이다. 그래서 가해자는 관계없이 피해자가 어떻게 피해를 입었느냐에 의해서 성범죄가 성립된다.

성마음의 성표현은 마음의 표현이 함께 작용한다. 그런데 표현은 무의식이 작용하고, 성표현은 성의식이 작용한다. 따라서 성범죄는 우발적인 것은 없다. 반드시 성의식한 후, 자신이 자각하면서 성표현을 한다. 다만 마음의 무의식이 작용하기 때문에 우발적이라고 한다. 이때 분명한 것은 성표현은 성의식에 의하여 의도적으로 하는 것이다. 성표현에서 성을 표현하는 것을 알면서도 마음의 무의식이 함께 작용하기 때문에 무의식적이었다고 말한다. 그래서 성표현에 의한 성범죄는 이미 성표현을 자각했기 때문에 우발적인 것이 없다.

만약에 무의식에 문제가 생기면 심각하다. 성의식으로 성정보를 자각하더라도 마음의 무의식이 작용하기 때문에 심각한 문제가 발생하게 된다. 따라서 심리장애인 경우에 성범죄가 발생될 가능성이 높다. 심리장애인 사람은 항상 성범죄의 가해자가 될 가능성이 높다. 심리장애와 함께 성표현이 된다면 성범죄가 발생할 수 있기 때문이다. 성표현은 성의식에서 자각하기 때문에 성범죄는 우발적인 것이 없다. 성표현은 의도적인데, 마음의 무의식이라고 말하는 것일 뿐이다.

남자가 여자에게 성표현을 했는데 여자가 피해를 입었다고 하면 성범죄가 된다. 물론 신체적으로 피해를 입는 경우도 있지만, 심리의 상처를 유발하는 것도 성범죄이다. 이때 여자는 상처를 기억하고, 남자는 성상처를 성기억한다. 그런데 남자는 성상처를 자각하지 못한 채 의식에서는 좋은 기분을 느낀다. 이에 따라 남자는 성표현에 의하여 기분이 좋아진다. 성기억에 성상처가 발생하면서 피해를 입은 것은 맞는데 의식에서는 성욕이 생기고 기분이 좋아지는 정반대의 현상이 생긴다.

남자는 성범죄에서 피해를 입는 것이 아니라 좋은 기분을 느낀다. 따라서 남자가 가해자인 성범죄의 경우, 여자가 상처의 피해로 어려움을 호소하면 가해자인 남자는 "너도 좋아했잖아"라고 말한다. 왜냐하면 자신이 좋은 기분을 느꼈으니 여자도 좋은 기분을 느꼈을 것이라고 생각하는 것이다. 남자는 자각하지 못하는 성상처의 피해를 입었지만, 자신이 무슨 피해를 입고 있는지 모르고 있다.

여자는 마음의 상처를 자각한다. 그래서 상처로 인한 부정감정을 느끼면서 힘들어 어렵고 고통스러운 것이다. 이것이 성범죄의 기본적인 개념이다.

성표현할 때는 말, 행동, 표정으로 하는데 특히 말과 행동을 할 때 신체적인 접촉이 없이 음흉한 눈빛의 표정, 음흉한 말과 행동, 음흉한 제스처

등을 통해서 상대가 피해를 입었다고 하면 성범죄 중에 성희롱이라고 한다. 그리고 성표현을 할 때, 촉각을 통해서 접촉을 하는 경우가 있다. 신체를 만지는 것과 같이 성표현이 신체적으로 접촉할 때 상대가 피해를 입었다고 하면 성범죄 중에 성추행이라고 한다. 또한, 성표현을 할 때, 성행동으로 인하여 상대가 피해를 입었다고 하면 이는 성범죄 중에 성폭력이라고 한다.

성범죄의 피해는 피해 당사자가 결정한다. 그래서 성무의식의 성습관이 적은 사람은 피해를 입을 가능성이 높다. 성습관이 많은 사람은 그것을 피해라고 생각하지 않을 수도 있기 때문이다. 그래서 A라는 사람에게는 피해가 아니었는데 같은 성표현일지라도 B라는 사람에게는 피해를 줄 수 있다. 그래서 성표현을 하는 사람은 조심해야 한다.

예를 들어 남자가 성적인 농담을 했을 때, 상대 여자가 이를 잘 받아들여서 함께 즐거워한다면 이는 상대 여자가 성적인 농담에 대한 성습관을 가지고 있기 때문에 심리의 상처가 발생하지 않는다. 그런데 똑같은 성적인 농담일지라도 어떤 여자는 처음 들어본 말로 인하여 피해를 입게 되면 이는 성희롱이 된다.

이렇게 피해 당사자가 가지고 있는 성습관이 중요하다. 피해 당사자의 기준에 의해 성범죄가 결정된다. 결국은 피해를 입은 사람의 성습관에서 성스트레스가 유발되면 성범죄라고 할 수 있다.

2 성범죄의 예방

성범죄를 예방하는 방법은 2가지가 있다. 범죄의 개념에서는 가해자와 피해자로 구분하게 되는데, 이때 가해자는 어떻게 예방할 것이고, 피해자는 어떻게 예방할 것인지를 생각하면 된다.

대부분은 피해자의 예방에 중점을 두고 있지만, 예방은 가해자에게 작용해야 한다. 일반적인 사람들에게는 예방이 필요하지 않다. 피해자의 예방은 그 자체가 피해자로 만드는 결과를 초래하는 것과 같다.

성범죄의 피해자는 치료를 먼저 하는 것이 중요하다. 왜냐하면 피해자는 죄가 없기 때문이다. 반면, 가해자는 반드시 예방한 후 치료를 해야 한다. 이와 같이 현재의 성범죄에 대한 예방과 치료의 개념이 잘못된 부분이 많다. 예방과 치료를 정확하게 적용하는 경우가 거의 없이 심각한 문제이다. 이로 인하여 성범죄에 대한 예방 또는 치료의 효과가 거의 없는 것이다.

성범죄의 예방을 살펴보자. 가해자의 성표현이 작용할 때는 반드시 표현이 함께 작용한다. 이때 표현은 무의식이 작용하고 성표현은 성의식이 작용한다. 성범죄의 가해자는 무의식을 통제하지 못하는 것이다. 성표현을 하면 안 된다는 것을 알더라도 자신도 모르게 무의식이 작용하면서 성범죄가 발생하기 때문이다. 그래서 성범죄의 가해자는 무의식의 습관을 올바르게 만들어야 한다. 또한, 무의식의 습관을 만들면서 성의식에 의하여 성욕이 발생하기 때문에 성인식을 줄이거나 차단할 수 있도록 해야 한다.

성인식은 반드시 인식이 함께 작용한다. 또한 성표현과 표현이 함께 작용하는데, 성인식과 인식, 성표현과 표현에서 가장 먼저 조절해야 하는 것을 찾는 것이 예방법이다. 그런데 현재는 이를 조절하는 프로그램이 거의 없다. 대부분은 성인식과 인식을 강화하기 때문에 효과가 거의 없다.

무의식의 표현은 남자의 습관을 만드는 방법을 계속 노력해야 하고, 성상처가 작용하지 못하도록 성인식과 성표현을 동시에 차단해야 한다. 그래서 스스로 조절하는 능력을 만드는 것이 성범죄의 예방법이다. 즉 성범죄의 가해자에게 예방법을 만들어야 성범죄의 가해자에 의하여 발생하는 성범죄를 예방할 수 있다.

여자가 마음교육 또는 치료교육을 한 후 제일 먼저 변화하는 것이 남자를 만나는 것을 쉽게 하지 않는다는 것이다. 상대 남자가 자신에게 커피를 왜 사 주는지, 호의를 왜 베푸는지 알기 때문이다. 이러한 마음교육 또는 치료교육의 내용을 청소년에게 알려 주면 청소년들도 자신을 스스로 보호할 수 있게 된다.

마음교육 또는 치료교육을 한 후에는 자기 스스로를 예방하게 된다. 왜냐면 무의식의 습관이 만들어지기 때문이다. 이처럼 무의식의 습관을 만들어야 성표현이 많아지고 성욕이 강해지더라도 무의식의 습관에 의하여 통제된다. 그래서 예방법을 만들 때는 자기도 모르게 성욕으로 인해 무의식이 강력한 쾌락을 추구하지 못하도록 해야 하고, 이를 위해서는 치료를 해야만 한다.

예방법이 무의식의 습관에 만들어지면 성표현을 하지 않게 되는데, 이것이 성범죄의 예방법이다. 그래서 성표현과 표현, 성인식과 인식을 조절해 주는 것이다. 이에 따라 성스트레스와 스트레스를 조절하는 습관이 만들어진다. 그 후에 성스트레스와 성상처를 치료하면 된다.

성범죄의 피해자를 치료하는 것을 분석해 보자. 피해자는 예방이 아니라 치료해야 한다. 그런데 성폭력예방프로그램 또는 자살예방프로그램을 통하여 예방교육을 하는 것은 안타까운 현실이다. 성교육만으로도 충분한데 예방교육으로 인해 심리적으로 더 힘들어지게 된다. 사실 성범죄의 예방은 무의식의 습관이 중요하다. 남녀노소를 불문하고 마음은 무의식이 작용하고, 성마음은 성정보에 의하여 작용하기 때문이다.

그래서 여자는 마음의 상처가 많을수록 성범죄의 가해자가 많다. 예를 들어 여자 선생님이 남학생에게 성표현을 하는 경우를 볼 수 있는데, 이는 성범죄이다. 여자의 상처가 작용했기 때문이다. 상처를 무의식에서 치료하려고 하지만, 상처해리가 발생하면 무의식의 작용으로 성표현을 하게 되면서 상대 남자에게 성범죄가 발생하는 것이다. 즉 이 여자는 성정보가 매우 많다고 할 수 있다.

성범죄를 예방해야 하는 것은 남자와 여자가 동일하다. 무의식의 습관을 하나씩 만들어 가는 것이 성범죄를 예방하는 방법이다. 그리고 성범죄의 피해자는 예방법보다는 치료법이 필요하다. 그래서 예방법은 성범죄의 가능성이 있는 사람들, 청소년들, 일반 사람들,… 등 누가 되었든 예방법을 적용하려면 치료법보다는 무의식의 습관을 만들어 주는 방법이 필요하다. 그래서 남자는 성상처를, 여자는 상처를 무의식이 조절할 수 있도록 습관을 만들어야 예방을 할 수 있다. 즉 가해자가 되지 않도록 해야 한다. 피해는 예방되는 것이 아니다. 가해를 예방하고 피해는 치료해야 한다.

3 성범죄의 치료

　성범죄의 치료는 피해자에게 해야 한다. 성범죄의 피해자는 무엇인가 성적인 피해가 생겼다는 것이다. 여자에게는 신체적인 상해를 입었다면 당연히 의학적으로 신체를 치료하면 된다. 그런데 신체의 상처보다 더 중요한 것이 마음의 상처이다. 남자에게는 성상처가 발생하는데 성상처는 자각되지 않는다. 반면 여자의 상처는 자각되기 때문에 고통과 아픔을 느끼고 힘든 것이다. 그런데 사람들은 성범죄의 피해자에게 "아니, 뭐 그 정도로 아파하냐?"라고 하면서 이해가 안 된다는 말을 쉽게 한다. 성범죄의 피해자는 매우 고통스러운 상처가 작용하는 것을 모르기 때문이다.

　예를 들어 암에 걸려서 항암치료를 할 때 통증으로 인하여 고통을 느낀다. 또한, 피부에 바람만 스쳐도 고통을 느끼는 경우도 매우 고통스럽다. 그런데 나의 손톱 밑에 가시가 박히면 다른 사람의 고통보다는 자신이 제일 고통스럽게 된다. 항암치료를 하는 사람이나 통풍환자도 고통을 느끼겠지만, 자신의 손톱 밑에 가시가 박힌 사람은 암에 걸린 사람이나 통풍에 걸린 사람의 고통을 느낄 수 없다. 즉 타인의 고통은 중요하지 않고 자신이 느끼는 고통이 중요하게 된다. 왜냐면 자신이 직접 느끼기 때문이다. 이것이 피해에 대한 개념이다.

　남자는 성상처가 자각되지 않기 때문에 무통환자라고 할 수 있다. 남자는 성상처에 대한 고통을 전혀 느끼지 못하고, 오히려 기분은 좋아진다. 뭔가 아닌 것 같은데 기분이 좋다는 것은 '아, 내가 성범죄의 피해를 입고 있다'는 것을 알아야 한다. 그래서 남자는 성범죄의 치료에 대한 개념이 거의 없다.

남자가 심리적으로 많이 힘들어져 있는 상태에서 조금만 성상처가 쌓이면 기분이 좋은 것이 아니라 강력한 트라우마를 겪게 된다. 남자는 성트라우마에 의하여 성상처가 만들어지면서 기분이 좋아지고 성욕이 발생하는 것이 정상적인데, 심리문제가 있는 상태에서 스트레스로 인식되면 인식장애가 발생할 가능성이 높아진다. 그래서 인식장애가 발생하면 여자만 봐도 혐오스럽고, 고통스럽게 되는 것이다.

이렇게 남자에게 성스트레스는 정반대가 작용할 수도 있다. 요즘은 이렇게도 나타나는데 이것이 성범죄의 피해이다. 요즘은 남자들도 성범죄의 피해가 많이 늘어나고 있다. 그러다 보니 스트레스가 일상에서 계속 작용하게 되면서 마치 상처처럼 느껴지기 때문에 노이로제인 공황장애, 불안장애, 공포장애 등이 발생한다.

여자는 상처가 발생한다. 이때 치료법은 피해자일 때 적용하고, 가해자일 경우에는 치료법과 예방법을 적용해야 한다. 성심리장애와 심리장애의 치료법은 가해자의 예방법과 같다.

여자 피해자는 강력한 상처의 작용으로 인하여 심리장애가 발생한다. 상처가 강하기 때문에 자각하면서 고통을 느끼게 되고, 심리장애에 대한 심리치료를 해야 한다. 이때 성심리장애를 치료하는 것이 아니다.

여자는 상처가 발생하는데, 성정보가 계속 성인식되면서 처음에는 성스트레스로 작용하지만 점점 성습관이 만들어진다. 이때 성행동을 하게 되면 즉시 성습관이 만들어진다. 원치 않더라도 성습관이 만들어지는 것이다. 성습관이 만들어진 후 상처가 결합되면 성표현으로 상처를 치료하려고 한다. 그래서 성범죄의 피해자가 되면 2차 피해, 3차 피해가 나타나는 것이다. 성범죄로 인한 상처가 크기 때문에 성표현을 완전히 차단하든가, 성표현을 통하여 상처치료를 하려고 성행동이 많아질 수 있는 것이다. 또한, 성표현을 한 후에는 치료가 되지 못한 채 상처의 고통을 느끼게 된다. 왜냐면 상처가 치료되지 않은 채 고통은 더욱 커지기 때문이다. 그래서 성범죄의 2차 피해, 3차 피해가 만들어지는 것이다. 이는 원치 않은 성습관이 형성되었기 때문이다.

그래서 성범죄의 피해를 입으면 성인식과 성표현을 차단하면서 고통을 받거나, 아예 성표현을 과도하게 하면서 고통을 받거나 둘 중에 하나로 진행된다. 이때 고통의 강도는 동일하다.

이러한 원인을 모르기 때문에 성범죄의 피해자에게 "정신 차려라"라고 말하기도 하고, 미술치료나 심리치료를 하면서 계속 강력한 상처를 기억하기 때문에 더 큰 고통을 받게 된다. 그래서 성범죄의 피해에 대한 치료가 되지 못한 채 오랜 세월이 지나더라도 고통을 겪게 된다. 이처럼 성범죄로 형성되는 성습관은 심각한 피해를 만든다.

특히 아주 어렸을 때는 성범죄의 피해를 자각하지 못하기 때문에 잘 모르는 경우가 있다. 그런데, 나이가 들어가면 자기도 모르게 상처해리로 인하여 성표현이 많아진다. 어린 시절에 발생한 성범죄라서 자각하지 못하지만, 이미 성습관이 만들어져 있기 때문이다. 이런 경우에는 어렸을 때의 성범죄는 그 아이들이 살아가야 하는 삶과 인생을 모두 말살시키는 것과 다를 바 없다.

그래서 성범죄의 치료법을 만들 때, 여자는 심리장애를 치료하고, 성무의식의 성습관이 만들어져 있다 보니 이 성습관이 좋게 작용할 수 있도록 새롭게 만들어야 한다. 성범죄의 피해에서는 성인식장애가 발생한다. 이 성인식장애는 남자와 여자 모두에게 발생하는데 자기도 모르게 성정보가 많이 성인식된다. 그래서 성범죄의 피해를 입은 경우는 강력한 상처와 함께 성정보가 많이 성인식되는 경향이 많다. 이때 성인식장애를 치료하는 방법을 적용해야 한다. 그래서 성범죄의 피해자는 심리장애의 치료와 성심리장애의 치료가 동시에 진행되어야 한다.

4 성폭력

성범죄인 성행동장애에서 가장 강력한 트라우마를 유발하는 것이 성폭력이다. 성폭력은 성표현을 할 때 성행동을 하는 경우이다. 즉 성행동인 섹스로 인하여 상대에게 강력한 상처를 유발한다.

이때 신체적으로 상처가 발생되는 것은 의학적으로 회복할 수 있지만, 심리의 강력한 상처는 회복되지 못하기 때문에 심각하다. 이로 인하여 피해자는 행복이 불가능할 만큼 모든 삶과 인생을 불행하게 만든다.

성표현의 성행동장애는 자기만족이다. 성적의미를 중요하게 생각하고 성행동을 하지 않으면 삶의 의미를 느끼지 못한다. 예를 들어 도둑질하기 위하여 주거침입을 했을 때 상대에게 성행동하지 않으면 자신에게는 의미가 없다고 생각하는 것이다. 또한, 길거리 지나가다가 여자를 보았을 때, 성행동을 하지 않으면 고통을 느낄 수도 있다. 이처럼 남자가 성행동을 하지 않았을 때, 자신의 가치추구가 무너졌을 때와 같은 고통을 느낀다. 그래서 자신의 성적의미를 위해서 자기만족을 위하여 성행동을 하는 것이 성행동장애인 성폭력이다.

그런데 성행동장애인 사람은 자신의 성행동이 상대에게 강력한 상처를 입힌다고 생각하지 않는다. 왜냐면 자신만 좋으면 되고, 자신의 성적의미만 이루면 된다고 생각하기 때문이다. 원래 가치는 이루는 것이 아니라 추구하는 것이다. 그런데 가치추구는 오늘 이루면 내일 또 이루려고 한다. 이때 가치추구를 멈추는 것은 가능하다. 가치의미를 멈출 수 있는 환경을 만들면 되지만, 환경이 형성되면 순간적으로 또 성범죄를 저지르게 된다. 자기도 왜 그런지를 모르고 그런 성행동을 하는 자신이 싫어진다.

성범죄자들이 감옥에서 수감생활을 할 때는 '다시는 하지 말아야지, 진짜 미친 짓이기 때문에 하면 안 된다'고 다짐하지만, 감옥에서 출소한 후 일정 시간이 지나면 자신도 모르게 또 성적의미를 추구하면서 성범죄를 저지르게 된다. 이미 성행동장애가 발생되어 있는 상태에서 성적가치가 훼손이 되어 버렸기 때문이다. 이것이 성행동장애의 공통점이다. 성행동장애로 인하여 타인에게 강력한 상처를 주는 것이 성행동장애인 성폭력이다.

부부인 경우라도 배우자가 원치 않을 때 성행동을 할 때도 성폭력으로 간주하여 처벌한다. 부부로 살게 되면 아내는 남편으로 인한 상처가 많다. 그리고 부부관계를 많이 하면 남편들은 모두 성범죄자가 되는 이상한 논리가 만들어지는 것이다. 그래서 과연 부부 간에도 성폭력이 맞는 것인지 한 번은 생각을 해 봐야 한다.

만약 아내가 남편을 심리적으로 분리 또는 이혼하여 타인이 되었고, 이제는 내 남편이 아니라고 생각하고 있는 상황에서 남편이 자신의 만족만을 위하여 성행동을 한다면 성폭력이 맞다. 그러나 부부간은 신체적으로 심리적으로 어디까지 선이 그어져 있는지 정확하게 알아야 한다.

연인관계도 마찬가지이다. 사랑하는 애인관계에서 남자가 여자에게 상처를 입힐 수 있다. 왜냐면 여자의 감정기준에 맞지 않으면 상처가 발생하기 때문이다. 그래서 싸우기도 하고, 성행동을 하면서 애인관계를 유지한다. 물론 임의적인 성행동으로 인하여 상처가 발생하지 않았다 하더라도 상처가 누적되어 작용하게 된다. 그래서 여자에게 상처가 예전의 상처였는지, 성행동으로 인한 상처인지 구분하여 생각해 보아야 한다.

따라서 성폭력은 임의적인 성행동에 의해서 만들어진 강력한 상처라고 해석하는 것이다. 즉 임의적인 성행동의 이전에 만들어졌던 상처가 아니라, 성행동으로 인하여 만들어진 상처를 말하는 것이다. 옛날부터 가지고 있던 상처에 아주 작은 성스트레스가 작용하였다고 성폭력이라고 해서는 안 된다.

성폭력은 엄격하게 구분해야 한다. 헤어진 상태 또는 헤어지려고 결심하고 있는 상태에서 임의적인 성행동을 하게 되면 상대는 강력한 상처를 입는다. 따라서 성폭력은 매우 조심해야 할 부분이 있다.

예를 들어 원래부터 성문제를 갖고 있어서 불특정 다수의 사람과 성행동을 하면 상대는 큰 상처를 입게 된다. 그러면 성행동을 한 사람은 무조건 성폭력의 가해자가 되는 것이 맞다. 결국은 여자도 상처해리가 발생하면 언제든 성폭력의 가해자가 될 수도 있다.

연인관계인 경우에도 여자가 상처해리라고 할 때 작은 성스트레스가 발생하면 자기 뜻대로 되지 않는다고, 원하는 물건을 사 주지 않는다고, 상대 남자가 이혼 안 한다고,… 성행동을 이용해서 자신의 옷을 그냥 찢고 성폭력으로 신고하면 그 남자는 매우 위험한 상황이 될 가능성이 높다.

또한, 모텔에 들어갈 때도 남자가 당당하게 앞에 가고 여자는 주저하면서 마지못해서 들어가서 자기 뜻대로 되지 않으면 성폭력으로 신고할 수도 있다. 여자는 이미 CCTV를 찍고 있는 거 다 알고 계산하고 들어가는 것이다. 그럼 그날 상대 남자는 강력한 약점이 잡혀서 여자는 "성범죄로 감옥에 갈래? 아니면 아내랑 이혼하고 나랑 살래?"라고 하면서 협박할 수도 있다. 이와 같이 상처해리의 여자는 매우 위험하다.

상처해리인 여자는 상대 남자를 언제든 성범죄의 가해자로 만들 수 있다. 그래서 남자가 외도할 때 조심해야 하는 것이 상처해리의 여자이다. 그런데 외도를 하는 남자가 만나는 여자는 대부분 상처해리의 여자이다. 따라서 자칫 잘못되면 남자는 자신의 인생이 전부 무너질 수 있다. 이러한 피해를 입는 남자가 많다.

최근에는 성폭력에 대한 무고를 엄격하게 처벌하려고 노력하고 있지만, 근본적인 해결방법은 없다. 또한, 무고를 입증할 방법도 마땅치 않다. 그날 두 사람의 시간에 무슨 일이 일어났는지 알 수가 없다. 그리고 제대로 조사할 수도 없으며, 매우 복잡해지게 된다.

성폭력은 강력한 상처를 유발하는데 이미 성폭력의 상처를 가진 사람이라면 매우 강력한 상처를 가지고 있다. 그래서 자칫 성폭력을 하지 않았음에도 성폭력의 가해자가 될 수도 있다.

한 가지 분명한 것은 성행동을 하지 말아야 하는 상대인데, 자신의 성적 의미와 성적만족을 위하여 임의적인 성행동을 하는 것을 성행동장애라고 하고, 자신의 성적만족을 위해 성행동을 하여 상대에게 강력한 상처를 입혔다는 것은 분명한 성폭력이다.

5   성추행과 성희롱

　성행동장애는 성표현 중에 성행동의 문제를 말한다. 이때 성행동장애 중에서 성폭력을 제외한 성추행이나 성희롱에 대하여 알아보자. 성표현 중에 말을 할 수도 있지만, 말이나 제스처가 결합한 경우가 많다. 성적인 말과 제스처와 표정이 결합한 성표현을 했을 때 상대에게 상처가 생기면, 이는 성희롱 또는 성추행이다. 성추행이나 성희롱은 성폭력에 비해서는 작은 상처이기는 하지만, 그래도 상처이다.
　예를 들어 성폭력의 상처크기가 −100이라고 보면, 성추행의 상처크기는 −30~−50이고, 성희롱의 상처크기는 −10~−20이라고 생각하면 된다. 이때 상처의 크기가 중요한 것이 아니라 성추행과 성희롱의 개념을 설명하기 위하여 상처의 크기로 분석해 본 것이다. 즉 상처의 크기로 성폭력, 성추행, 성희롱 등이 결정된다는 것이다. 어떠한 성행동장애의 성범죄이든 상대에게 상처가 생기는 것은 같다.
　성희롱은 말, 제스처, 표정으로 성표현하는 것을 말한다. 성추행은 성행동을 하면서 신체적인 접촉을 말한다. 신체적인 접촉이 상대로 인하여 상처가 발생하면 성표현을 할 때 성행동이 작용한 것이다. 예를 들어 성행동이 작용하였든 하지 않았든 관계없이 상대의 어깨를 접촉했을 때, 상대가 성적으로 상처를 입는 것이 성추행이다. 즉 가해자의 의도와는 관계없이 피해자에게는 신체접촉이 성정보로 성인식된 것이다. 상대에게 원하지 않은 성정보가 성인식되어 상처를 유발한다면 이를 성추행이라고 한다.

여자의 신체는 성징이 많다. 성징인 부분을 만지거나 더듬는 것과 같이 신체적인 접촉을 하는 것은 모두 성추행이다. 학교에서 남자 선생님이 여학생에게 격려한다고 등을 쓰다듬었는데 브래지어 후크가 풀어지는 경우도 성추행이다. 이와 같이 친밀함을 미끼로 성추행하는 경우가 많다. 그래서 남자가 여자의 신체를 접촉하였을 때 여자에게 성정보로 성인식되어 상처가 발생하는 것은 성추행이다.

일할 때, 여자와 악수를 하는 것은 성추행이 아니지만, 여자가 악수하기 싫은데 억지로 하면 이는 성추행이다. 신체접촉을 강제적으로 또는 불필요하게 하는 것은 모두 성추행이 된다. 이로 인하여 여자가 상처를 입는다.

말, 제스처, 표정으로 성표현하는 성희롱보다 신체접촉의 성추행은 더 큰 상처를 입게 된다. 또한, 성추행보다 훨씬 더 큰 상처를 만드는 것이 성폭력이다.

상처의 크기를 보면 성희롱의 피해, 성추행의 피해, 성폭력의 피해 순으로 커지는 것이다. 사람들은 성희롱을 아무렇지 않게 생각하는 경향이 많다. 그러나 성희롱이 성추행으로 발전하고, 성추행이 성폭력으로 발전하는 것을 볼 때, 성희롱은 이미 성폭력을 예고하는 것과 같다고 볼 수 있다.

예를 들어 신체적으로 툭 만졌을 때, 그냥 별 반응이 없으면 그 후에는 신체적으로 별 의식 없이 만지게 된다. 만일 이때 거부 또는 나쁜 표현을 하게 되면 "지난번에는 괜찮다고 해 놓고 왜 이래?"라고 말한다. 그래서 성희롱이나 성추행은 처음에 단호하게 대처해야 한다. 다른 남자가 자신의 신체를 함부로 만지도록 하면 안 된다. 신체를 만질 수 있는 남자는 사랑하는 사람, 미래에 성적가치를 가질 수 있는 사람뿐이다.

  그런데 상처해리인 심리장애가 되면 신체를 만지는 것을 다른 남자에게 쉽게 허락한다. 여자에게 중독증이 무서운 이유이다. 아내외도에서는 아내가 다른 남자인 상간남에게 허락한 성폭력이라고 말한다. 상간남인 남자에게 자신에게 성폭력을 허락한 것이다. 이것이 얼마나 큰 상처인지 아내는 모른다. 이때 아내가 스스로 무엇인가 잘못되었다고 생각하여 벗어나려고 노력하는 경우에는 이를 비난하면 안 된다. 즉시 아내가 치료하는 것을 도와주어야 한다.

  성희롱, 성추행, 성폭력은 성표현이 작용하는 것인데, 성희롱은 신체접촉이 없는 말과 표정으로 작용하고, 성추행은 신체접촉으로 말, 제스처, 표정이 작용한다. 또한, 성폭력은 말, 행동, 표정, 3개 모두가 성행동으로 작용한다. 이때 성범죄의 기준은 피해자의 기준에 의하여 결정된다. 피해자가 성범죄라고 하면 성범죄가 되는 것이다. 다만, 이를 여자가 역으로 잘못된 것으로 이용할 가능성이 높기 때문에 이를 주의해야 한다.

6   성매매

　성매매가 범죄이냐 아니냐에 대한 논란이 많다. 성매매라고 하면 돈으로 성행동을 사고파는 것을 말한다. 성매매 종사자들에게 사고파는 표현을 쓰는데 이것을 직업적인 관점에서 바라볼 것인지, 심리에 관점에서 바라볼 것인지에 따라서 달라진다. 그래서 성매매를 성범죄로서 논하고자 하는 것이 아니다.

　마음과 심리의 관점에서 성매매가 어떤 역할을 하는지 살펴볼 것이다. 성매매도 마음의 상처를 입는다. 그래서 심리적 관점에서 보면 성매매가 성범죄가 되는 것이다.

　성매매의 목적이 어찌 되었든 성행동이 작용하게 되는데, 남자든 여자든 돈을 주고 성행동을 사고파는 것이다. 여자가 호스트바에서 남자에게 돈을 주고 성행동을 산다. 애인을 만들어서 성행동의 대가로 돈을 준다. 이는 상대에게 성적목적을 갖는 것이다. 이때 성적목적으로 상대에게 상처 또는 성상처를 입힌다.

　성적목적으로 돈을 주는 것은 사랑이 없다. 오로지 성행동을 돈으로 해결한다. 그래서 돈을 주고 성행동을 요구하는 것이고, 성적목적에 의한 장난감이고 노리개일 뿐이다.

　남자는 성행동이 좋은 기분을 만들지만, 성상처는 커진다. 그래서 성기능장애가 많아지고, 심리장애가 많아지며, 신체질병이 많아진다. 기분이 좋을 때는 젊고 멋있고 예쁘게 생겨서 괜찮겠지만, 20대를 넘어서 30대가 되면 성기능장애로 고생을 하게 된다. 이때 보약을 먹어도 성기능장애가 치료되지 않는다. 왜냐면 성상처가 많이 발생하였기 때문이다. 이와 같이 남자든 여자든 성매매는 상대에게 피해를 입힌다.

또 하나의 문제는 성매매를 하는 자신에게도 상처 또는 성상처가 발생한다는 것이다. 자신의 성적목적으로 성매매를 했더라도 자신에게도 상처 또는 성상처가 발생하는 것이다. 그래서 성범죄의 유형에서 성매매는 돈을 벌기 위해서 상대에게도 자신에게도 상처 또는 성상처를 유발한다.

성매매에 대한 직접의식을 가지고 있을 때, 성범죄 중에 상처 또는 성상처가 제일 큰 순서로 나열을 해 보면, 가장 강력한 상처를 유발하는 성폭력, 두 번째가 성추행, 세 번째가 성희롱이다. 성매매는 네 번째이다. 상대방이 상처 또는 성상처를 받든 말든 그것은 중요한 것이 아니다. 자신이 상처 또는 성상처를 받는 기준으로 볼 때를 의미한다.

그러나 성매매가 매우 싫은 경우에는 성폭력보다 더 큰 상처를 입는다. 왜냐면 성행동이 작용하기 때문이다. 유흥업소에서 성행동이 없는 곳도 있고, 유사 성행위로 성추행이나 성희롱을 할 수도 있다. 그런데 이 모든 것이 성행동과 연결되기 때문에 철저한 직업의식을 갖느냐, 싫은데 어쩔 수 없이 하느냐에 따라서 상처 또는 성상처의 크기가 결정된다.

싫지만 성매매를 하는 경우, 상처 또는 성상처의 트라우마는 강력하다. 이런 사람들의 특징은 상처 또는 성상처가 많아지면서 신체질병이 빨리 생긴다. 그래서 6개월 동안 성매매를 하는 여성은 번 돈으로 6개월 동안 쉬면서 자신의 신체를 회복해야 한다.

만일 직업의식이 있으면 달라진다. 왜냐면 상처 또는 성상처가 훨씬 적기 때문이다. 그래서 직업의식을 갖는 것이 좋은 것인지, 나쁜 것인지는 잘 모르겠지만, 인간의 마음의 관점에서 볼 때, 성마음이 마음에 영향을 주면서 직업의식이 있으면 성마음이 최소로 작용하고 마음에 영향을 주는 것도 최소화된다. 왜냐면 성매매의 직업은 가치추구이고, 마음은 감정적인 의미를 추구해 나가기 때문이다. 이때는 상처해리가 발생했다고 볼 수 있다. 그래서 성매매의 직업의식을 가진 여자는 상처해리가 있다고 볼 수 있다. 물론, 상처해리라고 하더라도 상처는 계속 발생한다. 만일 상처해리가 아니라면 매우 고통스러울 수밖에 없다.

그래서 성매매의 여자는 상처해리 또는 강력한 상처로 힘들어 할 수밖에 없다. 이때 상처해리가 일찍 발생하느냐 늦게 발생하느냐에 따라서 상처의 크기가 달라진다. 나중에 결혼하면 상처가 작용하기 시작하고, 아픔을 느낄 때 상처를 치료할 때라고 할 수 있다. 상처해리인 경우 아픔을 느끼지 못하기 때문에 치료할 생각을 하지 못한다. 그래서 성매매 후에 자신이 상처로 어려움을 겪거나 아픔이 발생하면 이는 상처를 치료할 기회이다.

이처럼 성매매 또한 성행동과 연결되기 때문에 성행동장애라고 할 수 있다.

7

성범죄의 피해심리

　성행동장애로 인해서 피해가 발생하는 피해의 크기를 보면, 첫 번째로 성폭력이 가장 크다. 두 번째가 성매매이다. 왜냐면 성폭력에 버금가는데, 성폭력보다는 낮다. 이때 자신에게 어떤 상처가 만들어졌는지 당사자들은 모른다. 그래서 상처가 쌓여서 고통스럽고 아플 때 치료하는 것이다. 세 번째가 성추행이고, 네 번째가 성희롱이다.

　그만큼 성매매는 성범죄의 하나로서 위험한 것이라 할 수 있다. 왜냐면 자신에게 상처를 유발하면서 상대까지도 피해를 주기 때문이다. 즉 돈 때문에 자신에게 훨씬 큰 상처를 유발하여 피해를 준다.

　예를 들어 성폭력을 -100의 상처라고 보면, 성매매는 -70~-80의 상처라고 보면 된다. 성추행은 -30~-50, 성희롱은 -10~-20이라고 할 수 있다. 성매매에 상처의 크기는 생각보다 매우 크다. 그래서 성매매는 목적이 어떠하든 자신도 모르게 상처가 커진다.

　성폭력, 성추행, 성희롱, 성매매에 대한 피해의 상처는 사랑하는 사람을 만나게 되면 치료되기 시작한다. 그래서 사랑하는 사람과 결혼을 하면 상처 치료가 어렵지 않게 되는데, 결혼은 조건 없는 사랑이 작용하기 때문이다.

　결혼할 때 목적을 갖고 이것저것 맞춰 봐서 '이 사람 괜찮겠다'라고 생각해서 결혼했더라도 결혼생활을 하면서 자신도 모르게 무한책임 또는 모성애가 만들어지고, 함께 행복을 만들어 가는 과정에서 치료되기 시작한다.

그래서 마음에서 남자의 열정과 여자의 사랑이 함께 작용할 때 치료가 된다. 그런데 결혼이 만병통치약일 수는 없다. 왜냐면 결혼을 했는데 큰 상처를 입으면 기존의 상처에 더 강력한 상처가 발생하는 것이기 때문이다.

예를 들어 성범죄의 피해로 인한 상처가 치료되더라도 과거의 사실은 기억한다. 즉 옛날의 성범죄는 기억되지만, 상처로 고통을 받았던 감정이 사라진 상태가 된다. 그런데 다시 큰 상처가 발생하면 기존에 기억하고 있는 사실에 상처의 감정이 다시 발생하게 되므로 기본의 큰 상처에 더하여 현재의 큰 상처가 발생하는 것과 같다.

과거에 성폭력의 피해를 입었던 사람이 −100의 상처를 치료한 후에 배우자의 외도 또는 외상후스트레스와 같은 −100의 상처가 발생하면 치료가 되었던 감정에 −2,000만큼 상처가 발생하면서 더 크게 상처를 입는 것이다.

물론 원인이 성범죄뿐만 아니라 살아오면서 과거에 상처가 얼마만큼 크냐 따라서 현재 상처를 입는 것이 다르다. 그래서 여자는 피해심리가 어느 정도로 강력하게 작용하는지 분석해야 한다. 어떤 상황이든 반드시 상처를 치료해야 하고, 예방도 해야 한다.

따라서 중요한 것이 치료교육이다. 이 치료교육을 통하여 예방은 마음교육의 내용으로 하고, 치료는 치료과제로서 하게 된다. 이렇게 완치시키기 위하여 의지를 갖고 노력하도록 한다. 그러면서 다시는 상처가 발생하지 않도록 치료와 예방을 하게 된다.

기본적인 치료의 원리를 갖고 있고, 몇 번 치료의 경험을 해 보았으면 어떠한 상처가 발생하더라도 어렵지 않게 치료될 수 있다. 치료교육은 예방법과 치료법을 함께 갖게 됨으로써 자신 스스로 치료할 수 있도록 한다.

8 성범죄자의 치료

성행동장애인 성범지자의 치료법은 우발적이냐, 계획적이냐 따라 2가지로 나뉜다. 성행동을 의도적으로 했다는 것은 무의식에 관련되는 것 없이, 성의식으로 성표현을 한 것을 의식적으로 계획적으로 한 것을 말한다. 반면 자기도 모르게 성행동을 한 것은 우발적이라고 할 수 있다. 이처럼 이 2가지에 따라서 성행동장애의 치료법이 다르다.

성행동에 의한 성범죄를 우발적으로 했다고 하면, 제일 중요한 것이 상대가 피해를 입었다는 것을 빨리 인지하는 것이다. 이것이 안 되면 성범죄는 다시 발생하게 된다. 이것이 치료교육에서 말하는 '이해와 배려'이다. 즉 인간의 마음과 심리가 작용하는 원리가 습관에 형성되면 스스로 예방법을 갖게 된다. 그리고 성의식을 통제하는 것이 성표현이다. 즉 성상처가 치료되든, 성표현을 억압하든, 성마음과 성심리에서 억압하든, 성상처를 치료하는 방법이 필요하다.

그래서 우발적인 성행동장애의 치료법은 1) 상대피해를 먼저 인지하고, 2) 심리를 치료해야 하고, 3) 성마음과 성심리에서 성상처를 치료해야 한다. 그렇게 하면 성의식이 통제되고 성표현을 조절하게 된다. 이 순서대로 진행하면 우발적인 성행동장애를 치료할 수 있다.

만일 성행동에 의한 성범죄를 계획적으로 했다고 하면, 성행동장애는 자신에게 발생하는 것이기 때문에 자신이 먼저 성행동장애라는 것을 인지해야 한다. 특히 성범죄가 성행동장애로 발생했다는 것을 스스로가 알아야 한다. 이것을 모르면 계획적인 성범죄는 치료할 수 없다.

심리장애를 치료할 때 제일 우선순위가 현재 자신의 심리에 문제가 생긴 것을 아는 것인데, 이것만으로도 치료의 속도가 빨라진다. 그래서 자신에게 심각한 문제가 생겼다는 것을 알아야 한다. 그 후에 성행동장애를 치료해야 한다.

우발적인 성행동장애는 마음과 심리부터 치료한다면, 계획적인 성행동장애는 성마음과 성심리가 작용하는 성상처부터 치료해야 한다. 그리고 우발적인 성행동장애는 상대를 인지하는 것이 중요하지만, 계획적인 성행동장애는 자신의 잘못을 인지해야 한다.

그래서 우발적인 성행동장애를 치료할 때는 상대피해를 먼저 인식하고, 심리장애를 치료하며, 성심리장애를 치료하면 된다. 반면 계획적인 성행동장애를 치료할 때는 자신에게 심각한 문제가 있다는 것을 인식하고, 성심리장애를 치료하며, 심리장애를 치료하면 된다.

이것이 우발적인 성행동장애와 계획적인 성행동장애의 치료에 대한 차이이다. 왜냐면 우발적인 것은 마음의 무의식이 작용하기 때문이고, 계획적인 것은 자각되지 않는 성마음의 성의식이 작용하면서 자기의 쾌락 또는 성적인 목적을 갖게 되었다는 것이다.

9 성범죄피해자의 치료

성행동장애를 치료할 때, 피해자, 즉 상처를 입거나 성상처를 입은 사람들은 반드시 치료해야 한다. 가해자의 직접적인 성행동장애로 인해서 상처나 성상처를 직접 입는 것을 1차 피해라고 한다.

1차 피해로 인해서 만들어지는 말과 행동 때문에 또 다른 상처가 만들어지는 것을 2차 피해라고 한다. 2차 피해는 성행동장애에 의해서 발생하는 직접적인 피해가 아니라 1차 피해에 의해서 다시 피해가 발생하는 것을 말한다.

1차 피해와 2차 피해는 상처를 더욱 크게 만든다. 이때 1차 피해는 직접적인 성행동장애로 인하여 생긴 상처이고, 2차 피해는 1차 피해로 인하여 상처가 생기는 것이다. 그러다 보니 대부분 1차 피해만 생각하고 2차 피해에 대해서는 피해자의 잘못으로 말하는 경우가 많다. 왜냐면 직접적인 성행동장애로 인한 피해가 없는데도 불구하고 더 큰 상처를 입고 아파하고 힘들어하기 때문이다.

예를 들어 성폭력의 피해자를 보면, 외상후스트레스와 같은 강력한 트라우마가 만들어진다. 직접적인 성폭력의 피해로 인하여 죽고 싶을 정도의 고통을 느끼는 것이 1차 피해이다.

그런데 2차 피해는 2가지 유형으로 나뉘는데, 한 가지 유형은 성인식을 아예 차단하면서 1차 피해의 상처치료가 되지 않으면서 더 큰 상처를 입는 것이다. 즉 남자를 만나 사랑하고 싶지만, 자신은 다른 사람을 사랑할 자격이 없다고 생각하니 자신 스스로가 밉고 화가 나면서 성인식을 모두 차단해 버리는 것이다. 그러다 보니 더 고통스러운 것이 2차 피해이다. 1차 피해의 고통이 가중되다 보니 2차 피해가 더 고통스러운 것이다.

두 번째 유형은 1차 피해로 인하여 발생하는 죽고 싶을 정도의 고통을 줄이기 위하여 성인식을 과다하게 하는 것이다. 1차 피해의 상처가 수시로 작용하기 때문에 상처가 작용할 때마다 성인식을 과다하게 하면서 성행동을 쉽게 하는 것이다. 그러나 보니 1차 피해의 고통과 성인식과 성표현이 과다함으로써 발생하는 상처가 결합하여 상처의 고통은 훨씬 더 커지는 것이다.

2차 피해는 성을 차단하든, 성행동을 추구하든 상처의 고통이 더 커진다. 이는 모두 1차 피해의 상처 때문에 나타나는 현상이다.

이때 1차 피해로 발생하는 상처만 치료하면 되는데, 상처는 마음과 심리에서 작용하기 때문에 상처치료와 심리치료를 하면 된다. 그런데 2차 피해의 상처치료는 성마음과 성심리가 작용하기 때문에 반드시 성심리장애와 심리장애를 동시에 치료해야 한다. 따라서 성범죄의 피해자가 1차 피해만 있는지, 2차 피해까지 진행되었는지 분석하고 난 후, 치료방법을 결정해야 한다.

만약 2차 피해까지 나타났다고 하면, 2차 피해에서 심리장애를 치료하기 때문에 1차 피해의 상처치료를 병행하면서 반드시 2차 피해의 상처에 대해서는 성심리장애를 치료해야 한다. 그러나 현존하는 방법으로는 성심리장애인지 심리장애인지 구분하지 못하고 있다. 그래서 성범죄의 피해자에 대한 치료가 잘 안 되는 것이다.

따라서 성추행, 성희롱, 성폭력, 성매매 등에 의한 성범죄의 피해자를 치료하려면 가장 좋은 방법은 성심리장애와 심리장애를 동시에 치료하는 것이다. 왜냐면 2차 피해가 있는지 없는지 물어볼 필요가 없기 때문이다. 2차 피해의 유무를 묻는 것은 상처를 더 커지게 만드는 원인이 된다. 따라서 2차 피해가 있다고 생각하고 성심리장애와 심리장애를 동시에 치료하면 된다. 이렇게 하면 원래 자신의 감정으로 회복하여 행복으로 전환되는 것은 어렵지 않다.

성희롱과 성추행은 1차 피해에서 끝난다. 그래서 심리치료만 해 주면 된다. 그런데 성폭력과 성매매는 2차 피해까지 발생할 가능성이 높기 때문에 심리치료와 성심리치료를 함께 해야 한다.

성매매는 성에 집착하는 경향이 강하다. 그래서 성매매 여성이 결혼하거나 애인을 사귀면 특정한 대상에 집착하듯이 빠진다. 이러한 경우는 신경질 나고, 화가 나거나, 상처로 아픔을 느낄 때가 치료할 때이다. 치료하면 자신이 행복했던 감정으로 회복할 수 있다.

제8장
성기능장애

1   성기능이란?

성기능은 섹스를 할 때 필요한 신체의 기능이라는 것은 누구나 알고 있다. 또한, 신체가 성행동을 할 수가 없는 상황이 되면 성기능장애라고 한다. 남성에게는 성행동을 할 수 없게 되는 것이 성기와 연결된다. 조루나 지루와 같이 사정을 너무 빠르거나 아예 못하는 문제, 발기와 발기 지속력의 문제, 성기 자체의 문제와 연결된다. 이처럼 남성은 성기의 기능만 있으면 된다.

그러나 여성의 경우에는 성기의 문제가 아니라 신체의 감각기관과 연결된다. 여성의 성기는 성행동을 할 준비가 된 상태이다. 그래서 섹스를 할 수 있는 흥분상태가 되어 있느냐가 중요하다. 여성이 성적흥분을 느끼지 못하는 것을 불감증이라 하고, 오르가슴을 느끼지 못하는 것을 절정장애라고 한다. 그러나 절정장애는 성기능장애라고 할 수가 없다. 이것은 일종의 성콤플렉스와 관련된 섹스문제이다.

대체로 성기능장애는 감각기관의 행동이 안 되는 것으로서 불감증을 말한다. 여성의 신체에서 감각과 관련되어 성적흥분을 느끼지 못하는 것을 불감증이라고 하고, 삽입에 의한 고통을 느끼는 것을 성교통이라고 한다. 성교통은 성기관이 섹스를 할 수 있어야 하지만, 통증을 느끼기 때문에 섹스를 못 하는 것이다. 그래서 섹스에서 여성의 성기능장애는 불감증과 성교통을 말하고 절정장애나 오르가슴을 못 느끼는 것은 성기능장애라기보다는 섹스문제라고 할 수 있다.

그러면 섹스에서 신체의 기능이 필요한 이유를 생각해 보자. 인간은 몸과 마음으로 구성되어 있다. 마음속에 성마음이 있어서 외부의 정보를 인식과 성인식으로 받아들인다. 또한, 기억과 성기억이 무엇이든 표현과 성표현을 한다. 성마음에서 성무의식과 성의식이 작용하면서 성인식되는 것과 성표현하는 것은 반드시 신체인 몸을 통해야 한다.

남성은 성기억에서 성정보를 기억하여 성의식에서 성표현을 해야만 성행동인 섹스를 할 수 있다. 성정보에 대한 말과 행동을 하는 성행동을 섹스라고 한다. 성행동에 작용하는 신체의 기능을 성기능이라고 한다.

여성은 성표현이 중요한 것이 아니라 성인식으로 들어오는 감각기관의 느낌이 중요하다. 여성은 섹스를 위한 성기능보다 섹스를 위하여 인식되는 감각기관의 느낌이 중요하다. 그래서 인식과 성인식이 되는 신체의 감각기관에 문제가 발생하는 것은 여성과 연결되어 있고, 표현과 성표현에서 섹스의 성적행동과 관련되는 것은 남성과 연결된다.

따라서 여성은 대상에 대한 성정보가 중요하고, 남성들은 대상과 관계없이 성표현이 중요하다. 여성은 성인식할 때 성무의식이 작용하기 때문에 성기능을 중요하게 생각하지 않는다. 성무의식으로 성인식하기 때문에 좋으면 좋은 것이고 아니면 그만이지라고 느낀다. 그러나 남성은 성의식으로 성표현하기 때문에 성적행동인 섹스가 성기와 직접 연결되어 있어서 섹스를 중요하게 생각한다. 이것이 남성이 섹스를 추구하는 것처럼 느껴지는 이유이다.

성기능의 기본

사람들은 성기능을 부정적으로 생각한다. 성적행동인 섹스로만 인식하기 때문에 성정보에 반응하는 신체적인 기능으로서 섹스와 연결해 생각하기 때문이다. 이처럼 성기능을 섹스를 위한 신체적인 반응으로만 생각하여 부정적으로 느낀다. 그러나 제스에서의 성기능은 감각기관에 의한 인식의 느낌, 말과 행동의 표현의 느낌이 상호 연결되고, 모든 성정보가 신체와 연결되어 작용할 때 신체적인 기능이다.

성기능이란 제스와 연결된 마음과 성마음이 신체와 상호작용을 할 때 신체적으로 작용하는 것을 말한다. 성적행위인 섹스를 위한 기능만이 성기능이 아니다. 성적행위인 섹스에 관련된 성기능은 성표현의 성행동에 한정되어 있다. 성기능은 성표현의 성행동만이 아니라 성정보에 대한 감각기관의 느낌으로 작용하는 성인식이 있고, 성정보와 성감정을 기억하는 성기억이 있으며, 말과 행동으로 표현하는 성표현이 있다. 이 3개의 성심리가 작용할 때 신체적인 역할을 하는 것이 성기능이다. 대부분 사람이 알고 있는 섹스심리(sex psychology)는 성행동인 섹스에서 작용하는 성심리 중 성표현의 일부분이다.

3개의 성심리가 신체와 상호작용하는 것을 성기능이라고 하는데, 성인식이 감각기관과 연결되어 작용할 때 성정보에 작용하는 신체의 감각기관을 성기관이라고 한다. 성기관은 성정보를 인식하는 성인식에서 작용한다.

또한, 성정보를 표현하는 것을 성표현이라고 한다. 성표현은 성에 대한 말과 대화, 속삭이는 말, 소리, 음성, 음고 등이 모두 포함된다. 성적행동은 성정보에 대한 신체의 움직임, 행위, 표정 등이다. 이처럼 성인식은 감각기관과 연결되고, 성표현은 말과 행동으로 연결된다.

성기능은 성인식과 성표현으로 구분되어 신체가 작용한다. 이때 성기억에서 뇌의 역할은 성인식에서 작용하는 성무의식에 의한 성기억, 성의식에 의하여 성기억된 성정보를 인출하는 역할을 한다. 그래서 성기억은 성인식과 성표현에 직접적인 영향을 주지는 않는다. 이에 따라 성정보에 작용하는 신체의 성기능은 감각기관과 성기관으로 연결되는 성인식과 말과 행동으로 연결되는 성표현을 말한다.

감각기관에 문제가 발생하면 성기능장애라고 할 수 있고, 성기관에 문제가 발생하였을 때도 성기능장애라고 할 수 있다. 또한, 성정보에 대한 말과 행동에서 자기 뜻대로 되지 않는 것도 성기능장애이다. 신체의 성기능이 자신이 표현하고 싶은 대로 표현되지 못하는 경우일 때가 그렇다. 이렇듯이 성기능장애는 신체와 성마음이 연결되어 작용할 때 나타나는 신체적인 문제이다.

제스에서의 성기능은 섹스의 성기능보다 더 광범위한 개념이다. 제스의 성기능은 성마음에 의한 성심리가 작용할 때, 신체와 연결되어 작용하는 신체의 기능을 말한다.

2 신체의 느낌이 마음에 미치는 영향

섹스의 성기능을 생각할 때 중요한 것이 신체기능이다. 신체에서 느껴지는 것이 마음에 어떠한 영향을 미치는지를 알아야 한다. 이를 위하여 마음과 성마음이 작용하는 원리를 알아야 한다.

신체의 느낌에서 첫 번째는 감각기관의 느낌이 있고 두 번째는 말과 행동의 느낌이 있다. 행동할 때는 신체가 움직이면서 감각기관과 상호 연결된다. 섹스할 때 성정보가 가장 많이 유입되는 이유가 성표현을 하면 다시 성인식으로 성정보가 들어오기 때문이다.

인간은 몸과 마음이 존재하고 마음속에 성마음이 있다. 외부의 정보가 인식되면 성인식은 인식과 함께 작용한다. 감각기관을 통해서 성인식될 때 성기분이 만들어진다. 이때 성마음은 성무의식이 작용하면서 성기억이 된다. 또한, 성무의식은 성습관이 작용하기 때문에 자각되거나 느껴지지 않는다. 성무의식에서는 성기분이 만들어진다. 그리고 성기분 역시 느껴지지 않는다. 성무의식이 작용하기 때문에 신체로도 느껴지지 않는다.

남자는 성무의식의 성습관이 다른 성정보로 성인식되면, 이는 성스트레스로 작용하여 성상처로 성기억하게 된다. 이때 성무의식에서 성기분이 생성되는데, 남자는 성상처로 성기억하고 여자는 성스트레스의 성기분을 제거하여 성상처를 성기억하지 않는다. 그래서 여자는 성무의식의 성습관에 없는 성정보는 차단하여 성기억을 하지 않는다.

이때 성상처를 기억하거나 제거하는 과정에서 신체가 느끼지 못한다. 성정보가 성인식을 할 때는 마음정보에 대하여 인식이 함께 작용한다. 인식이 작용할 때도 감각기관이 작용한다. 또한, 마음에서는 의식으로 감각기관의 느낌을 자각한다. 이때 성정보가 함께 성인식될 때 감각기관에서 느껴지는 것은 성무의식에서 느끼는 것이 아니다. 마음의 의식에서 마음정보에 의한 느낌이다.

성정보는 시각정보로 들어오고 동시에 마음정보는 청각정보로 유입되었다고 하면 결과적으로, 청각정보의 느낌이 시각정보의 느낌인 것처럼 느껴지는 것이다. 성정보의 성인식으로 느끼는 것이 아니라 마음정보의 인식에 의하여 느낀다.

성인식이 작용할 때 성기분이 생성되는데, 성스트레스에 대하여 여자는 제거하고 남자는 성상처로 전환하여 성기억한다. 이때 신체는 느껴지지 않지만, 작용은 한다. 느껴지는 것이 아니라 성기분의 성에너지만 신체로 보낸다. 성기분의 성에너지를 보내고 난 후 마음의 인식이 작용하면서 느낌을 결합시킨다.

이와 같이 마음의 기분이나 감정이 결정된다. 그래서 신체로 느끼는 마음에너지는 성무의식에서 생성되지만, 의식으로 자각하는 느낌은 마음의 인식이 작용할 때 의식에 의하여 느낀다.

결국은 신체의 느낌은 성무의식에 의해서 만들어지고, 실제로 느껴지는 것은 인식에 의한 의식에서 느낀다. 신체에 느껴지는 느낌은 성정보에 의해서 느껴지는 것이 아니라 마음정보에 의해 인식될 때 느껴지는 느낌이다.

신체가 작용하는 것이 또 하나가 있다. 성적행동인 섹스를 할 때 느껴지는 것이다. 성적행동을 할 때는 성표현을 한다. 성의식이 성기억된 성정보만 성표현한다. 성기억된 성상처는 성의식이 자각하지 못한다. 그래서 성정보만 성표현하면서 섹스의 성적행동을 한다. 섹스를 할 때는 성마음의 성의식에서 느끼는 것이 아니다. 실제로 느껴지는 섹스에서의 느낌과 감정은 마음의 의식에서 느낀다.

성표현될 때 성상처는 신체로만 작용하여 신체에 나쁜 영향을 준다. 그런데 성표현할 때는 표현이 함께 작용하기 때문에 마음의 무의식이 작용한다. 마음의 무의식에서 기분 또는 감정을 생성하기 때문에 의식으로 자각되어 느낀다.

섹스를 할 때 성상처는 신체에 나쁜 영향을 주고, 무의식에서는 기분과 감정이 생성된다. 그래서 성인식될 때 성정보에서 성기분이 느껴지는 것이 아니라 인식이 작용할 때 마음의 의식에서 느껴지는 것이다. 섹스를 할 때는 성기억의 성정보를 성의식에서 성표현할 때 느끼는 것이 아니라 성표현과 함께 표현하는 무의식에 의하여 기분 또는 감정이 느껴진다. 이것은 직접 자각되고 느껴지는 것이다. 무의식이 의식으로 자각하기 때문이다.

그래서 성정보를 성표현할 때, 마음정보와 함께 무의식의 기분과 감정이 느껴진다. 성마음은 성기분과 성감정을 생성하지만, 성의식으로 자각되지 않고 신체에 작용만 작용한다.

따라서 성정보가 성인식될 때 신체에 느낌은 없지만 성에너지가 작용하고, 성기억된 성정보를 성표현할 때도 성상처는 신체에만 작용한다. 실제의 느낌은 마음의 무의식에서 남자의 기분과 여자의 감정이 생성되고 느껴진다.

상처를 기억하고 있는 여자는 성표현을 잘 안 한다. 성표현은 표현과 함께 작용하기 때문에 표현에 의한 무의식이 상처를 치료하려고 하면서 좋은 감정을 만들지 못하기 때문이다. 그래서 상처를 기억하면 섹스를 하지 않으려고 한다.

여자는 상처로 힘들게 되면 섹스를 거부한다. 여자는 기분이 나쁘면 섹스를 하지 않으려고 하는데 이는 무의식이 작용하기 때문이다. 또한, 여자는 성상처를 성기억하지 않기 때문에 성정보를 잘 표현하지 못한다. 그러나 남자는 성상처가 성기억되어 있기 때문에 성표현될 때 성상처는 신체에 나쁜 영향을 주면서 마음의 무의식에서는 좋은 기분을 느낀다. 그래서 남자는 섹스하면 스트레스가 해소된다. 또한, 의식에서 성욕이 생긴다. 이로 인하여 성상처가 신체에 작용하면 남자의 성욕이 커지는 것이다.

남자의 무의식은 스트레스를 제거한다. 그런 후 재미와 즐거움에 몰입한다. 이때 몰입하는 힘이 욕구이다. 따라서 섹스의 재미와 즐거움을 느끼면 계속하고 싶어 하고, 자신이 원하는 것을 하고 싶어 한다.

사람들은 성을 본능이라고 말한다. 그래서 성마음을 본능이라고 말하는 것이다. 또한, 사람들이 성에 대하여 착각하고 있다. 성인식되는 것은 좋고 재미있는 것이 아니라 성인식과 함께 작용하는 마음에서 느끼는 것이다. 성적으로 표현할 때도 성표현할 때 재미와 즐거움에 몰입되는 것이 아니라 실제는 표현에 의하여 느낀다.

성마음은 신체로만 작용하고 마음이 작용하면서 의식으로 느껴진다. 따라서 섹스의 느낌은 마음에서 느끼는 것이지 성마음에서 느끼는 것이 아니다. 인간이 느끼고 자각하는 것은 모두 마음에서 작용한다. 성마음에서 느끼는 것이 아니다. 성마음은 자각되지 않고 신체로 영향을 준다.

3 성감정의 기억과 신체의 영향

　성감정이 어떻게 성기억되고 이 성감정이 신체에 미치는 영향을 분석해 보자. 성감정은 성무의식에서 생성된다. 성정보를 성인식할 때 성무의식에서 성습관이 작용한다. 또한, 성습관이 작용할 때 성인식되는 성정보를 판단한다.
　성습관이 성정보를 판단할 때, 성기억된 성정보가 없다면 성스트레스를 생성한다. 남자에게 성스트레스가 생기면 신체에 성에너지를 작용시킨다. 그래서 자각하지 못해도 신체에는 나쁜 영향을 준다. 이때 성정보가 성인식되는 기간에만 일시적으로 영향을 주는데, 성정보가 계속 성인식되면 신체에도 계속 영향을 준다.
　일시적으로 신체에 영향을 주는 성스트레스의 크기가 1이라고 하면 신체에 영향을 주는 것도 1의 성에너지다. 그런데 성스트레스가 신체에 영향을 주면서 성상처로 전환된다. 성상처로 전환한 후 성정보와 함께 성기억을 할 때 성스트레스를 누적하여 성상처로 만들게 된다.
　성정보 1개가 성인식되어 1개만큼 신체에 영향을 준 후에도 또 1개가 들어오면 1개만큼 신체에 영향을 주는 것처럼 성인식되는 대로 계속 누적된다. 만약에 성정보 30개가 들어온다면 들어올 때마다 신체는 30만큼의 영향을 받는다. 그런 후 30만큼 성상처로 성기억을 한다.

성기분은 성인식이 될 때 일시적인 자극으로 생성된다. 그러나 자극이 없어도 느껴지는 것을 성감정이라고 한다. 어떤 영화가 1초에 30프레임이라고 가정했을 때 성기분은 한 프레임이고 성감정은 30프레임 전체를 누적한 1초를 말한다. 성기분은 사진과 같고 성감정은 동영상과 같은 형태이다. 그래서 성정보로 성인식되는 것은 1개씩이지만, 성정보를 종합하여 30개로 만들면서 성상처는 30개의 크기를 갖는다.

성기억된 성상처는 평상시에는 신체에 영향을 주지 않는다. 성의식에 의해서 성표현할 때, 성기억된 성정보를 성의식으로 자각하게 되는데, 성정보와 함께 성기억된 성상처가 신체에 영향을 준다. 성인식될 때는 1개씩 신체에 영향을 주기 때문에 신체에서는 느낌정도지만, 성상처로 전환되면 30개의 크기로 신체에 영향을 준다. 또한, 성표현하는 동안 지속해서 신체에 영향을 준다.

이처럼 성인식된 것은 매우 작지만, 성기억되어 있는 성상처는 매우 크다. 따라서 성표현 때문에 성상처가 신체에 영향을 줄 때는 매우 크게 작용한다. 만일 성기억된 성상처가 10,000개의 크기라면 성표현하는 동안에는 10,000개씩 계속 신체에 영향을 준다. 이처럼 성상처가 신체에 영향을 줄 때 성상처가 너무 크면 성기능장애가 발생한다.

성기능장애는 초기, 중기, 말기가 있는데 이는 성상처의 크기에 의해서 결정된다. 남자는 성감정이 성기억되면 신체에 직접 영향을 준다. 그러나 여자는 성감정을 성기억하지 않기 때문에 신체에 큰 영향을 주지 않는다. 남자는 성정보가 많을수록 성상처가 많다. 또한, 성기억된 성정보를 생각하거나 섹스를 하게 될 때마다 성기억된 성상처가 신체에 영향을 준다. 그래서 성기능장애가 발생한다.

　남자가 성기능장애였는데, 일시적으로 성기능이 좋아지면, 성상처가 성기능장애를 유발하지 않는 대신에 신체에 영향을 주면서 신체질병이 만들어지거나 악화한다. 따라서 성기능장애는 신체질병이 생기지 못하도록 하는 안전장치이면서 신체의 위험을 알려 주는 신호이다. 신체가 망가지기 시작하였으니 성정보를 그만 받아들이고 섹스를 그만하라고 경고하는 것이다.

　인간의 신체는 마음과 성마음의 작용에 의하여 스스로의 문제를 느끼고 경고를 보낸다. 그래서 성기능장애는 신체질병이 생기기 전에 나타나는 현상이며, 남자는 성상처를 성기억하고, 이 성상처가 신체에 영향을 주기 때문에 나타나는 현상이다.

4 남성의 성기능

　남성의 성기능은 섹스를 위한 신체의 기능이다. 남성의 성기를 직접 사용하는 행동이다. 다른 신체부위나 손도 있다고 말하지만, 섹스에서 핵심은 성기이다. 남성에게는 섹스할 때 성기가 필요하고, 성기 이외의 것으로 섹스를 대체하려고 하는 남성은 성기능장애이다. 섹스할 때 성기의 기능이 잘되지 않기 때문에 다른 방법을 사용하려고 하는 것으로서 섹스할 때 손을 잘 사용하는 남성, 입과 혀를 잘 사용하는 남성, 성기구나 소품을 잘 사용하는 남성은 성기능장애이다.

　남성은 섹스에서 성기를 사용하는 것이 가장 좋고 쾌락을 잘 느끼도록 만들어져 있다. 따라서 남성의 성기능을 보면, 첫 번째는 발기가 되어야 한다. 평상시에는 발기가 되지 않지만, 섹스에서는 발기가 되어야 한다. 두 번째는 발기가 지속되는 발기 지속력이다. 세 번째는 섹스를 언제 끝내느냐이다. 섹스의 시작과 끝을 조절할 수 있어야 한다. 성기능도 시작과 끝이 있어야 하므로 사정하는 시간이 언제이냐는 것도 성기능이다.

　그래서 이 3가지가 남자의 성기능이다. 하나를 더 한다면 성콤플렉스가 있다. 섹스에 대한 열등의식이다. 그래서 성콤플렉스도 성기능장애의 하나로 볼 수 있다. 스스로 신체의 성기능이 부족하다고 생각하면 열등감을 갖는다. 대부분 성기의 굵기나 길이로 인하여 성적능력에 대한 열등감을 갖는다. 발기력과 발기지속력이 좋고 섹스의 시간도 괜찮더라도 성기의 크기에 대한 열등감을 느끼게 되면 섹스를 잘하지 못한다. 섹스가 무의미해지면서 강력한 스트레스를 받는다. 그래서 성콤플렉스도 하나의 성기능장애라고 볼 수가 있는데, 이것은 마음의 작용이지 성마음의 작용은 아니다.

남성은 성기에 대한 성콤플렉스를 갖는다. 그래서 성콤플렉스는 대부분 성기의 크기와 관련되어 있다. 남성은 성기의 길이와 굵기, 귀두의 크기, 성기의 모양 등에 성콤플렉스를 갖는다. 이러한 남성은 섹스하지 않으려고 하고 성콤플렉스를 갖는다. 이처럼 성기와 연결되어 있는 열등감을 성콤플렉스라고 한다.

그래서 이런 성콤플렉스를 가진 남성은 아무리 좋은 성기능을 갖더라도 섹스에서는 매우 위축된다. 성기의 길이가 3cm라고 한다면 발기가 잘되고 지속력이 좋고 사정시간을 자유롭게 조절하는 능력을 갖고 있더라도 성기에 대한 콤플렉스로 인하여 섹스를 회피하는 경향이 많다. 따라서 성콤플렉스는 섹스의 모든 것을 제거하려고 한다.

그러나 엄격하게 구분하면 성콤플렉스는 성기능장애라고 보기는 어렵고, 성기에서 나타나는 현상이 아니기 때문에 성심리장애라고 할 수 있다. 그렇지만 성심리장애는 성기능장애에 직접적인 영향을 주는 원인이다.

남성에게 발기는 섹스를 할 수 있느냐 없느냐의 문제이다. 발기가 잘 안 되면 성기능장애이고, 발기불능도 성기능장애이다. 또한, 한번 발기된 후 섹스를 하는 도중에 발기가 사라지는 발기부전도 성기능장애이다. 그런데 어떤 남성은 섹스와 관련이 없는 상황에서도 발기가 되는 경우가 있는데, 이 또한 성기능장애이다.

발기와 관련된 것만큼이나 중요한 것이 사정이다. 사정은 섹스를 모두 중단하고 성욕까지 사라지기 때문이다. 사정하면 좋겠지만 아무리 자극을 해도 사정이 되지 않는다면 이는 지루라는 성기능장애이다. 대체로 남자는 지루를 좋은 것으로 생각할지는 모르지만, 실제 지루인 남성은 고통스럽게 생각한다. 섹스를 아무리 많이 하더라도 사정의 쾌감을 느낄 수 없기 때문이다.

남성은 사정할 때 가장 강력한 쾌감을 느낀다. 몇 초를 느끼기 위해서 몇 시간의 노력을 투자하는 것과 같다. 그러나 지루는 섹스하는 오랜 시간 동안 단 몇 초의 강력한 쾌감을 느낄 수 없기 때문에 마치 '앙꼬 없는 찐빵을 먹는 것'과 같다. 지루는 앙꼬 없는 찐빵만 계속 먹어야 하고 맛도 없는데 계속 먹어야 하는 것과 같다.

그러나 조루는 사정을 너무 빨리하는 성기능장애이다. 그래서 조루는 찐빵 자체가 아예 없어서 먹지를 못하는 고통을 겪는다. 조루가 더 낫고 지루가 더 나은 것이 아니다. 둘 다 고통은 같다. 아예 못 먹는 사람이나 먹기 싫은데 계속 먹어야 하는 사람이나 고통은 마찬가지이다. 어느 것이 좋다 나쁘다고 논할 문제가 아니다.

5 남성의 성마음과 성기능

 남성의 성마음과 성기능이 작용하는 원리를 살펴보자. 성마음은 성무의식과 성의식으로 구성되어 있다. 성정보를 성인식할 때는 성무의식이 작용하고 성기분을 생성한다. 이 성기분은 성기능에 일시적으로 영향을 준다. 남성은 성의식에 의한 성표현이 중요하다. 성표현 중에서도 섹스는 성기능에 큰 영향을 준다.

 남성은 성정보가 성기억이 되면 성정보와 성상처가 함께 성기억된다. 그런데 성의식은 성정보만 자각하고, 성상처는 신체에 영향을 주도록 한다. 성상처는 마이너스의 성감정이다. 그래서 100만큼의 성상처가 있다면 신체에 −100만큼의 영향을 준다.

 섹스로 성표현하면, 성표현된 내용이 모두 성인식이 되면서 성상처가 만들어져서 성기억된다. 그래서 섹스의 시간동안 기존에 성기억된 성상처가 급격하게 커진다. 이로 인하여 성상처가 신체에 영향을 줄 때 성기능과 직접 연결된다. 신체에 영향을 주는 성상처가 크면 성기능장애가 발생하여 섹스를 하지 못하도록 만든다.

 그런데 성기능장애로 인하여 섹스를 잘하지 못하게 될 때, 성상처는 신체에 지속적으로 작용하고 있다. 반대로 성기능장애가 사라지고 성기능이 좋아져서 섹스를 잘하게 된다면, −100만큼의 성상처는 신체에 영향을 준다.

그러나 성기능장애로 인하여 섹스에 어려움을 겪는 남성의 경우는 성상처가 신체질병에 큰 영향을 주지 않는다. 성기능장애를 가진 남성에서 오랫동안 성기능장애가 낫지 않은 경우, 성기능이 갑자기 좋아지는 경우, 성기능을 위하여 운동하거나 음식이나 약물을 복용하는 경우 등은 성상처가 성기능에 영향을 줄 수 없기 때문에 신체의 질병에 영향을 준다. 그래서 건강한 남성에게도 갑자기 신체질병이 발생한다. 성기능이 너무 좋아도 신체문제가 발생한다.

따라서 성기능은 좋을 때와 좋지 않을 때가 적절하게 나타나야 한다. 성기능이 안 좋을 때 성상처로부터 신체를 보호하기 시작하고, 성기능장애가 발생할 때는 신체가 완전히 보호되며, 성기능장애가 일시적으로 해제되어 섹스를 할 수가 있게 되면서부터 다시 신체에 조금씩 영향이 가게끔 해야 한다.

그래서 성기능장애가 얼마나 지속되었느냐에 따라서 신체가 얼마 동안 보호받고 있었는지를 알 수 있다. 성기능장애의 기간에 신체가 성상처로부터 보호를 받고 있었다. 이를 역으로 해석하면 섹스를 많이 했다는 것은 성상처의 크기만큼 신체가 보호를 받지 못했다는 것으로서 신체질병이 발생했다는 것이다.

이처럼 남성의 성기능장애는 중요한 역할을 한다. 남성의 성마음과 성기능은 불가분의 관계이다. 남성에게 성마음이 존재하고 성기능에 영향을 미치는 이유는 신체를 보호하기 위해서이다. 신체의 건강을 위해서 성기능장애를 유발한다. 따라서 남성에게 성기능장애는 신체에 이상이 생기기 시작했다는 신호이면서 신체질병이 더 악화하지 않도록 성정보의 유입을 중단하고 섹스를 하지 말라고 신호를 보내는 안전장치이다.

6 여성의 성기능

여성의 성기능은 섹스를 위한 신체의 기능이다. 여성의 성기능은 첫 번째, 감각기관의 흥분상태이다. 여성에게는 남성과 같은 성기의 발기와 사정이 없다. 남성의 발기와 같은 역할을 하는 것은 여성의 성적흥분이고 이를 유지하는 것이다.

그래서 여성은 섹스를 위하여 감각기관이 흥분상태에 있어야 한다. 이는 남자의 발기와 같은 역할이라고 볼 수 있다. 두 번째, 여성은 성기관의 흥분상태이다. 감각기관의 흥분과 함께 성표현할 때 남자의 성기와 같은 역할을 하는 것은 여성의 성기이고 질이다. 이 성기관이 흥분상태를 유지해야 한다.

성기관의 흥분상태는 성표현과 연결되고 감각기관은 성인식과 연결되어 있다. 여성은 인식과 성인식이 될 때 감각기관에 성정보가 유입된다. 성무의식에 의하여 성기분이 생성되고 일시적으로 신체에 영향을 미치면서 실제 느껴지는 것은 성인식이 아니라 인식에 의한 마음정보에서 느껴진다.

즉 인식되는 마음정보가 자신에게 좋은 것이냐 나쁜 것이냐가 중요하다. 전혀 모르던 남성으로부터 성정보가 유입되면 스트레스로 인하여 상처를 받게 된다. 여성에게 마음정보가 좋게 느껴지는 경우는 상대가 친밀한 남성 또는 좋아하는 남성이다.

여성은 시각, 청각, 촉각, 후각, 미각의 감각기관 중에서 가장 영향을 많이 주는 것이 청각과 촉각이다. 남성은 시각과 후각이 중요하다. 이는 마음이론에서 논했기 때문에 별도로 세밀하게 이야기하지 않겠다. 감각기관에서 느끼는 것은 마음의 작용에 의한 것이지 성마음의 작용에 의한 것이 아니다. 이때 여성은 시각, 청각, 촉각, 후각, 미각의 감각기관이 성정보에 얼마나 많이 노출되었느냐에 의하여 성기능이 결정된다.

감각기관의 느낌은 성인식의 성정보가 아니라 인식의 마음정보에서 느낀다. 그래서 여성은 마음이 좋지 않으면 성기능이 좋지 않다. 만일 이 마음에 심리장애가 발생하면 마음이 좋지 않을수록 성기능이 좋게 작용한다. 즉 상대 남성이 누구라도 성기능이 왕성하게 작용하는 것이다.

따라서 여성의 성기능은 상대 남성을 좋게 느껴야 작용하도록 하는 안전장치의 역할을 한다. 여성의 감각기관을 흥분시키려면 여성의 마음이 좋아야 한다. 마음에 문제가 생기면 감각기관이 좋아질 수가 없다. 그래서 여자들은 감각기관의 흥분상태에 있는 즉 성인식에서 흥분상태를 어떻게 유지하느냐는 것이 중요하다. 이것이 잘 안 되는 것을 불감증이라고 한다.

여성에게 불감증이 생기는 이유는 마음의 상처 때문이다. 그리고 감각기관에 성정보가 익숙하지 않은 것은 섹스가 많지 않았다는 뜻이다. 그래서 여성의 불감증은 섹스를 적게 했을 때 또는 상처로 인하여 마음이 좋지 않을 때 발생한다.

여성이 성표현할 때 성기관이 흥분되지 않은 상태에서 섹스를 하면 고통을 느끼게 되는데 이것이 성교통이다. 그래서 여성의 성기능은 성인식에 의해서 작용하는 감각기관과 성표현할 때 섹스에서 작용하는 성기관이다.

여성의 성기관은 성징이라고도 한다. 성징은 외모와 몸매를 비롯하여 가슴, 엉덩이, 성기, 질이 있다. 즉 여성은 신체 전체가 성기관이라고 할 수 있다. 따라서 여성은 성인식이 좋지 않으면 성표현이 좋아질 수 없다. 성교통이 있는 여성은 불감증을 갖고 있고, 불감증이 있는 여성은 섹스를 싫어한다. 이러한 불감증의 여성은 가슴을 애무하는 것에도 짜증을 낸다. 이는 성기능장애가 발생한 것이다. 그래서 남성의 성기능은 성기에 연결되지만, 여성의 성기능은 감각기관과 성기관에 연결된다.

7 여성의 성마음과 성기능

여성은 성마음이 작용할 때 성무의식에서 성인식을 하면서 성기분을 생성한다. 이 성기분은 신체에 일시적으로 영향을 준다. 그래서 성인식된 것이 1이면 신체에 일시적으로 1만큼만 느낀다.

성마음에서 감각기관을 통해서 성인식이 될 때 성무의식이 작용하고, 성무의식에 의하여 성기분이 생성된다. 이때 성기분은 좋은 성기분 또는 나쁜 성기분인 성스트레스로 구분할 수 있다. 성인식이 1만큼 들어오면 신체에 1만큼의 영향을 주고, 성스트레스를 제거하여 성상처를 만들지 않는다. 여성은 성정보만 성기억한다. 그래서 여성은 성인식될 때 감각기관이 안 좋으면 신체에 1만큼 영향을 주고 끝이다. 이 성스트레스를 성상처로 성기억하지 않기 때문에 신체에 거의 영향을 주지 않는다.

성마음의 성인식을 할 때 마음의 인식이 함께 작용한다. 인식과 성인식은 항상 동시에 작용한다. 상처를 유발하는 마음정보가 인식되면 의식에서는 상처를 느낀다. 성인식에 의하여 성정보를 성기억하면서 마음의 의식에 의해서 마음정보가 기억된다.

성의식에서는 성기억된 성정보만 의식으로 자각하는데, 마음의 무의식에서는 상처를 치료하고자 의식으로 자각한다. 그래서 성정보와 상처가 동시에 자각된다. 결국은 성인식된 성정보를 상처라고 인식하게 되는 것이다.

상처는 성인식될 때 성정보에 의해서 느끼는 것이 아니라 의식의 감정에 의해서 느낀다. 그래서 여자는 상처로 힘들어하고 답답해할 때 성정보를 성인식하는 것, 성정보를 성표현하는 것을 싫어할 수밖에 없고, 신체가 흥분되지 않는다.

결국은 성정보에 대한 성적인 감정은 성마음에서 작용하는 것이 아니고 마음에서 작용하는 감정이다. 그래서 여자는 마음에 들어오는 인식이 중요한 역할을 하고 성정보는 그렇게 중요하지 않다. 의식에서 안 좋게 느끼면 성정보도 안 좋게 느낀다.

또한, 인식과 성인식이 될 때 신체의 감각기관이 작용한다. 성정보가 성인식되어 감각기관이 작용할 때 의식에서 안 좋다고 느끼면, 성인식의 성정보는 안 좋은 것이라고 느낀다. 따라서 상대 남성이 성정보를 주었을 때 여성에게 기분 나쁜 것을 유발하면 성정보에 관련되는 성기능은 좋아질 수 없다.

여성은 마음의 인식이 좋게 작용하여야 성정보를 성인식할 때 감각기관이 좋아진다. 즉 여성의 성마음은 성기능과 연결되는 것이 아니다. 남성은 성상처로 인하여 성기능과 직접 연결되지만, 여성의 성마음과 성기능은 관계가 없다. 성마음과 성기능이 연결되는 것이 아니라, 마음과 성기능이 연결되기 때문이다.

그런데 여성에게 성마음이 작용하는 이유는 성의식이 성정보를 성표현할 때, 마음의 무의식이 작용한다. 이때 마음의 무의식이 상처를 치료하게 되는데, 이때 마음의 상처를 치료하는 역할을 하는 것이 성마음이다.

성기억에 성정보가 있는 여성과 없는 여성은 차이가 있다. 여성에게 성정보가 성기억되지 않았으면 성의식에서 성기억의 성정보를 자각할 수 없고, 마음의 무의식이 작용하지 못한다. 또한, 여성은 성의식이 작용할 때 성기억된 성정보를 성표현하면서 마음을 치료하는 역할을 한다. 그러나 남성은 성상처가 성기능에 직접 영향을 준다.

그래서 남성은 성마음을 위해서 마음이 존재하고, 여성은 마음을 위해서 성마음이 존재한다고 볼 수 있다. 여성에게 성마음은 성기능에 영향을 주지 않지만, 마음에 영향을 준다.

8 남성과 여성의 성기능차이

　남성과 여성의 성기능에는 차이가 있다. 성기능은 제스(xes)에 관련되는 신체적 기능이다. 그래서 마음과 성마음이 함께 작용한다. 마음과 성마음은 신체와 연결되어 심리와 성심리로 작용하면서 마음에너지가 교환된다. 이 과정에서 성정보에 대하여 신체가 반응하는 부분이 신체의 성기능이다.

　성기능은 남성과 여성이 다르다. 성기능에서는 남자의 성기능 또는 여자의 성기능으로 말해서는 안 된다. 성기능은 반드시 남성의 성기능 또는 여성의 성기능으로 말해야 한다. 남자와 여자의 개념에서는 성마음이 작용하지 않지만, 남성과 여성에서는 성마음이 작용하기 때문이다. 그래서 남성의 성기능과 여성의 성기능이 다른 이유는 성마음이 신체에 영향을 주는 것이 다르기 때문이다.

　남성과 여성의 마음과 성마음은 기분과 감정이 생성되고 작용하는 것이 다르다. 마음에 의한 심리가 작용할 때 남자는 감각기관의 기분이 생성되고, 여자는 마음에 의하여 감정이 생성된다. 그래서 남자에게는 기분이 중요하고, 여자에게는 감정이 중요하다.

남성은 성기능을 자신이 느끼기 때문에 성표현할 때 말과 행동에 연결되지만, 여성은 감각기관 또는 성기관과 연결되어 있다. 그래서 남성은 성표현에서 성기능장애가 발생하고, 여성은 성인식에서 성기능장애가 발생한다. 이것이 남성과 여성의 성기능이 작용할 때의 차이다. 결국, 성기능으로 볼 때 남성은 감각기관의 성인식과 관계가 없고, 여성은 성적인 말과 행동의 성표현과 관계가 없다.

여성은 성표현할 때, 섹스에서는 성기능장애가 발생하지 않는다. 그러나 성표현할 때 성인식으로 피드백이 되어 감각기관으로 성인식이 될 때 발생한다. 이처럼 성정보가 중요한 이유는 성행동인 섹스는 감각기관으로 성인식이 동시에 작용하기 때문이다. 그래서 섹스는 성인식과 성표현이 동시에 작용한다. 이로 인하여 남성과 여성이 모두 성행동인 섹스에 대한 부분을 신체의 성기능장애로만 생각한다.

남성의 성기능장애는 성표현 중 성행동인 섹스와 연결되어 있지만, 여성의 성기능장애는 성행동인 섹스의 성표현이 중요하지 않다. 여성은 성인식에 의하여 성정보를 결정하기 때문에 성마음과 함께 마음이 작용한다. 여성의 마음에서는 감정이 작용하기 때문에 성인식에 의하여 성기능장애가 결정된다. 결국, 여성은 마음에서 상대 남성에게 사랑의 감정을 갖느냐 아니냐가 중요하다.

그러나 마음에서 상처해리로 인하여 부정감정인 상처를 기억하지 못하는 현상이 발생한 여성의 경우에는 사랑하지 않는 남성과 성행동인 섹스를 대수롭지 않게 생각하기 때문에 성기능이 매우 좋아진다. 심리장애가 발생하여 성표현이 강화되었기 때문이다. 이때 성마음에서는 성인식의 문제로 인하여 성인식장애가 발생한다.

이로 인하여 여성은 성마음의 성심리에서 성인식장애가 발생하면서 성표현이 강화되어 성기능이 매우 좋아진 후, 마음의 심리에서는 심리장애가 발생하게 되고, 성마음과 마음이 신체에 영향을 주기 때문에 신체질병이 생긴다. 신경성 장애인 편두통, 생리증후군, 신경성위장장애, 과민성대장장애 등이 발생한다. 이 신경성장애를 방치하면 수술을 하든지, 병원에 입원하여 치료하는 등의 신체질병으로 전환되는 경우가 많다.

9 성심리와 성기능

성마음은 성무의식과 성의식에 의하여 성심리가 함께 작용한다. 성정보를 인식하는 성인식이 있고, 성정보와 성상처를 기억하는 성기억이 있으며, 성기억된 성정보를 외부로 표현하는 성표현이 있다. 이렇게 성인식, 성기억, 성표현 등을 성심리라고 한다. 성마음에서 성인식할 때 성무의식이 작용하고, 성무의식에 의해서 성기억한다. 이때 성기억은 성정보와 성상처를 기억한다.

또한, 성기억된 성정보를 성의식이 기억하여 자각한다. 그리고 성의식에 의하여 성정보를 외부로 성표현한다. 성인식이 될 때 성무의식이 작용하면서 감각기관이 작용한다. 감각기관이 성의식에 의해서 성표현될 때, 말과 행동을 하는 성적행동이 나타난다. 이것을 섹스라고 한다. 성인식할 때 섹스가 나타나는 것이 아니라 성표현할 때 섹스가 나타난다. 그래서 섹스는 성표현의 일부분이고, 성심리의 일부분으로 작용한다.

성인식은 여성에게 중요하지만, 성표현은 남성에게 중요하다. 성심리와 성기능을 살펴보면 성인식이 성기능에 미치는 영향이 중요한 것은 여성이고, 성표현할 때는 남성이 중요하다. 그런데 성기억은 성인식할 때는 전혀 영향을 주지 않지만, 성표현할 때 남성의 성기억은 신체에 영향을 주기 때문에 성기억에 영향을 받는 것은 남성이다. 남성은 성기억에 성정보와 성상처가 많은가에 따라서 성기능에 영향을 준다.

성기능의 관점에서 보면 여성은 성인식에 의해서 결정되고, 남성은 성기억과 성표현에 의해서 결정된다. 따라서 여성의 성기능은 단순하다. 반면 남성의 성기능은 매우 복잡하다. 다만 남성의 성기능은 성표현을 할 때만 작용한다. 느껴지지 않는 성기억은 자각되지 않기 때문에 분석할 수 없다.

여성은 성정보만 성기억하지만, 남성은 성정보와 성상처를 같이 성기억한다. 남성은 성기억된 성상처가 신체에 직접적인 영향을 준다. 성정보가 많을수록 성상처는 점점 커진다. 그래서 성기억과 성표현은 남성에게 직접 성기능에 영향을 주지만, 여성은 성인식에 의해서만 성기능에 영향을 준다. 이것이 성심리와 성기능의 상호관계이다.

남성은 성정보를 많이 성인식하는 것보다는 성표현인 섹스가 중요하다. 섹스를 하면 할수록 성상처는 기하급수적으로 늘어난다. 남성에게 섹스는 성상처를 크게 한다. 이 성상처는 신체에 직접 영향을 준다.

사람들은 섹스를 하지 말라는 것이냐고 묻는다. 섹스를 하지 말라는 것이 아니다. 신체에 영향을 미치고 있는 성상처를 치료할 방법을 아는 것이 중요하다. 성상처를 치료하면 아무리 섹스를 많이 하더라도 신체에 영향을 적게 준다. 왜냐하면, 성상처가 커지더라도 성상처를 치료하면 신체에 영향을 주지 못하기 때문이다. 성상처가 신체에 영향을 주지 않으면 성기능에도 영향을 주지 않는다.

성상처가 많아서 성기능장애가 있는 남성은 성상처가 치료되면 성기능장애가 사라진다. 남성의 성기능장애는 성상처로 인하여 발생하기 때문이다. 성상처 때문에 성기능에 영향을 주고 신체질병에 영향을 주는 것이 사라진다. 이것이 제스테라피의 핵심이다.

10 성욕과 성기능

성욕은 섹스의 욕구이다. 섹스를 하고 싶은 생각의 욕구이지 섹스를 하는 것이 아니다. 섹스를 행동으로 실행한 것이 아니라 섹스를 하고 싶은 생각이다. 섹스에 대한 생각의 기분이 성욕이다.

성욕은 표현과 성표현할 때 마음에서 느껴진다. 이때는 성무의식이 작용하기 때문에 성정보의 느낌은 느껴지지 않는다. 또한, 성표현할 때 성의식이 작용하는데 이때 성기억의 성정보만 자각하고 함께 성기억된 성상처는 신체에 영향을 준다.

성정보를 성의식으로 자각하는 것은 생각으로 성표현하는 것이다. 그러면 마음의 무의식이 작용하면서 기분을 만든다. 성기억된 성정보에 마음의 무의식에서 만들어지는 기분이 결합하여 의식으로 느끼게 된다. 이것이 성욕이다. 그래서 성정보는 성의식에서 자각하고, 기분은 마음의 무의식에 의하여 생성되어 의식으로 자각한다.

예를 들어 성상처의 크기가 100이라면 신체에는 -100의 영향을 주면서 성상처의 크기만큼 마음의 무의식에서 +100의 기분을 생성하여 의식으로 느끼게 된다. 기분이 느껴지는 크기만큼 신체에 문제가 생긴다.

이처럼 작용하는 원인을 보면, 마음은 의식과 무의식으로 구성되어 있고, 성마음은 성무의식과 성의식으로 구성되어 있다. 그래서 성기억된 성정보를 성의식에 의하여 외부로 성표현할 때 마음의 무의식에 의하여 표현을 함께 한다. 성의식의 성표현할 때는 성상처가 신체에 나쁜 영향을 주면서 동시에 마음의 무의식이 작용하면서 기분을 느끼게 된다.

성상처에 의하여 -100만큼 신체에 나쁜 영향을 주지만 무의식에서는 +100만큼의 기분이 느껴진다. 일을 할 때는 1만큼의 정보가 계속 100번이 들어와야 느껴지는 기분이지만, 성정보를 1번 생각하면 일반적인 기분을 100번 느끼는 것과 같다.

그래서 성욕의 기분은 성상처의 크기만큼 크게 느껴진다. 성정보와 마음의 기분이 결합하여 느끼는 것이 성욕이다. 성욕이 크다는 것은 기분이 크다는 것이고, 성정보에 대한 기분이 크다는 뜻이다. 만일 +500의 크기만큼 성욕이 강해졌다면 성상처는 -500이라는 뜻이다. 성욕이 크다는 것은 성상처가 신체에 나쁜 영향을 주기 때문에 성기능에 문제가 생긴다.

성욕과 성기능은 반비례한다. 성욕이 강할수록 성기능은 그만큼 안 좋아진다. 성욕이 줄어들면 성기능은 그만큼 좋아진다. 성기능장애인 남성은 성욕이 강하다. 그래서 성기능장애를 치료할 때는 성욕을 없애는 것이 필요하다. 성욕을 없애면 성기능이 회복된다. 그런 후 성기억된 성정보가 작용하여도 신체에 문제가 생기지 않도록 성상처를 제거해야 한다. 이것이 성기능장애를 치료하는 방법이다.

성기억의 성상처를 제거하기 전에 먼저 무의식에 느껴지는 성욕을 제거해야 한다. 이를 위하여 의식의 성욕은 성상처의 작용이 원인이다. 성욕이 생길 때마다 신체에 이상이 생긴다. 따라서 의식적으로 조절할 수 있도록 해야 한다. 그런 후에 성기억된 성상처를 제거함으로써 성기능장애를 치료한다.

11 성몰입과 성기능

사람들은 성욕과 성몰입을 구분하지 못한다. 성욕은 성정보에 무의식의 기분이 결합한 것으로서 마음의 의식에서 느껴진다. 섹스에 대한 욕구인 생각만 작용하는 것이다. 반면 성몰입은 섹스를 하는 것이다. 섹스를 하는 성적행동에 몰입하는 것이다. 이는 섹스를 하고 있다는 것이고 성몰입이라고 말한다.

성몰입은 성욕에서 시작한다. 성욕은 생각이고 성몰입은 행동이다. 성욕은 아직 성표현하기 전이고 성몰입은 이미 성표현한 것이다. 따라서 성욕은 내부적인 성표현이고 성몰입은 외부적인 성표현이다.

표현할 때는 성마음의 성표현이든 마음의 표현이든 내부표현과 외부표현이 있다. 내부로 표현할 때는 약 20%가 작용하고, 외부로 표현할 때는 약 80%가 작용한다. 성욕은 내부표현이고, 성몰입은 외부표현이다. 성몰입은 성욕보다 몇 배로 큰 기분을 만든다. 이때 내부로 표현하는 것은 20%인데 외부로 표현하는 것은 80%이기 때문에 성몰입은 성욕보다 몇 배의 크기로 성기능장애가 발생한다.

성몰입이 크면 클수록 성기능장애는 악화한다. 그래서 성욕이 많은 것과 성몰입을 잘하는 것은 차이가 난다. 성욕이 많은 사람은 섹스에 몰입하는 남성에 비하여 20%밖에 성기능에 영향을 안 미친다. 그래서 성욕은 가지고 있지만, 섹스가 없으면 성기능장애가 잘 발생하지 않는다.

섹스에 대한 상상과 자위를 하는 남성은 대체로 성기능장애가 잘 발생하지 않는다. 상상으로 자위하는 것은 성욕이다. 그래서 20%의 크기로는 성기능장애가 잘 발생하지 않는다. 그러나 섹스는 80%가 작용한다. 그냥 20%만 느끼는 성욕은 성기능장애에 20%밖에 영향을 주지 않는다.

성욕을 갖고 섹스를 하면, 섹스를 한 번 할 때 성욕의 크기에다가 곱하기 4만큼 신체에 영향을 준다고 생각하면 된다. 성욕은 섹스에 대한 생각인데 이렇게 생각만 할 때는 20%의 크기만큼만 신체에 영향을 주지만, 성몰입은 생각이 아니라 성행동인 섹스이다. 이것은 4배의 크기로 신체에 영향을 준다.

성욕이 중요하냐 아니면 성몰입이 중요하냐고 말하는데, 성욕과 성몰입 모두 중요한 것은 맞지만, 성욕과 성몰입은 분리되어 있다. 성욕이 없어도 성몰입을 할 수가 있고, 성몰입이 없이도 성욕이 생긴다. 성욕이 있다고 하여 누구나 성몰입을 하지 않는다. 또한, 성몰입이 되어 있다고 해서 성욕이 있다는 것도 아니다.

그래서 성기능장애를 치료할 때는 성몰입인 섹스를 하지 못하도록 해야 한다. 성욕보다 4배의 크기로 성기능장애를 유발하도록 신체에 영향을 주고 있기 때문이다. 성욕과 성몰입을 모두 차단하는 것이 필요하다.

성욕이 생기지 않게 하려면 스트레스를 받는 것이 가장 좋다. 성마음과 마음을 알아가는 과정이 스트레스의 과정이다. 스트레스를 받게 되면 성욕이 생기지 않고 성몰입을 할 수 없다. 남자는 스트레스에서 깨달음을 느낀다. 삶에 대한 깨달음이 오면 성욕과 성몰입이 모두 제거되면서 성기능이 좋아진다.

인간으로서, 사람으로서 태어나서 죽을 때까지의 흥망성쇠와 길흉화복에 이르는 모든 것을 한꺼번에 깨우치게 된다. 그렇게 하여 깨달음을 얻은 후 학식이 있는 사람, 재력이 있는 사람, 성기능이 뛰어난 사람 등을 보면 몸과 마음이 어떤 상태인지를 알 수가 있게 된다.

　예를 들면 식사를 빨리하는 남성을 보면 성기능장애라는 것을 알게 되고, 자신도 그랬었다는 것을 알게 된다. 그만큼 여유가 생긴다. 여성이 남성을 조금만 자극해도 성기능은 좋은 상태로 작용하고, 남성이 원하는 만큼 성욕이 없는데도 성몰입을 할 수 있다. 성기능은 더 이상 성욕과 성몰입과는 관계가 없기 때문이다.

　남성이 언제 어디서든 성기능이 필요할 때 필요한 만큼 작용하는 것이 가장 좋다. 성몰입은 성기능에 매우 나쁜 영향을 준다. 성욕보다 더 강력한 몇 배로 성기능에 나쁜 영향을 준다. 즉 섹스가 성기능에는 나쁜 영향을 크게 준다. 따라서 성기능장애를 치료하는 기간에는 섹스와 성욕을 차단하고, 깨달음을 갖게 되어 성상처를 제거하도록 함으로써 성기능을 모두 회복하도록 한다. 이 과정이 제스테라피이다.

12 스트레스와 성기능

스트레스가 성기능에 어떠한 영향을 미치는지를 살펴보자. 스트레스는 두 종류가 있다. 하나는 마음의 스트레스이고 또 하나는 성마음의 성스트레스이다. 남성은 마음의 스트레스가 발생해도 기억하지 않는다. 그래서 남성은 스트레스를 제거한다.

반면 여성은 마음에 스트레스가 발생하면 무의식에서 스트레스를 하나씩 누적한 후 상처로 기억한다. 스트레스 80개가 누적되었다면 이를 무의식에서 80개만큼의 크기로 만들어서 상처가 생긴다. 이때 상처가 치료되지 않으면 −80개의 크기만큼 상처로 기억하고, 상처를 치료하면 행복의 감정을 느끼도록 한다. 이것이 여성의 무의식이 작용하는 원리이다.

그래서 여자는 상처를 잘 기억한다. 아내 또는 다른 여자들과 과거의 이야기를 해 보면 상처에 관련된 이야기를 잘한다. 옛날에 좋지 않았던 것을 잘 이야기한다. 그래서 마치 과거에 안 좋았던 것처럼 기억한다. 사실은 하나도 기억을 못하면서 마치 그랬던 것처럼 생각하게 되어 있다.

그런데 성마음에서는 성스트레스가 작용하면 남성은 성무의식에서 하나씩 모아서 80개가 들어오면 −80개 크기만큼의 성상처로 만든다. 이후 성무의식에서 성상처로 전환하여 성기억을 한다. 이때 성상처는 자각할 수 없기 때문에 치료하지 못한다.

여성에게 성스트레스가 유입되면 성무의식에서 제거한다. 그래서 여자는 성상처를 기억하지 않는다. 그냥 제거만 한다. 남성이 마음에서 스트레스를 제거하는 것과 원리가 같다. 남성은 스트레스를 받으면 수단과 방법을 가리지 않고 어떻게 해서든지 스트레스에서 벗어나는 것이 중요하지 상대가 누구냐는 것은 중요하지 않다. 일단 스트레스에서 벗어나는 것이 목적이다.

여성은 성스트레스가 발생하면 수단과 방법을 안 가리고 피하고 본다. 성무의식에서는 성스트레스를 제거하기 때문이다.

그래서 여성은 성스트레스에 대하여 남성의 스트레스와 같은 원리로 처리하고, 여자는 마음의 상처를 기억하여 치료하려고 한다. 그래서 여성은 마음으로 상처를 느낀다. 그러나 남성은 무의식에서 성스트레스를 성상처로 전환하여 성기억을 하도록 하지만 자각을 못한다. 자신에게 성상처가 있는지 느끼지도 못하고 아픈지도 모른다. 그래서 여성이 상처로 힘들어하는 만큼 남자의 신체도 성상처로 인하여 힘들게 된다. 이때 제일 먼저 나타나는 신체의 반응이 성기능장애이다.

남성에게 성기능장애가 발생하였다는 것은 신체가 아프다고 신호를 주는 것이다. 여성은 상처로 인하여 마음이 아프면, 아픈 것을 느끼기 때문에 치료하기 위하여 아프다고 표현한다. 그러나 남성은 성상처로 인하여 신체가 아픈데도 아프다고 표현하지 못한다. 그래서 성기능장애가 발생한다.

이처럼 스트레스와 성기능은 직접 연결되어 있는데, 여성에게는 마음의 상처가 직접 연결되고, 남성은 성마음의 성상처가 직접 연결된다. 결국은 남성에게는 성스트레스보다 성상처가 중요하고, 여성에게는 스트레스보다 상처가 중요한 역할을 한다.

이처럼 남성은 스트레스와 성상처에 관련된 부분이 상호작용을 하는데, 스트레스는 일시적이고 제거할 수 있기 때문에 중요하게 작용하지 않는다. 남성은 무의식에서 스트레스를 제거할 때는 수단과 방법을 가리지 않는다. 그러나 스트레스를 제거한 후에는 재미있는 것에 몰입한다. 즉 좋은 기분을 느끼려고 한다. 만일 스트레스가 80만큼 지속하였다고 하면 80만큼의 좋은 기분을 느끼려고 한다. 그래서 게임에 과도하게 몰입하든가 아니면 섹스를 하려고 한다. 성상처의 크기 중에 −80만큼 가동하게 하면 마음의 기분이 +80만큼 좋아진다. 그러면 신체에 −80만큼 영향을 주고, +80만큼 기분을 느낀다.

남성에게 스트레스가 작용하면 무의식의 기분에 몰입되고자 하고, 스트레스가 많은 남성일수록 성욕이 강하고 성기능장애가 쉽게 발생한다. 그러나 여성은 성스트레스가 발생하면 제거한 후 다른 것에 몰입하지 않는다. 성스트레스를 제거하고 자극이 멈추면 된다. 그러나 여성은 마음에서 스트레스가 상처를 유발하기 때문에 성기능에 영향을 준다. 이처럼 남성은 성스트레스와 성상처가 성기능에 영향을 주고, 여성은 스트레스와 상처가 성기능에 영향을 준다.

13 상처와 성기능

　남성은 스트레스가 발생하면 마음에 의해서 성마음이 작용하기 때문에 스트레스가 성기능에 영향을 미친다. 그러나 여자는 성스트레스가 발생해도 성기능에 영향을 미치지 않는다. 먼저 기분과 감정을 구분해 보면, 기분은 1이고 감정은 1이 차근차근 모여 30이 되어 작용하는 것을 말한다. 그래서 기분은 자극될 때만 느껴지고, 감정은 자극되지 않는데도 불구하고 지속해서 느껴진다. 이때 기분 나쁜 것을 스트레스라고 말한다. 그리고 성습관에 맞지 않는 성정보가 유입되어 생성되는 성기분을 성스트레스라고 말한다.

　감정을 말할 때 좋은 감정을 즐거운 감정이라고 표현하지 않고 사랑의 감정 또는 행복의 감정이라고 한다. 또한, 나쁜 감정은 상처라고 말한다.

　여성은 마음에서 상처를 가지고 있다. 왜냐하면, 여성은 스트레스가 작용하면 무의식이 이 스트레스를 쌓아서 상처로 만든다. 그리고 무의식의 작용으로 상처가 치료되면 무감정으로 기억하고, 치료가 되지 않으면 상처의 감정으로 기억한다.

　이 상처로 인하여 성인식이 될 때 성기능에 영향을 준다. 그래서 여성은 마음의 상처가 직접적으로 성기능에 영향을 준다. 여성의 성마음에는 성상처가 없기 때문에 성기능에 영향을 주지 않는다. 성기능에 영향을 주는 것은 마음의 상처다. 따라서 여성은 상처가 얼마나 많은가에 의하여 성기능장애가 결정된다.

또한, 상처가 너무 많아도 문제지만 너무 없어도 문제가 된다. 적정수준이 있어야 상처를 치료할 때 행복의 감정이 만들어진다. 행복의 감정이 만들어지면 성기능이 좋아지고 상처가 있으면 성기능의 나빠진다.

이처럼 여성의 성기능장애는 마음정보로 발생하는 상처에 의하여 만들어진다. 따라서 섹스 경험이 많은 여성의 성기능장애는 상대에 따라서 다르게 작용한다. 상대에 대한 마음의 상처에 따라서 성기능이 다르게 작용한다. 즉 여성은 스트레스보다 마음의 상처가 성기능에 직접적인 영향을 준다.

그러나 남성은 마음에서 스트레스를 제거하기 때문에 상처의 감정을 기억하지 않고, 상처의 감정이 작용하지 않는다. 그렇기 때문에 마음에서는 성기능에 영향을 주지 않지만, 마음의 스트레스가 남성이 가진 성상처를 성기억한다. 남성의 성상처는 성스트레스에 의해서 만들어진다. 성무의식으로 성스트레스를 생성한 후 성상처로 성기억을 한다. 성스트레스의 자극이 들어올 때마다 신체에 영향을 주고 자극을 소멸시킨다. 그러나 이러한 성스트레스가 지속되면 누적된 크기만큼 성상처로 전환하여 성기억된다. 성기억된 성정보를 성의식이 성표현하면서 성정보와 함께 성기억된 성상처가 신체에 영향을 준다.

남성의 성마음에 생긴 성상처가 성기능에 영향을 주고, 여성은 마음에 생긴 상처가 성기능에 영향을 준다. 여성은 마음의 스트레스에 의하여 상처를 만들고, 남성은 성마음의 성스트레스에 의하여 성상처를 만든다.

따라서 여성은 성마음에 의하여 성기능장애가 발생하는 것이 아니라 마음에 의하여 성기능장애가 발생한다. 그러나 남성은 성마음에 의하여 성기능장애가 발생한다.

　남성은 섹스대상인 여성과 섹스를 하면 성상처가 매우 커지지만, 여성은 성상처와 관련이 없다. 반면 여성은 마음의 상처로 인하여 힘들어 어려워할 때 섹스를 하고 난 후에는 괜찮아지고 편해진다. 그러나 오래 지나지 않아서 다시 상처가 작용한다. 이는 상처치료가 되지 않았기 때문이다. 이처럼 여성은 상처와 성기능이 연결되고, 남성은 성상처가 성기능에 연결된다.

14 성기능에 대한 인식차이

 남성과 여성은 성기능에 대해서 서로 다르게 생각한다. 왜냐하면, 남성은 성상처와 성기능이 연결되고, 여성은 상처와 성기능이 연결되기 때문이다. 마음의 상처와 성마음의 성상처는 다르다. 남성의 성상처는 신체에 영향을 주면서 성기능장애를 유발하지만 자각하지는 못한다. 반면 여성은 상처에 의하여 마음이 작용할 때 성기능에 직접적인 영향을 주고 이를 자각한다.

 따라서 성기능문제 또는 성기능장애가 발생하면, 남성은 성마음의 성상처가 문제가 생겼더라도 자각되지 않기 때문에 원인을 느낄 수 없고, 오로지 신체로 나타나는 것만 알 수 있다. 그래서 남자는 성기능장애를 건강문제 또는 정력문제와 같이 신체와 연결되는 것이 문제라고 생각한다. 남성은 신체의 현상만 느끼기 때문이다. 즉 성상처는 자각되지 않고 느껴지지 않는다.

 남성은 성기능문제와 성기능장애를 신체의 문제로 생각한다. 성기능이 좋으면 건강이 좋은 것으로 생각하지만, 사실은 신체질병이 발생하였다는 것을 의미한다. 남성에게 성기능장애가 발생하면 신체질병이 발생하였거나 신체가 건강을 유지하고자 한다는 뜻이다. 따라서 남성은 신체문제로 인하여 성기능문제 또는 성기능장애가 발생한 것이라고 생각한다.

그러나 여성은 마음의 상처가 있으면 성기능장애가 발생하기 때문에 성기능장애는 마음과 관련되어 있다고 생각한다. 상처를 자각하고 자신이 아프다는 것을 느낀다. 아프다는 것을 느끼기 때문에 성기능문제나 성기능장애가 발생하면 마음과 연결하여 생각한다. 그래서 여성은 성기능장애를 마음의 상처로 인식한다. 마음이 좋으면 성기능이 좋은 것이고 마음이 좋지 않으면 성기능이 좋지 않은 것으로 생각한다.

남성이 상대 여성과의 섹스가 좋았다고 말한다면, 이 여성은 마음으로 남성을 사랑하는 것으로 생각할 수 있다. 상대를 사랑하는 감정이나 행복으로 느껴야 성기능이 좋아지기 때문이다. 여성이 상대 남성과의 섹스가 좋았다고 하면 상대 남성은 자신을 사랑하는 마음이 있다고 생각한다.

한편 상처의 감정에 대한 해리가 있는 여성은 심리장애인데, 이러한 여성은 상대 남성과 관계없이 성기능이 매우 왕성하고 좋은 상황이고, 상대 남성이 섹스를 할 때마다 상대 남성이 자신을 사랑하는 것으로 착각할 수밖에 없다.

이처럼 여성은 성기능을 마음과 연결되어 있다고 생각한다. 성기능이 좋다는 것은 상대 남성을 사랑하는 것으로 착각하게 한다. 이는 성기능이 마음과 연결되어 있기 때문이다. 그래서 여성은 성기능장애를 마음의 문제로 생각한다.

만일 여성이 성기능장애라고 하면 상대 남성을 사랑하지 않는 것으로 생각한다. 그래서 사랑하는 남성에 대해서는 성기능장애가 아니라고 생각하고 단지 마음의 상처로 인하여 섹스를 하지 않고 있는 것일 뿐이라고 생각한다.

이에 따라서 남성은 성기능장애가 발생하면 신체문제를 해결하기 위하여 노력하지만, 여성은 성기능장애가 발생하면 마음의 상처를 치료하기 위하여 노력한다. 여성은 신체문제를 해결하려고 하지 않는다. 그러다 보니 남성이 성기능장애라고 하면 여성은 남성이 자신을 사랑하지 않는다고 생각한다.

남성에게 발기부전이 생기면, 여성은 남성이 자신을 별로 좋지 않게 생각한다고 인식한다. 여성은 성기능장애를 마음의 문제로 생각하기 때문에 남성의 마음을 치료해야 성기능이 좋아질 것으로 생각한다. 그래서 가능하면 남성을 편안하게 해 주려고 노력한다.

그런데 남성은 여성과 다르게 생각한다. 여성이 성기능장애라고 하면 여성의 신체에 문제가 있다고 생각한다. '이 여자는 못 느끼는 여자야', '이 여자는 섹스를 안 좋아하는 여자야', '몸이 안 좋아서 또는 성적으로 개발되지 않아서 그래!' 등과 같이 생각한다. 남성은 여성의 성기능장애에 대하여 마음의 문제가 아니라 신체의 문제라고 생각하는 것이다. 반면 여성은 남성이 성기능장애라고 하면 마음의 문제라고 생각한다. 신체의 문제라고 생각하지 않는다.

남성의 성기능장애는 성상처로 인하여 발생하는 것이 아니라 신체에 문제가 있다고 생각하기 때문에 비뇨기과를 비롯하여 신체 또는 성기를 회복할 방법을 찾게 된다. 그러면 남성은 성상처가 더욱 커지게 되고 성기능장애는 더욱 악화한다. 만일 남성이 성기능장애일 때 여성이 남성에게 비뇨기과에 가서 진단을 받고 치료하라는 말을 하게 되면 남성의 성상처는 매우 강력하게 커진다. 그러면 이 남성의 성기능장애는 말기로 진행된다.

여성의 성기능장애에 대한 정보를 찾아보면 대부분 신체의 문제를 말한다. 또한, 남성의 성기능장애에 대한 정보를 찾아보면 신체의 문제로 말한다. 이런 정보는 대부분 남성이 만든 것이다. 이렇게 현실은 남성과 여성의 성기능장애에 대하여 성마음과 마음이 작용하는 원리를 모르고 있다. 그래서 성기능장애의 원인조차 모두 왜곡되어 있고, 오해하고 있다.

여성의 성기능장애는 마음의 상처가 원인이지 신체의 문제가 아니다. 그래서 신체의 문제로 해결하려고 하면 성기능장애가 치료되지 않는다. 그러나 남성의 성기능장애는 성마음의 성상처가 원인이지 신체 또는 마음의 문제가 아니다.

그런데 남성은 자신의 신체에 문제가 발생한 것으로 생각하여 신체문제를 해결하려고 노력한다. 남성은 성기능장애를 신체문제로 생각하기 때문이다. 그래서 성기능이 좋아질 수 있다면 약을 복용하고, 수술을 하고, 음식을 먹고, 운동을 하고, 갖는 방법을 쓴다.

반면 여성은 성기능장애가 있어도 별로 신경을 쓰지 않는다. 자신의 마음이 회복되면 되기 때문에 성기능장애를 치료할 생각을 하지 않으면서 성기능장애를 대수롭지 않게 생각한다. 그러나 남성은 성기능장애가 신체의 문제이기 때문에 매우 심각하게 생각한다.

여자의 성기능장애에 관련된 정보를 보면 남성처럼 신체에 문제가 있다고 하면서 성감의 개발을 위한 마사지, 애무의 기법, 섹스의 테크닉, 오르가슴을 느끼는 방법, 케겔운동 등과 같이 신체에 영향을 주려고 한다.

이렇게 여성의 신체로만 자극하면 섹스의 경험이 많아지는 것과 같아서 성기능이 좋아지는데, 마음은 상처가 더 커진 상태에서 성기능이 좋아지면 상대 남성을 가리지 않고 섹스를 추구하는 여성이 된다.

이것은 남성과 여성이 성기능과 성기능장애를 인식하는 차이로 인하여 발생하는 현상으로서 모든 성기능과 성기능장애에 관련한 정보가 온통 오류이고 잘못되고 왜곡되어 있다는 것을 알 수 있다.

여성이 성기능장애를 치료하겠다고 신체적 자극이나 섹스기법 등을 배우고 학습한다면 매우 심각한 상황이 발생한다. 여성은 상처가 치료되지 않은 채 성기능이 좋아지면 사랑이나 행복을 생각하지 않고 섹스의 쾌락만 추구하게 된다. 이는 남성과 여성이 성기능 또는 성기능장애에 대한 인식차이를 전혀 생각하지 못하기 때문에 발생하는 현상이다. 이러한 현상은 지금 이 순간에도 계속 발생하고 있다.

15　남성의 성기능장애

　남성은 성정보를 성인식한다. 성정보를 성인식할 때 성마음의 성무의식이 작용한다. 성무의식의 성습관에 의해서 성스트레스가 발생하면 성상처로 전환하고, 성정보에 성상처를 결합하여 성기억한다.

　성스트레스의 크기가 1이라고 할 때 지속해서 성스트레스가 작용하면서 이를 하나로 통합하여 10, 100, 1,000… 등의 성감정으로 만드는데, 이것이 성상처이다. 그래서 성상처는 성스트레스가 얼마나 많이 성인식되었느냐에 의하여 결정된다.

　성상처는 한 번 기억되면 제거하기 전까지는 사라지지 않는다. 마찬가지로 성정보도 한 번 기억되면 사라지지 않는다. 그래서 남성은 성정보를 잘 잊지 않는다. 아무리 오래전에 성인식한 성정보라도 모두 성기억한다. 그래서 자신이 필요할 때 성의식에 의하여 성기억의 성정보를 자각한다. 이처럼 성인식에서 성무의식은 성정보를 지속해서 받아들이고, 성상처를 생성하여 성정보와 결합한 후 성기억한다.

　이는 의식으로 통제되지 않는다. 그러다가 성욕이 생긴다든지 섹스를 하게 된다든지 하면서 성표현하면 성의식에서 성정보를 자각하고 성표현한다. 이때 성적행동을 하는 것이 섹스이다. 섹스는 성표현의 일부분인 성행동이다. 섹스를 위해서 성의식이 작용하면 성정보를 자각할 때, 성정보와 함께 성기억되어 있는 성상처가 신체에 나쁜 영향을 준다.

일반적인 기분이나 감정은 마음의 무의식에서 생성되고 의식에서 자각되어 느끼게 되는데, 성상처는 자각되지 않고 신체에만 영향을 준다. 따라서 성상처가 −10의 크기이면 신체에는 −10의 영향을 주지만, −1,000이면 −1,000만큼 영향을 준다. 또한 성정보와 함께 성기억된 성상처가 많으면 신체에도 그만큼의 성상처가 나쁜 영향을 준다. 그래서 성욕이 생기거나 섹스를 하게 되면 성상처로 인하여 신체에 나쁜 영향을 주게 된다.

따라서 성의식에서 성표현이 많아질수록 신체는 점점 안 좋아진다. 이때 신체에 문제가 발생하기 전에 성상처가 더 이상 신체에 나쁜 영향을 주지 못하도록 성표현을 차단하는 것이 성기능장애이다. 성표현을 더 하면 신체질병이 발생하게 되므로 성기능장애를 발생시키는 것이다. 이로 인해 성기능장애의 초기가 시작하는 것이다.

그래서 성기능장애는 초기, 중기, 말기로 진행된다. 말기까지 가게 되면 신체질병이 발생하기 시작하거나 악화한다. 성기능장애는 신체질병이 발생한다는 신호를 보내는 것으로 생각해야 한다. 신체질병이 발생하지 않도록 하는 댐과 같은 역할을 하는 것이 성기능장애이다.

그런데 성상처를 그대로 둔 상태에서 일시적으로 성기능이 좋아지면 성상처가 직접 신체질병에 영향을 주면서 신체질병이 악화한다. 성기능장애에 있을 때 성상처를 제거하지 않은 상태에서 성기능장애가 마치 없어진 것처럼 또는 일부가 개선되어 성기능이 좋아지는 것처럼 느껴지게 만들어졌다고 하면 신체질병이 더욱 가속화된다.

남성의 신체질병은 성기능장애와 밀접한 관계가 있을 것이라고 생각해 볼 수 있다. 그러나 저자는 의사가 아니기 때문에 이를 체계적으로 연구하고 검증을 해 볼 수는 없었다. 제스테라피가 남성의 성기능장애를 치료하는 것은 검증했는데, 신체질병을 치료하는 효과에 대해서는 의사들과 연구를 해야 할 것으로 생각한다.

성마음이론을 분석하면 성기능장애와 신체질병이 관련되어 있다. 제스테라피에 의하여 성상처가 제거되면 성기능장애가 치료되는 것과 함께 신체질병이 치료되는 것은 제스테라피를 한 남성에게 발생하는 효과이기 때문에 성상처를 제거하는 것이 남성의 신체질병을 치료하는 것에도 관련된다는 것을 생각하고 있다.

그래서 남성의 성기능장애는 성기억된 성상처 때문에 발생하는데, 성상처는 성표현되지 않고 성기억되어 있을 때 신체에 영향을 미치지 않는다. 그런데 성의식에 의하여 성표현될 때는 성상처가 신체에 나쁜 영향을 준다. 특히 섹스를 할 때는 성인식이 다시 작용하면서 매우 강력한 성상처가 형성되면서 신체에도 큰 영향을 주게 된다. 그래서 성표현 중 섹스를 하면 할수록 성기능장애가 악화할 수밖에 없다.

특히 사랑하는 여성 이외에 다른 여성과의 섹스는 심각한 문제가 발생한다. 편안하게 생각하는 여성을 제외한 모든 여성은 성정보로 유입되기 때문에 성상처가 매우 커진다. 그래서 다른 여성과 섹스를 하는 남성은 성기능장애를 비롯하여 신체가 무너진다. 결국 남성의 수명이 단축되는 원인이다.

남성의 성기능장애의 기초

남성의 성기능장애는 성욕 또는 성정보에 대하여 남성이 섹스를 추구할 때, 성행동인 섹스를 하면서 발생하는 신체적인 성기능의 장애를 말한다. 그러나 현재 우리가 알고 있는 성기능장애는 남성이 자의적으로 해석한 것을 알 수 있다.

여성의 불감증과 같은 성기능장애들은 남성중심으로 만든 것이다. 남성중심으로 볼 때 여성과 성행동만 할 수 있으면 된다. 남성이 성행동인 섹스를 하려고 할 때 여성에게 불감증, 절정장애, 성교통 등이 없어야 하고, 성행동을 하는 성기능이 제대로 되어야 한다고 생각한다. 이처럼 여성의 성기능장애를 모두 남성중심으로 해석하고 있다. 또한, 여성도 남성중심의 성기능장애로 생각하여 불감증, 절정장애, 성교통 등을 치료하려고 하는 것이다.

남성의 성기능은 성행동인 섹스가 중심이기 때문에 성행동의 성기삽입에 초점이 맞춰져 있다. 그래서 남성의 신체적인 성기능은 성기의 발기와 사정으로 연결된다. 이 외의 성기능장애는 없다. 이에 대하여 여성이 생각할 때는 남성이 동물이지 사람이냐고 생각할 수 있다.

남성은 성표현 중 성행동인 섹스를 중심으로 신체적인 성기능을 생각하기 때문에 신체의 성기능에 이상이 생기면 성기능장애라고 말한다. 신체적인 성기능에서 섹스를 할 때 성기의 삽입을 위한 성행동을 해야 하기 때문이다. 애무기법이나 섹스테크닉은 남성에게 성기능과는 관계가 없다. 그래서 남성은 성행동인 섹스를 하다가 멈추게 되는 발기부전을 심각하게 인식한다. 그런데 발기부전의 정반대는 발기과다인데, 시도 때도 없이 발기되는 것으로, 이것도 심각한 문제이고 성기능장애이다.

원래는 성행동인 섹스를 할 때만 성기능이 작용해야 하는데, 성행동 중에 발기가 되지 않는 발기부전과 불필요한 상황에서도 계속 발기가 되는 발기과다를 성기능장애라고 하는 것이다. 이와 같이 발기가 과다한 것도 성기능장애이고 발기가 부족하거나 없는 것도 성기능장애이다.

또한, 섹스할 때 성기의 삽입과 관련된 발기가 안 되는 것은 발기불능이라고 한다. 그런데 과한정도가 아니라 너무 오래 발기가 지속되는 것을 발기지속증이라고 한다. 발기지속증은 발기가 너무 오래되는 것이다. 사정했든 하지 않았든 일정기간동안 발기가 계속되는 현상이다. 실제 현실에서 이러한 발기지속증으로 어려움을 겪는 남성이 있다. 이러한 발기지속증은 병원에서 치료를 받아야 한다.

조루와 지루가 성기능장애인 이유는 섹스를 할 때 성기의 사정과 연결되기 때문이다. 조루는 섹스를 할 때 너무 빨리 사정하게 되어 발기가 사라지고 성욕이 사라지면서 섹스를 할 수 없도록 만든다. 만일 조루이면서 발기지속증이면 매우 심각해진다. 성기능장애가 2개 이상 결합하게 되면 매우 심각해진다. 성행동인 섹스와 연결된 발기와 사정이 연결되기 때문에 성기능장애가 2개 이상 연결되는 경우는 심각한 성기능장애라 할 수 있다.

지루이면서 발기부전 또는 발기지속증이면 매우 심각해진다. 지루이면서 발기불능은 없다. 지루와 발기부전 또는 발기지속증이 연결되면 계속 섹스를 하게 되면서 심각해진다. 이처럼 성행동에 관련된 삽입을 지속하면 혈뇨가 발생할 가능성이 매우 크다. 성기의 해면체에 손상을 입게 되면서 혈뇨가 발생한다. 섹스를 한번에 여러 번 반복적으로 하면 혈뇨가 발생한다. 그래서 발기될 때 고통을 느낀다. 해면체의 근육 또는 혈관이 파열된 것이다. 즉 성기에 상처가 나는 것이다.

이럴 경우에는 무조건 섹스를 멈추고 안정을 취해야 한다. 이와 같은 상황이 되었다면 하나 이상의 성기능장애가 결합해 있다고 볼 수 있다. 이처럼 남성은 성행동인 섹스와 관련하여 발기와 사정의 신체적인 성기능에 문제가 발생하는 것을 성기능장애라고 한다.

남성의 성기능장애는 신체의 성기능에 문제가 발생한 것으로서 제스와 연결된다. 성마음에 의하여 작용하는 성심리인 성인식, 성기억, 성표현 중에서 성표현만 작용하는 것이 아니라 성인식과 성기억이 함께 연결되어 작용하면서 성표현한다. 성심리가 신체와 연결되어 있어서 성심리에 의하여 성기능장애가 발생한다.

남성의 경우 성인식과 성기억은 신체의 성기능과는 직접적인 관계는 없지만, 성표현에 많은 영향을 주기 때문에 간접적인 관계가 있다. 그래서 성표현 중 성행동인 섹스를 조절하기 위하여 성인식과 성기억을 조절하고 성표현을 조절할 수 있도록 한다. 이 과정이 남성의 성기능장애를 치료하는 방법이다.

제스테라피는 남성의 성기능장애를 치료한다. 남성의 성기능장애는 성표현인 성행동에 연결되어 있지만, 성기능장애를 치료하기 위해서는 성표현을 직접 조절하는 것이 아니라 성인식과 성기억을 조절함으로써 자연스럽게 성표현이 조절될 수 있도록 한다. 이 조절방법이 제스테라피이다.

따라서 수술요법, 약물요법, 민간요법 등이 불필요해진다. 발기부전이나 발기력 향상을 위하여 섹스를 할 때마다 약물을 복용하지 않아도 된다. 남성은 섹스를 할 때 반드시 필요한 경우가 아니면 약물을 복용하는 것을 싫어하는 편이다. 또한, 약물복용은 부작용이 있다. 심장이 과다하게 뛰는 것, 얼굴에 홍조가 나타나는 것, 열이 나는 것 등과 같이 다양한 부작용이 나타난다. 즉 신체에 문제가 발생하는 것을 의미한다. 따라서 성기능장애일 때 일시적으로 성기능을 좋게 작용하도록 약물을 복용하는 것은 창피하고 부끄러운 이야기이다.

섹스를 할 때 발기부전치료제를 복용하는 남성은 성행동인 섹스를 할 때마다 자신의 신체를 망가트리는 결과를 초래한다. 성기능장애의 본질을 정확하게 알고 성인식과 성기억을 조정하여 자신 스스로 성기능장애를 치료해야 한다. 그렇게 되면 섹스를 할 때마다 발기부전치료제를 복용해야 할 이유가 없다.

남성은 인생에서 성행동인 섹스가 많은 영향을 미친다. 섹스는 남성에게 전부라 해도 과언이 아니다. 사회적, 경제적으로 성공한 것부터 자신의 열정과 직접 연결된다. 그러다보니 성기능은 남성에게는 죽고 사는 문제로 인식된다. 남성에게 성행동인 섹스는 마음의 기분과 직접 연결이 되어 있다. 성기능장애가 발생하면 남성은 자신의 인생에 문제가 생긴 것으로 인식하기 때문에 섹스를 할 때의 성기능은 남성에게 인생이라고 해도 과언이 아니다.

16 남성 성기능장애의 개념

 남성의 성기능장애는 섹스를 할 때 성기의 발기와 사정에 직접 관련되어 있다. 이외의 성기능장애는 없다.
 첫 번째, 사정과 관련한 성기능장애이다.
 남성의 성기능장애에 대표적인 것이 조루이다. 이 조루는 섹스를 할 때 너무 빨리 사정하여 더 이상 섹스를 할 수 없도록 만든다. 조루는 시간이 정해진 것이 아니다. 자신이 섹스를 할 때 원하는 시간보다 훨씬 못 미쳐서 사정하는 것을 말한다.
 예를 들어 한 남성이 섹스를 할 때 10분을 하고 싶었는데 5분 만에 사정하여 너무 아쉽게도 너무 빨리 된 경우도 이 남성의 입장에서는 조루라고 할 수 있다. 자신이 원하는 만큼 섹스의 시간을 조정할 수 없는 것이다. 또한 조루의 반대는 지루가 있다. 지루는 매우 오랜 시간동안 섹스를 하여도 사정이 되지 않는다. 사정을 하고 싶어도 사정이 되지 않는다.
 그래서 조루와 지루는 사정과 연결되는 성기능장애이다. 섹스를 할 때 적당한 시점에 사정이 되어야 하는데 너무 빨리 사정하거나 또는 너무 사정이 되지 않는 것이다. 조루는 발기가 되어 있는 상태에서 사정을 너무 빨리하기 때문에 사정하고 난 후 즉시 발기가 사라지면서 섹스를 하지 못하는 문제가 생긴다.

조루로 인하여 발기가 해제되니 발기부전이나 다름없는 것이다. 보통은 사정을 하면 발기가 사라진다. 사정을 하면 성기의 해면체에 있던 혈액이 빠져나가기 때문이다. 그래서 사정을 한 후에는 저절로 발기가 사라지고 일정한 시간이 지나야 다시 해면체에 혈액이 모인다. 그래서 사정을 한 후에는 성욕도 사라진다.

그런데 지루는 발기가 지속되면서 성욕은 점점 더 커진다. 지루인 남성의 공통점은 섹스를 어느 정도 하는 것은 괜찮다. 10분이든 20분이든 그때까지는 괜찮다. 그러나 발기가 너무 오래 지속되다 보면 어떤 경우는 통증이 생기기도 하고 해면체에 상처가 생길 수도 있다. 또한, 섹스의 상대 여성에게 섹스가 너무 오래 지속되면서 고통을 줄 수 있다. 적정한 시간 동안의 섹스에서는 좋은 느낌과 오르가슴을 느끼게 하지만 섹스를 계속하게 되면 힘들어지고 고통을 느끼게 된다.

어떤 때는 조루나 지루가 아니라 일상적으로 좋을 수도 있고, 어떤 때는 환경과 상황에 따라서 조루 또는 지루가 나타나는 경우도 있다. 이럴 때는 조루 또는 지루라고 하지 않는다. 성기능의 문제라고 한다. 성기능장애가 나타났다가 다시 회복되기 때문이다. 그러나 매번 섹스할 때마다 조루 또는 지루가 발생하는 것을 성기능장애라고 한다.

두 번째는 발기와 관련한 성기능장애이다.

남성은 발기가 되지 않으면 삽입을 할 수 없기 때문에 섹스를 할 수 없게 된다. 이때 처음에는 발기가 되었다가 섹스를 하는 도중에 발기가 사라지는 것을 발기부전이라고 한다. 섹스를 하는 도중에 갑자기 발기가 사그라지는 것이다. 그래서 발기부전치료제 또는 다양한 약물로서 섹스를 하는 일정시간 동안 혈류를 유지해 발기부전이 발생하지 않도록 한다.

조루나 지루는 섹스를 한다. 그러나 발기부전이 발생되면 섹스가 차단된다. 섹스의 중간에 발기가 사라지면서 섹스를 할 수 없게 만든다.

또한, 발기지속증이 있다. 이는 섹스와는 관계없이 발기가 되면 너무 오랜 시간동안 발기가 지속되는 현상이다. 발기가 지속되면 성기에 통증을 유발할 수 있고, 섹스를 하는 상대 여성을 고통스럽게 할 수도 있다.

발기지속증인 남성은 보통 지루와 연결되어 있고, 발기부전에 있는 사람들은 조루와 연결되어 나타나는 경우가 있다. 대체로 조루와 발기부전은 함께 발생한다고 보면 된다. 조루는 발기가 되기도 전에 사정을 하면 심각한 문제가 되는 데 반하여 발기지속증이 있는 남성은 지루일 가능성이 매우 크다.

발기와 관련된 성기능장애에 발기불능이 있다. 발기가 전혀 되지 않아서 섹스를 아예 할 수 없다. 발기불능은 남성의 성기능장애 중에 가장 최악이다. 아예 성기능을 상실시켜 버리는 것이다.

발기불능과 정반대인 발기지속증이 있다. 이는 발기과다증이라고도 한다. 발기가 과다해져서 시도 때도 없이 발기되는 현상이다. 아무 때고 발기가 되면 사그라지지 않고 수 시간~며칠 동안 발기가 지속된다. 차를 타고 가다가도 발기되고, 일하다가도 발기되고, 다른 사람과 이야기를 하다가도 발기가 되고, 식사를 하는 중에 발기가 되기도 한다. 이 또한 성기능장애이다.

이 발기과다증은 일상생활을 하는 것이 두려워진다. 상대가 여성이라면 자신이 의식하지 않아도 그냥 발기되어 매우 난감한 상황이 발생하는 경우가 있으며, 자칫 성범죄자로 오해받는 경우도 생긴다.

17 남성의 성기능장애가 발생하는 이유

　지금까지 알려진 남성의 성기능장애가 발생하는 이유는 신체문제로 인한 섹스문제로 인식되고 있다. 건강이 좋지 않기 때문에 성기능장애가 발생한다고 생각한다. 그런데 신체질병이 있는 경우는 신체질병이 원인이라고 생각하지만, 대부분은 신체문제를 정확히 모른 채 추측한다. 실제로는 신체 기능의 문제이다. 당연히 성기능은 성행동인 섹스에서 신체와 연결되어 있기 때문에 신체문제인 것은 맞지만, 엄격히 분리하면 신체문제가 아니라 성기능의 문제인 것이다.

　마음이론과 성마음이론을 적용하여 분석하면 성기능장애는 신체문제가 아니다. 심리와 성심리의 문제로 인하여 신체에 영향을 주게 되어 성기능장애가 발생하는 것을 알 수 있다. 특히 성마음에 의한 성심리가 작용할 때 제스가 작용하고, 성심리인 성인식, 성기억, 성표현 중 하나의 문제로 인하여 성기능장애가 발생한다.

　여성은 마음의 기억심리에서 상처가 작용하지만, 남성은 감정기억을 못하므로 좋은 기분으로 심리가 작용하면서 과거의 감정을 기억하여 아파하고 힘들어하지 않는다.

　그래서 마음에 의한 기억심리의 상처는 여성에게만 작용한다. 여성은 기억심리에서 상처를 기억하고 성마음에서 성상처를 기억하지 않는다. 반면 남성은 기억심리에서 상처를 기억하지 않지만, 성마음에서는 성상처를 성기억한다. 따라서 여성은 기억된 상처를 마음에서 처리할 때 아프고 힘든 것을 의식으로 느낀다. 이에 따라서 여성은 마음의 상처에 의한 신체화현상이 나타난다. 생리증후군이나 편두통과 같은 신경성장애가 발생하는 것은 모두 상처의 작용이 지속되면서 신체에 지속적인 영향을 주기 때문에 발생하는 현상이다.

여성의 상처는 느끼면서 자각되지만, 남성의 성상처는 느끼지 못하고 자각되지 않는다. 성상처는 신체로만 영향을 미친다. 성상처가 크면 신체에 그 크기만큼 영향을 미치지만, 여성처럼 신경성장애인 신체화현상으로 나타나지 않는다. 따라서 남성은 여성과 같은 신경성장애가 잘 생기지 않는다.

남성에게 돌연사가 많은 이유도 이 때문이다. 성정보에 의한 성상처는 신체에만 영향을 주면서 제일 먼저 나타나는 것이 성기능장애이다. 여성의 신체화현상은 신체질병을 예방하기 위한 보호기능이다. 그래서 여성에게 우울증이 잘 발생하는 것이다.

또한, 남성은 신체에 주는 영향을 자신이 느끼지를 못한다. 느낌이 없는 성상처가 신체에 영향을 주게 되므로 일정 기간이 경과하면 제일 먼저 나타나는 것이 성기능장애가 되고, 이 성기능장애가 지속되면 신체질병이 발생할 가능성이 크다. 이에 따라서 남성의 신체질병이 어쩌면 성상처가 지속되기 때문이 아닌가 생각해 볼 수 있다. 이때 성상처를 유발하는 것은 성정보이다.

성정보(xes infromation)는 제스와 관련된 정보이다. 이때 성정보는 자신의 성마음의 성기준에 의하여 성인식, 성기억, 성표현 등에서 결정된다. 즉 자신이 성기준이지 다른 사람들의 성적행동과 관련된 것은 성정보가 아니다.

자신이 제스로 결정하면 이후 성인식될 때 성정보로 작용한다. 이러한 성정보가 성인식되면 성상처로 성기억한다. 성정보가 많이 들어올수록 성상처가 커진다. 이에 따라서 성에 관심을 두고 성을 찾기 시작하면 성상처가 발생한다. 이것이 오랜 세월동안 지속적으로 누적되고, 성상처가 치료되지 않은 채 지속되면서 신체에 영향을 준다. 결국, 남성의 성기능장애는 성정보에 의하여 결정된다. 성정보가 많을수록 성기능장애는 악화한다.

성기능장애는 건강이 나빠지는 것이 아니라 신체질병이 발생하면서 성기능이 사라지는 것이다. 그래서 신체질병이 있는 경우는 성기능장애라고 하지 않는다. 몸이 아프고 건강이 좋지 않으면 성욕이든 성몰입이든 별로 중요하지 않다.

남성의 성기능장애가 대부분 심인성 성기능장애라고 하는 이유는 남성이 성상처를 자각하지 못하지만, 성심리가 작용하면서 나타나기 때문이다. 남성의 성기능장애가 발생하는 원인은 성정보에 의한 성상처 때문이다. 도서와 인터넷에는 성정보가 매우 많다. 이 성정보가 남성의 성기능장애를 유발하는 원인이다.

신체장애가 발생하면 성기능이 사라진다. 그러므로 성기능과 성욕이 있는데 성기능에 문제가 발생한 것을 성기능장애라고 한다. 성기능이 불필요해지면 문제가 될 이유가 없다. 그래서 성기능장애는 신체질병과 연계하여 생각해서는 안 된다. 남성은 성정보를 오래도록 성인식하면 성기능장애가 반드시 발생한다.

남성은 처음 보는 여성을 만나면 모든 것이 성정보로 성인식된다. 새로운 여성은 무조건 성정보이다. 그러나 자주 만나면서 익숙해지면 성정보가 아니다. 여성을 오랫동안 사귀면서 편해지고 성행동인 섹스에 대해서도 익숙해지면 더 이상 그 여성과 관련된 정보는 성정보가 아니다. 어떠한 정보가 인식되더라도 성정보가 아니기 때문에 성상처가 발생하지 않는다.

또한, 남성은 성상처가 클수록 성욕이 커진다. 결국, 성욕이 크다는 것은 성기능장애가 발생하고 있거나 발생했다는 뜻이다. 성정보를 많이 알고 있는 남성이나 성욕이 강한 남성은 대부분 성기능장애이다. 이처럼 성정보는 남성에게 치명적인 영향을 미친다.

이는 성정보에 의한 성상처가 자각되지 않은 채 성욕이 강화되기 때문이다. 자신의 신체에 어떠한 이상 징후도 못 느낀다. 그 대신 성정보가 들어오면 성상처가 쌓이면서 성욕이 강해지는 것을 느낀다. 성욕에 의해서 발생하는 마음의 기분만 느끼고 성마음에서는 성상처가 작용하면서 신체에 영향을 주고 있다.

마음이론과 성마음이론은 지금까지 현존하고 있는 이론이 아니다. 마음이론을 개발하고 난 이후 성마음이론을 개발하게 되었을 때, 마음과 성마음이 심리와 성심리로 작용하면서 신체와 밀접하게 작용하고 있다는 것을 알게 되었다.

이와 함께 남성은 성마음에서 성정보가 성인식되면 성상처가 누적되어 성기억으로 작용한다. 성적 취향과 성적 성향이 다른 남성에게는 강력한 성상처가 작용하기 때문에 성기능장애이다. 성기능장애는 성상처의 작용으로 인해서 신체적인 느낌을 강화하려는 욕구가 발생하면서 성기능이 정상적으로 작동되지 않는다. 그 이유는 신체질병으로 더 이상 진행되지 못하도록 자신의 신체를 보호하기 위하여 성기능장애를 유발하기 때문이다.

성기능장애인 남성에게 중요한 사실이 있다. 특정한 여성, 특정한 대상,

특정한 성행동 등에 의하여 성기능장애가 일시적으로 회복되는 경우가 있다. 일상생활에서는 성기능장애인데, 특정한 대상이나 행동에 의하여 성기능장애가 회복된다. 이는 남성에게 매우 위험한 상황이 발생하는 것으로, 강력한 성정보가 성인식되고 있다는 뜻이다. 강력한 성정보에 의하여 발생하는 강력한 성상처가 신체에 작용할 때는 성기능장애로는 신체질병을 보호하는 역할을 할 수 없게 된다.

이처럼 성기능장애가 일시적으로 회복되면 성기능이 좋아지면서 성욕을 해결할 수 있기 때문에 강력한 쾌락을 느낀다. 대신 성상처가 직접 신체에 영향을 주게 되면서 신체질병이 빠르게 진행된다. 성기능장애가 일시적으로 회복되어 성기능이 좋아지면 다른 어떠한 것보다 가장 강력한 쾌락을 느끼기 때문에 오로지 성기능장애를 일시적으로 회복되는 것만 하려고 한다. 그것만 하면 성기능장애가 발생하지 않기 때문이다.

그러나 강력한 성정보의 성인식으로 인하여 강력한 성상처가 신체에 직접 영향을 주게 되면서 신체질병이 급격하게 진행된다. 왜냐하면, 성상처로부터 신체질병이 발생하지 않도록 하는 성기능장애의 안전장치가 사라졌기 때문이다.

남성에게는 마음의 스트레스보다 더 강한 영향을 미치는 것이 성정보이다. 특히 자신이 좋아하는 성정보는 중요하게 인식한다. 그런데 성마음과 성심리가 작용하는 원리를 분석하면 성정보는 매우 무섭게 작용한다.

남성은 자신의 신체에 안 좋은 영향을 주는 성정보만 좋아한다. 반면 여성은 남성과는 정반대로 자신의 신체에 좋은 영향을 주는 성정보만 좋아한다. 남성은 신체에 좋지 않은 영향을 주는 성정보를 좋아하면서 성욕을 강화시킨다.

그리고 이미 익숙해진 성정보는 일반정보로 인식하기 때문에 성정보로 유입되지 않으면서 성욕이 생기지 않는다. 그래서 일정기간이 지난 애인 또는 부부가 섹스리스 문제를 겪는 것이다. 대부분 이 성마음과 성심리가 작용하는 원리를 모르기 때문에 섹스리스의 원인이 스트레스 또는 상처 때문이라고 한다. 하지만 스트레스를 안 받는다고 성기능장애가 개선되는 것은 아니다. 남성의 성기능장애가 발생하는 이유가 성정보에 의한 성상처 때문이다. 태어나서부터 현재까지 유입되는 성정보가 얼마가 많으냐에 따라 남성의 성기능장애가 결정된다.

현실에서 매우 중요한 성교육은 심각한 상황이다. 이미 5세 이상이 되면서 유치원 때부터 성교육을 한다. 아동에게 성정보를 주입하면서 남자 아동들에게 성기능장애를 유발하는 성상처가 쌓여 가도록 하고 있다.

또한, 성교육과 함께 섹스교육도 분석해 볼 수 있다. 이때 성교육과 섹스교육은 전혀 다르다. 성교육도 심각하지만 섹스교육은 더욱 심각하다. 우리가 생각해야 하는 것은 성기능장애는 자신이 성인식되는 성정보의 양에 의해서 결정된다는 사실이다. 성기능장애가 발생했다는 것은 성정보에 그만큼 많이 노출되어 유입되었다는 뜻이다.

남성의 성기능장애는 마음과 성마음에서 작용하고 있는 성정보로 인하여 발생한다. 남성의 성기능장애는 신체와 관계없다. 성정보로 인하여 성상처가 강화되면서 신체에 작용하여 성기능장애를 유발하고, 성기능장애가 아니면 신체질병을 유발한다는 것을 모르고 있다. 특히 성욕이 강하고 성정보에 노출되는 것이 오히려 성기능장애를 더 빨리 가속화시킨다는 것도 모르고 있다. 남성의 성기능장애는 성정보의 정보량에 의해서 결정된다.

18 여성 성기능장애의 기초

여성도 남성처럼 성정보를 성무의식으로 성인식을 한다. 그런데 성무의식에 있는 성습관이 남성과는 다르다. 남성은 성습관에서 성스트레스가 생기면 성상처로 전환하여 성정보와 함께 성기억하지만, 여성은 성스트레스가 생기면 제거해 버린다. 그래서 성상처가 발생하지 않는다. 따라서 성인식되어 유입된 성정보만 성기억한다. 이때 여성이 성스트레스를 제거하는 동안에 마음에서 마음정보가 의식으로 인식된다. 이 의식에서 마음정보의 스트레스가 유입되면 마음의 상처로 기억하게 된다.

마음의 상처가 작용하면 성마음에서는 성스트레스를 즉시 제거한다. 여기에 상처가 작용하면서 무의식에서 상처를 처리하면서 표현하게 된다. 이때 성기억된 성정보에 의하여 성의식이 성표현을 한다. 성의식과 의식이 함께 작용한다. 의식에서는 마음정보와 상처가 작용하고 성의식에서는 성정보만 작용한다. 그래서 여성이 느끼는 것은 마음의 상처이지 성정보에 대한 감정이 아니다. 이로 인하여 여성은 유입된 성정보를 나쁜 것으로 인식하게 된다. 나쁜 성정보를 느끼게 되면 마음으로 좋아할 수가 없다.

성인식을 할 때 성무의식은 5개의 감각기관이 작용한다. 성무의식이 성스트레스를 제거할 때 감각기관으로 성인식되는 성정보를 차단하기 시작한다. 그러니 당연히 흥분이 될 수 없다. 감각기관에서 자극은 들어오는데 흥분이 되지 않는다. 그래서 여성은 성표현을 할 때 신체에 영향을 미치는 남성과는 다르게 성정보가 성인식될 때 성스트레스가 의식에서 스트레스로 자각되면서 차단하기 때문에 감각기관이 흥분상태를 유지하지 못하도록 한다. 그래서 여성의 성기능장애가 성인식에서 발생하는 것이다.

만약에 이런 성인식에 문제가 발생하면, 기능장애가 개선 또는 치료되면서 성정보가 성무의식에 의하여 지속해서 유입된다. 그러면 많은 성정보가 성기억되고, 무의식이 작용하면서 상처를 치료하고자 할 때 성의식이 성정보를 자각하면서 성표현을 쉽게 하게 된다.

이로 인하여 여성이 심리장애가 발생하면 상처의 감정해리로 인하여 성정보가 성인식될 때 성스트레스가 아니라 좋은 성기분을 생성하는 것으로 성인식한다. 그래서 성정보가 좋은 것이라고 자각하는 것이다.

성표현이 많아지고 무의식에서는 좋은 기분을 생성하면서 의식에서는 성정보가 즐거움을 주는 것으로 느낀다. 그래서 중독증이 발생한 여성들이 빠르게 성기능장애가 치료되면서 성기능이 좋아지는 현상이 생기는 것이다.

여성은 성기능장애가 있는 것이 정상이다. 상처가 작용하기 때문에 성기능장애가 발생하는 것은 심리가 정상적으로 작용하고 있는 것이다. 그러나 이 정상심리에 문제가 발생하여 심리장애가 생기면 성기능장애가 사라지는 것처럼 느껴진다. 그러면 상처의 감정해리가 나타나면서 상처는 점점 커지는데, 이를 느끼지 못하게 되어 모든 상처가 신체에 나쁜 영향을 주게 된다.

그래서 여성은 성기능장애의 상태에서 성기능이 갑자기 좋아져서 강해지면 상대에 대한 감정과는 관계없이 성표현이 많아지게 되고 신체가 급격하게 무너진다. 여성은 성기능장애가 상처와 연결되어 있고, 남성은 성기능장애가 성상처와 연결되어 있다. 그래서 여성은 마음의 상처에 의하여 성기능장애가 발생한다.

여성의 성기능장애

여성의 성기능장애를 살펴보게 되면 마음과 성마음이 작용되는데 성마음에는 마음이 포함되어 있고, 이것이 신체와 연결된다. 이 신체의 기능이 여자의 성기능이다. 성마음이 작용되는 신체의 기능인데 성마음은 결국 성인식과 성기억 그리고 성표현과 연결되어 있다. 성마음과 성심리의 작용이 여자의 신체기능과 연결된다. 여자의 성기능은 감각기관과 성기관의 느낌이다. 성행동이 아니다.

그래서 여자의 성기능장애는 감각기관과 연결되어 있다. 감각기관과 연결된 대표적인 성기능장애를 불감증이다. 불감증은 남성 중심에서 만들었다. 불감증은 못 느끼다 보니 성행동인 섹스를 의미 없게 만들어 버린다. 성행동인 섹스가 필요하지 않게 된다. 남성의 성적 관점에서는 치명적인 것이다. 그래서 여성의 성기능장애라고 말한다. 아무리 섹스를 해도 절정을 느끼질 못하는 절정장애, 성행동인 섹스를 하면 고통을 느끼는 성교통도 섹스에 맞춰져 있다.

물론 여성에게 나타나는 성기능장애는 맞다. 이러한 성기능장애는 평상시 여성이 살아갈 때는 필요가 없다. 불감증, 절정장애, 성교통은 필요가 없다. 여성은 사랑하는 감정만 가지고 있으면, 섹스가 없어도 살아가는데 지장이 없다. 그런데 남성의 관점인 섹스에서는 매우 심각하다.

그런데 불감증, 절정장애, 성교통을 치료하려는 여성이 있다. 이러한 남성중심으로 만들어 놓은 불감증, 절정장애, 성교통을 치료해야 하겠다고 생각하는 여성은 성적행동인 섹스의 욕구가 있는 것이다. 즉 남성과 섹스를 해야 할 이유가 생겨서 섹스의 즐거움을 위해 성기능장애를 치료하려는 여성은 남성을 위해서 자신의 감각을 좋게 하려고 한다. 그러면 감각이 좋아지면서 쾌락이 만들어진다. 하지만 그렇게 되면 소중한 감정이 사라진다.

여성은 성기능장애를 치료해야 섹스의 즐거움을 느낀다. 그런데 불감증, 성교통, 절정장애의 문제는 여자에 있어서 감정에 전혀 영향을 미치지 않는다. 이것에 관련된 감정에 전혀 영향을 안 미치니 마음의 상처를 치료하는 것과는 관계가 없다.

그러나 불감증의 정반대는 민감증, 절정장애의 정반대는 조기절정장애, 성교통의 정반대는 성교과다증이 있다. 이 성기능장애는 정반대에서 존재하고 있는 것인데 성적행동이 과해지는 것이다. 그런데 어떤 여성은 성트라우마에 의해 성기능장애가 형성되기도 한다. 정상이 아니기 때문에 치료를 해야 된다. 신체를 다 무너뜨리면서 고통을 느낀다. 그런데 이 여성은 누구에게도 말을 못한다. 이 부분은 조금만 건드려도 고통을 느낀다. 성행동이 불가능하다.

예를 들어서 조기절정장애니 멀티오르가슴을 느낀다는 여성이 많다. 그건 조기절정장애가 아니다. 조기절정장애는 한번 성적행동을 했는데 벌써 오르가슴을 느껴 버린 것이다. 그렇다 보니 다음에 또 느끼려 하니 자기가 감당이 안 된다. 남자들이 제일 좋아하는 것이 한 번의 섹스에도 강력한 오르가슴을 느끼는 여성이다. 그런데 이것이 짧은 시간에 온다고 생각하면 된다. 조기절정장애에 있는 여성은 운전하다가도 오르가슴을 느낀다. 정신을 잃게 되면서 굉장히 위험한 상태가 된다.

또 과다성교증을 가진 여성이 있다. 의외로 이런 여성이 많다. 주로 성에 관련된 성폭력이나 성추행의 피해여성에게 발생하는데 매우 위험하다. 과다성교증은 반드시 치료해야 된다. 여성이 성기능장애 중에서 불감증, 절정장애, 성교통은 치료를 하지 않아도 별문제가 없다. 그러나 민감증, 조기절정장애, 과다성교증의 성기능장애는 반드시 치료해야 한다.

여성의 성기능장애 중에서 불감증, 절정장애, 성교통은 성기능장애가 아니다. 성인식, 성기억, 성표현에 있어서 전혀 문제가 생기지 않는다. 불감증은 자극의 발달이 안 되어서 생기는 것이다. 원래부터 기능이 있다가 없어진 것이 아니다. 엄격히 말하면 성기능장애가 아니다. 불감증, 성교통, 절정장애는 치료의 대상이 아니다. 이는 마음의 감정 즉 사랑의 감정만 만들면 모두 자연히 해결된다.

사랑의 감정이 만들어지면 불감증은 사라진다. 여성은 사랑하는 남성과 손만 잡아도 느낌이 좋아진다. 사랑의 감정에 의하여 불감증, 절정장애, 성교통이 모두 없어진다. 그러므로 이 부분을 성기능장애라고 말하는 것은 잘못이다. 이러한 것을 성기능장애라는 말하는 것은 남성을 중심으로 성적행동과 성행동에 초점을 맞추었기 때문이다. 착각하지 마라. 여성인 경우는 정반대에 있는 민감증, 조기절정장애, 성교과다증은 고통을 느끼면서 신체에 이상이 생긴 것이다. 이것이 여성의 성기능장애이다.

여성이 불감증, 절정장애, 성교통을 가지고 있는 것은 성기능장애가 아니라 정상이다. 그래야 사랑을 할 수 있다. 이것이 없어져 버리면 사랑하는 남성과 살고 있든가 아니면 심리장애가 발생해서 사랑의 착각으로 아무 남성과 섹스를 할 수 있다. 심리장애가 생기면 쾌락을 추구하고 성기능장애를 치료하려고 한다. 그래서 성기능장애의 치료욕구를 가지고 있는 여성은 심리장애가 있는 것이다. 여성에게는 성기능장애의 치료욕구가 아니라 사랑의 감정이 필요하다. 누군가로부터 관심을 받고 사랑하면서 살고 싶은데 성적행동인 섹스에 맞춰지면 심리장애가 발생한다.

그래서 여성의 성기능장애는 남성의 성기능장애와 달라서 사람들이 지금 현재 알고 있는 성기능장애인 불감증, 절정장애, 성교통은 성기능장애가 아니다. 여성의 마음을 보호하고 사랑의 감정을 갖기 위해서는 반드시 이것이 필요하기 때문에 만들어 놓은 것이다. 그런데 신체기능이 잘못되었다고 생각하는 이유는 성마음과 성심리가 작용하는 원리를 몰랐기 때문이다. 여성의 성기능장애에 대한 개념도 바꾸어야 한다. 남성중심의 관점에서 바라보는 성기능장애에서 벗어나야 한다.

19 여성 성기능장애의 원인

여성의 성기능장애는 불감증과 민감증, 절정장애와 조기절정장애, 성교통과 성교지속증 등이 있다. 그러나 여성의 성기능장애에 대한 개념을 새롭게 해야 할 필요가 있다. 몸과 마음이 건강한 여성은 섹스에서 불감증, 절정장애, 성교통이 생길 수밖에 없고 당연한 현상이다. 여성의 성적행동인 섹스가 많으면 많을수록 이러한 현상들은 모두 자연적으로 치료된다. 그러나 이러한 현상으로 인해서 어려움을 겪을 수 있다. 역설적으로 몸과 마음이 건강하기 때문에 어려움을 느끼는 것이다.

여성에게는 섹스가 중요하지 않다. 섹스가 없어도 살아갈 수 있다. 그런데 남성의 관점에서 볼 때는 여성에게 섹스가 없으면 자신의 즐거움과 재미가 없기 때문에 남성은 어떻게든 여성이 섹스를 즐길 수 있도록 성기능장애라는 개념을 만들었고, 성기능장애를 치료하여 섹스를 즐기도록 하려고 노력한다.

남성이 불감증, 절정장애, 성교통이 성기능장애라고 말하니 여성도 그렇게 알고 있다. 여성의 성기능장애는 몸과 마음이 건강한 여성에게는 당연한 현상이고 남성과 쉽게 성적행동인 섹스를 할 수 없도록 만든 안전장치이다.

사람들이 보편적으로 이야기하는 성기능장애인 불감증, 절정장애, 성교통이 성기능장애인 것은 맞다. 그러나 몸과 마음이 건강하기 때문에 성기능장애가 문제되지 않는다. 이러한 여성의 성기능장애는 성적행동인 섹스에서 불편함과 어려움을 느끼게 되는 신체현상이다. 여성의 성행동인 섹스와 관련된 문제이다. 남성의 성기능장애는 섹스를 못하는 것에서 발생하고, 여성의 성기능장애는 섹스를 하는 것에서 발생한다. 그래서 여성의 성기능장애가 발생하는 원인은 마음과 심리에서 상처가 작용하기 때문이다.

여성은 마음과 심리가 정상이고 건강하면 성기능장애가 생긴다. 즉 여성의 성기능장애는 심리가 건강하게 작용할 때 생긴다. 마음과 심리에서 상처가 작용할 때까지는 성기능장애의 상태로 있다. 그런데 상처를 치료하면 사랑의 감정이 생기고 사랑의 감정이 신체의 성기능으로 연결되면 불감증이 치료된다. 또한, 절정장애나 성교통은 모두 사랑의 감정으로 치료한다. 즉 상처를 치료하면 성기능장애가 치료된다.

이때 성기능장애는 상처가 치료되기 전까지는 당연히 있다. 그래서 여자의 성기능장애는 심리가 건강할 때 발생한다. 또한, 상처가 생겼다는 뜻은 마음이 건강하지 못하다는 것이다. 그렇지만 상처가 생긴 것을 치료하여 사랑의 감정과 행복의 감정을 갖게 되면 여성은 성기능장애가 점점 사라지면서 성기능이 좋아진다.

여성이 불감증이라면 마음과 심리가 건강하게 작용하든 아니면 상처로 작용하든 둘 중에 하나라고 할 수 있다. 치료하지 않은 상처가 존재하고 있거나 상처를 치료하려고 하지 않는 상황이다.

여성은 사랑의 감정이 생기면 상처가 치료되면서 불감증이 사라진다. 그래서 성행동인 섹스를 할 필요가 없다. 섹스를 하지 않으려고 하거나 섹스를 하고 싶은 마음이 없어진다. 사랑의 감정이 있어야 성행동인 섹스가 필요하다고 느낀다. 그래서 여성에게 섹스는 가끔 한번이면 충분하고, 평생 섹스를 하지 않아도 괜찮다.

　반면 어떤 여성은 성행동인 섹스를 수시로 하려는 경우가 있다. 원래는 상처를 치료해서 사랑의 감정을 가져야 하지만, 자신이 치료된 것으로 착각하게 되면 상처치료는 되지 않은 채 상처가 더욱 커진다. 이처럼 상처치료를 착각했더라도 자신은 치료가 된 것처럼 느껴지기 때문에 사랑을 착각하고 이를 계속 반복하면서 나타나는 현상이다.

　여성에게 심리장애가 발생하면 성행동인 섹스를 수시로 하게 된다. 원래 몸과 마음이 건강하여 정상으로 작용하는 여성의 경우는 사랑하는 감정으로 섹스를 하게 되면 일정기간 동안은 섹스를 하지 않아도 사랑의 감정이 지속된다.

　이처럼 섹스를 중요하게 생각하지 않고, 섹스를 하고 싶지 않은 것은 정상이지만, 섹스를 계속하고 싶어 하는 경우도 있다. 섹스를 계속해도 상처치료가 안 되고 있다는 것이다. 그래서 이러한 여성은 상처치료가 된 것처럼 착각하면서 섹스를 많이 하게 되므로 불감증, 절정장애, 성교통과 같은 성기능장애가 사라진다. 그래서 성기능이 매우 좋아진다.

　이러한 여성의 경우는 조금만 자극해도 쉽게 흥분한다. 오르가슴을 느끼면 3~4번씩 멀티오르가슴을 느끼게 되므로 섹스하는 것을 매우 좋아한다. 이는 여성에게 심리장애가 발생하였기 때문에 나타나는 현상이다.

　여성은 성기능장애로 태어나서 성행동인 섹스에 의한 성경험이 많을수록 성기능장애가 없어진다. 마음과 심리가 작용하면서 사랑의 감정을 가지고 있든, 사랑을 착각하든 성적행동인 섹스를 많이 할수록 성기능장애가 치료된다. 물론, 성기능장애가 치료되어 성기능은 좋아지지만, 마음에서 작용하는 심리에 장애가 발생하면 심각한 문제가 발생한다.

따라서 성행동인 섹스를 남성중심으로 할 것이냐, 여성중심으로 할 것이냐에 따라서 제스는 행복에 중요한 역할을 하게 된다. 남성은 섹스의 횟수가 많고 성정보가 많을수록 성기능장애가 생기지만, 여성은 섹스의 횟수가 많고 성정보가 많아질수록 성기능이 좋아진다. 그렇지만 여성이 성행동인 섹스를 사랑하지 않는 남성과 하면 심리장애가 발생한다. 그래서 여성은 성행동인 섹스보다 사랑의 감정을 중요하게 생각한다.

마음과 성마음에 의하여 심리와 성심리가 작용하는 원리를 분석해 보면, 남성은 성기능이 좋은 상태로 태어나서 성행동인 섹스가 많을수록 성기능장애가 발생한다. 반면 여성은 성기능장애로 태어나서 성행동인 섹스가 많을수록 성기능이 좋아진다. 이것이 남성과 여성에게 작용하는 성기능의 차이이다.

기존에 알고 있는 성기능과 성기능장애의 개념을 새롭게 해야 한다. 마음과 성마음이 심리와 성심리에서 작용하는 원리에 의하여 성기능장애를 치료하는 기법이 제스테라피이다. 이 제스테라피를 정확히 알아야 성기능장애를 치료할 수가 있다. 제스테라피를 모르기 때문에 성기능장애를 치료하기 위하여 계속 신체와 관련되는 것만 찾는다.

현재까지 마음과 성마음이 심리와 성심리에서 작용하는 원리와 이치를 해석한 마음이론과 성마음이론을 발견하지 못했었다. 현대 심리학이나 정신의학에서도 모르고 있다. 그만큼 제스테라피는 마음이론과 성마음이론을 완전하게 해석하고 결합하여 개발한 성기능장애의 치료기법이다.

20 성기능장애의 인식차이

남성과 여성이 성기능장애를 인식할 때는 차이가 있다. 남성은 성기능장애가 성정보와 성행동인 섹스로 인하여 발생한다. 성정보와 섹스가 많을수록 성기능장애가 발생한다. 그러나 여성의 성기능장애는 몸과 마음이 건강하거나 상처가 작용할 때 발생한다. 그래서 성정보와 성행동인 섹스가 많을수록 성기능이 좋아진다.

남성은 성기능장애가 발생하여도 성상처를 느끼지 못하기 때문에 신체문제일 것이라고 생각할 수밖에 없다. 그래서 신체문제를 해결해야만 성기능장애가 치료될 것이라고 생각한다. 그러나 여성은 성정보과 성행동이 적은 것, 상처가 있는 것을 직접 느낀다. 그래서 신체보다는 마음이 중요하다고 생각한다.

또한, 남성의 기준으로 여성의 성기능장애를 분석하면 여성의 신체적인 문제라고 생각한다. 여자가 감각을 못 느끼면 불감증이나 절정장애라고 하면서 신체문제가 있기 때문에 못 느낀다고 생각한다. 여성에게 가장 중요한 마음의 문제라고는 전혀 생각하지 않는다. 남성 자신이 성기능장애는 신체문제라고 인식하기 때문이다. 자신에게 성기능장애가 있다고 하면 신체문제로 생각한다.

여성의 기준으로 남성의 성기능장애를 분석하면 남성의 신체가 아니라 마음의 문제라고 생각한다. 그래서 남성의 마음에 문제가 있기 때문에 성기능장애가 있다고 생각하면서 남성의 마음만 괜찮아지면 성기능장애가 치료될 것으로 생각한다. 또한, 여성 자신의 성기능장애에 대해서도 상처를 치료하기 위하여 위로를 받고 관심을 받으려고 한다.

그러다 보니 여성은 자신의 상처만 치료되면 되기 때문에 성기능장애를 치료하려는 생각을 하지 않는다. 그런데 남자는 자신의 성기능장애를 신체문제라고 생각하기 때문에 매우 심각해진다. 빨리 치료하지 않으면 신체와 건강에 심각한 문제가 발생한다고 생각하고, 생존의 위기와 함께 성기능장애를 치료하기 위하여 노력하게 된다.

또한, 남성이 여성의 성기능장애에 대해서도 신체문제로 인식하기 때문에 빨리 신체적인 성기능장애를 치료해야 한다고 생각한다. 성기능장애인 여성은 남성에게 섹스에서 즐거움과 재미가 전혀 없기 때문이다.

반면 여성은 마음의 문제로 인식하기 때문에 성기능장애를 치료할 필요성을 느끼지 못한다. 여성은 남성의 성기능장애에 대해서 남성의 마음에 문제가 있거나 변태, 혹은 여성을 사랑하지 않기 때문에 발생하는 것이라고 생각한다. 그래서 남성의 성기능장애에 대하여 신체적으로 치료하려는 것이 아니라 마음문제를 치료하려고 한다.

또한, 여성은 자신의 성기능장애를 일부러 치료하려고 하지 않고, 남성의 성기능장애에 대해서는 마음문제이기 때문에 치료를 생각하지 않는다. 따라서 남성은 여성의 성기능장애를 치료하기 위하여 몇 번 노력을 하다가 여성의 반응이 없거나 핀잔을 듣게 되면 여성의 성기능장애를 치료하는 것에 대하여 포기한다.

만일 남편이 성기능장애라는 것을 아내가 알고 있더라도 중요하게 생각하지 않는다. 겉으로 보이는 신체는 정상이기 때문이다. 그러나 실제 남편의 신체는 성상처에 의하여 영향을 받고 있다.

이렇게 남성과 여성이 서로 자신의 성기능장애를 인식하는 기준이 다르기 때문에 상대의 성기능장애를 인식하는 것도 다르다. 사실과는 전혀 다르게 인식한다. 성기능장애의 본질을 자신도 모르지만, 상대도 모른다. 그래서 성기능장애를 치료하지 못한 채 점점 문제가 심각해질 수밖에 없다.

여성이 남성의 성기능장애에 대하여 조금만 관심을 가지면 남성의 성기능장애는 발생하지 않는다. 또한, 남성이 여성의 성기능장애에 대하여 조금만 관심을 가지면 여성의 불감증, 절정장애, 성교통 같은 성기능장애가 중요하지 않게 된다. 여성의 성기능장애는 몸과 마음이 건강하기 때문이라는 것을 알고 관심과 사랑을 기초로 성행동인 섹스가 지속되면 여성의 성기능을 회복시킬 수 있다.

남성과 여성은 자신의 성기능장애를 대처하는 것과 치료하는 것에 대한 인식이 다르다. 성기능장애가 발생하는 원인부터 성기능장애가 어떤 영향을 미치는지 모르고 있다. 여성들은 성기능장애가 무엇인지조차 모르면서 성기능장애라고 한다. 여성의 성기능장애는 성행동인 섹스를 할 때 문제가 생긴다. 사랑의 감정 때문에 발생한다. 사랑의 감정으로 성행동인 섹스를 하게 되면 문제가 되지 않는다. 그래서 여성은 기존의 성기능장애에 대한 정보를 버려야 한다.

그래서 여성에게 불감증, 절정장애, 성교통은 성기능장애가 아니고 사랑의 감정으로 성행동인 섹스가 지속되면 저절로 사라지는 당연한 현상이다. 그러나 남성은 성기능장애가 맞다. 신체문제가 아니라 마음과 성마음의 문제가 신체로 나타났기 때문이다. 이것이 성기능장애에 대해서 남성과 여성이 인식하는 차이이다.

부록1   성교육의 성심리

마음교육에서 성교육이 문제가 있다는 것을 배웠는데, 근본적인 원인은 성교육이 마음에서 작용하는 것이 아니라, 성마음에서 작용하기 때문이다. 그래서 성교육과 성심리의 상관관계를 분석해야 한다. 이때 성과 관련한 교육은 크게 성교육과 섹스를 목적으로 하는 섹스교육이 있다.

첫 번째, 성교육은 성에 대한 전반적인 내용으로서 성정보와 성지식을 가르쳐 주는 교육이다. 사람들에게 성에 대하여 좋고 나쁜 것을 판단하도록 하고, 남자와 여자의 몸과 신체, 생리현상, 몸의 반응과 질병 등 여러 가지 성정보와 성지식을 가르쳐 주는 교육이 성교육이다. 이때 성정보와 성지식을 가르치는 이유는 올바르고 건강한 성을 알아갈 수 있도록 하기 위함이다. 또한, 성정보와 성지식으로 건강한 성을 생각하고 성행동을 할 수 있도록 하면서 성문제를 예방하도록 한다.

두 번째, 섹스교육은 성행동을 하는 방법에 대한 교육이다. 즉 재미있고 즐거운 성행동에 중점을 두고 성행동의 다양한 방법에 대한 교육이다. 그런데 사람들이 섹스교육이라는 말 자체를 매우 부정적으로 생각하는 경향이 많다. 이에 따라서 섹스교육이라는 용어보다는 통칭하여 성교육이라는 용어를 사용함으로써 사람들의 거부감을 많이 완화했다.

그런데 섹스교육은 이미 섹스에 대한 행동방법이기 때문에 매우 다양하고 광범위하다. 섹스정보, 섹스행위, 섹스의 전과 후 등 다양한 행동방법에 관한 지식을 교육한다. 성인이면 대부분 섹스교육에 관심이 많지만, 부정적인 인식으로 인하여 쉽게 섹스교육을 하려고 하지 않는다. 최근에는 섹스교육에 관심이 많아지면서 조금씩 늘어나고 있다. 현재 인터넷의 성과 관련한 지식은 대부분 섹스교육의 하나이다.

섹스교육은 주로 성인을 대상으로 한다. 또한, 성교육은 미성년자를 대상으로 한다. 그런데 성교육과 섹스교육의 구분이 모호하다. 콘돔사용법이나 피임법은 성교육인지 섹스교육인지 구분하기 어렵다. 이처럼 성교육과 섹스교육이 교차하는 것이 많다. 성정보와 성지식은 성교육에서 많이 사용하지만, 성행동과 성표현에 대한 부분은 섹스교육에서 많이 한다. 결국은 성정보과 성지식이 성행동이나 성표현과 연관되면 섹스교육이 된다. 현재는 이것이 구분되지 않기 때문에 성교육의 내용에 섹스교육이 많다.

예를 들어 남자의 몸과 여자의 몸을 알려 주는 교육은 모두 지식이기 때문에 스트레스를 유발하지 않지만, 남자의 몸과 여자의 몸이 성행동이나 성표현과 연관되면 섹스교육이 되면서 심각한 심리문제를 초래한다.

성교육과 섹스교육이 연결되는 것이 얼마나 많으냐에 따라서 심리적인 문제를 유발한다. 만일 성교육과 섹스교육이 연결되는 것이 20%라고 하면 성교육의 내용을 10이라고 할 때, 섹스교육인 2개는 강력한 스트레스를 유발하게 된다. 또한, 연결되는 것이 50%라고 한다면, 성교육의 내용 중 50%는 문제를 유발하는 것이다.

이처럼 성교육은 성정보와 성지식을 가르치는 것이고, 섹스교육은 성행동과 성표현의 방법을 가르치는 것이라고 했을 때, 성심리에서는 어떤 작용을 하는지 분석할 필요가 있다.

성교육은 성정보와 성지식이다. 남자와 여자의 몸, 성기의 모습, 역할과 기능, 임신 등을 설명한 것은 성지식이다. 이때 그림이나 사진과 글을 함께 교육하면 성정보와 성지식은 모두 성인식되면서 섹스정보가 된다. 이러한 현상이 발생하는 이유는 정보와 지식이 인식되면 마음정보로서 마음과 심리에만 작용하지만, 성정보로 성인식되면 성마음과 성심리가 작용하기 때문이다. 그래서 어린아이부터 노인에 이르기까지 성교육의 현장, 인터넷, SNS, 언론과 TV에서 정에 대한 영상정보, 사진과 글 등으로 인하여 성정보가 성인식되는 섹스교육이다.

여자는 사진과 같은 시각정보보다 청각정보가 중요하다. 남자는 청각정보보다 시각정보가 중요하다. 그래서 여자는 야한 사진이나 야한 동영상을 보는 것을 선호하지 않는다. 그런데 자극적인 영상정보에 의한 시각과 청각에 관련된 정보가 계속 확대되기 때문에 성교육에 섹스교육이 포함되는 비율이 점점 높아지고 있다. 최악에서는 성교육이 곧 섹스교육이 될 수도 있다.

성정보가 성인식될 때, 마음정보로만 인식되면 마음의 의식과 무의식에서 기억되고, 무의식으로 인하여 의식에 느낌정보로 자각된다. 그래서 성교육을 선정적, 자극적, 사실적으로 주입식 지식교육을 하면, 남자에게는 스트레스를 유발하고, 여자에게는 상처를 유발한다.

이때 남자에게는 스트레스가 유발되고 여자에게는 상처가 유발되는 이유를 알아야 한다. 남자는 성정보가 성인식되면 성상처가 성기억된다. 또한, 여자는 성상처가 생기지 않고, 마음에서 상처가 기억된다. 이 과정에서 마음에서 인식되고 기억되면서 무의식으로 인하여 의식으로 자각되면서 느낀다.

성정보가 성인식될 때, 기억에 성정보가 없다면 성정보가 아니라 마음정보로 기억된다. 그런데 도서, SNS, 언론, 친구들과의 이야기 등을 통하여 이미 성정보를 성기억하고 있다면 성정보가 성인식되면서 성스트레스를 받는다.

성스트레스를 받는 이유는 자신이 성기억하는 성정보가 중요한 것이 아니라, 성기억하는 성정보와 성인식되는 성정보와 다를 경우에 성스트레스를 받는다. 즉 성교육을 받을 때 자신이 알고 있는 내용이면 성스트레스로 작용한다. 즉 어떠한 성정보가 성인식되더라도 이미 성기억된 성정보라는 것이다. 이 성정보는 이미 성기억되어 있기 때문에 지루하고 싫증이 나는 것이다.

가르치는 교육은 그 자체로 지식교육이기 때문에 의식에서는 이해가 필요하다. 이는 의식이 작용하면서 남자와 여자에게 스트레스가 유발된다. 이때 스트레스가 재미가 없는 것이 인식되면 매우 힘들어진다. 이로 인하여 성교육을 하면 재미있든가 지루하게 느껴진다. 성교육은 지식과 정보를 전달해 주기 때문에 의식에서 해석하고 이해하는 능력이 필요하다. 그래서 스트레스가 발생한다.

만일 영어공부를 할 때 영어에 관심을 가진 사람을 제외하고는 스트레스로 작용한다. 지식이 기억되는 과정에서 스트레스를 유발하기 때문이다.

남자는 마음에서 스트레스가 발생하면 이를 제거한다. 이때 마음과 성마음이 함께 작용하도록 마음정보와 성정보가 함께 유입되면 마음정보는 제거하고 성정보는 성상처로 성기억된다. 성무의식에서 성상처를 만들어서 성기억을 하는 것이다. 그래서 성교육은 남자에게 성상처를 만들고, 마음에서는 스트레스를 유발하여 제거하기 때문에 성상처는 자각하지 못한 채 성기억되어 있다.

성상처를 의식으로 자각하지 못하기 때문에 마음에서는 스트레스를 제거하고 기분을 느끼게 된다. 이로 인하여 재미와 즐거움에 몰입하게 되면서 성정보는 재미있고 즐거운 것으로 느끼고, 성욕을 유발한다.

예를 들어 성교육에서 사진이나 그림을 보면 이는 재미있고 즐거운 것이 되는 것이다. 성교육의 내용에 대한 이해와 의미는 중요하지 않게 된다. 그냥 사진과 영상이 재미있고 즐거운 것뿐이다. 성교육의 사진과 영상이 왜 필요하고 어떤 이유로 교육을 하는지는 잊어버린다. 이는 스트레스와 함께 제거했기 때문이다. 그래서 성교육의 내용은 의미가 없게 되고, 사진과 영상은 재미있고 즐거운 것으로 기억된다. 따라서 남자는 오랜 시간 지나고 나면 자신이 성교육을 받았는지 안 받았는지 기억이 나지 않게 된다. 이처럼 성교육을 하면 남자는 재미있고 즐거워한다. 반면 자신이 아는 내용이면 재미가 없기 때문에 지루하다.

예를 들어 성교육강사가 성행동을 비롯하여 성기 모양의 사진이나 영상으로 설명하는데, 성교육을 받는 남자가 생각할 때 자신보다 모르는 강사라고 하면 강사가 한심하게 느껴진다. 남자에게는 성정보와 성지식의 성교육이 불필요하다. 자극적인 사진과 영상만 중요하다. 이것이 남자의 심리에 형성되는 성교육의 가장 큰 문제점이다.

남자는 성정보와 성지식을 모두 재미있고 즐거운 것으로 받아들인다. 남자에게 콘돔 사용 방법을 알려 주면 콘돔이 필요한 것은 알게 된다. 이때 콘돔을 사용하는 방법에 대한 교육은 섹스교육이다. 그래서 성교육의 내용이 성정보로 성인식되면서 성상처를 만든다. 이때 성상처가 자각되지 않기 때문에 자신에게 성상처가 만들어진 것을 모른다. 반면 현실에서 성행동의 성표현을 하고자 할 때는 콘돔을 사용하는 것이 싫어진다. 이는 자각되는 것이 아니라 성상처로 인하여 신체의 느낌이 싫기 때문이다.

만일 콘돔에 관련된 성상처를 가지고 있는데, 상대 여자가 콘돔을 말하게 되면 상상처는 신체에 영향을 주게 되어 콘돔이 싫게 된다. 남자들이 콘돔을 싫어하는 이유이다. 따라서 남자에게 콘돔 사용 방법에 대한 성교육을 아무리 해도 남자에게는 별 소용이 없다. 성상처로만 작용하기 때문이다.

성교육을 어린 나이부터 실시하면서 남자아이에게 성상처를 만들어 주고 있다. 어린아이들에게 콘돔이나 성기를 성교육한다는 것은 매우 슬픈 현실이다. 어린 나이부터 콘돔이나 성기에 대한 성교육으로 인하여 신체에 악영향을 주는 교육을 하고 있는 것이다. 콘돔에 관련된 정보를 기억하는 것이 중요한 것이 아니라, 관련된 영상과 사진이 더 중요하게 남아 있는 것이다. 그 대신 성상처를 성기억하고 있기 때문에 매우 심각한 문제가 유발된다. 이것이 성교육에서 나타나는 폐해이다.

성교육의 문제점을 분석하면, 성교육의 내용이 선정적, 자극적, 사실적인 성지식과 성정보를 전달하면 남자는 이해를 해야 되기 때문에 의식에서는 스트레스를 유발하고, 스트레스를 제거해서 재미있고 즐거운 것으로 자각하게 됨으로써 성교육의 목적과 이유는 잊어버리고 성교육의 내용은 재미있고 즐거운 것이라고 배우게 된다. 이로 인하여 남자에게 성교육은 성을 권장하는 교육이 되고, 성폭력예방교육은 성폭력을 권장하는 교육이 되고 있다. 이는 끔찍한 심리적인 현상이라 할 수 있다.

그래서 남자에게는 성정보와 성지식을 전달하는 성교육이 중요한 것이 아니라, 기억에 남아 있는 것이 중요하다. 이때 남자의 기억에는 사실만 저장되어 있고, 성상처가 성기억되어 있다. 이로 인하여 성정보가 성인식되면 신체에 영향을 미치면서 성욕이 발생한다.

성욕이 강한 남자는 성상처가 매우 많다. 이때 성욕이 생겼는데, 신체에 영향을 준다면 성상처는 더 커지게 된다. 성상처가 커지면 성기능장애 또는 신체질병이 발생한다. 따라서 성욕이 강한 남자는 성욕이 점점 강해지고 문제가 더 심각해지는 것이다.

이것을 현재의 성교육에서는 모르고 있다. 성심리가 남자에게 어떤 영향을 미치는지를 전혀 모르고 있다. 마음에서 작용하는 것도 이해되지 않기 때문에 마음에서 작용하는 것만으로도 사람들이 놀라워한다. 왜냐면 남자는 선정적, 자극적, 사실적인 정보가 인식되면 이해하려고 하면서 의식에서 스트레스를 유발하고, 스트레스를 제거한 후 재미있고 즐거운 것에 몰입하는 무의식이 작용한다. 그래서 스트레스로 들어온 마음정보는 제거하고, 성정보의 사실을 재미있고 즐거운 것으로 느낀다.

남자에게 성교육을 계속하면 할수록 재미있고 즐거운 것이 커진다. 이로 인하여 성행동인 섹스가 많아지는 것이고, 성폭력예방교육을 하면 상황은 더욱 심각해진다. 결국은 성교육의 내용이 아무리 좋은 지식일지라도 남자에게는 섹스를 즐기라고 권장하는 교육이 될 수밖에 없다.

성폭력예방교육과 성희롱예방교육을 많이 하고 있음에도 불구하고 성폭력과 성희롱이 점점 더 늘어나는 이유를 생각해 보면 된다. 이는 마음과 성마음의 원리가 다르게 작용하고 있기 때문이다.

자살예방교육을 하게 되면, 자신이 조금만 힘들어져도 자살하려고 하는 현상이 발생한다. 자살하는 사람들은 현재 어렵고 힘든 것에서 벗어나서 행복해질 수 있는 유일한 방법이라고 생각한다. 그런데 자살예방교육을 하게 되었을 때 자살에 대한 사실과 정보를 재미있고 즐거운 것으로 느끼면,

조금만 힘들고 어려워지면 이를 벗어나서 행복해지려고 자살을 선택하게 되는 결과를 초래한다.

남자에게 스트레스를 유발하면 마음에서는 다르게 작용한다. 이때 성심리가 작용하는 것은 아니다. 성심리는 성마음에서 작용하는데 성상처가 성기억되어 있기 때문에 신체에만 영향을 미친다. 그리고 마음에서는 성욕이 생긴다.

이 성욕은 사랑하는 관계나 부부관계에서는 나쁜 것이 아니라 좋은 것이다. 그런데 성욕이 너무 지나치면 없느니만 못한 결과가 된다. 이로 인하여 불특정 다수를 상대로 성욕이 생기면 성범죄가 발생하게 될 가능성이 높아진다.

신체문제와 성욕은 비슷하게 작용한다. 성욕이 강해지면 어린아이, 청소년, 성인에게 신체질병이 생기는 원인의 하나가 될 수도 있다. 즉 성교육, 성희롱/성추행/성폭력의 예방교육을 많이 할수록 신체질병이 발생할 가능성이 높다. 물론 이 부분은 의사들과 공동으로 연구해 봐야 확정할 수 있지만, 이론적으로는 가능성이 높다.

남자의 성마음과 성심리에서는 성상처가 점점 커진다. 마음에서는 스트레스가 제거되는데, 성마음에서는 성상처가 제거가 되지 않은 채 성기억되어 신체에 계속 작용한다. 그러나 남자는 성상처를 자각하지 못하고 신체문제를 유발하고 성욕을 강화하기 때문에 자기에게 성상처가 있는지 없는지조차 모르고 있다. 결국, 성정보와 성지식은 남자에게 치명적인 영향을 주게 된다.

정부와 단체에서는 성교육을 많이 실시하고 강화하고 있다. 예산을 투입하고 많은 성교육강사를 양성하여 국민에게 성교육을 많이 하고 있는 상황이다.

　현재의 성교육은 마음과 성마음의 작용하는 원리도 모른 채 성정보와 성지식을 정확하고 올바르게 전달을 했으니, 이후부터는 성교육을 받은 사람들이 책임을 지라는 것이다. 어린아이 때부터 성교육을 받은 내용에 대해서는 책임을 지라는 것이다. 이때 아이들은 무슨 책임이 있겠는가? 그렇다면 성교육을 한 강사의 책임인가? 이는 책임의 문제가 아니라 마음과 성마음이 작용하는 원리를 모르고 성교육을 하면 심리적으로 신체적으로 문제를 유발하는 것밖에는 되지 않는다는 사실을 알아야 한다.

　성교육을 시작한 것이 수십 년이 지났다. 그런데 성교육을 하면 할수록 점점 더 많은 성문제가 발생하고 있지만, 누구도 성교육이 마음과 성마음에 어떠한 영향을 주고 있는지, 성교육을 어떻게 개편해야 하는지 알려고 하지 않는다.

　성교육은 남자에게는 치명적이다. 성마음에서 성상처가 생기기 때문이다. 마음에서는 스트레스를 제거하고 재미있고 즐거운 것으로 자각하지만, 성마음에는 성상처가 발생하여 신체문제와 심리문제를 유발한다.

　성교육은 예방교육이 아니라, 나타나는 현상에 대한 권장교육이다. 그래서 예방교육을 더욱 조심해야 한다. 직접 체험하는 성교육의 경우는 몸으로 익숙하게 만든다. 그래서 직접체험을 하는 것이 이해보다 행동하는 것에 훨씬 효과적이기는 하지만, 성교육을 성행동 또는 성표현으로 체험한다는 것은 말이 되지 않는다.

　안전예방교육을 할 때, 인명에 관련된 인공호흡과 같은 것은 모의실험을 통하여 반복적인 연습을 하면서 몸에 익숙해지면 지식으로 이해하지 않아도 된다. 반복적인 체험을 통하여 체득하면 굳이 호흡을 얼마나 해야 하고, 몇 번을 해야 하는지 지식으로 이해할 필요가 없다. 즉 지식의 이해로 스트레스를 받아서 재미있고 즐거운 것으로 기억해야 할 이유가 없다.

　이제는 여자에게 주는 영향을 살펴보자. 여자에게 지식과 정보를 교육할 때 이해를 하려고 의식에서 작용하면서 스트레스를 유발한다. 그러면 마음의 무의식이 기억된 정보와 감정을 비교하면서 감정을 느끼게 된다. 이때 지식과 정보가 기억되어 있지 않으면 기억된 감정이 없다. 그러나 상처의 감정이 기억되어 있다면, 지식과 정보를 모두 상처로 작용하게 된다.

　정보와 지식이 인식되면 이해를 하면서 마음의 의식에서 스트레스가 발생한다. 그러면 여자는 스트레스를 상처의 감정으로 기억한다. 일정 기간이 지나고 난 후, 상처와 관련되는 정보가 유입되면 기억된 상처가 작용하게 된다.

　여자는 자신의 감정기준과 맞지 않은 성정보가 유입되면 상처가 계속 만들어진다. 그래서 어렸을 때 성교육을 하면 듣고 싶지 않게 되고, 재미와 즐거움의 호기심을 느끼지 못하면서 상처가 만들어진다.

　여자에게 꼭 필요한 성교육이라고 해도 부담스러워하고 싫어한다. 이는 마음의 상처로 쌓이기 때문이다. 우연히 친구, 동영상, 연예인, 언론, 기타 성정보가 성인식되면 자기도 모르게 마음의 상처가 작용하면서 무의식이 치료하려고 한다. 이때 치료를 하려면 이해를 해야 하는데, 자신에게 왜 상처가 생겼는지 정확하게 알지 못하기 때문에 이해되지 않는다. 이해한 후에는 위로와 관심이 필요하다. 그래야만 상처가 치료된다.

　여자는 성교육이 강화되면 타인으로부터 관심을 받고 싶어 한다. 성적 호기심을 갖고, 사랑을 받고, 성행동을 하고 싶어 하는 것이 아니라 관심을 받고 싶은 것이다.

이때 인식되는 정보가 남자라고 하면, 그 남자에게 관심을 받고 싶어진다. 성에 관련된 상처가 작용하는 것이 SNS와 연결되어 있다면, SNS에서 타인으로부터 관심을 받고 싶어진다.

즉 성에 대한 상처가 작용하면서 상처를 치료하고자 관심을 받고 싶어질 때, 성에 대한 상처를 유발했던 정보가 인식으로 유입되면서 관심을 받고 싶어 하는 것이다. 이러한 현상이 반복된다. 비슷한 사람을 또 만나게 되는 것은 유입되는 정보에 의해서 상처가 함께 작용하기 때문이다.

여자는 A 유형의 남자를 만나서 상처를 받았다고 하면, 또 다른 A 유형의 남자를 만나서 관심과 위로를 받으려고 한다. A 유형의 남자가 아니면 위로가 되지 않는다. 왜냐면 상처가 작용하고 있기 때문에 무의식이 A 유형의 남자로부터 관심을 받고 싶어진다. 관심이 필요하면서 자신도 모르게 A 유형의 남자가 관심을 주는 것으로 인식하는 것이다. 결국은 조금만 관심을 주면 그 남자가 나를 사랑한다 생각하면서 푹 빠지는 것이다. 그런데 이 관심으로는 치료되지 않기 때문에 계속 반복하게 된다.

그래서 청소년기에 여자가 한번 상처가 만들어지면 관심을 받기 위한 표현을 한다. 처음에는 성정보와 성지식이 스트레스를 유발하여 상처로 만들지만, 의식으로 자각하지 못하기 때문에 느껴지지 않는다. 왜냐면 상처를 유발한 사실이 누군가로부터 피해를 입은 상처가 아니기 때문이다.

성교육의 내용을 부모님에게 이야기한다고 생각해 보자. 성교육의 내용에 대하여 기분이 안 좋았다고 말하면서 자신의 상처를 말하게 될 것이다. 그러면 엄마는 "그래, 학교에서 콘돔의 이야기를 했다는 말이야?"라고 하면서 "아직은 굳이 알 필요가 없는 거야"라고 말을 하면, 이는 이야기를 하는 동안 엄마로부터 관심을 받고 있기 때문에 심리에는 영향을 안 미친다.

그런데 문제는 이 관심을 받는 것을 불특정 다수, SNS, 또래 친구들과 하게 되면 성에 노출된다. 왜냐면 여자는 몸과 마음이 성적인 관심을 표현하고 있기 때문에 성정보와 성지식을 학습하게 되면 자신도 모르는 사이에 성에 노출되는 것이다.

아무리 성적으로 개방된 여자라도 관심이 없는 대상과는 재미있고 즐겁게 성행동을 하지 않는다. 즉 관심이 있기 때문에 성행동을 하는 것이고, 관심이 많다는 것은 상처가 많다는 것이다. 그런데 아무도 관심을 가지고 치료를 해 주려고 하지 않는다. 왜냐면 성에서는 몸이 작용하기 때문이다. 여자에게 상처를 치료하려면 조건과 목적이 없는 사랑이 필요하다.

예를 들어 친구가 나보다 조금이라도 예쁘면 질투하면서 무엇이든 목적이 된다. 그래서 친구관계에서도 치료가 잘되지 않는다. 여자에게 관심은 몸이 작용하는 역할을 하게 되는데, 불특정 다수이든, SNS이든, 선생님이든 관심을 받으려고 한다. 이에 따라서 성교육이 강화되면 될수록 누군가에게 관심을 받고 싶어 한다.

내 딸이 성정보와 성지식을 누구와 이야기를 하는지 생각해 보자. 즉 내 딸이 성교육 받았던 내용을 부모님에게 이야기한 적이 있는지 생각을 해보라는 것이다. 이를 거꾸로 생각하면 내 딸이 누군가와 성을 공유하고 있거나, 누군가에게 관심을 받고 있거나, 누군가에게 관심을 받으려고 하면서 상처를 계속 쌓아 놓고 있다는 것이다.

아직은 나이가 어리기 때문에 성적으로 관심을 받고 싶지만, 부모님이나 선생님이 통제하고 있기 때문에 억압하고 참고 있는 아이가 있을 수 있고, 성표현을 하고 있으면 벌써 다른 누군가로부터 성적인 관심을 받고 있다고 할 수 있다.

남자에게 성교육은 마음에서는 재미있고 즐거운 것으로 인식하면서 성마음에는 성상처를 만든다. 반면 여자에게 성교육은 마음에서는 상처를 만들어 주는 역할만 한다. 그러다 보니 성교육이 강화될수록 여자는 관심이 필요하다.

아이들이 부모님이나 선생님에게 성에 대한 질문을 안 하는 이유는 부모님이나 선생님은 자신보다 성을 더 모르기 때문이다. 성교육으로 많이 가르쳐 주기 때문에 부모님이나 선생님보다 성정보와 성지식을 더 많이 알고 있다. 그래서 여자는 상처의 이야기를 잘 하지 않고, 억압하려고 한다.

또한, 자신에게 상처인지 아닌지도 모르기 때문에, 성교육에서 인식된 것을 이야기할 수 있는 분위기와 환경을 만들어야 한다. 그래야 그 아이가 이야기하다가, 성교육의 내용을 이야기할 때 이를 들어주는 것도 관심이다. 수학 문제를 풀어 주고, 책을 읽어 주는 것이 중요하지 않다. 중요한 것은 아이가 학교에서 배운 내용을 보면서 "오늘 뭐 배웠어?", "그냥 이런 저런 거 배웠어", "요즘 어떤 것을 배우는지 모르겠어", "엄마 때는 이랬는데, 뭐 했는데" 이렇게 대화하면, 엄마가 자신에게 관심을 주는 것으로 인식한다. 그러면 엄마와 좋은 인간관계가 형성되고, 아이가 스스로 상처를 치료하면서, 건강하게 회복할 수 있다.

정보는 마음정보 안에 성정보가 있다 보니 마음에서도 작용하지만 성마음에서도 작용한다. 그래서 성정보가 성인식되면 성마음의 성무의식은 성기분을 만든다. 그래서 여자는 안 듣는 것 같지만 성교육의 내용을 잘 듣는다. 여자는 성교육을 할 때 스트레스를 받는 것 같지만 모두 유입되어 상처로 만든다. 즉 성마음에서 상처가 만들어지는 것이 아니라 기분이 작용하면서 감정을 기억한다. 예를 들어 성정보가 성인식될 때 싫은 기분은 성마음의 성기분이다. 나쁜 기분은 성정보를 성인식하는 것이 멈추면 즉시 사라진다. 그래서 성교육을 마친 후 친구들과 이야기를 하면 성스트레스는 이내 사라지지만, 마음에는 상처로 남아 있게 된다.

그래서 남자와 여자를 대상으로 성교육을 했을 때 남자는 마음에 스트레스로 작용하면서 스트레스를 제거하고 재미있고 즐거운 기분으로 인식한다. 그래서 성정보의 사실은 기억하는데, 성마음에는 성상처가 남으면서 자각하지 못한다. 반면 여자는 성마음에서 성스트레스의 성기분으로 작용한다. 그래서 불편해하고, 부담스러워하는 것이다. 그런데 성기분이 멈추면 사라지기 때문에 성상처로 남지 않는다. 그런데 마음에서는 상처로 기억한다.

성교육을 하면 여자는 표정이 좋지 않지만, 남자는 표정이 밝아진다. 왜냐하면 여자는 성마음의 성기분이 안 좋고, 마음에는 상처가 생기기 때문이다. 남자는 성마음에는 성상처가 생기는 것을 모르고, 마음에서는 스트레스를 제거한 후 재미있고 즐거운 것으로 인식하기 때문이다.

성폭력예방교육을 하는데 아이들이 표정이 밝다는 것은 문제가 생겼다는 것이다. 마음과 성마음의 원리를 모르다 보니, 성의 내용을 전달할 때, 교육을 받는 사람들이 모두 좋아하면 '오늘은 교육이 잘됐다'고 생각을 하게 된다.

남자가 성폭력예방교육을 좋아하고, 뜻깊게 배웠다고 하는 것은 마음에서 성폭력을 재미있고 즐거운 것으로 생각한다는 것이다. 즉 인식으로 생각하는 것이 아니라 무의식의 작용으로 오류가 발생하는 것이다. 또한, 성마음에서는 강력한 성상처가 생겼다는 것이다.

여자가 성폭력예방교육을 재미있게 즐겁게 듣고 있다는 것은 성마음에 성스트레스가 아닌 기분이 좋다는 것이다. 그러면 마음에서는 상처로 작용해야 하는데, 상처로 작용하는 것이 아니라 상처해리가 발생하게 된다. 어린 여학생인데 벌써 상처해리가 발생한다는 것은 매우 심각할 수 있다. 왜냐하면 이미 성적으로 노출이 많이 되어 있다는 뜻이기 때문이다. 그래서 남자든 여자든 성교육을 했을 때, 신나고 즐거워하는 표정을 보면 마음과 성마음에서 어떤 결과가 발생하는지 알 수 있다. 문제는 성교육이나 성폭력예방교육을 하는 사람들이 이 원리를 전혀 모른다는 것이다.

여자는 성마음에서는 성기분으로 작용하기 때문에 성마음에서는 상처가 발생하지 않는다. 그래서 성교육이 끝나는 순간 벗어나게 되지만, 마음에서는 상처가 사라지지 않는다. 그런데 남자는 성마음에서 성상처를 생성하지만, 느껴지지 않기 때문에 성상처가 사라지지 않는다. 반면 마음에서는 기분으로 스트레스가 작용하면서 이 스트레스를 제거하고 재미있고 즐거운 것으로 의식한다. 그래서 마음에서는 상처를 받지 않는다.

이처럼 남자와 여자가 정반대의 현상이 생긴다. 왜냐하면 여자는 성마음에서 성상처가 없고 마음에서 상처가 작용한다. 남자는 마음에서 의식하고 느끼는데 스트레스가 들어오면 스트레스를 제거하고 재미있고 즐거운 것으로 전환한다.

그래서 성과 관련한 문제는 주로 남자에게 많이 발생한다. 그런데 여자는 마음에서 상처가 작용하여 성적관심을 필요로 하게 되면, 관심을 받고자 하는 행동을 하게 된다. 그래서 여자는 사랑의 감정을 중요하게 생각한다.

여자는 마음에서의 감정이 중요하다. 그런데 남자는 감정이 중요하지 않다. 왜냐하면 마음의 작용에서는 재미있고 즐거운 기분이기 때문이다. 그래서 성교육이나 성폭력예방교육이 강화될수록 여자에게는 마음에서 상처가 발생하고, 남자에게는 마음에서 재미있고 즐거운 것으로 인식한다.

성교육의 내용이 점점 자극적, 선정적, 사실적으로 발전하고 있다. 해외의 경우 청소년들에게 오르가슴을 느끼는 방법을 교육하기도 한다. 즉 성교육에서 섹스교육을 하는 대상이 점점 연령대가 낮아지고 있다.

그래서 성교육으로 인하여 문제가 발생하고 해결이 되지 않기 때문에 성관계를 하면 나이를 불문하고 즐길 권리가 있다고 하면서 섹스교육으로 전환할 수밖에 없다. 성교육의 내용 중에는 성행동을 할 때 삽입은 어떻게 해야 하고, 뭘 해야 하고, 이왕 한다면 콘돔을 사용하면서 안전하고, 즐겁고, 재미있게 하라고 가르쳐 주는 섹스교육이 있다.

성교육에서는 해결방법이 없기 때문에 성교육을 할수록 문제가 더 생긴다. 그래서 차라리 재미있고 즐겁게 성행동을 하라고, 성을 즐기는 것은 권리라고 하면서 점점 더 어린 나이에 섹스교육을 하는 것이다.

섹스교육을 하면 여자에게는 성마음에 좋은 기분으로 작용하게 되면서 마음에는 상처해리를 유발한다. 그렇게 되면 어린 나이부터 상처가 작용하면 쉽게 관심에 중독이 되는 것이다. 어릴 때부터 '섹스를 즐기려면 콘돔을 하면 된다'고 생각하고 부모님이나 선생님들이 어린 나이에 하는 성행동인 섹스를 인정한다.

이런 현상이 성교육에서 해결점을 못 찾아서 섹스교육으로 전환되면서 심리장애를 유발한다. 물론 심리장애를 좋다 나쁘다고 논하는 것이 아니다.

남자에게는 성마음에서 성상처가 작용하고, 여자에게는 마음에서 상처가 작용한다. 문제는 상처의 작용이 현실로 나타나는 것이다. 현실로 나타날 때 여자에게는 마음에서 상처가 작용하다 보니 추상적일 수밖에 없게 되고, 남자는 성마음에서 성상처가 작용하다 보니 기억하지 못하면서, 마음에서는 재미있고 즐거운 것으로 인식되면서 성행동을 하려고 한다. 그래서 성범죄의 가해자는 대부분이 남자이고, 피해자는 대부분이 여자가 되는 것이다. 물론 가해자 중에 여자도 있는데, 이는 상처해리가 발생한 여자이다.

이러한 문제는 마음과 성마음의 원리를 정확하게 알면 예방할 수 있다. 이러한 문제는 성교육보다는 섹스교육에서 더 많이 발생한다. 섹스교육의 내용은 워낙 강력한 성정보이기 때문에 여자에게는 마음에서 상처가 훨씬 커지고, 남자에게는 성마음에서 성상처가 훨씬 커진다.

이러한 성교육의 문제를 해결하려면 원리에 맞도록 성교육을 개편해야 한다. 여자는 마음에서 관심이 필요해서 부모님이나 선생님에게 도움을 받아야 한다. 그런데 부모님이나 선생님이 심리장애이면 피해를 입게 된다. 최근 선생님과 제자, 학교경찰과 학생, 부모님과 자녀 등의 관계에서 성범죄의 피해를 입는 경우가 발생하고 있다. 이처럼 성교육이나 성폭력예방교육이 섹스교육으로 변하면서 심각한 문제를 유발하고 있다.

여자는 관심을 조절하여 치료하는 것이 가장 좋다. 상처가 생기는 것은 어쩔 수 없지만 치료하면 성정보와 성지식은 행복하게 살아갈 수 있도록 하는 지식이 된다.

그런데 남자는 스트레스가 작용하면 스트레스를 제거한 후 재미있고 즐거운 것으로 생각하기 때문에 마음과 성마음이 작용하는 원리를 알려 주면 스스로 조절하는 능력이 생긴다. 그래서 주변 사람들이 성에 대하여 재미있고 즐겁게 말하면 "그것은 네가 몰라서 그래, 네 안에 지금 성상처가 만들어지고 있어"라고 말한다. 그리고 "성에 관련되는 것은 지금은 몰라도 나중에 배우게 될 건데 뭐"라고 하면서 성적 호기심 또는 성욕이 발생하지 않게 된다.

남자는 자신에게 성상처가 매우 많다는 것을 모르기 때문에 이런 현상이 생긴다. 만일 자신이 성기능장애라고 하면 자신의 강한 성욕과 성행동으로 인하여 발생한 것을 알아야 한다. 그러면 살아오면서 자신이 만든 성상처를 모두 기억하면서 성상처를 치료한다. 그래서 남자에게는 마음과 성마음의 작용원리를 정확하게 아는 것이 중요하다.

남자에게 성교육을 하면 "그 정도는 나도 다 알아"라고 빈정거리듯이 말한다. 그래서 성교육을 하는 사람이 여자라고 하면 그냥 재미있고 즐겁게 생각한다. 여자 선생님이 치마를 입고 있으면 성교육의 내용은 관심 없고, 치마를 입은 여자 선생님이 하는 모든 것이 성정보로 성인식되면서 상상처가 많아진다. 특히 섹스교육을 하게 되면 남자에게 성상처가 훨씬 더 많아지게 된다.

남자는 성마음에서 작용하는 성상처의 근본적인 원인을 정확하게 알게 되면 치료는 빠르다. 비록 매우 강력한 스트레스를 느끼게 되지만, 이를 극복하면 치료가 된다.

또한, 남자는 서로가 알고 있기 때문에 정확하게 알게 된 원리를 함부로 사용하지 못한다. 엄마가 잔소리하면 엄마는 상처가 작용하기 때문이고, 자신에게는 잔소리가 스트레스로 작용하기 때문에 이 스트레스를 벗어나려고 하는 것이라고 생각을 하게 된다. 이때 자신의 마음과 심리가 작용하는 원리를 정확하게 알고 있고, 이 원리가 작용하면서 스스로 해결을 하는 것이다.

이처럼 행동을 하거나 의식할 때 자신도 모르게 기억나면서 문제를 예방하는 것이 필요하다. 만일 성폭력의 환경이 생기더라도 '난 싫어'라는 생각과 함께 성폭력을 해야 할 필요성을 느끼지 못하고, 그 환경에서 벗어나려고 한다. 이처럼 원리를 정확하게 하는 것이 중요하다.

그러나 여자는 원리를 정확히 아는 것만으로는 안 된다. 관심이 필요하다. 그래서 남자와 여자가 있을 때는 여자에게는 관심을 많이 주어야 한다. "너희들 참 많이 힘들었을 거야. 성교육이 되었든, 성폭력예방교육이 되었든 정말 듣기 싫었지?"라고 하면서 왜 그런 현상이 생겼는지 설명을 해 주면 '맞아. 내가 그랬지'라고 생각하면서 관심을 받는 것으로 작용한다.

학교에서 성교육을 할 때 가장 좋은 것은 선생님이 함께 성교육을 받는 것이다. 그러면 학생들도 기본적으로 알지만, 선생님도 배웠기 때문에 원리를 이야기할 수 있고, 여학생에게는 관심을 줄 수 있게 되며, 남학생에게는 원리를 설명해 줄 수 있게 된다. 그래야 마음과 성마음에 관련된 성교육의 효과가 생긴다. 이처럼 원리를 정확하게 알려 주는 것이 중요한 것이다.

기존의 지식교육이 잘못되었다는 것이 아니다. 새로운 것을 계속 찾을 필요가 없다는 것이다. 인성교육을 많이 할수록 인성은 점점 더 파괴된다. 왜냐면 인성교육도 지식교육이기 때문이다. 인성교육도 성교육과 같은 것으로 작용한다. 즉 인성교육이나 성교육에 대하여 가르치는 개념이 되면 심리문제가 생긴다.

인성교육과 성교육의 문제는 지식이 마음에서 어떻게 작용하는지 모르고 있다는 것이다. 그래서 가장 좋은 방법은 성교육을 할 때 먼저 마음과 성마음의 작용원리를 교육하여 원리를 알게 하고 난 다음에 성교육이나 인성교육을 하면 저절로 교육을 받는 사람이 스스로 예방한다. 그러면 남자든 여자든 성상처와 상처를 최소로 하면서 지식으로 기억할 수 있게 된다.

기존의 성교육과 섹스교육은 성정보와 성지식이 잘 만들어져 있다. 그런데 마음과 성마음의 작용원리를 모르기 때문에 문제가 커진다. 그래서 성교육 전에 반드시 마음과 성마음이 작용하는 원리를 알려 주어야 한다.

성교육을 해야 한다면, 마음과 심리가 작용하는 원리를 기본적으로 알려 주고 난 후에 성교육을 하게 되면, 성교육이 목표로 했던 효과를 충분히 갖게 된다. 이는 성폭력예방교육, 자살예방교육, 학교폭력예방교육 등이 모두 똑같다. 그래서 마음과 심리가 작용하는 원리가 필요한 것이 있고, 어떤 경우에는 성마음과 성심리가 작용되는 원리까지 알려 줄 필요가 있다. 특히 성과 연결되면 마음과 성마음의 작용원리를 함께 알려 줘야 한다.

마음과 성마음의 원리를 알려 주고 난 후 성교육, 섹스교육, 성폭력예방교육, 자살예방교육, 인성교육… 등을 하게 되면 교육의 효과가 정확하게 나타나기 시작한다. 특히 성은 위험하기 때문에 성마음과 성심리를 모르는 상태에서 성교육을 하면 남자든 여자든 모두 심리에 문제가 발생한다.

정부기관이든 단체이든 성마음과 성심리부터 알아야 하지만, 아무도 이를 모른다. 자신들이 하는 지식과 정보가 정확하게 자신들이 모두 다 알고 있다고 생각한다. 성교육의 내용 중에 성심리의 지식은 섹스심리이다. 섹스심리는 성행동에서 보여질 때 작용하는 심리이다. 성마음에서는 성무의식이 아니라 성의식이다. 즉 마음의 무의식이 작용할 때 나타나는 부분이지, 성마음은 전혀 모르고 있다. 이를 성심리라고 성교육을 하니 성교육을 받는 사람들에게 상처 또는 성상처가 더 커지게 되는 결과를 초래하는 것이다.

성마음과 성심리가 매우 중요한 역할을 한다. 기존의 성에 대한 지식이 잘못되었다고 하는 것이 아니다. 기존의 지식이 훌륭하기는 하지만, 왜 효과가 거의 없는지, 심리문제와 성범죄가 왜 더 많아지는지를 생각해 보아야 한다. 이는 마음과 심리, 성마음과 성심리가 작용하는 원리와 이치를 모르기 때문이다.

현재는 기업이나 단체마다 성교육이나 성희롱예방교육, 성폭력예방교육, 성범죄예방교육, 자살예방교육,… 등을 많이 하고 있다. 이러한 교육을 많이 할수록 문제는 더 심각해진다. 그렇다고 이러한 교육을 하지 말라는 것이 아니다. 교육하기 전에 마음과 성마음의 작용원리를 알려 주면, 교육의 효과가 정확하게 나타난다.

마음과 성마음은 기초이다. 예를 들어 집을 짓는데 땅을 10의 크기만큼 기초공사를 했으면, 집은 10의 크기만큼 지을 수밖에 없다. 100의 크기만큼 기초공사를 하면 집은 100의 크기만큼 지을 수 있다. 즉 지식교육을 할 때 10의 크기만큼 기초밖에 없다는 것이 문제이다. 그런데 사회는 100만큼을 요구하고 있는데 10의 크기로는 문제를 예방할 수 없는 것이다. 그래서 역으로 지식교육을 할수록 문제가 발생하는 것이고 문제가 더 심각해지는 것이다.

마음과 심리, 성마음과 성심리의 원리가 중요한 이유는 기초를 탄탄하게 만들어야 그 위에 지식교육을 마음껏 할 수 있기 때문이다. 마음과 심리, 성마음과 성심리가 바탕이 되어야만 지식교육의 효과가 극대화된다.

그런데 마음과 심리, 성마음과 성심리의 기초가 없는 상태에게 지식교육을 하면, '사상의 누각'이 되는 것이다. 작은 파도에도 쉽게 무너지는 것이다. 이것이 현실의 성교육이라고 생각하면 된다. 그래서 성교육에서 가장 우선순위는 마음과 심리, 성마음과 성심리를 정확하게 먼저 아는 것이다.

남자에게 성마음의 성상처에 대하여 정확하게 알려 주면 자신 스스로 성상처를 치료하게 되는데, 관계적응기 또는 자아형성기의 청소년을 비롯하여 자아실현기의 성인에게도 필요하다.

　남자는 성상처가 크면 클수록 벗어나려고 하는 것도 커진다. 그래서 남자는 깨달음을 갖게 되면 성상처로 인하여 강력한 스트레스가 발생한다. 대부분의 성상처는 마음의 작용으로 치료한다. 왜냐면 성상처는 자각하지 못하기 때문이다. 성상처가 있다는 것을 알면서 마음에서 그 원리에 대한 것을 분석하면 성마음은 저절로 조절한다. 왜냐면 성마음의 성무의식이 작용하기 때문이다. 그런데 깨달음이 10년이 될지, 20년이 될지, 죽을 때가 될지는 아무도 모른다.

　심리장애일 때는 성상처가 더 커진다. 왜냐하면 자신의 모든 인식이 성인식으로 작용하면서 성상처를 유발하기 때문이다. 그래서 심리장애에 있는 상처해리인 여자는 성행동을 하면 할수록 상처해리는 더 심각해진다. 작은 스트레스도 견디지 못하고 정신병증인 히스테리가 나타나게 되는 것이다.

　남자는 마음교육이나 치료교육을 받게 되면 성문제와 성기능장애가 모두 치료된다. 그래서 마음교육 또는 치료교육을 받은 남자들은 성기능장애가 치료되고 몸이 회복되면서 심리장애도 함께 치료된다고 말한다.

　다만, 이러한 결과를 가지려면 마음교육 또는 치료교육에 대한 의지를 갖고 노력을 집중했을 때이다. 이 과정에서 강력한 스트레스가 발생하더라도 의지를 갖고 노력하면서 고비를 넘게 되는데, 이것이 깨달은 남자이다. 따라서 마음교육 또는 치료교육이 매우 중요하다. 또한, 여자에게는 마음교육과 치료교육을 하고 난 후, 성마음교육이 매우 중요하다. 왜냐면 마음의 상처를 치료하기 때문이다. 성마음교육을 할 수 있는 상황이 되지 못하는 경우, 성마음이 작용할 수 있는 치료과제를 실천하도록 하는 것이다.

만약에 엄마가 아들에게 성마음교육을 알려 주면 마음에는 상처가 없지만, 성마음에는 성상처가 생긴다. 아들에게는 성상처가 없다고 생각하는데, 어차피 학교에서는 성교육을 하기 때문에 성상처가 생기는 것은 어쩔 수 없다. 사실상 남자에게는 성마음과 성심리를 알려 줄 필요가 없다. 그런데 만약에 성교육을 해야 한다면 초등학생, 중학생, 고등학생, 대학생, 성인을 대상으로 성마음과 성심리에 맞도록 해야 한다.

마음교육과 치료교육을 보면서 심리발달과정이 있다. 그런데 성심리에서도 성심리발달과정이 있다. 여자들이 이를 들어 보면 자신과 너무도 똑같다고 말한다. 그런데 남자는 이를 잘 이해하지 못한다. 왜냐면 자기는 다르고, 자기가 생각한 것이 옳다고 느끼기 때문이다.

성교육의 내용은 이미 마음교육이나 치료교육에서 심각한 문제가 있다는 것을 알았다. 그런데 성마음과 성심리에서 작용하는 것을 남자와 여자를 분리해서 알아보면 마음에서 왜 그런 현상이 생기는지 더욱 명확하게 알게 된다.

여자는 마음교육과 치료교육에서 이해가 안 되는 부분이 매우 많다. 왜냐면 성마음과 성심리가 빠져 있기 때문이다. 그런데 남자는 마음과 심리만으로도 이미 다 알 것 같다고 한다. 왜냐면 성마음과 성심리는 기억하지 않기 때문이다.

그래서 남자는 마음교육과 치료교육을 하는 순간 머릿속에서 모든 문제가 정리되고 이미 다 아는 것으로 인식된다. 반면 성마음과 성심리의 성마음교육을 하면 남자는 이해를 잘못한다. 이는 남자와 여자가 정반대로 작용한다.

부록2   섹스테크닉의 성심리

섹스테크닉(Sex Technic)이라는 말은 듣기에는 거북하지만, 남자든 여자든 궁금해한다. 섹스테크닉은 섹스와 테크닉이 합쳐진 것이고, 성심리에서는 성과 심리가 합쳐진 것이다. 이때 섹스는 성심리에서 성표현의 성행동이다. 즉 실제 성행위가 일어나는 것을 섹스라고 한다.

섹스는 인간관계에서의 성관계이기 때문에 사람과 사람이 연결되는 것이 아니라 인간과 인간이 연결된다. 즉 인간관계와 연결된 성관계의 모든 행동을 섹스라고 하고 성행동이라고 한다. 이때 성행동의 섹스에 기법이 들어 있는 것을 섹스테크닉이라고 한다. 이는 성행동의 기법이다. 성행동의 기법이라고 말하면 사람들이 듣기에도 편해진다.

섹스와 테크닉이라는 말이 자극적인 용어로 느껴지는 이유는 섹스라는 자체가 사람들에게 성행위이기 때문이다. 그러다 보니 섹스테크닉은 말 그대로 성행동에 대한 기법이다. 그렇다면 성행동의 기법이 성심리에 어떤 영향을 미치는지 알아보자.

섹스테크닉을 사람들은 왜 알고 싶어 할까? 자신이 느끼는 것이 좋을 것이라는 목표가 있다. 그래서 느낌이 재미있거나 좋기 위한 성행동의 기법이다. 섹스테크닉은 어떻게 하면 성행동을 재미있고 즐겁게 할 것인가를 생각하게 하는 것이다. 이때 재미와 즐거움을 느끼는 방법에 대해서는 개인적인 느낌이기 때문에 규칙이 없다.

성행동의 느낌은 개인마다 다른데, 사람들은 다른 사람의 섹스테크닉에 관련된 부분을 알려고 한다. 이 섹스테크닉은 타인의 것이지 내 것이 아니다. 누군가에게는 즐겁고 재미있을지는 모르나 자신에게는 맞지 않을 수도 있다.

내가 재미있고 즐거운 성행동의 기법, 즉 섹스테크닉은 실제 성행위를 하는 기법이다. 섹스테크닉이라는 것은 성행위에서 손을 사용하는 방법, 애무하는 방법, 삽입하는 방법 등 모두가 성행동인 섹스와 연결된 기법을 말하기 때문에 섹스텍크닉은 성마음의 성정보이다.

섹스테크닉은 모두 성정보로 성인식되는데 성정보만 성인식되지 않는다. 마음정보 안에 성정보가 있기 때문에 항상 마음정보가 훨씬 더 많다. 그래서 성정보인 성행동의 기법은 마음정보로 포장되어 있다.

예를 들어 말하는 것, 분위기, 장소, 환경, 온도, 대상 등에 관련되는 모든 것이 마음정보이다. 결국은 섹스테크닉의 성행위 그 자체는 성정보이고, 그 외는 마음정보이다.

만일 성정보가 성인식되는데, 성기억에 성행동의 기법인 섹스테크닉을 좋은지, 나쁜지 비교하는데 성기억된 성정보가 없으면 비교할 수 있는 것이 없기 때문에 성무의식에 의하여 성인식되면서 성상처와 성스트레스가 발생한다.

한 번의 성경험을 하더라도 성마음에서 작용할 때 성무의식에서 남자는 성상처를 유발하고 여자는 성기분을 만든다. 마음에서 여자는 부정감정인 상처를 만들고, 남자는 무의식에서 좋은 기분을 느낀다. 남자는 마음에서는 좋은 기분으로 느끼지만, 성마음에서는 성상처가 생긴다. 반면 여자는 성마음에 성기분이 들어오는데, 이 성기분이 좋은지 나쁜지를 모르고 성무의식에 유입되고, 마음의 무의식에서 감정을 만들고 느낀다.

여자가 섹스테크닉을 재미있고 좋은 것이라고 해서 의식적으로 배웠다고 하더라도 성의식에서 의도적으로 성표현을 하지 않고 성표현을 억압한다. 그런데 마음의 무의식은 기억에 있는 정보에 의하여 상처의 감정을 만든다. 따라서 여자가 섹스테크닉에 대하여 안 좋아지는 것은 마음에서 감정이 안 좋아지기 때문이다. 이로 인하여 여자는 성표현을 하려고 하지 않는다. 왜냐면 마음의 무의식에서는 성마음이 작용하고 있지 않기 때문이다.

그런데 남자는 성마음의 성무의식에 의하여 성인식되면 성상처가 발생하지만, 상상처의 성감정을 느끼지 못한다. 그런데 성의식에서는 성기억된 성정보는 느낀다. 남자는 말, 행동, 표정으로 좋은 기분을 느끼는 성정보를 성표현하려고 한다. 왜냐면 성상처를 느끼지 않으면서 마음의 무의식에서는 좋은 기분을 생성하고 의식에서 느끼기 때문에 섹스테크닉을 좋은 것으로 인식한다. 대신 성마음에는 성상처가 쌓이게 된다.

자신이 이미 알고 있는 것은 섹스테크닉이라고 생각하지 않는다. 왜냐면 이미 해 보니 재미가 없는 것이다. 분명 처음에는 좋았는데 자주 해 보면서 안 좋아지는 것이다. 이는 성상처가 만들어지면서 신체에 영향을 주기 때문이다. 그래서 남자는 섹스테크닉을 찾기 시작하면 끊임없이 찾게 될 수밖에 없다. 기존의 섹스테크닉은 이미 재미가 없어지고, 성상처는 계속 쌓이기 때문이다.

따라서 섹스테크닉의 본래 목적은 성적으로 재미있고 즐거운 성행동을 위한 기법인데, 시간이 갈수록 남자는 섹스테크닉을 찾지 못한다. 예를 들어 섹스테크닉의 기법이 매우 좋다고 마음의 의식으로 느끼는 순간 성마음에서는 성상처가 만들어진다. 이때 성상처가 만들어진 것은 느끼지 못한다.

반면 여자가 표현하지 않고, 이렇게 하면 괜찮을 것 같다고 의식에서 느끼면 무의식에서는 좋은 감정이 만들어진다. 대신 여자는 성마음에 성상처가 없다 보니 마음의 무의식에서 의하여 상처가 치료된다. 여자는 마음의 상처가 커지면 마음의 무의식에서는 치료하려고 하면서 성적환상이 발생하고 이상성욕이 생긴다.

여자는 상처로 인하여 아프고 힘들 때, 섹스테크닉이 유입되면 마음의 무의식이 작용하면서 더 큰 상처를 유발한다. 이때 섹스테크닉이 좋은 감정으로 작용하면 상처가 치료된다. 무의식이 의식으로 좋은 기분을 상상하도록 느끼다 보니 섹스테크닉을 상상하는 것으로도 상처가 치료된다. 반면 섹스테크닉을 상상하는 것이 싫은데 계속하고 있다면, 마음에서 상처가 점점 커지고 있다는 것이다.

타인에게는 표현을 못 하는데 섹스테크닉이 자신에게 좋을 것이라고 느끼면 감정이 작용한다. 자신도 모르게 좋은 감정이 만들어지면서 상처를 치료한다. 그래서 여자가 상처로 많이 아파하면 이상성욕이 생기는 것이다. 예전에는 못 느꼈던 성적인 느낌이 직접 느껴지면서 이상한 감정을 느끼는 것이다.

이것이 여자의 상처를 치료하는 원리이다. 그런데 마음의 상처를 치료하는 것은 이해 후 위로와 관심이 필요하다. 이때 이해가 없는 위로의 관심은 중독증을 유발한다. 따라서 이해가 없이 이상성욕이 만들어지면 그냥 좋은 것으로만 무의식이 표현하는 것이다. 그래서 이상성욕이 무서운 것이다.

이상성욕은 사랑의 감정을 만들어 낼지 아니면 심리장애의 중독증으로 빠질지를 결정하기 위한 신호라고 할 수 있다. 대부분 여자가 강력한 트라우마가 발생하면 강력한 상처가 작용하면서 섹스테크닉과는 관계없이 마음의 무의식에서 강력한 치료의 욕구가 발생하면서 몸이 먼저 반응하게 된다.

섹스테크닉을 남자가 배우기 시작하면 성상처가 많아지고 성욕이 강화되면서 계속 섹스테크닉을 배우려고 한다. 이처럼 남자는 섹스테크닉을 중요하게 생각한다. 대신 그만큼 자신에게 성상처가 많아지고 있다는 것이다.

예를 들어 마음정보와 성정보가 유입되어 한 번 해 봐야지 했지만, 잘되지 않는다. 왜냐면 마음정보와 성정보가 분리되어 인식과 성인식이 작용할 때 마음정보에 의한 기분이 기억되지 못하기 때문이다. 그리고 성정보는 성기억을 하여 성표현을 하지만 성상처는 신체에 영향을 준 채 느끼지 못하고 성정보만으로 성표현을 한다. 결국은 마음에는 기억된 것이 없고, 무의식에서 기분을 만들어서 표현한다. 그러다 보니 성정보는 같지만, 마음정보가 다르다. 즉 인식과 성인식으로 습득을 한 것과 표현과 성표현의 성정보는 같은데, 마음정보가 다르다 보니 자신의 것이 아닌 것이다.

예를 들어 마음정보의 온도가 36도인데, 성정보가 하나 유입된다고 보자. 이 마음정보를 표현하는 온도가 26도라고 하면 같은 마음정보가 아니다. 즉 성정보는 같은데 마음정보가 다르다. 그래서 마음정보와 성정보가 같을 확률은 없다.

여자의 키가 165cm, 몸무게 49kg, 가슴 크기는 B컵… 등의 정보를 다 포함하고 있는 마음정보와 성정보가 있다. 다리의 길이, 가슴의 크기, 침대에서 하는지, 야외에서 하는지 등의 마음정보를 함께 표현하면, 인식된 마음정보가 성정보와 함께 표현될 가능성은 거의 없다.

따라서 섹스테크닉은 불필요하다. 남자는 섹스테크닉에 관련되는 성정보를 성인식하고, 마음정보를 불필요하게 인식하기 때문에 섹스테크닉을 성표현하면 무조건 좋지 않게 느껴진다. 그래서 섹스테크닉을 찾는 남자

중에는 섹스테크닉이 좋은 남자는 거의 없다.

이때 섹스테크닉을 가르치는 남자가 더 심각하다. 섹스테크닉이 거의 없는 남자이다. 섹스테크닉의 성표현을 하는 사람일수록 성정보가 많이 필요하고 성상처가 매우 많아진다. 그래서 섹스테크닉을 더 찾게 되고 가르치는 것이다.

섹스테크닉의 성정보는 성심리인 성인식, 성기억, 성표현이 작용하는 원리를 정확하게 알면 전혀 달라진다. 그래서 마음정보와 성정보를 따로 기억하고, 성기억한다. 그런데 성의식에서 성기억된 성정보만 느끼기 때문에 현재의 성정보와 마음정보가 연결되면 맞지 않게 되는 것이다. 즉 인식되어서 들어오는 마음정보와 표현되는 마음정보가 다르다. 인식되는 마음정보는 침대가 아니었는데 표현되는 마음정보는 침대라고 하면 섹스테크닉의 성정보는 전혀 다른 것이 된다. 그래서 맞지 않기 때문에 성상처는 커지면서 섹스테크닉을 계속 찾게 되는 것이다.

섹스테크닉을 볼 때는 재미있을 것 같아서 한번 해 보았는데, 재미가 없으면 다음부터는 하지 않는다. 대신 새로운 섹스테크닉을 찾는다. 이때 섹스테크닉을 계속 찾을수록 성상처가 더 커진다.

그런데 여자는 다르다. 정보가 들어오면 마음정보는 마음으로 인식되고, 성정보는 성마음으로 성인식된다. 마음정보는 기억하기 때문에 무의식이 기억의 마음정보와 연결되면 몸이 반응하는 것이다. 그래서 여자는 마음정보와 성정보가 같아질 때까지 성의식에서 성표현을 하지 못하는 것이다. 마음정보와 성정보가 같아지면 자기도 모르게 성표현이 쉬워지는 것이다.

여자는 일단 마음정보와 성정보가 많아야 한다. 예를 들어 남편과 이렇게 하면 좋을 것 같다고 생각해서 어떻게 작용하는 것을 알고, 성행동을 했을 때 무의식이 좋은 감정을 만들어 내고, 의식에서 느낄 수 있게 된다. 그래서 여자가 느껴지는 것이 훨씬 빠르다.

섹스테크닉은 남자에게는 성마음에 성상처를 만들고, 마음에는 기분이 만들어진다. 그런데 기분은 이내 사라지지만, 성마음의 성상처가 성기억되고, 마음에는 좋은 기분이 없어지면서 섹스테크닉이 불필요해진다. 그래서 일시적으로는 자신과 안 맞는 것이 되어 버린다.

여자는 마음에서는 감정을 만들고, 성마음에서는 성상처가 없고 성기분을 만드는데, 잠시 성기분은 좋고 없어져 버린다. 그래서 성마음에서 작용하는 것이 중요한 것이 아니라, 마음의 감정이 중요한 것이다. 여자에게 섹스테크닉은 필요가 없다. 여자는 움직이는 자체가 섹스테크닉이다.

문제가 발생하는 이유는 여자가 성표현을 하지 않는 것이다. 왜냐면 마음정보와 함께 성정보가 없기 때문이다. 마음정보 속에 성정보가 결합하는데, 마음정보가 없다는 것은 성정보도 없다는 것이 되면서 표현과 성표현을 하지 못하는 것이다. 따라서 섹스테크닉의 성정보가 중요한 것이 아니라 일단은 마음정보가 중요하다.

예를 들어 성행위를 침대에서 했을 때 침대의 위치, 온도, 습도, 조명 등이 어떠했는지를 기억하면 된다. 그 외의 성정보는 그냥 움직이면 그것이 곧 섹스테크닉이 된다.

남자가 섹스테크닉을 중요하게 생각하고 찾는 것은 재미있고 즐거운 성행동을 하고자 하는 목적이다.

여자는 마음정보와 성정보가 함께 유입될 때 성표현을 못하기 때문에 억압되면서 유입되는 마음정보와 성정보가 안 좋아지는 것이다. 성의식에서 성표현을 하지 않기 때문에 무의식이 마음정보에 대한 기분을 생성하지 못하고, 무의식이 작용하지 않게 되면서 의식에서도 기분이 느껴지지 않는다.

　이럴 때 여자는 성정보를 중요하게 생각하지 말고, 성마음에 연결된 마음을 중요하게 생각해야 한다. 사실상 여자의 상처는 성마음에 연결된 마음에 의하여 치료된다. 따라서 성마음은 중요하지 않은 것이다. 성정보가 몸의 감각기관에서 동시에 작용하면 마음의 무의식에서는 좋은 감정을 만들고, 말과 행동과 표정으로 표현한다.

　말과 행동과 표정은 감각기관과 연결되어 있다. 그러다 보니 여자는 성의식을 억압하는 것이 중요한 것이 아니고, 마음의 표현이 중요하다. 그래서 여자는 마음의 작용으로 표현하는 그 자체가 섹스테크닉이다.

　마음정보는 기억되어 의식으로 기분과 감정을 느끼게 하고, 성정보는 성기억되더라도 성의식이 성감정을 느끼지 못한다. 그래서 여자는 성에 대한 안 좋은 기분, 안 좋은 감정은 마음에서 느껴지는 것이다. 성마음의 성무의식에서 느끼는 것이 아니라, 바로 직전 단계의 마음에서 기억에 있는 마음정보를 의식에서 느끼는 것이다.

　남자는 마음정보에 의하여 기분을 만들고, 성정보에 의하여 성상처를 성기억한 후 성의식으로 자각하는데, 성상처의 성감정은 자각하지 못한다. 그러다 보니 실제 남자가 기분이 좋다 안 좋다고 느끼는 것은 성마음이 아니라 마음에서 느끼는 것이다. 이때 성기억되어 있는 성정보를 성의식에서 자각하고, 마음에서 의식이 기분과 결합하면서 마치 성정보에 대한 기분으로 느껴지는 것이다.

　이처럼 마음에서 남자는 기분을 만들고 여자는 감정을 만든다. 또한, 성마음에서 남자는 성상처를 만들고, 여자는 성기분을 만든다. 실제 남자가 기분이 좋은 것은 마음에서 느끼는 좋은 기분이다. 이때 성정보가 유입되니 성정보가 좋은 것으로 느끼는 것이다. 실제로는 성정보를 성인식할 때 자신의 성습관에 없는 경우에는 성상처가 발생하고, 마음에서는 무의식이 좋은 기분이 만들면서 자신이 표현 또는 성표현을 하는 것이 모두 다 좋은 기분으로 느끼는 것이다.

남자는 평상시에 자신도 모르게 성상처가 신체에 작용한다. 남자가 성욕이 강하다는 것은 성상처가 많은 사람이다. 섹스테크닉을 중요하게 생각하는 남자는 성욕이 강하기 때문이고, 성욕을 어떻게든 재미있고 즐겁게 성표현을 하고자 하는 욕구가 강하다는 것이다.

만일 성마음으로 작용하는 섹스테크닉이 아니라, 마음으로 작용하는 테크닉으로 연결되어 있다면 모든 것이 마음으로만 작용하게 된다. 그래서 마음으로 연결되는 테크닉은 남자에게 좋다. 그리고 테크닉의 하나가 성행동과 연결되면 테크닉의 전체가 성마음으로만 작용한다. 이것은 여자에게 좋다. 이처럼 같은 성행동의 섹스테크닉이라고 해도 성마음으로만 작용하느냐, 마음으로만 작용하느냐 따라서 남자와 여자에게 미치는 영향이 전혀 다르다.

남자에게는 마음으로만 작용하는 것은 성상처가 치료되고 몸이 회복하면서 행복해지게 된다. 그리고 여자에게는 성마음으로만 작용하면 상처가 치료되면서 행복능력이 만들어지기 시작한다.

성행동을 성표현할 때 남자는 마음으로 인식하고, 여자는 성마음으로 성인식을 하면 매우 좋다. 그러나 현재의 섹스테크닉은 남자와 여자가 정반대로 바뀌었다. 남자는 전부 성마음으로 작용하고, 여자는 전부 마음으로 작용하기를 원한다.

섹스테크닉의 야동을 보았다고 하면, 여자는 매우 싫어한다. 왜냐면 마음으로만 작용하기 때문이다. 그런데 남자가 야동을 싫어한다는 것은 성상처가 많다는 것이고 이미 알고 있다는 것이다. 반면 여자가 스토리가 있고 감정이 있는 야동을 본다는 것은 상처를 치료하려는 욕구라고 할 수 있다. 따라서 그 사람이 선호하는 야동을 보면 상처 또는 성상처의 정도를 알 수 있다.

여자는 어떠한 하나에도 성적흥분을 하도록 모든 마음정보를 성정보로 만들고, 남자는 모든 성정보를 마음정보로 만드는 것이 필요하다. 이처럼 지금까지는 남자와 여자가 섹스테크닉에 대해서 잘못 알고 있다. 남자에게는 성정보를 마음정보로 만드는 방법을 알려 주고, 여자에게는 마음정보를 성정보로 만드는 방법을 알려 주면 행복하게 살아갈 수 있게 된다.

만일 여자가 마음정보를 모두 성정보로 변화했다면, 남자가 성마음이 작용하든 마음이 작용하든 중요하지 않고 관심이 없어진다. 여자는 치료되고 행복하게 되기 때문이다. 그런데 여자가 중독증이 발생하지 않으려면 마음정보를 성정보로 모두 변화시키는 것이 아니라 반드시 이해해야 한다. 즉 원리를 알아야 한다. 이 원리를 모르면 심리문제가 발생하면서 중독증의 심리장애가 발생한다. 남자가 성정보를 모두 마음정보로 변화하면 여자가 굳이 필요하지 않다. 어떠한 여자든 상관이 자신의 몸과 마음이 회복되고 행복해지게 된다.

그런데 외도 또는 중독증이 발생하면 마음정보가 모두 성정보로 변화하면서 성마음과 마음이 분리된다. 그래서 특정한 것에 대해서는 신경을 못 쓰는 것이다. 이에 따라 외도하는 남편은 아내의 몸을 인식하면 아내의 몸은 마음정보로 인식하기 때문에 성스트레스가 발생한다. 그래서 "창피하니깐 빨리 옷 입어"라고 말하는 것이다. 아내를 보면서 성상처를 치료하고 있는데, 이는 외부에서 성상처가 많이 발생하게 되었고, 이 성상처를 아내에게서 치료하는 것으로 보면 된다. 따라서 아내와의 섹스테크닉은 신경도 안 쓴다.

이때 성정보를 모두 마음정보로 변화하면 성행동이 활성화된다. 왜냐면 성행동은 그냥 일상에서 식사하는 것, 대화를 나누는 것과 같기 때문이다. 그래서 성행동이 활성화되고 일상화되면서 몸과 심리가 모두 회복되어 건강하게 살게 된다.

그래서 남자에게 성기능장애, 성심리장애, 심리장애, 사이코패스, 소시오패스 등을 치료하기 위해서는 성정보를 마음정보로 변화하는 것이 중요하다. 그러나 남자는 이를 안 하려고 한다. 왜냐면 자신의 성능력과 섹스테크닉이 모두 사라지는 것으로 인식하기 때문이다. 성능력과 섹스테크닉을 모두 없애야 비로소 진정한 섹스테크닉을 갖게 되고, 신체가 건강해지면서 심리장애가 치료된다. 이때 신체질병의 치료에도 중요한 역할을 한다.

여자는 마음정보를 성정보로 바꾸어야 한다. 이때 여자에게 마음정보를 성정보로 바꾸라고 하면 매우 싫어하고 거부한다. 마치 성에 미치라고 하는 것처럼 느끼기 때문이다. 그러나 마음정보를 성정보로 모두 변화하면 일상에서 행복을 느끼는 것은 어렵지 않다. 따라서 남자는 성정보를 마음정보로 바꾸고, 여자는 마음정보를 성정보로 바꾸면 마치 천국에서 살아가는 것처럼 느껴지고, 성의 쾌락과 사랑 그리고 행복을 모두 갖게 된다.

그래서 치료를 할 때, 아내에게 알몸수면의 과제를 하도록 하면, 남편에게는 아내의 알몸수면은 그냥 마음정보와 같다. 또한, 아내는 알몸수면을 하면 처음에는 매우 불편하지만 조금만 지나면 편안해지고 몸이 달라진다. 그래서 항상 성적으로는 준비된 상황이 된다. 과거에는 흥분시키려고 애무하고 섹스테크닉이 많이 필요했지만 이제는 항상 준비된 상태가 되는 것이다. 그래서 보고, 듣고, 느끼는 모든 일상이 성정보가 되는 것이다.

반면 남자는 알몸수면을 매우 싫어하는데 알몸수면을 하는 남자는 자신이 편안해서 알몸으로 자는 것뿐이다. 아니면 성상처가 매우 강력하게 작용한다. 따라서 남자는 몸을 회복하기 위하여 알몸수면을 하지만, 여자는 몸과 함께 마음이 좋도록 알몸수면을 한다. 이처럼 알몸수면의 효과는 여자에게는 매우 극명하게 효과가 나타나고, 남자는 건강이 좋아진다.

여자는 몸과 마음이 좋아지면 성기능이 함께 회복된다. 그래서 여자의 성기능장애인 불감증, 절정장애, 성교통은 모두 알몸수면을 하면 치료된다. 여자의 알몸은 여자에게 마음정보를 성정보로 전환하는 방법의 하나다.

남자에게 성정보를 마음정보로 모두 변화하기 가장 좋은 방법은 누드로 생활하는 것이다. 원래는 모든 것이 성정보인데, 익숙해지면 모두 마음정보가 되면서 성정보로 인식되지 않는다.

여자에게 마음정보를 성정보로 모두 바꾸는 것은 어렵지 않다. 그러나 자신 스스로가 바꾸려고 하지 않는다. 왜냐면 마치 자신이 섹스에 미쳐 있는 여자로 전락하는 것으로 생각하고 못 견디기 때문이다. 반면 남자에게 성정보를 마음정보로 모두 바꾸는 것은 매우 어렵다. 왜냐면 자신이 죽을 것 같기 때문에 절대 하지 않으려고 한다. 이는 섹스테크닉과 직접적으로 연결되기 때문이다.

섹스테크닉은 남자에게 성정보를 성표현하기 위한 기법이다. 그런데 마음이 함께 작용하면서 자신이 알고 있는 섹스테크닉의 결과가 나타나지 않는다. 그래서 아무리 좋은 섹스테크닉일지라도 섹스테크닉을 그대로 성표현할 수 있는 남자는 한 명도 없다. 결국은 남자에게 섹스테크닉은 무용지

물이다. 즉 섹스테크닉은 하나도 사용하지 못한 채 성상처는 계속 만들어지기 때문이다. 남자에게 섹스테크닉은 독약과 같다.

여자에게 섹스테크닉은 자칫 잘못하면 중독증을 유발한다. 그래서 여자는 섹스테크닉을 잘 안 찾는다. 반면 중독증인 여자는 섹스테크닉을 중요하게 생각한다. 그래서 남자를 어떻게 만족시켜 줄지, 어떻게 해 줘야 하는지를 생각하면서 섹스테크닉을 찾는다. 이는 심리장애로 인하여 관심을 받고 싶어서 나타나는 현상이다. 그러나 정상심리의 여자는 상처가 작용하면서 섹스테크닉을 안 좋아한다.

여자의 섹스테크닉은 성마음으로 들어오는 것이 중요한 것이 아니라, 마음으로 들어오는 것이 중요하다. 그래서 여자는 섹스테크닉 보다는 섹스를 뺀 일상의 테크닉이 중요하다. 즉 성정보를 마음정보로 바꾸기 때문에 남자가 오래도록 함께 사는 것이다. 그 여자와 함께 사는 남편이든, 누구이든 곁에 사는 남자는 성상처를 치료하기 때문이다.

여자는 마음정보를 기억한다. 그래서 여자는 상대의 표현을 모두 마음정보로 받아들이는 것이다. 여자는 성표현을 마음껏 해도 된다. 그래서 여자에게 섹스테크닉이 중요하다. 단 이때 섹스를 의식하지 않으면 된다.

사람들이 착각하는 것이 섹스테크닉을 가진 여자를 매우 부정적으로 느낀다는 것이다. 마음의 무의식에서 안 좋은 감정을 만들어 내기 때문에 상처가 더 커지게 된다. 그러다 결국 자기도 모르게 중독증의 심리장애가 발생한다. 그러면 중독된 것을 모른 채 좋으면 좋을수록 상대 남자의 섹스테크닉을 중요하게 생각하는 것이다. 이는 감정이 작용하는 것이 아니기 때문에 위험하다.

여자에게는 테크닉이 중요하다. 왜냐면 마음정보로 작용하기 때문이다.

그래서 이것을 어떻게 변화하느냐에 따라서 인생이 달라진다. 섹스의 공부는 여자가 해야 한다. 물론 섹스의 공부라고 해서 실전을 의미하는 것이 아니다. 성정보와 성지식을 말하는 것이다.

섹스테크닉과 섹스의 환경을 공부하여 자신의 성정보로 성기억하면 된다. 처음에는 매우 부정적인 생각으로 상처가 작용할 수 있지만, 상상력과 생각이 계속 작용하면서 조합하는 연습을 하는 것이 섹스테크닉이다.

체위나 성행위에 대한 기법은 중요하지 않다. 자신이 가진 성지식을 성의식에서 느끼면서 조합할 수 있는 능력이 섹스테크닉이다. 이 섹스테크닉을 갖게 되면 무엇이든 다 할 수 있다. 그러면 여자는 움직이는 강력한 성적인 무기를 갖게 되는 것이다.

여자는 테크닉을 가지고 있는 사람이기 때문에 섹스는 했는지, 애무했는지, 성행동에 관련되는 것만 있다. 이러한 성행동에서 자신이 가진 테크닉만 적용하면 된다. 그러면 남자는 성정보가 아니라 마음정보로만 인식하게 된다.

남자가 성행동을 한 후 좋았는지를 물어보는 경우가 있다. 왜냐면 자신의 섹스테크닉이 좋은지 좋지 않았는지를 검증하고 확인하고자 하기 때문이다. 그런데 이 성상처를 모르면 남자는 새로운 섹스테크닉을 찾게 된다. 반면 여자가 마음의 테크닉을 가지고 있으면 남자가 물어보지 않아도 안다. 자신이 행복하다는 것을 안다. 즉 상대가 행복한 것이 아니라 내가 행복해져서 저절로 치료되는 것이다.

남자에게 섹스테크닉은 결국 '빛 좋은 개살구'이다. 남자에게는 무용지물이면서 성상처를 많이 생성하고, 여자에게는 남자에게 재미있고 즐겁게 해주는 섹스를 제공하는 여자로 가는 길이다. 그래서 섹스를 빼고, 마음의 테크닉이 중요하다.

예를 들어 카섹스의 섹스테크닉이 있다면, 자동차와 관련된 성행동의 기법만 존재하고, 의자의 각도, 습도와 온도 등의 마음정보는 없다. 이런 성행동의 기법은 남자에 의한 성정보이다. 만일 이를 여자가 쓰면 아주 세밀하게 삽입의 내용만이 아니라 의자의 각도와 넓이, 온도와 습도, 환경과 상상, 준비 물품과 마음의 준비 등에 대한 마음정보가 매우 많아진다. 이것만 가지고 성행동을 하면 된다. 이것은 섹스테크닉이 아니라 마음의 테크닉이다.

사람들은 이것을 섹스테크닉으로 오해한다. 왜냐면 만지는 것은 어떻게 해야 하고, 삽입은 어떻게 해야 하고, 자세는 어떻게 잡고,… 이런 성행동이 있기 때문이다. 성행동인 섹스뿐만 아니라, 상황과 환경에 대하여 세밀하게 만들어지면 성행동의 기법과는 전혀 다르다.

테크닉을 가지고 있는 여자와 이야기를 하는 남자 또는 남편이 되면, 분명히 성의 이야기는 맞는데 남자는 성상처가 치료되고 스트레스가 제거되는 역할을 하게 된다. 즉 성정보가 마음정보로 모두 바뀌는 것이다. 이때 성정보가 마음정보로 모두 변화하지 않고 오히려 모두 성정보로 변화하면 매우 치명적으로 성상처가 발생한다.

따라서 섹스테크닉에서 섹스를 뺀 마음의 테크닉을 여자가 배워야 한다. 남자는 섹스테크닉을 배울 필요가 없다. 남자는 테크닉을 가진 여자만 만나면 된다. 그러면 이 남자는 아무리 성상처가 많더라도 치료되면서 행복으로 전환하기 시작한다. 그래서 성기능장애가 치료되고 몸이 회복되면서 성적활동도 매우 강력해진다.

여자는 성을 부정적으로 생각하는 이유를 알아야 한다. 그리고 섹스테크닉을 알고 싶지만, 이를 부정적으로 생각한다. 그런데 섹스를 빼고 테크닉에 관련되는 것으로 이야기를 하면 매우 재미있고 긍정적으로 알고자 한다. 여자는 마음의 테크닉에 관련된 아이디어가 훨씬 많기 때문이다.

마음의 테크닉에 따라서 남자와 여자의 성패가 달려 있다. 남자는 아무리 공부해도 안 된다. 왜냐면 마음의 테크닉이 중요한 것이 아니라 섹스테크닉이 중요하기 때문이다. 섹스를 뺀 테크닉은 마음으로 작용한다. 이때의 성행동은 성마음으로 작용하는 것이 아니고 마음으로만 작용한다. 즉 마음의 테크닉을 적용하여 성행동을 하였을 때 남자에게는 성상처가 생기기 때문에 무용지물이다. 그런데 여자에게 섹스를 빼면 매우 좋아진다. 테크닉이라고 하면 매우 나쁜 것으로 생각하지만 실제로는 그렇지 않다.

예를 들어 팔짱을 끼고 있는데, 팔짱을 어떻게 끼느냐 따라서 테크닉이 전혀 다르다. 내가 팔짱을 낄 때 어떻게 하느냐 따라서 세밀하게 움직여지는 것이 바로 테크닉이다. 그래서 섹스와는 관계가 없다. 그런데 그 기법에 성표현을 결합하면 그 자체가 일상이 된다.

섹스테크닉이 성심리와 어떤 관계가 있느냐 하면 여자에게는 성심리가 작용해야 좋다. 그래서 재미있고 즐겁고 행복의 감정까지 만들어 내는 성행동의 기법이 되는 것이다. 성이 결합하여 마음이 작용하면 성행동의 기법이 되는 것이다.

여자는 성행동의 기법을 다 가지고 있다. 기법에 성행동을 하나 적용한 것뿐이다. 적용하지 않아도 행복이 만들어진다. 남자가 행복을 느끼면 성상처가 치료되면서 신체가 건강하게 회복하기 시작한다. 여자가 행복을 느끼면 상처가 치료되면서 마음이 회복하기 시작한다. 즉 남자는 몸을 치료하고, 여자는 마음을 치료한다. 그래서 여자는 마음을 치료해야, 마음이 행복해지고 몸도 행복해진다.

여자가 신체질병을 치료하려면 마음의 상처가 치료되어야 하고, 남자가 신체질병을 치료하려면 성마음의 성상처가 치료가 되어야 한다. 여기에 결정적인 역할을 하는 것이 테크닉이다.

그러나 섹스테크닉은 재미있고 즐거운 것처럼 느껴지지만 실제로는 못 느낀다. 남자는 마음에서 만들 수 없고, 여자는 성마음에 부정적으로 작용하기 때문에 마음의 감정이 안 좋아진다. 그래서 남자 또는 남편이 섹스테크닉을 말하면 여자의 몸은 흥분이 사라지고, 섹스테크닉이 싫어진다. 왜냐면 마치 섹스를 제공하는 여자로 전락한 것처럼 느껴지기 때문이다. 이는 성정보의 문제가 아니라 마음정보가 없이 성정보가 성인식된다고 생각하기 때문에 마음이 못 견디는 것이다. 그래서 여자는 성표현을 부정적으로 생각하는 것이다.

반면 여자가 성정보를 부정적으로 생각하지 않고 매우 좋은 것으로 인식하게 되면 심리문제 또는 심리장애가 발생하였다고 할 수 있다. 다만 심리문제 또는 심리장애가 생겼다고 항상 그렇게 사는 것은 아니다. 섹스를 뺀 마음의 기법을 찾아 적용하면 훨씬 쉽게 치료된다. 그래서 성행동을 추구하라는 것이 아니다. 마음의 의식과 무의식이 연결되어 기분과 감정을 느끼도록 작용하고, 성정보는 치료로 작용할 것인지, 상처로 작용할 것인지 결정적인 역할을 하게 된다.

여자는 성마음에 성상처가 발생하지 않고, 마음의 상처가 발생한다. 예를 들어 성적으로 큰 상처를 입고 아파하고, 힘들어하고, 고통스러워한다는 것은 마음의 무의식이 상처를 치료하면 된다. 이는 성상처가 아니기 때문이다. 반면 남자는 성마음에서 성상처가 발생하지만 치료가 안 된다. 왜냐면 자각하지 못하기 때문이다. 남자에게 성상처가 얼마나 많은지 알려면 성욕이 얼마나 강한지를 보면 된다.

예를 들어 일상에서 섹스를 즐기고, 성을 좋아하고, 재미있고 행복하게 사는 남자는 성기능도 괜찮고 딱히 성욕이 없다. 그러나 필요할 때 언제든 즐거워질 수 있다. 또한, 테크닉을 적용하면 여자에게만 성적인 반응을 한다. 다른 여자에게 반응하면 성상처가 만들어지기 때문이다.

섹스테크닉은 인간관계를 파괴하는 용도로 쓰는 것이다. 남자에게는 성상처가 쌓여서 독을 만드는 것이고, 여자는 중독증을 유발하여 섹스로 빠지게 하는 역할을 하는 것이다. 그러면 섹스테크닉을 가르치는 사람들은 여자에게는 중독증으로 빠져들게 하고, 남자에게는 성상처가 끊임없이 만들도록 하는 역할밖에 안 되는 것이다.

섹스테크닉에 노출될수록 남자는 성상처가 많아지면서 점점 좋아진 것처럼 느끼지만 좋아지는 것이 아니다. 성기능장애가 발생하고, 신체질병이 생기며, 심리장애가 발생하게 된다. 또한, 여자는 섹스에 노출되면서 섹스를 즐긴다고 생각하면 이는 마음의 상처를 치료하는 것이 아니라 성마음으로만 작용하면서 마음에서는 상처가 점점 커지게 되면서 신체질병이 생기고, 심리장애가 발생하게 된다.

정상심리를 가진 여자는 섹스가 중요하지 않고 분위기와 환경이 중요하다. 그러면 성행동을 안 해도 그만이다. 즉 건강하다는 것이다. 그런데 남자도 딱히 성욕은 없지만, 성행동을 하게 될 때는 강력한 즐거움을 느낀다면 이는 건강하다는 것이다.

남자가 섹스테크닉을 찾고 있다는 것은 성욕이 강하다는 것이다. 즉 많은 성상처가 작용하고 있다는 것을 알 수 있다. 이는 자가진단법이다. 또한, 여자가 섹스테크닉에 관심도 있고, 배우고 싶다는 것은 심리장애가 발생한 것이다.

여자는 마음의 상처가 작용하면 제일 먼저 성행동부터 차단한다. 왜냐면 감정이 좋지 않기 때문에 성정보가 성인식되면 안 되는 것이다. 사실상 성정보가 필요한데 이를 차단하는 이유는 심리장애에 빠지지 않기 위한 것이다.

그래서 심리장애가 발생하지 않기 위하여 성행동을 차단한 후 상대에게 관심을 요구하게 되는데, 이때 테크닉이 중요하다. 이는 섹스가 아니다. 여자가 원하는 것은 안아 주고, 위로와 관심의 말 한마디가 중요하다. "얼마나 힘드니, 내가 정말 미안하다"라는 말 한마디가 마음으로 작용한다.

남자에게도 마음이 필요한데 이것을 모른 채 살아가고 있다. 그러다 보니 여자는 섹스가 중요한 것이 아니라 마음이 중요한 것인데, 남자는 마음을 차단하고 섹스를 중요하게 생각하는 것이다.

섹스테크닉을 보면 불로장생하는 방중술, 카마수트라, 탄트라, 성도인술 등과 같이 섹스에 대한 최고의 경전으로서 많이 알려져 있다. 그러다 보니 남자는 성상처가 계속 발생하고, 여자는 심리장애가 발생하는 것이다.

그래서 여자가 섹스를 공부하고, 섹스와 관련한 명상, 오르가슴을 느끼는 방법 등을 찾는 것은 심리장애이기 때문이다. 결국은 섹스를 가르치고 있다는 것은 여자는 심리장애를 만들고, 남자는 성상처를 만들게 되는 것이다. 이로 인하여 신체질병이 만들어지고 심리장애가 발생하는 것이다.

이것을 모두가 모른다. 왜냐하면 '인생 뭐 있어? 진짜 재미있고 즐겁게 사는 것이 인생이지'라고 하면서 신나게 사는 것을 좋아하기 때문이다. 그러면 그럴수록 점점 더 과감해지고 파격적인 섹스테크닉이 만들어져야 한다. 그럴수록 여자는 더 빨리 심리장애가 발생하고, 남자는 성상처가 커지는 것이다.

그러면 여자는 먼저 마음부터 알아야 한다. 그래야 마음정보를 성정보로 바꿀 수 있다. 남자는 성상처를 많이 받고 난 후 많은 성정보를 모두 마음정보로 바꾸면 성상처가 모두 치료되면서 몸이 회복하기 시작한다. 그렇게 되면 남자는 성능력은 좋아진다. 그렇다고 성욕이 강해지거나 성행동을 하려고 하지 않는다. 그런데 마음정보를 여자가 주게 되면 저절로 남자와의 성행동을 함께 하게 된다. 이것이 마음과 성마음이 상호 결합하는 교감이라고 한다. 즉 교감이라는 것은 남자는 마음정보가 작용하고 여자는 성정보가 작용하면서 결합하는 것을 말한다.

섹스의 정석은 섹스의 분위기와 환경에 대한 마음의 기법이다. 섹스는 하나도 없는 테크닉을 남자가 배우는 것이고, 테크닉의 정석이라고 해서 애무는 어떻게 하고, 삽입은 어떻게 하는지를 여자가 배우는 것이다. 즉 무의식의 교감을 이루게 하는 기법이다.

남자의 마음과 여자의 성마음이 결합하면 교감이 일어난다. 그래서 남자는 몸이 회복하고, 여자는 몸과 마음이 회복한다. 즉 남자와 여자 모두 치료된다. 이때 남자는 다른 여자를 만나도 치료가 안 되고, 여자도 다른 남자를 만나도 치료가 안 된다. 왜냐면 교감은 하나가 아니라 둘이 동시에 진행되는 것이기 때문이다. 이것이 진정한 행복이고 쾌락이다. 그래서 성행동을 추구하는 것이 아니라, 그 자체로 존재하는 것이다. 그러나 이것이 정반대이면 매우 심각한 문제를 유발하고 불행하게 사는 원인이 된다.

섹스테크닉의 성심리는 남자에게는 성상처를 만들게 되어 몸이 무너지는 역할을 하게 되고, 여자에게는 심리장애를 만들게 하는 역할을 하게 된다. 그래서 섹스테크닉을 추구하지 말라는 것이다. 여자는 섹스를 빼고 테크닉을, 남자는 섹스를 아예 접하지 말라는 것이다. 섹스 자체가 성상처이기 때문이다.

산에서 혼자 지내면서 세상 물정을 하나도 모르는 남자가 섹스를 가장 잘한다. 성상처가 없으니 성기능이 잘 작용한다. 이 자체가 섹스이고 일상이다. 이때 성인식하면 성상처가 발생한다. 그러나 성정보를 마음정보로 인식하면 성상처가 생기지 않는다. 성정보를 성인식하는 순간부터 성상처가 생기기 시작한다. 그래서 남자는 성을 모르는 것이 상책이다. 여자는 마음의 테크닉을 아는 것이 좋다.

예를 들어 성에 대하여 아무것도 모르는 여자는 대부분 성기능장애이다. 이때 섹스테크닉을 찾는 사람은 학식이 있고 똑똑한 경우가 많다. 그렇지만 섹스테크닉을 찾는 여자는 거의 없다. 그래서 여자는 극과 극으로 양극화 현상이 생긴다. 만약에 여자가 오르가슴을 느끼겠다고 섹스테크닉을 찾아다닌다는 것은 심리장애가 발생했다는 뜻이다.

남자는 성상처가 있느냐 없느냐가 중요하다. 가장 좋은 방법은 산에 혼자 살아가는 것이다. 한 사람도 없는 곳에 혼자 10년 동안 살면 성상처가 저절로 치료된다. 왜냐면 일상이 마음정보이기 때문이다. 남자는 성정보가 없는 상태에서 1개월이 지나면 성욕이 모두 사라지고 몸이 회복되기 시작한다.

반면 여자는 성정보에 많이 노출해야 한다. 그래서 가장 좋은 곳이 누드비치로 가는 것이다. 아니면 집에서 알몸으로 생활하는 것이다. 그래서 누드비치나 집에서 알몸으로 생활하는 것이나 똑같은 이치이다. 즉 모든 마음정보를 성정보로 바꾸는 것이다. 그래서 일상의 침대, 의자, 음식, 커피, 가구… 등 모든 것이 성정보가 되면서 일상생활이 성정보가 되는 것이다.

또한, 남자는 성정보에만 노출되도록 하여 일상화로 만들던가, 성정보를 차단하면 된다.

섹스테크닉은 성심리와 정반대로 작용하고 있다. 그래서 남자가 섹스테크닉을 중요하게 인식하는지, 성욕이 강한지를 알면, 성상처가 얼마나 많은지 알 수 있고, 성기능장애, 심리장애, 신체질병도 예측할 수 있다.

이때 남자가 성욕이 많은데 사랑하는 여자와의 성관계가 전혀 없다는 것은 다른 여자에게 성상처를 많이 받고 있다는 것이다. 남자는 사랑하는 여자와 성관계를 지속하면 어느 순간부터는 성욕이 생기지 않는다. 왜냐면 사랑하는 여자에게서 성상처가 생기지 않기 때문이다.

성적취향이나 성적성향을 보면 남자가 여자를 성적으로 갖고 노는 것 같고, 그것을 보고서 흥분이 된다는 것은 결국 성정보가 마음정보로 변화하여 그냥 노는 것일 뿐이고, 여자는 마음정보를 성정보로 전환한 것의 하나일 뿐이다.

성적취향이나 성적성향의 야동을 보면서 흥분하는 여자는 모든 것이 성정보로 성인식되고 있다는 것이다. 즉 성적취향이나 성적성향에 대한 성정보가 마음정보로 바뀌었느냐, 마음정보가 성정보로 바뀌었느냐에 따라서 다르다.

예를 들어 스타킹에 대한 성도착증이 있다고 하면, 남자는 스타킹을 성정보로 성인식하는 것이다. 망사 스타킹을 신으면서 성적흥분을 하는 여자는 망사 스타킹만 성정보로 성인식되는 것이다. 그래서 스타킹의 성도착증인 남자와 망사 스타킹을 신으면서 흥분하는 여자가 만나면 둘은 행복해지는 것이다. 그런데 여자가 망사 스타킹이 아니라 일반 스타킹을 좋아하고, 남자는 망사 스타킹의 성도착증을 갖고 있는데, 둘이 만나면 둘 다 불행해진다. 즉 성적취향이나 성적성향을 좋다 나쁘다고 논할 문제가 아니다.

성적취향이나 성적성향에 관련되는 것은 성마음에서 작용하는 성정보이다. 즉 성무의식의 성습관과 연결되기 때문에 성정보로 성인식을 하느냐 하지 않느냐의 차이일 뿐이다. 그래서 성도착증인 사람이 자신을 치료하고자 하면 매우 빠르게 치료된다. 이는 자신의 성습관이 다른 사람과 다르다는 것을 아는 순간부터 성도착증이 사라지지 시작하기 때문이다.

여자는 성무의식의 성기분이기 때문에 언제든 바꿀 수 있다. 그래서 여자는 성적취향이나 성적성향은 모두 가지고 있다. 이런 것도 해 보고, 저런 것도 해 보는 것이 성기분으로 작용하기 때문이다. 그래서 내 기분에 따라 그냥 오늘 하는 것이고, 아니면 말고 이러면서 여자는 뭐든지 할 수가 있다.

그런데 남자는 여자처럼 안 된다. 왜냐면 성무의식에서 성상처를 만들기 때문이다. 그래서 한번 확신하면 그것으로 계속 진행한다. 여자의 마음에서 감정이 작용하듯이 남자는 성감정이 있기 때문이다.

만일 여자가 피가학적인 성관계를 선호하고, 남자는 가학적인 성관계를 선호하면, 남자는 가학적으로만 진행한다. 반면 여자는 피가학적으로도 진행하고, 재미없으면 일반인이 되기도 하고, 가학적이 되기도 한다. 왜냐면 성무의식의 성기분이 작용하기 때문이다. 그래서 자신의 기분에 따라서 여자는 성적취향이나 성적성향이 바뀐다. 반면 남자는 성적취향이나 성적성향이 잘 안 바뀐다.

여자가 성적취향이나 성적성향이 조금 바뀌면 자신과 안 맞게 되면서 불행해질 수 있다. 예를 들어 새로운 성적성향에 대하여 처음에는 여자가 싫어했는데, 계속하다 보니 좋아지는 경우가 많다. 그래서 여자가 이렇게도 해 보고, 저렇게도 해 보고자 하지만, 남자는 그것이 잘되지 않기 때문에 힘들어지게 된다. 그러면 남자는 계속 집착하게 되고, 여자는 이러한 집착을 싫어하면서 두 사람에게 문제가 발생하는데, 이를 두 사람이 전혀 모르고 있다.

여자는 언제든지 성적취향이나 성적성향이 바뀐다. 여자가 성적취향이나 성적성향이 바뀌면 마음이 변화하고 대상이 변화한다. 그래서 성적취향이나 성적성향이 변화하면 상대 남자를 바꿀 수 있다. 그래서 성이 위험하다.

여자에게 성마음이 중요하다 성마음의 성무의식에서 만들어진 성기분을 수시로 바꿀 수 있고, 이때의 성기분은 성상처가 아니다. 그러나 남자는 성마음의 성무의식에서 성상처를 만들기 때문에 쉽게 바꾸지 못한다. 그리고 성상처가 만들어지다 보니 힘들게 되고 신체에도 문제가 발생한다.

부부를 행복하게 하려면 남자는 모든 성정보를 마음정보로 바꾸고, 여자는 모든 마음정보를 성정보로 바꾸어서 일상화시키면 된다. 그렇다고 남자에게 성정보를 차단할 수 없으면 일상화시키는 것이 좋다. 여자는 성마음이 작용하면서 성적으로는 항상 준비된 상태가 되고, 남자는 마음으로는 항상 준비된 상태가 된다. 이렇게 일상화시키면 된다. 처음에는 잘 안 되지만, 한 번, 두 번, 세 번… 하다 보면 일상화가 된다.

그렇게 둘이서 성마음과 마음을 하나로 연결할 때는 오랜 시간이 소요된다. 이것이 한번 일상화되고, 성습관이 만들어지면 평생을 행복하게 살게 된다. 그래서 부부에게 적용하는 것이 가장 좋다.

성심리는 마음 안에 존재하고 있는 성마음이 작용하는 것이다. 사실 마음이 작용하는 관점에서 보면 별것이 아닌 것처럼 보이지만, 성마음이 작용하는 관점에서 보면 중요하다.

온라인 성마음교육 안내

마음이론과 더불어서 가장 강력한 성마음이론을 완성했다. 또한, 성마음이론의 모든 것을 학습할 수 있는 온라인성마음교육은 온라인으로만 실시하고 있다.

지금까지 알려진 성(性)과 섹스(sex)는 빙산의 일각에 불과할 만큼 성마음이론은 매우 심오하고 방대한 이론이다. 지금까지 누구도 알 수 없었던 성마음을 체계화시킨 성마음이론은 공부하고자 하는 의지를 갖지 않은 분은 배우기 매우 어렵다. '성마음과 성심리가 작용하는 원리와 이치' 그리고 '마음과 심리가 작용하는 원리와 이치'를 통합한 성마음교육은 마음이론(마음교육 또는 치료교육)을 하지 않으면 이해할 수 없다. 성마음은 마음속에서 인간이 자각하고 느낄 수 없는 영역이기 때문이다.

또한, 성마음교육의 성마음이론은 마음이론보다 훨씬 더 어렵고 힘들다. 따라서 반드시 인간의 마음을 모두 해석, 연구, 분석하고 심리와 성심리의 현상, 심리장애와 성심리장애의 원인과 치료를 알고 싶은 분은 신청하기 바란다.

| 성마음교육이란? |

마음교육은 마음이론을 기초로 '마음과 심리가 작용하는 원리와 이치'를 알려 주는 교육이면서 심리장애를 치료하는 교육이다. 성마음교육은 마음이론을 기초로 '성마음과 성심리가 작용하는 원리와 이치'를 알려 주는 지식교육이면서 인간의 마음과 성마음이 연결되어 작용하는 모든 것을 해석한다.

성마음교육은 성마음이론을 기초로 하여 심리상담을 하지 않고 심리장애를 치료할 수 있도록 하며, 성상담을 하지 않고 성심리장애와 성기능장애를 치료할 수 있도록 한다.

성마음교육은 기존에 왜곡되고 잘못된 성지식과 성교육을 바로잡고, 성(性)과 섹스(sex)의 문제를 모두 해결할 수 있는 능력을 갖도록 하며, 올바르고 건강한 성지식을 함양하여 성문제과 성고민을 스스로 해결할 수 있도록 한다.

또한, 성마음과 성심리가 작용하는 원리와 이치, 마음과 심리가 작용하는 원리와 이치를 동시에 알 수 있도록 함으로써 성심리장애와 성기능장애를 치료하고, 동시에 심리문제와 심리장애를 치료한다.

| 성마음교육의 개요 |

1 교육횟수 : 20회(총 30시간)
2 교육기간 : 20주
3 교육주기 : 주 1회씩

📌 성마음교육을 하는 분은 성심리포럼에 무료로 참여하여 마음이론과 성마음이론에 대한 연구·토론 및 집단 성상담과 질문·답변을 할 수 있는 혜택을 갖는다.

| 성마음교육의 대상 |

1 **마음교육** 또는 **치료교육**을 학습한 분
2 **테라피투어**를 마친 분
3 **전문가과정**에 있는 분

📌 마음교육 또는 치료교육을 하지 않은 분은 성마음교육을 할 수 없다. 마음이론을 모르면 성마음교육의 내용을 이해할 수 없기 때문이다.

| 성마음교육의 문의 |

📌 홈페이지 : http://www.xestherapy.com
📌 이메일 : happy4happy@daum.net

저자의 출간도서 안내

학부모의 힐링 | 208쪽 | 10,000원

이 책은 지금까지 여러분께서 힐링과 관련한 다양한 도서, 교육, 강연, 인터넷 정보 등을 통하여 알게 된 내용과는 많이 다를 것이며, 여러분이 항상 말과 행동과 표정으로 표현하면서도 전혀 느끼지 못했던 무의식과 인간의 마음과 심리가 작용하는 원리를 알 수 있도록 구성하였다.

일과 업무의 힐링 | 218쪽 | 12,000원

이 책은 저자가 '고려대학교 노동대학원'에서 강의했던 내용을 기초로 집필하였고, 일을 하는 모든 사람들에게 필요하다. 어느 곳에서 어떤 일을 하든 경제적 가치, 인간관계의 가치, 사회적 가치 등을 추구할 때 발생하는 다양한 스트레스와 상처의 힐링에 대한 이야기이며, 누구나 편하게 읽을 수 있도록 집필하였다.

인간의 마음 | 246쪽 | 16,000원

이 책은 심리포럼 논제발표 자료집으로서 인간의 마음과 심리를 설명하였다. 지금까지 왜곡되고 잘못된 인간의 마음과 심리를 바로잡기 위하여 '대국민심리계몽운동'인 『심리포럼』의 논제발표와 토론을 토대로 다양한 마음과 심리의 작용을 이해하기 쉽도록 설명하였다.

마음의 근원 | 220쪽 | 13,000원

이 책은 인간의 마음이 형성되는 근원을 밝혔다. 인간의 마음과 심리의 근원을 체계적으로 저술하였다. 인간의 마음과 심리가 작용하는 원리, 무의식의 마음에너지가 작용하는 원리를 밝힌 이론서이다. 인간의 마음이 작용하는 표준, 기준, 규칙, 원칙 등을 규명하여 새로운 심리이론의 패러다임을 제기한 심리이론서이다.

패션테라피 | 262쪽 | 19,000원

이 책은 패션을 이용하여 여성의 심리치료와 함께 자존감과 자신감의 회복과 몸과 마음의 안정을 찾는다. 이 책은 여성에게 상처를 치료하는 새로운 방법을 알려 줄 것이고, 여성의 행복을 회복하도록 도움을 주고 있다. 이는 패션의 새로운 패러다임이 될 것이다.

갈등의 힐링 | 50쪽 | 비매품

이 책은 인간관계에서의 갈등이 발생하는 원인과 갈등을 힐링하는 방법에 대하여 간결하게 집필한 내용이다. 누구나 쉽게 읽을 수 있도록 하여 남녀노소 누구나 읽을 수 있으며, 갈등을 힐링하는 방법을 알려주고 있다. 갈등이 발생하는 원인과 해결의 방법을 알려주고, 행복한 삶과 인생을 살아가는 데 많은 도움이 될 것이다.

외도는 심리장애, 외도에는 사랑이 없다 | 744쪽 | 48,000원

이 책은 외도심리전문가로서 오랜 세월 외도상담과 상처치료 교육을 해 온 저자의 상담일지를 기초로 하여 저술하였으며, 배우자의 외도로 인하여 발생하는 이상심리와 심리장애를 치료할 수 있는 기본적인 정보를 제공함으로써 행복하게 살아갈 수 있는 방향을 찾을 수 있도록 하고 있다.

마음이론 | 414쪽 | 20,000원

이 책은 남자와 여자의 마음과 심리가 작용하는 원리를 분석한 결과이고, 마음이 의식과 무의식을 통제하며 심리가 작용하는 기준, 표준, 원리, 규칙이라는 것을 규명하였다. 남자와 여자는 문제의 인지와 해석의 방법, 스트레스와 상처의 작용, 심리장애가 서로 다르면서도 복합적으로 작용한다는 사실을 발견하였고, 이를 체계적으로 정리한 이론서이다.

혁명적인 성기능장애치료법, 제스테라피
| 488쪽 | 20,000원

기존의 성기능장애치료법과는 전혀 다른 새로운 성기능장애치료법인 제스테라피는 마음과 성마음의 상호작용에 의한 신체적인 성기능을 논하고 있다. 따라서 마음과 성마음이 신체적인 성기능과 상호 연결되고, 마음과 성마음을 조절함으로써 남성의 성기능장애가 치료되는 원리를 해석하였다.

나는 누구인가? | 320쪽 | 16,000원

《나는 누구인가?》는 저자가 마음이론과 성마음이론을 개발하는 과정에서 작성한 마음의 일기로서 인간이라면 한 번쯤은 생각해 보았을 마음에 대한 저자의 생각과 의견을 기록한 내용이다. 특히 저자가 '나는 누구인가?', '나는 왜 살고 있는가?'와 같은 자아 성찰의 원론적인 고민을 하면서 썼다. 여러분도 이 책을 읽으면서 저자와 함께 마음에 대하여 생각해 볼 수 있는 계기가 되기를 바란다.

심리치료기법 | 367쪽 | 20,000원

다양한 심리장애에 맞는 마음교육과 치료방법, 마음이론과 성마음이론을 기초로 한 심리치료기법으로서 심리장애의 치료를 위한 마음교육의 기본인 마음과 심리가 작용하는 원리를 사람들에게 쉽게 전달함으로써 심리장애의 치료를 쉽고 빠르게 할 수 있다는 것을 알리고자 이 책을 집필하였다. 다양한 심리장애를 치료할 때 기본적으로 알아야 하는 인간의 마음과 심리는 심리장애에 대한 이해를 정확히 알 수 있게 되므로 도서의 내용은 심리치료를 할 때 필수적인 내용이라고 할 수 있다. 남자와 여자의 마음과 심리를 이해하면, 심리장애(인식장애, 감정장애, 표현장애)를 치료할 수 있다. 이 책은 기존의 상담에서 심리치료가 되지 않는 분, 심리장애가 반복적으로 재발하는 분, 심리치료가 되지 않은 채 어려움이 지속되는 분, 하나의 심리장애를 치료했지만 또 다른 심리장애가 발생한 분, 심리치료가 되지 않을 것이라고 포기한 채 살고 있는 분… 등과 같이 심리치료를 할 수 없었던 분들에게 희망을 드릴 수 있을 것이고, 심리장애의 치료방법이 개발되어 있다는 것을 알려 주고 싶었다.